ARM 嵌入式系统基础

蒋晓宁　王　粤　甘志刚 编著

图书在版编目(CIP)数据

ARM 嵌入式系统基础 / 蒋晓宁，王粤，甘志刚编著. —杭州：浙江工商大学出版社，2014.1(2016.7 重印)

ISBN 978-7-81140-697-9

Ⅰ. ①A… Ⅱ. ①蒋… ②王… ③甘… Ⅲ. ①微处理器—系统设计—高等学校—教材 Ⅳ. ①TP332

中国版本图书馆 CIP 数据核字(2013)第 021743 号

ARM 嵌入式系统基础

蒋晓宁　王　粤　甘志刚 编著

责任编辑　吴岳婷　刘　韵

封面设计　王妤驰

责任印制　包建辉

出版发行　浙江工商大学出版社

(杭州市教工路 198 号　邮政编码 310012)

(E-mail:zjgsupress@163.com)

(网址:http://www.zjgsupress.com)

电话:0571-88904980,88831806(传真)

排　　版　杭州朝曦图文设计有限公司

印　　刷　虎彩印艺股份有限公司

开　　本　787mm×1092mm　1/16

印　　张　20.5

字　　数　500 千

版 印 次　2014 年 1 月第 1 版　2016 年 7 月第 2 次印刷

书　　号　ISBN 978-7-81140-697-9

定　　价　49.00 元

浙江工商大学出版社营销部邮购电话　0571-88904970

前　言

尽管一般情况下嵌入式系统对CPU处理能力的要求比个人电脑对CPU处理能力的要求低，但随着人们生活水平的提高和科学技术的进步，嵌入式系统对CPU处理能力的要求也稳步地提高，大量高速的与MCS51体系结构兼容的微控制器的出现就证明了这一点。但8位微控制器受限于体系结构，处理能力的提高始终有限，而16位系统在性能上与8位机相比始终没有太大优势，成本上与32位系统相比也没有什么优势，未来一段时间嵌入式微控制器的发展方向必然是32位系统。

基于ARM体系结构的32位系统占领了32位嵌入式系统的大部分份额，但长期以来，基于ARM体系结构的32位系统仅在嵌入式系统的高端(通讯领域、PDA等)场合使用，并没有出现性价比高的通用的微控制器。SAMSUNG发现了这个空当，推出了性价比很高的S3C24XX系列微控制器，让更多的嵌入式系统具有32位的处理能力。目前32位系统已经成为嵌入式系统的主流。

为了方便高等院校教学，笔者编写了这本教材。本书以ARM家族中的经典——ARM9为例，系统介绍了ARM CPU的体系结构与指令系统；又以基于ARM9的芯片S3C2410为例，辅以大量典型实验，详细介绍了嵌入式系统的软硬件设计开发过程。可以说，本书的最大特点在于理论联系实际。

参与本书编写的有蒋晓宁、王粤和甘志刚老师。

在此，我们还想感谢在本书的编写过程中给予我们支持的深圳市英蓓特信息技术有限公司，以及协助我们调试程序的各位研究生和本科生。他们对本书的贡献是不可磨灭的。

由于作者水平有限，书中难免有疏忽、不恰当甚至错误的地方，恳请各位老师及同行指正，并请您将阅读中发现的错误发送到：es@zjgsu.edu.cn。

作　者

2013年10月

内容提要

本书以当前主流嵌入式系统技术为背景，以嵌入式系统原理为基础，较为全面地介绍了嵌入式系统的基本概念，软硬件的基本体系结构，软硬件开发方法，相关开发工具，应用领域以及当前的一些前沿动态，引领读者进入嵌入式系统领域。

本书以 ARM 系统为主要侧重点，首先重点介绍了 ARM 的体系结构和相关指令，然后又以基于 ARM9 的 S3C2410 芯片为例，详细介绍了其芯片结构，并在此基础上提供了 ARM 指令相关的基础实验，与 S3C2410 芯片对应的各种基本实验，以及综合实验，由此做到了理论与实践的完美结合。

本书内容先进，体系合理，概念清楚，讲解详尽，实验内容丰富，深入浅出，文字流畅，通俗易懂，不仅可作为高等学校嵌入式应用技术课程的教材，也可以作为从事嵌入式产品开发的广大技术工程人员的自学与参考教程。

目　录

第一章 嵌入式系统概述

1.1 嵌入式系统

经过几十年的发展,嵌入式系统已经在很大程度上改变了人们的生活、工作和娱乐方式,而且这些改变还在加速.嵌入式系统具有无数的种类,每类都具有自己独特的个性.例如,MP3、数码相机与打印机中的嵌入式系统就有很大的不同.汽车中更是具有多个嵌入式系统,使汽车更便捷、更干净、更容易驾驶.

尽管嵌入式系统极大地改变了人们的生活、工作和娱乐,但要定义嵌入式系统的概念却不容易,下面先介绍一些生活中常见的嵌入式系统.

1.1.1 现实中的嵌入式系统

即使不可见,嵌入式系统也无处不在.嵌入式系统在很多产业中得到了广泛的应用并逐步改变着这些产业,包括工业自动化、国防、运输和航天领域.例如神舟飞船和长征火箭中有很多嵌入式系统,导弹的制导系统也是嵌入式系统,高档汽车中也有多达几十个嵌入式系统.

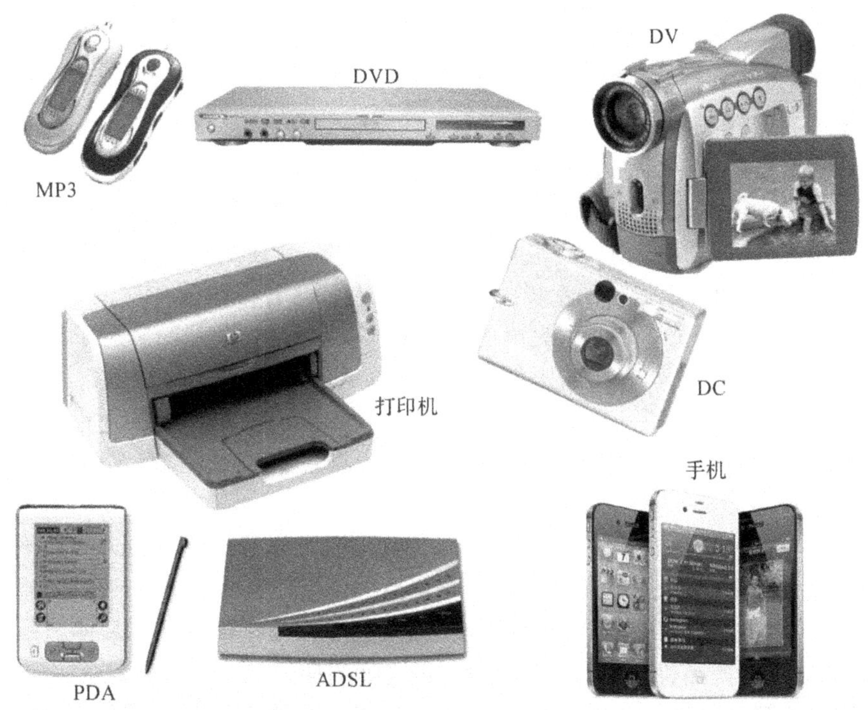

图 1-1 常见的嵌入式系统应用实例

在日常生活中，人们也常使用各种嵌入式系统，但未必知道它们. 图 1-1 就是一些比较新的、生活中比较常见的嵌入式系统. 事实上，几乎所有带有一点“智能”的家电(比如全自动洗衣机、电脑和电饭煲等)都装有嵌入式系统. 嵌入式系统广泛的适应能力和多样性，使得视听、工作场所甚至健身设备中到处都有嵌入式系统.

1.1.2 嵌入式系统的概念

(1)嵌入式系统的定义.

嵌入式系统是以应用为中心，以计算机技术为基础，软硬件可裁剪，满足应用系统对功能、可靠性、成本、体积、功耗有严格要求的专用计算机系统. 有时也称它为嵌入式计算机. 它一般由嵌入式微处理器、外围硬件设备、嵌入式操作系统以及用户的应用程序等四个部分组成，用于实现对其他设备的控制、监视或管理等功能.

嵌入式系统一般指非 PC 系统，它包括硬件和软件两部分. 硬件包括处理器/微处理器、存储器及外设器件(如:I/O 端口、图形控制器等). 软件部分包括操作系统软件(OS)(要求实时和多任务操作)和应用软件. 有时设计人员把这两种软件组合在一起. 应用程序控制着系统的运作和行为；而操作系统控制着应用程序与硬件的交互.

嵌入式系统是将先进的计算机技术、半导体技术、电子技术和各个行业的具体应用相结合后的产物，这一点就决定了它必然是一个技术密集、资金密集、高度分散、不断创新的知识集成系统.

嵌入式计算机在应用数量上远远超过了各种通用计算机，一台通用计算机的外部设备中就包含了 5—10 个嵌入式微处理器，键盘、鼠标、软驱、硬盘、显示卡、显示器、Modem、网卡、声卡、打印机、扫描仪、数码相机、USB 集线器等均是由嵌入式处理器控制的. 在制造工业中，过程控制、通讯、仪器、仪表、汽车、船舶、航空、航天、军事装备、消费类产品等方面均是嵌入式计算机的应用领域.

(2)嵌入式系统的特点.

嵌入式计算机系统同通用型计算机系统相比具有以下特点：

①嵌入式系统通常是面向特定应用的嵌入式 CPU，与通用型的最大不同就是嵌入式 CPU 大多在为特定用户群设计的系统中工作，它通常都具有功耗低、体积小、集成度高等特点，能够把通用 CPU 中许多由板卡完成的任务集成在芯片内部，从而有利于嵌入式系统设计趋于小型化，移动能力大大增强，跟网络的耦合也越来越紧密.

②嵌入式系统是将先进的计算机技术、半导体技术和电子技术与各个行业的具体应用相结合后的产物. 这一点就决定了它必然是一个技术密集、资金密集、高度分散、不断创新的知识集成系统.

③嵌入式系统的硬件和软件都必须高效率地设计，量体裁衣、去除冗余，力争在同样的硅片面积上实现更高的性能，这样才能在具体应用中使处理器的选择更具竞争力.

④嵌入式系统和具体应用有机地结合在一起，它的升级换代也是和具体产品同步进行的，因此嵌入式系统产品进入市场后具有较长的生命周期.

⑤为了提高执行速度和系统可靠性，嵌入式系统中的软件一般都固化在存储器芯片或单片机本身中，而不是存贮于磁盘等载体中.

⑥嵌入式系统本身不具备自举开发能力，即使设计完成以后用户通常也是不能对其中的程序和功能进行修改的，必须有一套开发工具和一个适宜环境才行.

1.1.3 高低端嵌入式系统

嵌入式系统的嵌入式应用特点，决定了其研制多学科交叉的特点. 作为内嵌的计算机系统，它要求计算机领域人员介入其体系结构、软件技术、工程应用方面的研究. 然而，了解应用领域的控制要求，实现系统控制模式，就必须具备应用领域的专业知识. 因此，从嵌入式系统发展的历史过程，以及嵌入式应用的多样性中，客观上形成了两种应用模式.

(1)客观存在的两种应用模式.

嵌入式计算机系统起源于微型机时代，但很快就进入独立发展的单片机时代. 在单片机时代，嵌入式系统以器件形态迅速进入到传统电子技术领域中，以电子技术应用工程师为主体，实现传统电子系统的智能化，而计算机专业队伍并没有真正进入单片机应用领域. 因此，电子技术应用工程师以自己习惯性的电子技术应用模式，从事单片机的应用开发. 这种应用模式最重要的特点是：软、硬件的底层性和随意性；应用领域专业技术的密切相关性；缺少计算机工程设计方法.

虽然在单片机时代，计算机专业淡出了嵌入式系统领域，但随着后 PC 时代的到来，网络、通信技术得以发展，同时，嵌入式系统软、硬件技术有了很大的进步，这些都为计算机专业人士介入嵌入式系统应用开辟了广阔天地. 随着计算机专业人士的介入而形成的计算机应用模式带有明显的计算机的工程应用特点，即基于嵌入式系统软、硬件平台，以网络、通信为主的非嵌入式底层应用.

(2)两种应用模式的并存与互补.

由于嵌入式系统最大、最广、最底层的应用是传统电子技术领域的智能化改造，因此，以通晓应用领域专业知识的电子技术队伍为主，用最少的嵌入式系统软、硬件开销，以 8 位机为主，带有浓重的电子系统设计色彩的电子系统应用模式会长期存在下去. 另外，计算机专业人士会愈来愈多地介入嵌入式系统应用中，但囿于应用领域专业知识的隔阂，其应用领域会集中在网络、通信、多媒体、商务电子等方面，不可能替代原来电子工程师在控制、仪器仪表、机械电子等方面的嵌入式应用. 因此，客观存在的两种应用模式会长期并存下去，在不同的领域中相互补充. 电子系统设计模式应从计算机应用设计模式中，学习计算机工程方法和嵌入式系统软件技术；计算机应用设计模式应从电子系统设计模式中，了解嵌入式系统应用的电路系统特性、基本的外围电路设计方法和对象系统的基本要求等.

(3)嵌入式系统应用的高低端.

由于嵌入式系统有过很长的一段单片机的独立发展道路，大多是基于 8 位单片机，实现最底层的嵌入式系统应用，带有明显的电子系统设计模式特点. 大多数从事单片机应用开发的人员，都是具体应用领域中的电子系统工程师，是单片机的出现，令他们立即脱离了计算机专业领域，以“智能化”器件身份进入电子系统领域，没有带入“嵌入式系统”概念. 因此，不少从事单片机应用的人，不了解单片机与嵌入式系统的关系，在谈到“嵌入式系统”领域时，往往理解成计算机专业领域的，基于 32 位嵌入式处理器，从事网络、通信、多媒体等的应用. 这样，“单片机”与“嵌入式系统”形成了嵌入式系统中常见的两个独立的名词. 但由于“单片机"是典型的、独立发展起来的嵌入式系统,从学科建设的角度出发,应该把它统一成"嵌入式系统".考虑到原来单片机的电子系统底层应用特点,可以把嵌入式系统应用分成高端与低端,把原来的单片机应用理解成嵌入式系统的低端应用,含义为它的底层性以及与具体应用领域的紧耦合.

1.1.4 嵌入式系统工业

(1)嵌入式系统工业是不可垄断的高度分散的工业.

从某种意义上来说,通用计算机行业的技术是垄断的.占整个计算机行业90%的PC产业,80%采用Intel的x86体系结构,芯片基本上出自Intel、AMD、Cyrix等几家公司.在几乎每台计算机必备的操作系统和文字处理器方面,Microsoft的Windows及Word占80%—90%,凭借操作系统还可以搭配其他应用程序.因此,当代的通用计算机工业的基础被认为是由Wintel(Microsoft和Intel在90年代初建立的联盟)垄断的.

嵌入式系统则不同,它是一个分散的工业,充满了竞争、机遇与创新,没有哪一个系列的处理器和操作系统能够垄断全部市场.即便在体系结构上存在着主流,但各不相同的应用领域决定了不可能有少数公司、少数产品垄断全部市场.因此嵌入式系统领域的产品和技术,必然是高度分散的,留给各个行业的中小规模高技术公司的创新余地很大.另外,社会上的各个应用领域是在不断向前发展的,要求其中的嵌入式处理器核心也同步发展,这也构成了推动嵌入式工业发展的强大动力.

嵌入式系统工业的基础是以应用为中心的"芯片"设计和面向应用的"软件"产品开发.

(2)嵌入式系统具有的产品特征.

嵌入式系统是面向用户、面向产品、面向应用的,如果独立于应用自行发展,则会失去市场.嵌入式处理器的功耗、体积、成本、可靠性、速度、处理能力、电磁兼容性等方面均受到应用要求的制约,这些也是各个半导体厂商之间竞争的热点.

和通用计算机不同,嵌入式系统的硬件和软件都必须高效率地设计,量体裁衣、去除冗余,力争在同样的硅片面积上实现更高的性能,这样才能在具体应用对处理器的选择面前更具竞争力.嵌入式处理器要针对用户的具体需求,对芯片配置进行裁剪和添加才能达到理想的性能;但同时还受用户订货量的制约.因此不同的处理器面向的用户是不一样的,可能是一般用户,也可能是行业用户或单一用户.

嵌入式系统和具体应用有机地结合在一起,它的升级换代也是和具体产品同步进行的,因此嵌入式系统产品进入市场后具有较长的生命周期.嵌入式系统中的软件,一般都固化在只读存储器中,而不是以磁盘为载体,可以随意更换,所以嵌入式系统的应用软件生命周期也和嵌入式产品一样长.另外,各个行业的应用系统和产品,和通用计算机软件不同,很少发生突然性的跳跃,嵌入式系统中的软件也因此更强调可继承性和技术衔接性,发展比较稳定.

嵌入式处理器的发展也体现出稳定性,一个体系一般要存在8—10年的时间.一个体系结构及其相关的片上外设、开发工具、库函数、嵌入式应用产品是一套复杂的知识系统,用户和半导体厂商都不会轻易地放弃一种处理器.

(3)中国在嵌入式系统中的机会.

中国在计算机基础工业上落后于西方国家,在嵌入式处理器上也是如此.但是嵌入式系统面向应用的特点决定了处理器应用开发的产值要占有整个嵌入式工业的大部分，而且将嵌入式处理器与具体应用相结合的这样一种知识创新，只能由精通应用系统的用户来完成.因此中国在嵌入式系统方面存在着相当大的发展机会.

1.1.5 嵌入式系统的未来

在1990年之前，嵌入式系统通常是很简单的且具有很长的产品生命周期的自主设备.近些年来，嵌入式工业经历了巨大的变革.

(1)产品市场窗口现在预计翻番的周期狂热到6～9个月.

(2)全球重新定义市场的机会和膨胀的应用空间.

(3)互联现在是一个需求而不是辅助性的存在，包括有线和刚刚崭露头角的无线技术.

(4)基于电子元件的产品更复杂化.

(5)互联嵌入式系统产生新的依赖网络基础设施的应用.

(6)微处理器的处理能力按摩尔定律(Moore's Law)预计的速度在增加.该定律认为集成电路和晶体管个数每18个月翻一番.

今天的嵌入式系统已普遍应用于国防工业、数字家庭、工业自动化、汽车电子、医学科技、消费电子、无线通讯、电力系统等国民经济的主要行业.随着嵌入式技术的发展，嵌入式系统将更广泛地应用于人类生活的方方面面.如基于嵌入式Internet网络的地球电子皮肤和可以嵌入牙齿上的手机都在研发之中.嵌入式系统专家认为"通用计算机是认识世界的工具，而嵌入式系统则是改造世界的工具".

1.2 嵌入式处理器

1.2.1 简介

普通个人计算机(PC)中的处理器是通用目的的处理器.它们的设计非常丰富，因为这些处理器具有通用的特性和广泛的功能，故可以用于各种应用.使用这些通用处理器的系统有大量的应用编程资源.例如，现代处理器具有内置的内存管理单元(MMU)，提供内存保护和多任务能力的虚存和通用目的的操作系统.这些通用的处理器具有先进的高速缓存逻辑.许多这样的处理器具有执行快速浮点运算的内置数字协处理器.这些处理器提供接口，支持各种各样的外部设备.这些处理器能源消耗大，产生的热量高，尺寸也大.其复杂性意味着这些处理器的制造成本昂贵.在早期，嵌入式系统通常用通用目的的处理器建造.

近年来，随着大量先进的微处理器制造技术的发展，越来越多的嵌入式系统用嵌入式处理器建造，而不是用通用目的的处理器.这些嵌入式处理器是为完成特殊的应用而设计的特殊目的的处理器.

一类嵌入式处理器注重尺寸、能耗和价格.因此，某些嵌入式处理器限定功能，即处理器对于某类应用足够好，而对于其他类的应用可能就不够好了.这就是为何许多的嵌入式处理器没有太高的CPU速度的原因.例如，为个人数字助理(PDA)设备选择的处理器就没有浮点协处理器，因为浮点运算没有必要，或用软件仿真就足够了.这些处理器可以是16-bit地址体系结构，而不是32-bit的，因为受内存储器容量的限制；可以是200 MHz CPU频率，因为应用的主要特性是交互和显示密集性的，而不是计算密集性的. 这类嵌入式处理器很小，因为整个 PDA 装置尺寸很小并能放在手掌上. 限制功能意味着降低能耗并延长电池供电时间. 更小的尺寸可降低处理器的制造成本.

另一类嵌入式处理器更关注性能. 这些处理器功能很强，并用先进的芯片设计技术包装，如先进的管道线和并行处理体系结构. 这些处理器设计满足那些用通用目的的处理器难以达到的密集性计算的应用需求. 新出现的高度特殊的高性能嵌入式处理器，包括为网络设备和电信工业开发的网络处理器.

还有一类嵌入式处理器关注全部 4 个需求——性能、尺寸、能耗和价格. 例如，蜂窝电话中的嵌入式数字信号处理器(DSP)具有特殊性的计算单元、内存中的优化设计、寻址和带多个处理能力的总线体系结构，这样 DSP 可以非常快地实时执行复杂的计算. 在同样的时钟频率下，DSP 执行数字信号处理要比通用目的的处理器速度快若干倍，这就是在蜂窝电话的设计上用 DSP 而不用通用目的的处理器的原因. 更有甚者，DSP 具有非常快的速度和强大的嵌入式处理器，但其价格是相当合适的，使得蜂窝电话的整体价格具有相当的竞争力. 使用 DSP 的供电电池可以持续使用几十小时.

片上系统 SOC(System On Chip)处理器对嵌入式系统具有特别的吸引力. SOC 处理器具有 CPU 内核并带内置外设模块，如可编程通用目的计时器、可编程中断控制器、DMA 控制器和以太网接口. 这样的自含设计使嵌入式设计可以用来建造各种嵌入式应用，而不需要附加外部设备，再次减少了最终产品的整个费用和尺寸.

1.2.2 分类

(1)嵌入式微处理器(Embedded Microprocessor Unit，EMPU).

嵌入式微处理器的基础是通用计算机中的 CPU. 在应用中，将微处理器装配在专门设计的电路板上，只保留和嵌入式应用有关的母板功能，这样可以大幅度减小系统体积和功耗. 为了满足嵌入式应用的特殊要求，嵌入式微处理器虽然在功能上和标准微处理器基本是一样的，但在工作温度、抗电磁干扰、可靠性等方面一般都做了各种增强.

和工业控制计算机相比，嵌入式微处理器具有体积小、重量轻、成本低、可靠性高的优点，但是在电路板上必须包括 ROM、RAM、总线接口、各种外设等器件，从而降低了系统的可靠性，也使得技术保密性较差. 嵌入式微处理器及其存储器、总线、外设等安装在一块电路板上，称为单板计算机，如 STD-BUS、PC104 等. 近年来，德国、日本的一些公司又开发出了类似"火柴盒"式名片大小的嵌入式计算机系列 OEM 产品.

嵌入式处理器目前主要有 Alpha、Power PC、MIPS、ARM 系列等.

(2)嵌入式微控制器(Microcontroller Unit，MCU).

嵌入式微控制器又称单片机，顾名思义，就是将整个计算机系统集成到一块芯片中. 嵌入式微控制器一般以某一种微处理器内核为核心，芯片内部集成 ROM/EPROM、RAM、总线、总线逻辑、定时/计数器、WatchDog、I/O、串行口、脉宽调制输出、A/D、D/A、Flash RAM、EEPROM 等各种必要功能和外设. 为适应不同的应用需求，一般一个系列的单片机具有多种衍生产品，每种衍生产品的处理器内核都是一样的，不同的是存储器和外设的配置及封装. 这样可以使单片机最大限度地和应用需求相匹配，功能不多不少，从而减少功耗和成本.

和嵌入式微处理器相比，微控制器的最大特点是单片化，体积大大减小，从而使功耗和成本下降、可靠性提高．微控制器是目前嵌入式系统工业的主流．微控制器的片上外设资源一般比较丰富，适合于控制，因此称微控制器．

嵌入式微控制器目前的品种和数量最多，比较有代表性的通用系列包括8051、P51XA、MCS－251、MCS－96/196/296、C166/167、MC68HC05/11/12/16、68300、数目众多的ARM芯片等．目前MCU占嵌入式系统的市场份额约为70％．

（3）嵌入式DSP处理器（Embedded Digital Signal Processor，EDSP）．

DSP处理器对系统结构和指令进行了特殊设计，使其适合于执行DSP算法，编译效率较高，指令执行速度也较高．在数字滤波、FFT、谱分析等方面DSP算法正在大量进入嵌入式领域，DSP应用正从在通用单片机中以普通指令实现DSP功能，过渡到采用嵌入式DSP处理器．

嵌入式DSP处理器比较有代表性的产品是Texas Instruments的TMS320系列和Motorola的DSP56000系列．TMS320系列处理器包括用于控制的C2000系列，用于移动通信的C5000系列，以及性能更高的C6000和C8000系列．DSP56000目前已经发展成为DSP56000，DSP56100，DSP56200和DSP56300等几个不同系列的处理器．另外PHILIPS公司近年也推出了基于可重置嵌入式DSP结构低成本、低功耗技术上制造的R. E. A. L DSP处理器，特点是具备双Harvard结构和双乘/累加单元，应用目标是大批量消费类产品．

（4）嵌入式片上系统（System On Chip）．

随着EDI的推广和VLSI设计的普及化及半导体工艺的迅速发展，在一个硅片上实现一个更为复杂的系统的时代已来临，这就是SOC（System On Chip）．各种通用处理器内核将作为SOC设计公司的标准库，和许多其他嵌入式系统外设一样，成为VLSI设计中一种标准的器件，用标准的VHDL等语言描述，存储在器件库中．用户只需定义出其整个应用系统，仿真通过后就可以将设计图交给半导体工厂制作样品．这样除个别无法集成的器件以外，整个嵌入式系统大部分均可集成到一块或几块芯片中去，应用系统电路板将变得很简洁，对于减小体积和功耗、提高可靠性非常有利．

SOC可以分为通用和专用两类．通用系列包括Infineon的TriCore，Motorola的M－Core，某些ARM系列器件，Echelon和Motorola联合研制的Neuron芯片等．专用SOC一般专用于某个或某类系统中，不为一般用户所知．一个有代表性的产品是Philips的Smart XA，它将XA单片机内核和支持超过2048位复杂RSA算法的CCU单元制作在一块硅片上，形成一个可加载Java或C语言的专用的SOC，可用于公众互联网如Internet安全方面．

1.3　嵌入式系统开发流程

1.3.1　流程概述

由嵌入式系统本身的特性所影响，嵌入式系统开发和通用系统的开发有很大的区别．嵌入式系统的开发主要分为系统总体开发、嵌入式硬件开发和嵌入式软件开发三大部分，其总体流程如图1-2所示．

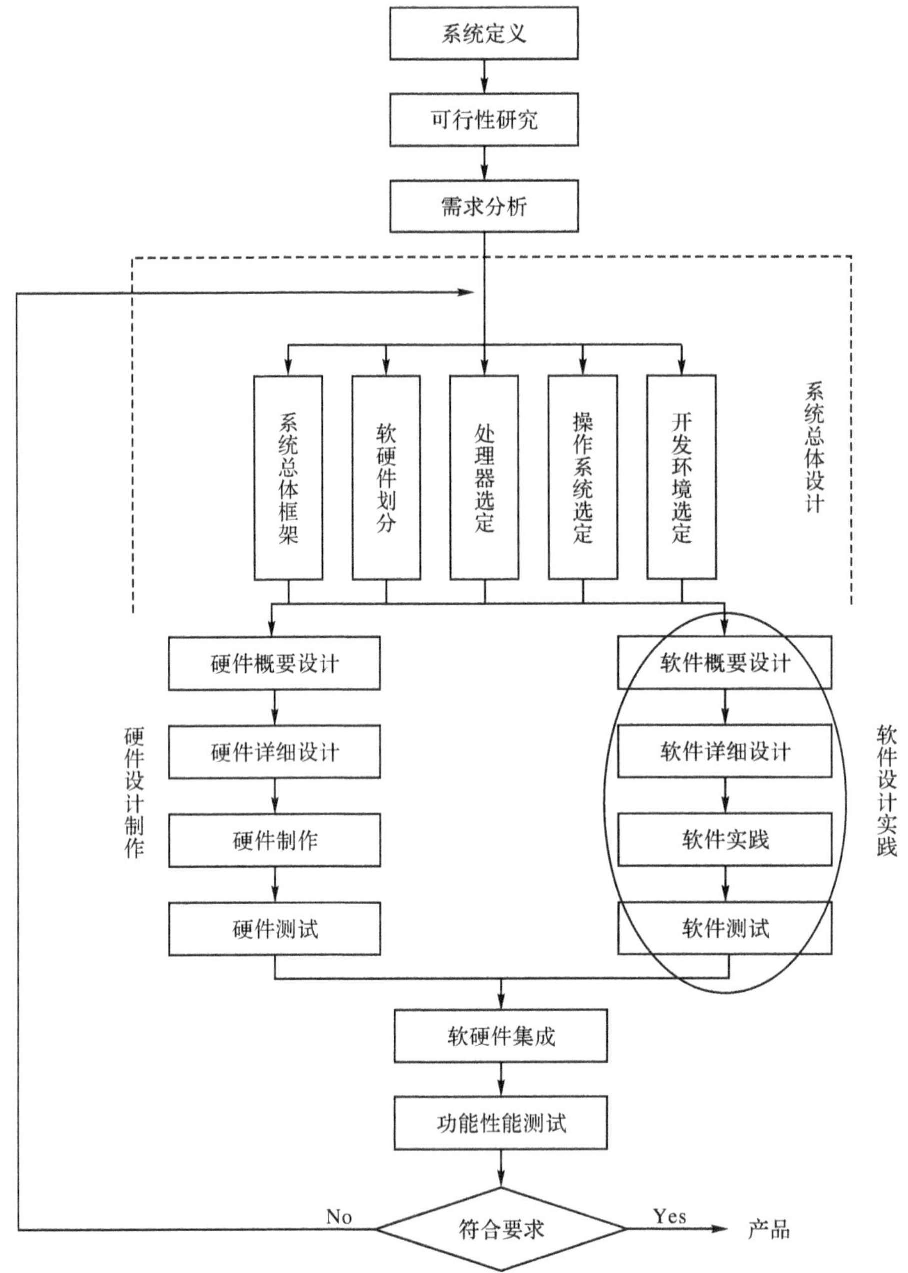

图 1-2　嵌入式系统开发流程图

在系统总体开发中，由于嵌入式系统与硬件相互依赖非常紧密，往往某些需求只能通过特定的硬件才能实现，因此需要进行处理器选型，以更好地满足产品的需求. 另外，对于有些硬件和软件都可以实现的功能，就需要在成本和性能上做出抉择. 往往通过硬件实现会增加产品的成本，但能大大提高产品的性能和可靠性.

另外，开发环境的选择对于嵌入式系统的开发也有很大的影响. 这里的开发环境包括嵌入式操作系统的选择以及开发工具的选择等. 比如，对开发成本和进度限制较大的产品可以选择嵌入式 Linux，对实时性要求非常高的产品可以选择 VxWorks 等.

由于本书主要讨论嵌入式软件的应用开发，因此对硬件开发不做详细讲解，而主要讨论嵌入式软件开发的流程.

1.3.2 嵌入式软件开发概述

嵌入式系统的软件开发与通常软件开发的区别主要在于软件实现部分，其中又可以分为编译和调试两部分，下面分别对这两部分进行讲解.

(1)交叉编译.

嵌入式软件开发所采用的编译为交叉编译.所谓交叉编译就是在一个平台上生成可以在另一个平台上执行的代码.编译最主要的工作就是将程序转化成运行该程序的 CPU 所能识别的机器代码，由于不同的体系结构有不同的指令系统，不同的 CPU 需要有相应的编译器，而交叉编译就如同翻译一样，把相同的程序代码翻译成不同 CPU 的对应可执行二进制文件.要注意的是，编译器本身也是程序，也要在与之对应的某一个 CPU 平台上运行.嵌入式系统交叉编译环境如图 1-3 所示.

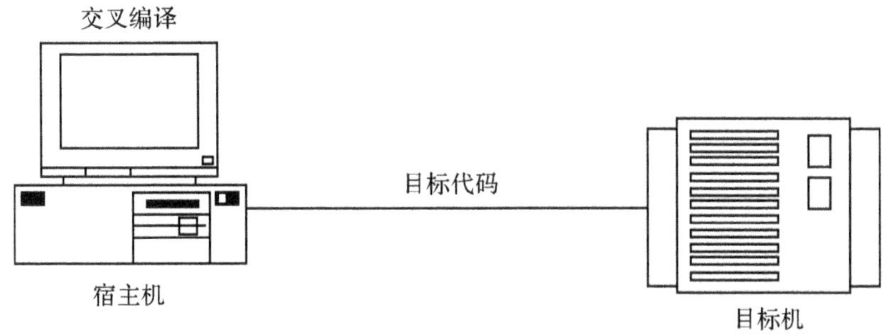

图 1-3 交叉编译环境

这里一般将进行交叉编译的主机称为宿主机，也就是普通的通用 PC，而将程序实际的运行环境称为目标机，也就是嵌入式系统环境.由于一般通用计算机拥有非常丰富的系统资源、使用方便的集成开发环境和调试工具等，而嵌入式系统的系统资源非常紧缺，无法在其上运行相关的编译工具，因此，嵌入式系统的开发需要借助宿主机(通用计算机)来编译出目标机的可执行代码.

由于编译的过程包括编译、链接等几个阶段，因此，嵌入式的交叉编译也包括交叉编译、交叉链接等过程，通常 ARM 的交叉编译器为 arm-elf-gcc、arm-linux-gcc 等，交叉链接器为 arm-elf-ld、arm-linux-ld 等，交叉编译过程如图 1-4 所示.

(2)交叉调试.

嵌入式软件经过编译和链接后即进入调试阶段，调试是软件开发过程中必不可少的一个环节，嵌入式软件开发过程中的交叉调试与通用软件开发过程中的调试方式有很大的差别.在常见软件开发中，调试器与被调试的程序往往运行在同一台计算机上，调试器是一个单独运行着的进程，它通过操作系统提供的调试接口来控制被调试的进程.而在嵌入式软件开发中，调试时采用的是在宿主机和目标机之间进行的交叉调试，调试器仍然运行在宿主机的通用操作系统之上，但被调试的进程却是运行在基于特定硬件平台的嵌入式操作系统中，调试器和被调试进程通过串口或者网络进行通信，调试器可以控制、访问被调试进程，读取被调试进程的当前状态，并能够改变被调试进程的运行状态.

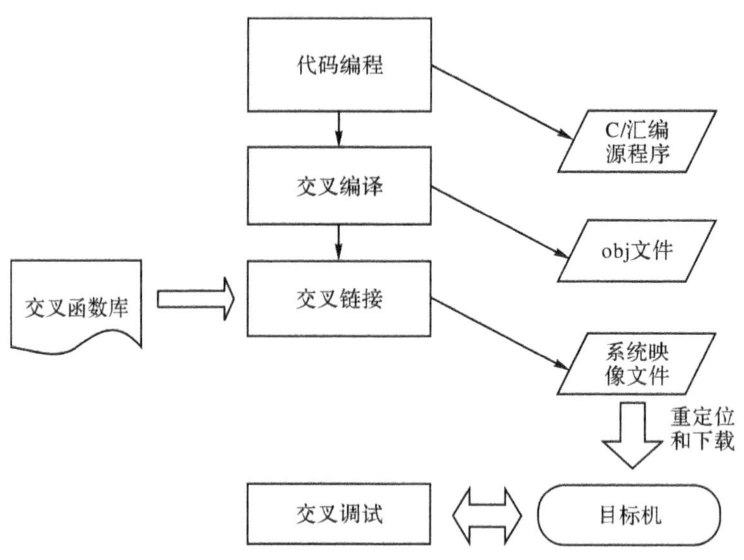

图 1-4　嵌入式交叉编译过程

嵌入式系统的交叉调试有多种方法，主要可分为软件方式和硬件方式两种. 它们一般都具有如下一些典型特点：

① 调试器和被调试进程运行在不同的机器上，调试器运行在 PC 机（宿主机），而被调试的进程则运行在各种专业调试板上（目标板）.

② 调试器通过某种通信方式（串口、并口、网络、JTAG 等）控制被调试进程.

③ 在目标机上一般会具备某种形式的调试代理，它负责与调试器共同配合完成对目标机上运行着的进程的调试. 这种调试代理可能是某些支持调试功能的硬件设备，也可能是某些专门的调试软件（如 gdbserver）.

④ 目标机可能是某种形式的系统仿真器，通过在宿主机上运行目标机的仿真软件，整个调试过程可以在一台计算机上运行. 此时物理上虽然只有一台计算机，但逻辑上仍然存在着宿主机和目标机的区别.

思考与练习

1. 举出本书中 3 个未提到的嵌入式系统的例子.
2. 什么叫嵌入式系统？
3. 什么叫嵌入式处理器？ 嵌入式处理器分哪几类？
4. 解释交叉编译的概念.

第二章 ARM 体系结构

2.1 ARM 简介

ARM 的全称是 Advanced RISC Machine，这个公司不生产芯片也不销售芯片，它只是出售芯片技术授权. 基于 ARM 技术的 IP 核的微处理器遍及汽车、消费电子、成像、工业控制、海量存储、网络、安保和无线等各类产品市场. 目前世界上前 5 大半导体公司全部使用了 ARM 的技术授权，而前 10 大半导体公司有 9 家，前 25 大半导体公司中有 23 家采用了 ARM 的技术授权. 它借助于拥有的强大技术优势，在世界范围内与许多业界领先的半导体厂商和芯片设计中心、实时操作系统软件开发商、应用软件公司、电子设计自动化(EDA)工具供应商和系统公司建立合作关系，其中包括世界顶级的厂商 Intel、NS、TI、Apple、Motorola、Mitsubishi、SUN、Lucent、Sanyo、Altera、Triscend、Agilent、Toshiba、Fujitsu、Sharp、ST、3COM、OKI、YAMAHA、Atmel、Rohm、Rockwell、Philips、Lucent、Samsung、Hyundai、Sony 和 Alcatel 等 271 家公司(表 2-1 列出 ARM 公司各处理器的授权使用方数量，表 2-2 列出 ARM9 的授权使用厂商名单). 由此可见 ARM 技术具有不可抗拒的魅力，1999 年采用 ARM IP 核的芯片出货量就达 1.8 亿片，占 RISC 市场份额 57.8%；2000 年采用 ARM IP 核的芯片出货量更是增长到 4 亿片，RISC 市场份额上升到 74.3%，同期 MIPS 芯片占 11.3%，Power PC 芯片占 3.4%.

表 2-1 ARM 公司各处理器的授权使用方数量

Cortex 处理器	许可证数
Cortex-A	86
Cortex-R	22
Cortex-M	123
经典 ARM 处理器	许可证数
ARM11 系列	82
ARM9 系列	271
ARM7 系列	172

表 2-2 ARM9 的授权使用厂商名单

Accent	Intel Corporation	Seiko Epson
Altera Corporation	Intellon Corporation	Shanghai Fudan
AMI Semiconductor	Intrinsix Corporation	Sharp

续表

Analog Devices Inc.	Kawasaki Microelectronics	Shenzhen State Microelectronics (SMIT)
Atmel Corporation	LSI Logic	SiRF Technology
Avalink Incorporated	Mamurian Design Inc.	Skyworks
Beken Corporation	MediaTek	Socle Technology Corporation
Broadcom Corporation	Micronas	Sony
GLOBALFOUNDRIES	NEC Electronics	Spreadtrum Communications Inc.
Chengdu Javee Microelectronics Co.	Neo Magic Corporation	STMicroelectronics
Cirrus Logic	Nuvoton Technology Corporation	Telegent Systems Inc.
Conexant Systems Inc.	NVIDIA	Texas Instruments
Dialog Semiconductor	NXP	Toshiba
DSPG	OKI	U-Blox AG
eSilicon Corporation	Panasonic	Verisilicon
Freescale Semiconductor	Pixim	Via Telecom/Via Technology
Fujitsu	PLX Technology Inc.	Xi'an Huaxun
Gainspan Corporation	Qualcomm	Yamaha Corporation
Global Unichip Corporation	RDA International Inc.	Zarlink Semiconductor
Hong Kong Science and Technology Parks	Rohm	Zoran Corporation
Indilinx	Samsung Electronics	
Infineon Technologies AG	Sanyo	

ARM 体系结构是构建每个 ARM 处理器的基础. ARM 体系结构随着时间的推移而不断发展,其中包含的体系结构功能可满足不断增长的新功能、高性能需求以及新兴市场的需要.

ARM 体系结构支持跨越多个性能点的实现,并已在许多细分市场中成为主导的体系结构. ARM 体系结构支持非常广泛的性能点,因而可以利用最新的微体系结构技术获得极小的 ARM 处理器实现和极有效的高级设计实现. 实现小规模、高性能和低功耗是 ARM 体系结构的关键特性. 随着体系结构的不断扩展,新的 ARM 体系结构已能为 Java 加速(Jazelle®)、安全性(TrustZone®)、SIMD 和高级 SIMD(NEON™)技术等提供支持. ARMv8-A 体系结构还增加了密码扩展作为可选功能.

到目前为止,ARM 微处理器及技术的应用几乎已经深入到各个领域:

①工业控制领域:作为 32 位的 RISC 架构,基于 ARM 核的微控制器芯片不但占据了高端微控制器市场的大部分市场份额,同时也逐渐向低端微控制器应用领域扩展,ARM 微控制器的低功耗、高性价比,向传统的 8 位/16 位微控制器提出了挑战.

②无线通讯领域:目前已有超过 85%的无线通讯设备采用了 ARM 技术,ARM 以其高

性能和低成本，在该领域的地位日益巩固.

③网络应用：随着宽带技术的推广，采用 ARM 技术的 ADSL 芯片正逐步获得竞争优势. 此外，ARM 在语音及视频处理上进行了优化，并获得广泛支持，也对 DSP 的应用领域提出了挑战.

④消费类电子产品：ARM 技术在目前流行的数字音频播放器、数字机顶盒和游戏机中得到广泛采用.

⑤成像和安全产品：现在流行的数码相机和绝大部分的打印机采用了 ARM 技术. 手机中的 32 位 SIM 智能卡也采用了 ARM 技术.

除此以外，ARM 微处理器及技术还应用到许多不同的领域，并会在将来取得更加广泛的应用.

ARM 微处理器采用 RISC 架构，一般具有如下特点：

① 体积小、低功耗、低成本、高性能.

② 支持 Thumb(16 位)/ARM(32 位)双指令集，能很好地兼容 8 位/16 位器件.

③ 大量使用寄存器，指令执行速度更快.

④ 大多数数据操作都在寄存器中完成.

⑤ 寻址方式灵活简单，执行效率高.

⑥ 指令长度固定.

2.1.1 ARM 的内核简介

ARM 内核结构芯片具有 RISC 体系的一般特点：

① 具有大量寄存器.

② 绝大多数操作都是在寄存器中进行的，寄存器与内存打交道的唯一方式是通过 Load/Store 的体系结构在内存和寄存器之间进行数据传递.

③ 寻址方式简单.

④ 采用固定长度的指令.

ARM 微处理器目前主要包括下面几个系列，其他厂商基于 ARM 体系结构的处理器，除了具有 ARM 体系结构的共同特点以外，每一个系列的 ARM 微处理器都有各自的特点和应用领域.

① ARM7 系列.

② ARM9 系列.

③ ARM9E 系列.

④ ARM10E 系列.

⑤ ARM11 系列.

⑥ SecurCore 系列.

⑦ Intel 的 Xscale.

⑧ Intel 的 StrongARM.

⑨ Cortex-A、Cortex-R 和 Cortex-M.

其中，ARM7、ARM9、ARM9E 和 ARM10E 为 4 个通用处理器系列，每一个系列提供一套相对独特的性能来满足不同应用领域的需求. 例如 SecurCore 系列专门为安全要求较高的应用而设计.

以下我们来详细了解一下各种处理器的特点及应用领域.

(1)ARM7 微处理器系列.

ARM7 系列微处理器为低功耗的 32 位 RISC 处理器,最适合用于对价位和功耗要求较高的消费类应用. ARM7 微处理器系列具有如下特点:

① 具有嵌入式 ICE—RT 逻辑,调试开发方便.

② 极低的功耗,适合对功耗要求较高的应用,如便携式产品.

③ 能够提供 0.9 MIPS/MHz 的三级流水线结构.

④ 代码密度高并兼容 16 位的 Thumb 指令集.

⑤ 对操作系统的支持广泛,包括 Windows CE、Linux、Palm OS 等.

⑥ 指令系统与 ARM9 系列、ARM9E 系列和 ARM10E 系列兼容,便于用户产品的升级换代.

⑦ 主频最高可达 130MIPS,高速的运算处理能力能胜任绝大多数的复杂应用.

ARM7 系列微处理器的主要应用领域为:工业控制、Internet 设备、网络和调制解调器设备、移动电话等多种多媒体和嵌入式应用. ARM7 系列微处理器包括如下几种类型的核:ARM7TDMI、ARM7TDMI-S、ARM720T、ARM7EJ. 其中,ARM7TDMI 是目前使用最广泛的 32 位嵌入式 RISC 处理器,属低端 ARM 处理器核.

(2)ARM9 微处理器系列.

ARM9 系列微处理器在高性能和低功耗特性方面提供最佳的选择. 它具有以下特点:

① 5 级整数流水线,指令执行效率更高.

② 提供 1.1 MIPS/MHz 的哈佛结构.

③ 支持 32 位 ARM 指令集和 16 位 Thumb 指令集.

④ 支持 32 位的高速 AMBA 总线接口.

⑤ 全性能的 MMU,支持 Windows CE、Linux、Palm OS 等多种主流嵌入式操作系统. MPU 支持实时操作系统.

⑥ 支持数据 Cache 和指令 Cache,具有更高的指令和数据处理能力.

ARM9 系列微处理器主要应用于无线设备、仪器仪表、安全系统、机顶盒、高端打印机、数字照相机和数字摄像机等. ARM9 系列微处理器包含 ARM920T、ARM922T 和 ARM940T 三种类型,以适用于不同的应用场合.

(3)ARM9E 微处理器系列.

ARM9E 系列微处理器为可综合处理器,使用单一的处理器内核提供了微控制器、DSP、Java 应用系统的解决方案,极大地减少了芯片的面积和系统的复杂程度. ARM9E 系列微处理器提供了增强的 DSP 处理能力,很适合于那些需要同时使用 DSP 和微控制器的应用场合. ARM9E 系列微处理器的主要特点如下:

① 支持 DSP 指令集,适合于需要高速数字信号处理的场合.

② 5 级整数流水线,指令执行效率更高.

③ 支持 32 位 ARM 指令集和 16 位 Thumb 指令集.

④ 支持 32 位的高速 AMBA 总线接口.

⑤ 支持 VFP9 浮点处理协处理器.

⑥ 全性能的 MMU，支持 Windows CE、Linux、Palm OS 等多种主流嵌入式操作系统.

⑦ MPU 支持实时操作系统.

⑧ 支持数据 Cache 和指令 Cache，具有更高的指令和数据处理能力.

⑨ 主频最高可达 300MIPS.

ARM9 系列微处理器主要应用于下一代无线设备、数字消费品、成像设备、工业控制、存储设备和网络设备等领域. ARM9E 系列微处理器包含 ARM926EJ-S、ARM946E-S 和 ARM966E-S 三种类型，以适用于不同的应用场合.

(4)ARM10E 微处理器系列.

ARM10E 系列微处理器具有高性能、低功耗的特点，由于采用了新的体系结构，与同等的 ARM9 器件相比较，在同样的时钟频率下，性能提高了近 50%，同时，ARM10E 系列微处理器采用了两种先进的节能方式，使其功耗极低. ARM10E 系列微处理器的主要特点如下：

① 支持 DSP 指令集，适合于需要高速数字信号处理的场合.

② 6 级整数流水线，指令执行效率更高.

③ 支持 32 位 ARM 指令集和 16 位 Thumb 指令集.

④ 支持 32 位的高速 AMBA 总线接口.

⑤ 支持 VFP10 浮点处理协处理器.

⑥ 全性能的 MMU，支持 Windows CE、Linux、Palm OS 等主流嵌入式操作系统.

⑦ 支持数据 Cache 和指令 Cache，具有更高的指令和数据处理能力.

⑧ 主频最高可达 400MIPS.

⑨ 内嵌并行读/写操作部件.

ARM10E 系列微处理器主要应用于下一代无线设备、数字消费品、成像设备、工业控制、通信和信息系统等领域. ARM10E 系列微处理器包含 ARM1020E、ARM1022E 和 ARM1026EJ-S 三种类型，以适用于不同的应用场合.

(5)ARM11 微处理器系列.

ARM11 处理器系列所提供的引擎可用于当前生产领域中的很多智能手机；该系列还广泛用于消费类、家庭和嵌入式应用领域. 该处理器的功耗非常低，提供的性能范围为小面积设计中的 350 MHz 到速度优化设计中的 1 GHz(45 纳米和 65 纳米). ARM11 处理器软件可以与以前所有 ARM 处理器兼容，并引入了用于媒体处理的 32 位 SIMD、用于提高操作系统上下文切换性能的物理标记高速缓存、强制实施硬件安全性的 TrustZone 以及针对实时应用的紧密耦合内存. ARM11 系列微处理器的主要特点如下：

① 强大的 ARMv6 指令集体系结构.

② ARMThumb® 指令集可以减少高达 35%的内存带宽和大小需求.

③ 用于执行高效嵌入式 Java 的 ARMJazelle® 技术.

④ ARMDSP 扩展.

⑤ SIMD(单指令多数据)媒体处理扩展可提供高达 2 倍的视频处理性能.

⑥ 作为片上安全基础的 ARMTrustZone® 技术(ARM1176JZ-S 和 ARM1176JZF-S 处理器).

⑦ Thumb-2 技术(仅 ARM1156(F)-S)，可提高性能、能效和代码密度.

⑧ 低功耗：

a. 0.21 mW/MHz(65 G),包括高速缓存控制器.

b. 节能关闭模式能够处理高级工艺中的静态漏电情况.

⑨ 高性能整数处理器.

a. 8 阶段整数管道可提供高时钟频率(对于 ARM1156T2(F)-S 为 9 阶段).

b. 单独的加载—存储和算术管道.

c. 分支预测和返回栈.

⑩ 高性能内存系统设计.

a. 支持 4—64k 高速缓存大小.

b. 针对多媒体应用领域的、带 DMA 的可选紧密耦合内存.

c. 对于媒体处理和网络应用领域,高性能 64 位内存系统加快了数据存取速度.

d. ARMv6 内存系统体系结构加快了操作系统上下文切换速度.

⑪ 矢量中断接口和低中断延迟模式提高了中断响应速度和实时性能.

⑫ 用于汽车/工业控制和三维图形加速的可选矢量浮点协处理器(ARM1136JF-S、ARM1176JZF-S 和 ARM1156T2F-S 处理器).

⑬ 所有 ARM11 系列处理器都作为符合 ARM-Synopsys 参考方法的可交付项来提供,从而显著缩短了生成内核的特定技术实现的时间,以及生成一组完整的行业标准视图和模型的时间.

(6)SecurCore 微处理器系列.

SecurCore 系列微处理器专为安全需要而设计,提供了完善的 32 位 RISC 技术的安全解决方案,因此,SecurCore 系列微处理器除了具有 ARM 体系结构的低功耗、高性能的特点外,还具有其独特的优势,即提供了对安全解决方案的支持. SecurCore 系列微处理器除了具有 ARM 体系结构各种主要特点外,还在系统安全方面具有如下的特点:

① 带有灵活的保护单元,以确保操作系统和应用数据的安全.

② 采用软内核技术,防止外部对其进行扫描探测.

③ 可集成用户自己的安全特性和其他协处理器.

SecurCore 系列微处理器主要应用于一些对安全性要求较高的应用产品及应用系统,如电子商务、电子政务、电子银行业务、网络和认证系统等领域. SecurCore 系列微处理器包含 SecurCore SC100、SecurCore SC110、SecurCore SC200 和 SecurCore SC210 四种类型,以适用于不同的应用场合.

(7)StrongARM 微处理器系列.

Inter StrongARM SA-1100 处理器采用 ARM 体系结构高度集成的 32 位 RISC 微处理器. 它融合了 Inter 公司的设计和处理技术以及 ARM 体系结构的电源效率,采用在软件上兼容 ARMv4 体系结构、同时采用具有 Intel 技术优点的体系结构. Intel StrongARM 处理器是便携式通讯产品和消费类电子产品的理想选择,已成功应用于多家公司的掌上电脑系列产品.

(8)Xscale 处理器.

Xscale 处理器是基于 ARMv5TE 体系结构的解决方案,是一款全性能、高性价比、低功耗的处理器. 它支持 16 位的 Thumb 指令和 DSP 指令集,已使用在数字移动电话、个人数字助理和网络产品等场合.

(9)Cortex-A 系列.

ARM Cortex™-A 系列的应用型处理器可向托管丰富的操作系统平台的设备和用户应用提供全方位的解决方案,包括超低成本的手机、智能手机、移动计算平台、数字电视、机顶盒、企业网络、打印机和服务器解决方案.高性能的 Cortex-A15、可伸缩的 Cortex-A9、经过市场验证的 Cortex-A8 处理器以及高效的 Cortex-A7 和 Cortex-A5 处理器均共享同一体系结构,因此具有完整的应用兼容性,支持传统的 ARM、Thumb® 指令集和新增的高性能紧凑型 Thumb-2 指令集.

Cortex-A15 和 Cortex-A7 都支持 ARMv7A 体系结构的扩展,从而为大型物理地址访问和硬件虚拟化以及启用 big. LITTLE 处理的 AMBA4 ACE 一致性提供支持.

(10) Cortex-R 系列.

ARM Cortex™-R 实时处理器为具有严格的实时响应限制的深层嵌入式系统提供高性能计算解决方案.目标应用包括:

① 智能手机和基带调制解调器中的移动手机处理.

② 企业系统,如硬盘驱动器、联网和打印.

③ 家庭消费性电子产品、机顶盒、数字电视、媒体播放器和相机.

④ 用于医疗行业、工业和汽车行业的可靠系统的嵌入式微控制器.

在这些应用中,采用的是对处理响应设置硬截止时间的系统,如果要避免数据丢失或机械损伤,则必须符合所设置的这些硬截止时间.因此 Cortex-R 处理器是专为高性能、可靠性和容错能力而设计的,其行为具有高确定性,同时保持很高的能效和成本效益.

(11) Cortex-M 系列.

ARM Cortex™-M 处理器系列是一系列可向上兼容的高能效、易于使用的处理器,这些处理器旨在帮助开发人员满足将来的嵌入式应用的需要.这些需要包括以更低的成本提供更多功能、不断增加连接、改善代码重用和提高能效.

Cortex-M 系列针对成本和功耗敏感的 MCU 和终端应用(如智能测量、人机接口设备、汽车和工业控制系统、大型家用电器、消费性产品和医疗器械)的混合信号设备进行过优化.

各系列产品性能比较见下表 2-3.

表 2-3　ARM 各系列产品性能比较

型号 \ 功能		Cache 大小(指令/数据)	紧密耦合存储器(TCM)	存储器管理	AHB 总线接口	Thumb	DSP	Jazelle
ARM7 性能特征	ARM7TDMI	无	无	无	有	有	无	无
	ARM7TDMI-S	无	无	无	有	有	无	无
	ARM7EJ-S	无	无	无	有	有	有	有
	ARM720T	8 k	无	MMU	有	有	无	无
ARM9 性能特征	ARM920T	16 k/16 k	无	MMU	有	有	无	无
	ARM922T	8 k/8 k	无	MMU	有	有	有	无
	ARM940T	4 k/4 k	无	MPU	有	有	有	无

续表

功能/型号		Cache 大小(指令/数据)	紧密耦合存储器(TCM)	存储器管理	AHB 总线接口	Thumb	DSP	Jazelle
ARM9E 性能特征	ARM926EJ-S	4—128 k/4—128 k	有	MMU	双 AHB	有	有	有
	ARM946E-S	4—1 MB/4—1 MB	有	MPU	AHB	有	有	无
	ARM966E-S	无	有	无	AHB	有	有	无
ARM10E 性能特征	ARM1020E	32 k/32 k	无	MMU	双 AHB	有	有	无
	ARM1022E	16 k/16 k	无	MMU	双 AHB	有	有	无
	ARM1026EJ-S	可变	有	MMU+MPU	双 AHB	有	有	有
ARM11 性能特征	ARM1136J-S	4—64 k	有	MMU	四个 64 位 AHB	有	有	有

2.1.2 ARM 体系结构简介

ARM 指令集体系结构,从最初开发至今已有了重大改进,而且仍将会不断完善和发展.为了精确表达每个 ARM 实现中所使用的指令集,到目前 ARM 体系结构共定义了 6 个版本,以版本号 v1~v6 表示,各版本特点如下:

(1)ARMv1.

该版本的原型机是 ARM1,没有用于商业产品,其包含的功能有:

① 基本数据处理指令(不包括乘法).

② 字节、字以及半字加载/存储指令.

③ 分支(branch)指令,包括用于子程序调用的分支与链接(branch-and-link)指令.

④ 软件中断指令,用于进行操作系统调用.

⑤ 26 位地址总线.

(2)ARMv2.

对 ARMv1 版进行了扩展,增加了下列指令:

① 乘法和乘加指令(multiply & multiply-accumulate).

② 支持协处理器.

③ 原子性(atomic)加载/存储指令 SWP 和 SWPB(稍后的版本称 ARMv2a).

④ FIQ 中的两个以上的分组寄存器.

(3)ARMv3.

ARM 公司第一个微处理器 ARM6 的核心是 ARMv3 的.ARMv3 较以前的版本发生了大的变化,具体改进如下:

① 推出 32 位寻址能力.

② 分开的 CPSR(current program status register,当前程序状态寄存器)和 SPSR

(saved program status register,备份的程序状态寄存器),当异常发生时,SPSR 用于保存 CPSR 的当前值,从异常退出时则可由 SPSR 来恢复 CPSR.

③ 增加了两种异常模式,使操作系统代码可方便地使用数据访问中止异常、指令预取中止异常和未定义指令异常.

④ 增加了 MRS 指令和 MSR 指令,用于完成对 CPSR 和 SPSR 寄存器的读/写;修改了原来的从异常中返回的指令.

(4)ARMv4.

ARMv4 是当前应用最广泛的 ARM 指令集版本. ARM7TDMI、ARM720T、ARM9TDMI、ARM940T、ARM920T、Intel 的 StrongARM 等都是基于 ARMv4T 的处理器. ARMv4 在 ARMv3 的基础上增加了如下内容:

① 有符号、无符号的半字和有符号字节的 load 和 store 指令.

② 增加了 T 变种,处理器可工作于 Thumb 状态,在该状态下,指令集是 16 位压缩指令集(Thumb 指令集).

③ 增加了处理器的特权模式. 在该模式下,使用的是用户模式下的寄存器.

④ 另外,在 ARMv4 中还清楚地指明了哪些指令会引起未定义指令异常. ARMv4 不再强制要求与以前的 26 位地址空间兼容.

(5)ARMv5.

与 ARMv4 相比,ARMv5 增加或修改了下列指令:

① 提高了 T 变种中 ARM/Thumb 指令混合使用的效率.

② 增加了前导零计数(CLZ)指令.

③ 增加了 BKPT(软件断点)指令.

④ 为支持协处理器设计提供了更多的可选择的指令.

⑤ 更加严格地定义了乘法指令对条件标志位的影响.

(6)ARMv6.

ARMv6 在降低耗电的同时,强化了图形处理性能. 通过追加有效多媒体处理的 SIMD (single instruction multiple datastream,单指令流,多数据流)功能,将语音及图像的处理功能提高到了原机型的 4 倍. ARMv6 还支持多微处理器内核.

(7)ARMv7.

ARMv7 是在 ARMv6 的基础上诞生的. 该架构采用了 Thumb-2 技术,它是在 ARM 的 Thumb 代码压缩技术的基础上发展起来的,并且保持了对现存 ARM 解决方案的完整的代码兼容性. Thumb-2 技术比纯 32 位代码少使用 31%的内存,减小了系统开销,同时能够提供比已有的基于 Thumb 技术的解决方案高出 38%的性能. ARMv7 架构还采用了 NEON 技术,将 DSP 和媒体处理能力提高了近 4 倍,并支持改良的浮点运算,满足下一代 3D 图形、游戏物理应用以及传统嵌入式控制应用的需求. 此外,ARMv7 还支持改良的运行环境,以迎合不断增加的 JIT(Just In Time)和 DAC(Dynamic Adaptlve Compilation)技术的使用. 从 ARMv7 开始,其指令集架构分为 ARMv7-M、ARMv7-R、ARMv7-A 三个版本,分别对应低、中、高三档处理器.

(8)ARMv8.

ARMv8 将 64 位体系结构支持引入 ARM 体系结构中,其中包括:

① 64 位通用寄存器、SP(堆栈指针)和 PC(程序计数器).

② 64 位数据处理和扩展的虚拟寻址.

③ 两种主要执行状态:

a. AArch64-64 位执行状态,包括该状态的异常模型、内存模型、程序员模型和指令集支持.

b. AArch32-32 位执行状态,包括该状态的异常模型、内存模型、程序员模型和指令集支持.

④ 这些执行状态支持三个主要指令集:

a. A32(或 ARM):32 位固定长度指令集,通过不同体系结构变体增强部分 32 位体系结构执行环境现在称为 AArch32.

b. T32(Thumb),以 16 位固定长度指令集的形式引入,随后在引入 Thumb-2 技术时增强为 16 位和 32 位混合长度指令集.部分 32 位体系结构执行环境现在称为 AArch32.

c. A64:提供与 ARM 和 Thumb 指令集类似功能的 32 位固定长度指令集.随 ARMv8-A 一起引入,它是一种 AArch64 指令集.

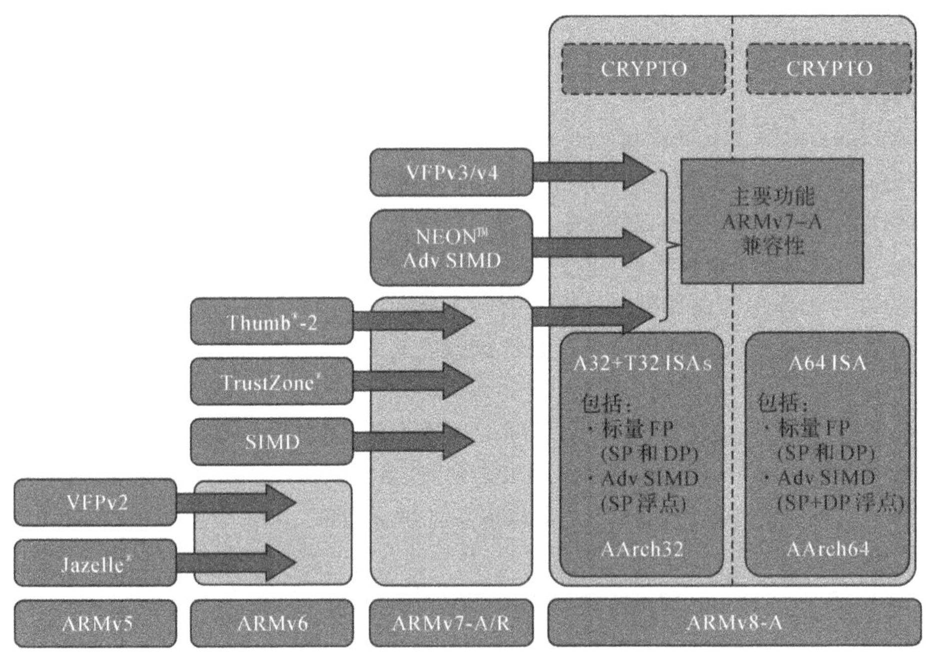

图 2-1 ARMv5～ARMv8 功能结构图

表 2-4 处理器核与体系结构对应图

ARM 处理器核	体系结构
ARM1	v1
ARM2	v2
ARM2aS、ARM3	v2a
ARM6、ARM600、ARM610	v3

续表

ARM 处理器核	体系结构
ARM7、ARM700、ARM710	v3
ARM7TDMI、ARM710T、ARM720T、ARM740T	v4T
Strong ARM、ARM8、ARM810	v4
ARM9TDMI、ARM920T、ARM940T	v4T
ARM9E-S	v5TE
ARM10TDMI、ARM1020E	v5TE
ARM11、ARM1156T2-S、ARM1156T2F-S、ARM1176JZF-S、ARM11JZF-S	v6
ARM Cortex-A，ARM Cortex-M，ARM Cortex-R	v7
Atlas、Applo(2014 年投产)	v8

2.2　ARM 微处理器结构

2.2.1　RISC 体系结构

传统的 CISC(Complex Instruction Set Computer，复杂指令集计算机)结构有其固有的缺点，即随着计算机技术的发展而不断引入新的复杂的指令集，为支持这些新增的指令，计算机的体系结构会越来越复杂，然而，在 CISC 指令集的各种指令中，其使用频率却相差悬殊，大约有 20%的指令会被反复使用，占整个程序代码的 80%. 而余下的 80%的指令却不经常使用，在程序设计中只占 20%，显然，这种结构是不太合理的.

基于以上的不合理性，1979 年美国加州大学伯克利分校提出了 RISC(Reduced Instruction Set Computer，精简指令集计算机)的概念，RISC 并非只是简单地减少指令，而是把着眼点放在了如何使计算机的结构更加简单合理并提高运算速度上. RISC 结构优先选取使用频率最高的简单指令，避免复杂指令；将指令长度固定，指令格式和寻址方式种类减少；以控制逻辑为主，不用或少用微码控制等措施来达到上述目的.

到目前为止，RISC 体系结构也还没有严格的定义，一般认为，RISC 体系结构应具有如下特点：

(1) 采用固定长度的指令格式，指令归整、简单、基本寻址方式有 2～3 种.

(2) 使用单周期指令，便于流水线操作执行.

(3) 大量使用寄存器，数据处理指令只对寄存器进行操作，只有加载/存储指令可以访问存储器，以提高指令的执行效率.

除此以外，ARM 体系结构还采用了一些特别的技术，在保证高性能的前提下尽量缩小芯片的面积，并降低功耗：

(4) 所有的指令都可根据前面的执行结果决定是否被执行，从而提高指令的执行效率.

(5) 可用加载/存储指令批量传输数据，以提高数据的传输效率.

(6) 可在一条数据处理指令中同时完成逻辑处理和移位处理.

(7) 在循环处理中使用地址的自动增减来提高运行效率.

当然，和 CISC 架构相比较，尽管 RISC 架构有上述的优点，但决不能认为 RISC 架构就可以取代 CISC 架构，事实上，RISC 和 CISC 各有优势，而且界限并不那么明显. 现代的 CPU 往往采用 CISC 的外围，内部加入了 RISC 的特性，如超长指令集 CPU 就是融合了 RISC 和 CISC 的优势，成为未来的 CPU 发展方向之一.

2.2.2 ARM 微处理器的寄存器结构

ARM 处理器共有 37 个寄存器，被分为若干个组(BANK)，这些寄存器包括：

(1) 31 个通用寄存器，包括程序计数器(PC 指针)，均为 32 位的寄存器.

(2) 6 个状态寄存器，用以标识 CPU 的工作状态及程序的运行状态，均为 32 位，目前只使用了其中的一部分.

同时，ARM 处理器又有 7 种不同的处理器模式，如下表 2-5 在每一种处理器模式下均有一组相应的寄存器与之对应. 即在任意一种处理器模式下，可访问的寄存器包括 15 个通用寄存器(R0～R14)、一至二个状态寄存器和程序计数器. 在所有的寄存器中，有些是在 7 种处理器模式下共用的同一个物理寄存器，而有些寄存器则是在不同的处理器模式下有不同的物理寄存器.

表 2-5 ARM 处理器的 7 种处理器模式

处理器模式	描述
用户模式(User，usr)	正常程序执行的模式
快速中断模式(FIQ，fiq)	用于高速数据传输和通道处理
外部中断模式(IRQ，irq)	用于通常的中断处理
特权模式(Supervisor，svc)	供操作系统使用的一种保护模式
数据访问中止模式(Abort，abt)	用于虚拟存储及存储保护
未定义指令中止模式(Undefined，und)	用于支持通过软件仿真硬件的协处理器
系统模式(System，sys)	用于运行特权级的操作系统任务

除了用户模式之外其他的 6 种处理器模式称为特权模式. 在这些模式下，程序可以访问所有的系统资源，也可以任意地进行处理器模式的切换，其中除了系统模式外，其他 5 种特权模式又称为异常模式. 处理器模式可以通过软件控制来进行切换，也可以通过外部中断或异常处理过程进行切换. 大多数的用户程序可以运行在用户模式下，这时，应用程序不能够访问一些受应用程序保护的系统资源. 应用程序不能直接进行处理器模式的切换. 当需要处理器的模式切换时，应用程序可以产生异常处理，在异常处理过程中进行处理器模式的切换，这种体系结构可以使整个操作系统控制整个系统的资源. 当应用程序发生异常中断时，处理器进入相应的异常模式，在每一种异常模式中都有一组寄存器，供相应的异常处理程序使用，这样就保证在进入异常模式的时候，用户模式下的寄存器(保存了程序的运行状态)不被破坏.

2.2.3 ARM 微处理器的指令结构

ARM 微处理器在较新的体系结构中支持两种指令集：ARM 指令集和 Thumb 指令集.

其中,ARM 指令为 32 位长度,Thumb 指令为 16 位长度. Thumb 指令集为 ARM 指令集的功能子集,但与等价的 ARM 代码相比较,可节省 30%～40%以上的存储空间,同时具备 32 位代码的所有优点.

关于 ARM 处理器的指令结构,将会在后面的相关章节中详细描述.

2.3　寄存器组织

ARM 微处理器共有 37 个 32 位寄存器,其中 31 个为通用寄存器,6 个为状态寄存器. 但是这些寄存器不能被同时访问,具体哪些寄存器是可编程访问的,取决于微处理器的工作状态及具体的运行模式. 但在任何时候,通用寄存器 R14～R0、程序计数器 PC、一个或两个状态寄存器都是可访问的.

2.3.1　ARM 状态下的寄存器组织

通用寄存器:通用寄存器包括 R0～R15,可以分为三类:

① 未分组寄存器 R0～R7.

② 分组寄存器 R8～R14.

③ 程序计数器 PC(R15).

(1) 未分组寄存器 R0～R7.

在所有的运行模式下,未分组寄存器都指向同一个物理寄存器,它们未被系统用作特殊的用途,因此,在中断或异常处理进行运行模式转换时,由于不同的处理器运行模式均使用相同的物理寄存器,可能会造成寄存器中数据的破坏,这一点在进行程序设计时应引起注意.

(2) 分组寄存器 R8～R14.

对于分组寄存器,他们每一次访问的物理寄存器与处理器当前的运行模式有关.

对于 R8～R12 来说,每个寄存器对应两个不同的物理寄存器,当使用 fiq 模式时,访问寄存器 R8_fiq～R12_fiq;当使用除 fiq 模式以外的其他模式时,访问寄存器 R8_usr～R12_usr.

对于 R13、R14 来说,每个寄存器对应 6 个不同的物理寄存器,其中一个是用户模式与系统模式共用,另外 5 个物理寄存器对应其他 5 种不同的运行模式.

采用以下的记号来区分不同的物理寄存器:

R13_<mode>

R14_<mode>

其中,mode 为以下几种模式之一:usr、fiq、irq、svc、abt、und.

寄存器 R13 在 ARM 指令中常用作堆栈指针,但这只是一种习惯用法,用户也可使用其他的寄存器作为堆栈指针. 而在 Thumb 指令集中,某些指令强制性的要求使用 R13 作为堆栈指针.

由于处理器的每种运行模式均有自己独立的物理寄存器 R13,在用户应用程序的初始化部分，一般都要初始化每种模式下的 R13，使其指向该运行模式的栈空间，这样，当程序的运行进入异常模式时，可以将需要保护的寄存器放入 R13 所指向的堆栈，而当程序从异常模式返回时，则从对应的堆栈中恢复，采用这种方式可以保证异常发生后程序的正常执行.

R14 也称作子程序连接寄存器(Subroutine Link Register)或连接寄存器 LR. 当执行 BL 子程序调用指令时，R14 中得到 R15(程序计数器 PC)的备份. 其他情况下，R14 用作通用寄存器. 与之类似，当发生中断或异常时，对应的分组寄存器 R14_svc、R14_irq、R14_fiq、R14_abt 和 R14_und 用来保存 R15 的返回值.

寄存器 R14 常用在如下的情况中：在每一种运行模式下，都可用 R14 保存子程序的返回地址，当用 BL 或 BLX 指令调用子程序时，将 PC 的当前值拷贝给 R14，执行完子程序后，又将 R14 的值拷贝回 PC，即可完成子程序的调用返回. 以上的描述可用指令完成：

执行以下任意一条指令：

```
MOV PC,LR
BX LR
```

在子程序入口处使用以下指令将 R14 存入堆栈：

```
STMFD SP!,{<Regs>,LR}
```

对应的，使用以下指令可以完成子程序返回：

```
LDMFD SP!,{<Regs>,PC}
```

R14 也可作为通用寄存器.

(3) 程序计数器 PC(R15).

寄存器 R15 用作程序计数器(PC). 在 ARM 状态下，位[1：0]为 0，位[31：2]用于保存 PC；在 Thumb 状态下，位[0]为 0，位[31：1]用于保存 PC；虽然可以用作通用寄存器，但是有一些指令在使用 R15 时有一些特殊限制，若不注意，执行的结果将是不可预料的. 在 ARM 状态下，PC 的 0 和 1 位是 0，在 Thumb 状态下，PC 的 0 位是 0. R15 虽然也可用作通用寄存器，但一般不这么使用，因为对 R15 的使用有一些特殊的限制，当违反了这些限制时，程序的执行结果是未知的.

由于 ARM 体系结构采用了多级流水线技术，对于 ARM 指令集而言，PC 总是指向当前指令的下两条指令的地址，即 PC 的值为当前指令的地址值加 8 个字节.

在 ARM 状态下，任一时刻可以访问以上所讨论的 16 个通用寄存器和一到两个状态寄存器. 在非用户模式(特权模式)下，则可访问到特定模式分组寄存器，表 2-6 说明在每一种运行模式下，哪一些寄存器是可以访问的.

(4) 寄存器 R16.

寄存器 R16 用作 CPSR(Current Program Status Register，当前程序状态寄存器)，CPSR 可在任何运行模式下被访问，它包括条件标志位、中断禁止位、当前处理器模式标志位，以及其他一些相关的控制和状态位. 每一种运行模式下又都有一个专用的物理状态寄存器，称为 SPSR(Saved Program Status Register，备份的程序状态寄存器)，当异常发生时，SPSR 用于保存 CPSR 的当前值，从异常退出时则可由 SPSR 来恢复 CPSR. 由于用户模式和系统模式不属于异常模式，他们没有 SPSR，当在这两种模式下访问 SPSR，结果是未知的.

表 2-6 ARM 状态下的寄存器组织

通用寄存器与程序计数器

System&User	FIQ	Supervisor	Abort	IRQ	Undefined
R0	R0	R0	R0	R0	R0
R1	R1	R1	R1	R1	R1
R2	R2	R2	R2	R2	R2
R3	R3	R3	R3	R3	R3
R4	R4	R4	R4	R4	R4
R5	R5	R5	R5	R5	R5
R6	R6	R6	R6	R6	R6
R7	R7	R7	R7	R7	R7
R8	R8_fiq	R8	R8	R8	R8
R9	R9_fiq	R9	R9	R9	R9
R10	R10_fiq	R10	R10	R10	R10
R11	R11_fiq	R11	R11	R11	R11
R12	R12_fiq	R12	R12	R12	R12
R13	R13_fiq	R13_svc	R13_abt	R13_irq	R13_und
R14	R14_fiq	R14_svc	R14_abt	R14_irq	R14_und
R15(PC)	R15(PC)	R15(PC)	R15(PC)	R15(PC)	R15(PC)

程序状态寄存器

CPSR	CPSR	CPSR	CPSR	CPSR	CPSR
	SPSR_fiq	SPSR_svc	SPSR_abt	SPSR_irq	SPSR_und

◣ =分组寄存器

2.3.2 Thumb 状态下的寄存器组织

Thumb 状态下的寄存器集是 ARM 状态下寄存器集的一个子集，程序可以直接访问 8 个通用寄存器(R7～R0)、程序计数器(PC)、堆栈指针(SP)、连接寄存器(LR)和 CPSR. 同时，在每一种特权模式下都有一组 SP、LR 和 SPSR. 表 2-7 表明了 Thumb 状态下的寄存器组织.

表 2-7 Thumb 状态下的寄存器组织

通用寄存器与程序计数器

System&User	FIQ	Supervisor	Abort	IRQ	Undefined
R0	R0	R0	R0	R0	R0
R1	R1	R1	R1	R1	R1
R2	R2	R2	R2	R2	R2
R3	R3	R3	R3	R3	R3
R4	R4	R4	R4	R4	R4
R5	R5	R5	R5	R5	R5
R6	R6	R6	R6	R6	R6
R7	R7	R7	R7	R7	R7
SP	SP_fiq	SP_svc	SP_abt	SP_irq	SP_und
LR	LR_fiq	LR_svc	LR_abt	LR_irq	LR_und
PC	PC	PC	PC	PC	PC

程序状态寄存器

CPSR	CPSR	CPSR	CPSR	CPSR	CPSR
	SPSR_fiq	SPSR_svc	SPSR_abt	SPSR_irq	SPSR_und

◣ =分组寄存器

Thumb 状态下的寄存器组织与 ARM 状态下的寄存器组织的关系：

(1) Thumb 状态下和 ARM 状态下的 R0～R7 是相同的.

(2) Thumb 状态下和 ARM 状态下的 CPSR 和所有的 SPSR 是相同的.

(3) Thumb 状态下的 SP 对应 ARM 状态下的 R13.

(4) Thumb 状态下的 LR 对应 ARM 状态下的 R14.

(5) Thumb 状态下的程序计数器对应 ARM 状态下的 R15.

以上的对应关系如图 2-2 所示：

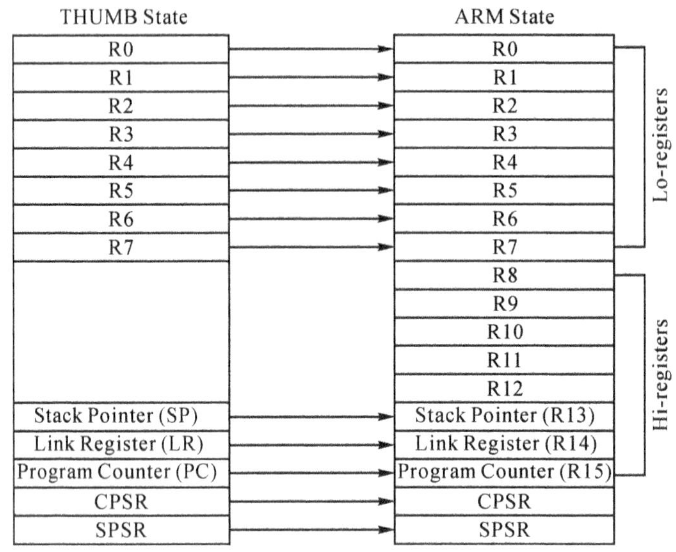

图 2-2　Thumb 状态下的寄存器组织

访问 Thumb 状态下的高位寄存器(Hi-registers)：

在 Thumb 状态下，高位寄存器 R8～R15 并不是标准寄存器集的一部分，但可使用汇编语言程序受限制地访问这些寄存器，将其用作快速的暂存器. 使用带特殊变量的 MOV 指令，数据可以在低位寄存器和高位寄存器之间进行传送；高位寄存器的值可以使用 CMP 和 ADD 指令进行比较或加上低位寄存器中的值.

2.3.3　程序状态寄存器

ARM 体系结构包含一个当前程序状态寄存器(CPSR)和五个备份的程序状态寄存器(SPSRs). 备份的程序状态寄存器用来进行异常处理，其功能包括：

(1) 保存 ALU 中的当前操作信息.

(2) 控制允许和禁止中断.

(3) 设置处理器的运行模式

程序状态寄存器的每一位的安排如图 2-3 所示.

条件码标志(Condition Code Flags)：

N、Z、C、V 均为条件码标志位. 它们的内容可被算术或逻辑运算的结果所改变，并且可以决定某条指令是否被执行. 在 ARM 状态下，绝大多数的指令都是有条件执行的；在 Thumb 状态下，仅有分支指令是有条件执行的.

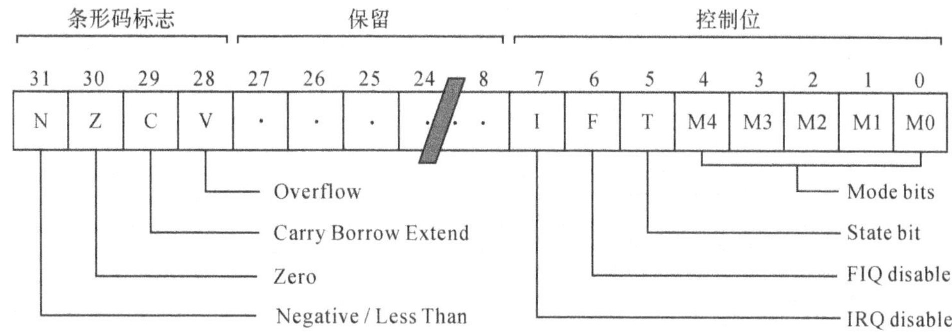

图 2-3　程序状态寄存器格式

条件码标志各位的具体含义如表 2-8 所示：

表 2-8　条件码标志的具体含义

标志位	含义
N	当用两个补码表示的带符号数进行运算时，N=1 表示运算的结果为负数；N=0 表示运算的结果为正数或零.
Z	Z=1 表示运算的结果为零；Z=0 表示运算的结果为非零.
C	可以有 4 种方法设置 C 的值：1. 加法运算（包括比较指令 CMN）：当运算结果产生了进位时（无符号数溢出），C=1，否则 C=0. 2. 减法运算（包括比较指令 CMP）：当运算时产生了借位（无符号数溢出），C=0，否则 C=1. 3. 对于包含移位操作的非加/减运算指令，C 为移出值的最后一位. 4. 对于其他的非加/减运算指令，C 的值通常不改变.
V	可以有 2 种方法设置 V 的值：1. 对于加/减法运算指令，当操作数和运算结果为二进制的补码表示的带符号数时，V=1 表示符号位溢出. 2. 对于其他的非加/减运算指令，V 的值通常不改变.

控制位：

PSR 的低 8 位（包括 I、F、T 和 M[4：0]）称为控制位，当发生异常时这些位可以被改变. 如果处理器运行特权模式，这些位也可以由程序修改.

中断禁止位 I、F：

I=1：禁止 IRQ 中断；F=1：禁止 FIQ 中断.

标志位 T：

该位反映处理器的运行状态. 对于 ARM 体系结构 v5 及以上的版本的 T 系列处理器，当该位为 1 时，程序运行于 Thumb 状态，否则运行于 ARM 状态. 对于 ARM 体系结构 v5 及以上的版本的非 T 系列处理器，当该位为 1 时，执行下一条指令以引起为定义的指令异常；当该位为 0 时，表示运行于 ARM 状态.

运行模式位 M[4：0]：

M0、M1、M2、M3、M4 是模式位. 这些位决定了处理器的运行模式. 具体含义如表 2-9 所示：

表 2-9 运行模式位 M[4:0]的具体含义

M[4:0]	处理器模式	可访问的寄存器
0b10000	用户模式	PC,CPSR,R0-R14
0b10001	FIQ 模式	PC,CPSR,SPSR_fiq,R14_fiq-R8_fiq,R7～R0
0b10010	IRQ 模式	PC,CPSR,SPSR_irq,R14_irq,R13_irq,R12～R0
0b10011	管理模式	PC,CPSR,SPSR_svc,R14_svc,R13_svc,R12～R0
0b10111	中止模式	PC,CPSR,SPSR_abt,R14_abt,R13_abt,R12～R0
0b11011	未定义模式	PC,CPSR,SPSR_und,R14_und,R13_und,R12～R0
0b11111	系统模式	PC,CPSR(ARM v4 及以上版本),R14～R0

由表 2-9 可知,并不是所有的运行模式位的组合都是有效的,其他的组合结果会导致处理器进入一个不可恢复的状态.

保留位:

PSR 中的其余位为保留位,当改变 PSR 中的条件码标志位或者控制位时,保留位不要被改变,在程序中也不要使用保留位来存储数据.保留位将用于 ARM 版本的扩展.

2.4 异常(Exceptions)

当正常的程序执行流程发生暂时的停止时,称之为异常.在处理异常之前,当前处理器的状态必须保留,这样当异常处理完成之后,当前程序可以继续执行.处理器允许多个异常同时发生,它们将会按固定的优先级进行处理.ARM 体系结构中的异常,与 8 位/16 位体系结构的中断有很大的相似之处,但异常与中断的概念并不完全等同.

2.4.1 ARM 体系结构所支持的异常类型

ARM 体系结构所支持的异常及具体含义如表 2-10 所示.

表 2-10 ARM 体系结构所支持的异常

异常类型	具体含义
复位	当处理器的复位电平有效时,产生复位异常,程序跳转到复位异常处理程序处执行.
未定义指令	当 ARM 处理器或协处理器遇到不能处理的指令时,产生未定义指令异常.可使用该异常机制进行软件仿真.
软件中断	该异常由执行 SWI 指令产生,可用于用户模式下的程序调用特权操作指令.可使用该异常机制实现系统功能调用.
指令预取中止	若处理器预取指令的地址不存在,或该地址不允许当前指令访问,存储器会向处理器发出中止信号,但当预取的指令被执行时,才会产生指令预取中止异常.

续表

异常类型	具体含义
数据中止	若处理器数据访问指令的地址不存在，或该地址不允许当前指令访问时，产生数据中止异常.
IRQ(外部中断请求)	当处理器的外部中断请求引脚有效，且 CPSR 中的 I 位为 0 时，产生 IRQ 异常. 系统的外设可通过该异常请求中断服务.
FIQ(快速中断请求)	当处理器的快速中断请求引脚有效，且 CPSR 中的 F 位为 0 时，产生 FIQ 异常.

2.4.2　对异常的响应

(1)将下一条指令的地址存入相应连接寄存器 LR，以便程序在处理异常返回时能从正确的位置重新开始执行. 若异常是从 ARM 状态进入，LR 寄存器中保存的是下一条指令的地址(当前 PC＋4 或 PC＋8，与异常的类型有关)；若异常是从 Thumb 状态进入，则在 LR 寄存器中保存当前 PC 的偏移量，这样，异常处理程序就不需要确定异常是从何种状态进入的. 例如：在软件中断异常 SWI，指令 MOV PC，R14_svc 总是返回到下一条指令，不管 SWI 是在 ARM 状态执行，还是在 Thumb 状态执行.

(2)CPSR 复制到相应的 SPSR 中.

(3)根据异常类型，强制设置 CPSR 的运行模式位.

(4)强制 PC 从相关的异常向量地址取下一条指令执行，从而跳转到相应的异常处理程序处.

还可以设置中断禁止位，以禁止中断发生.

如果异常发生时，处理器处于 Thumb 状态，则当异常向量地址加载入 PC 时，处理器自动切换到 ARM 状态. ARM 微处理器对异常的响应过程用伪码可以描述为：

```
R14_<Exception_Mode>=Return Link
SPSR_<Exception_Mode> = CPSR
CPSR[4 : 0] = Exception Mode Number
CPSR[5] = 0;当运行于 ARM 工作状态时
If <Exception_Mode> == Reset or FIQ then ;当响应 FIQ 异常时，禁止新的 FIQ 异常
CPSR[6] = 1
CPSR[7] = 1
PC=Exception Vector Address
```

2.4.3　从异常返回

异常处理完毕之后，ARM 微处理器会执行以下几步操作从异常返回：

(1)LR 的值减去相应的偏移量后送到 PC 中.

(2)SPSR 复制回 CPSR 中.

(3)若在进入异常处理时设置了中断禁止位，要在此清除.

可以认为应用程序总是从复位异常处理程序开始执行的，因此复位异常处理程序不需要返回.

2.4.4 各类异常的具体描述

(1) FIQ(Fast Interrupt Request):

FIQ 异常是为了支持数据传输或者通道处理而设计的. 在 ARM 状态下,系统有足够的私有寄存器,从而可以避免对寄存器保存的需求,并减小了系统上下文切换的开销.

若将 CPSR 的 F 位置为 1,则会禁止 FIQ 中断,若将 CPSR 的 F 位清零,处理器会在指令执行时检查 FIQ 的输入. 注意只有在特权模式下才能改变 F 位的状态.

可由外部通过对处理器上的 nFIQ 引脚输入低电平产生 FIQ. 不管是在 ARM 状态还是在 Thumb 状态下进入 FIQ 模式,FIQ 处理程序均会执行以下指令从 FIQ 模式返回:

```
SUBS PC,R14_fiq,#4
```

该指令将寄存器 R14_fiq 的值减去 4 后,复制到程序计数器 PC 中,从而实现从异常处理程序中的返回,同时将 SPSR_mode 寄存器的内容复制到当前程序状态寄存器 CPSR 中.

(2) IRQ(Interrupt Request):

IRQ 异常属于正常的中断请求,可通过对处理器的 nIRQ 引脚输入低电平产生,IRQ 的优先级低于 FIQ,当程序执行进入 FIQ 异常时,IRQ 可能被屏蔽. 若将 CPSR 的 I 位置为 1,则会禁止 IRQ 中断,若将 CPSR 的 I 位清零,处理器会在指令执行完之前检查 IRQ 的输入. 注意只有在特权模式下才能改变 I 位的状态.

不管是在 ARM 状态还是在 Thumb 状态下进入 IRQ 模式,IRQ 处理程序均会执行以下指令从 IRQ 模式返回:

```
SUBS PC,R14_irq,#4
```

该指令将寄存器 R14_irq 的值减去 4 后,复制到程序计数器 PC 中,从而实现从异常处理程序中的返回,同时将 SPSR_mode 寄存器的内容复制到当前程序状态寄存器 CPSR 中.

(3) ABORT(中止):

产生中止异常意味着对存储器的访问失败. ARM 微处理器在存储器访问周期内检查是否发生中止异常.

中止异常包括两种类型:

① 指令预取中止:发生在指令预取时.

② 数据中止:发生在数据访问时.

当指令预取访问存储器失败时,存储器系统向 ARM 处理器发出存储器中止(Abort)信号,预取的指令被记为无效,但只有当处理器试图执行无效指令时,指令预取中止异常才会发生,如果指令未被执行,例如在指令流水线中发生了跳转,则预取指令中止不会发生. 若数据中止发生,系统的响应与指令的类型有关. 当确定了中止的原因后,Abort 处理程序均会执行以下指令从中止模式返回,无论是在 ARM 状态还是 Thumb 状态:

```
SUBS PC,R14_abt,#4;指令预取中止
SUBS PC,R14_abt,#8;数据中止
```

以上指令恢复 PC(从 R14_abt)和 CPSR(从 SPSR_abt)的值,并重新执行中止的指令.

(4) Software Interrupt(软件中断):

软件中断指令(SWI)用于进入管理模式，常用于请求执行特定的管理功能. 软件中断处理程序执行以下指令从 SWI 模式返回，无论是在 ARM 状态还是 Thumb 状态：

```
MOV PC,R14_svc
```

以上指令恢复 PC(从 R14_svc)和 CPSR(从 SPSR_svc)的值，并返回到 SWI 的下一条指令.

(5) Undefined Instruction(未定义指令)：

当 ARM 处理器遇到不能处理的指令时，会产生未定义指令异常. 采用这种机制，可以通过软件仿真扩展 ARM 或 Thumb 指令集.

在仿真未定义指令后，处理器执行以下程序返回，无论是在 ARM 状态还是 Thumb 状态：

```
MOVS PC,R14_und
```

以上指令恢复 PC(从 R14_und)和 CPSR(从 SPSR_und)的值，并返回到未定义指令后的下一条指令.

2.4.5 异常进入/退出小节

表 2-11 总结了进入异常处理时保存在相应 R14 中的 PC 值，及在退出异常处理时推荐使用的指令.

表 2-11 异常进入/退出

	返回指令	以前的状态		注意
		ARM R14_x	Thumb R14_x	
SWI	MOVS PC,R14_svc	PC+4	PC+2	1
UDEF	MOVS PC,R14_und	PC+4	PC+2	1
FIQ	SUBS PC,R14_fiq,#4	PC+4	PC+4	2
IRQ	SUBS PC,R14_irq,#4	PC+4	PC+4	2
PABT	SUBS PC,R14_abt,#4	PC+4	PC+4	1
DABT	SUBS PC,R14_abt,#8	PC+8	PC+8	3
RESET	NA	—	—	4

注意：1. PC 应是具有预取中止的 BL/SWI/未定义指令所取的地址.

2. PC 是从 FIQ 或 IRQ 取得不能执行的指令的地址.

3. PC 是产生数据中止的加载或存储指令的地址.

4. 系统复位时，保存在 R14_svc 中的值是不可预知的.

2.4.6 异常向量(Exception Vectors)

异常向量地址显示如表 2-12.

表 2-12　异常向量表

地址	异常	进入模式
0x0000,0000	复位	管理模式
0x0000,0004	未定义指令	未定义模式
0x0000,0008	软件中断	管理模式
0x0000,000C	中止(预取指令)	中止模式
0x0000,0010	中止(数据)	中止模式
0x0000,0014	保留	保留
0x0000,0018	IRQ	IRQ
0x0000,001C	FIQ	FIQ

2.4.7　异常优先级(Exception Priorities)

当多个异常同时发生时,系统根据固定的优先级决定异常的处理次序.异常优先级由高到低的排列次序如表 2-13 所示.

表 2-13　异常优先级

优先级	异常
1(最高)	复位
2	数据中止
3	FIQ
4	IRQ
5	预取指令中止
6(最低)	未定义指令、SWI

2.4.8　应用程序中的异常处理

当系统运行时,异常可能会随时发生,为保证在 ARM 处理器发生异常时不至于处于未知状态,在应用程序的设计中,首先要进行异常处理,采用的方式是在异常向量表中的特定位置放置一条跳转指令,跳转到异常处理程序,当 ARM 处理器发生异常时,程序计数器 PC 会被强制设置为对应的异常向量,从而跳转到异常处理程序,当异常处理完成以后,返回到主程序继续执行.

2.5　ARM 微处理器的应用选型

2.5.1　ARM 选型原则

鉴于 ARM 微处理器的众多优点,随着国内外嵌入式应用领域的逐步发展,ARM 微处理器必然会获得广泛的重视和应用.但是,由于 ARM 微处理器有多达十几种的内核结构,几十个芯片生产厂家，以及千变万化的内部功能配置组合，给开发人员在选择方案时带来了一定的困难，所以，对 ARM 芯片做一些对比研究是十分必要的. 以下从应用的角度出发，对在选择 ARM 微处理器时所应考虑的主要问题做一些简要的探讨.

(1)ARM 微处理器内核的选择.

从前面所介绍的内容可知，ARM 微处理器包含一系列的内核结构，以适应不同的应用领域，用户如果希望使用 Windows CE 或标准 Linux 等操作系统以减少软件开发时间，就需要选择 ARM720T 以上带有 MMU(Memory Management Unit)功能的 ARM 芯片，ARM720T、ARM920T、ARM922T、ARM946T、Strong-ARM 都带有 MMU 功能.

本书所讨论的 S3C2410 基于 ARM920T 内核，它带有 MMU，因此支持 Windows CE 和标准 Linux，并且在稳定性和其他方面也都有上佳表现.

(2)系统的工作频率.

系统的工作频率在很大程度上决定了 ARM 微处理器的处理能力. ARM7 系列微处理器的典型处理速度为 0.9 MIPS/MHz，ARM9 系列微处理器的典型处理速度为 1.1 MIPS/MHz，常见的 ARM9 的系统主时钟频率为 100 MHz-233 MHz，ARM10 最高可以达到 700 MHz. 不同芯片对时钟的处理不同，有的芯片只需要一个主时钟频率，有的芯片内部时钟控制器可以分别为 ARM 核和 USB、UART、DSP、音频等功能部件提供不同频率的时钟.

本书所讨论的 S3C2410 时钟频率为 200 MHz 以上，若更换成 S3C2440 时钟频率最高可达到 500 MHz.

(3)芯片内存储器的容量.

大多数的 ARM 微处理器片内存储器的容量都不太大，需要用户在设计系统时外扩存储器，但也有部分芯片具有相对较大的片内存储空间，如 ATMEL 的 AT91F40162 就具有高达 2 MB 的片内程序存储空间，用户在设计时可考虑选用这种类型，以简化系统的设计.

(4)芯片内外围电路的选择.

除 ARM 微处理器核以外，几乎所有的 ARM 芯片均根据各自不同的应用领域，扩展了相关功能模块，并集成在芯片之中，我们称之为片内外围电路，如 USB 接口、IIS 接口、LCD 控制器、键盘接口、RTC、ADC 和 DAC、DSP 协处理器等，设计者应分析系统的需求，尽可能采用片内外围电路完成所需的功能，这样既可简化系统的设计，又能提高系统的可靠性.

2.5.2　ARM920T

Samsung 公司推出的 16/32 位 RISC 处理器 S3C2410A，为手持设备和一般类型应用提供了低价格、低功耗、高性能小型微控制器的解决方案. 为了降低整个系统的成本，S3C2410A 提供了以下丰富的内部设备：分开的 16KB 的指令 Cache 和 16KB 数据 Cache，MMU 虚拟存储器管理，LCD 控制器(支持 STN&TFT)，支持 NAND Flash 系统引导，系统管理器(片选逻辑和 SDRAM 控制器)，3 通道 UART，4 通道 DMA，4 通道 PWM 定时器，I/O 端口，RTC，8 通道 10 位 ADC 和触摸屏接口，IIC-BUS 接口，IIC-BUS 接口，USB 主机，USB 设备，SD 主卡 &MMC 卡接口，2 通道的 SPI 以及内部 PLL 时钟倍频器. S3C2410A 采用了 ARM920T 内核，0.18μm 工艺的 CMOS 标准宏单元和存储器单元. 它的低功耗、精简和出色的全静态设计特别适用于对成本和功耗敏感的应用. 同样它还采用了一种叫做

Advanced Microcontroller Bus Architecture(AMBA)新型总线结构.S3C2410A 的显著特性是它的 CPU 核心,是一个由 Advanced RISC Machines(ARM)有限公司设计的 16/32 位 ARM920T RISC 处理器.ARM920T 实现了 MMU,AMBA BUS 和 Harvard 高速缓冲体系结构.这一结构具有独立的 16 KB 指令 Cache 和 16 KB 数据 Cache,每个都是由 8 字长的行(line)构成.通过提供一系列完整的系统外围设备,S3C2410A 大大减少了整个系统的成本,消除了为系统配置额外器件的需要.

ARM920T 是基于 ARM9TDMI 内核的处理器宏核,其内部结构图如图 2-4 所示.它的核心是 ARM9TDMI,此外包括存储器管理部件 MMU、双重分离的 Cache(指令 Cache+数据 Cache)、写回 RAM、AMBA 总线接口、外部协处理器接口以及跟踪调试接口等.

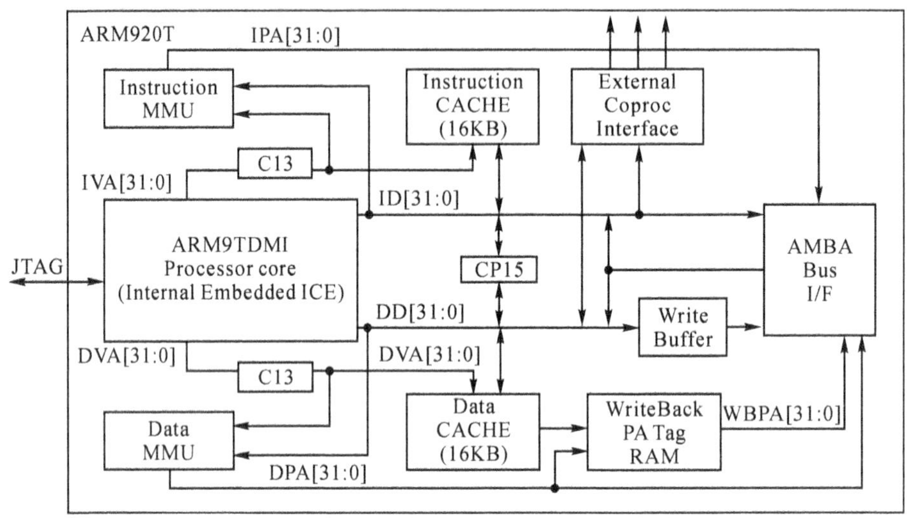

图 2-4　ARM9TDMI 内部结构图

与 ARM7TDMI 不同的是,ARM9TDMI 采用的是哈佛结构(指令存储和数据存储分开的存储器结构,可以使指令和数据有不同的数据宽度,如 Microchip 公司的 PIC16 芯片的程序指令是 14 位宽度,而数据是 8 位宽度),指令执行过程为五级流水线方式(取址、译码、执行、数据存储器/数据 cache 访问和寄存器回写),而 ARM7TDMI 则是采用冯·诺伊曼结构(指令存储器和数据存储器合并在一起的存储器结构,其指令和数据的宽度相同,如 Intel 的 8086 中央处理器的程序指令和数据都是 16 位宽),指令执行过程为三级流水线方式(取指、译码和执行).两种内核的指令执行流水线对照图如图 2-5 所示.其中 ARM9TDMI 的第四步,数据存储器访问操作主要作用是更新数据 cache 中的数据,实际上是对数据 cache 的访问.

可以看到 ARM9 从 ARM7 的 3 级流水线增加到了 5 级,ARM9 的流水线中容纳了更多的逻辑操作,但是每一级的逻辑操作却变得更为简单.比如原来 ARM7 的第三级流水,需要先内部读取寄存器、然后进行相关的逻辑和算术运算,接着处理结果回写,完成的动作非常复杂;而在 ARM9 的 5 级流水线中,寄存器读取、逻辑运算、结果回写分散在不同的流水当中,使得每一级流水处理的动作非常简洁,这就使得处理器的主频可以大幅度地提高.因为每一级流水都对应 CPU 的一个时钟周期,如果一级流水中的逻辑过于复杂,使得执行时间居高不下,必然导致所需的时钟周期变长,造成 CPU 的主频不能提升.所以流水线的拉

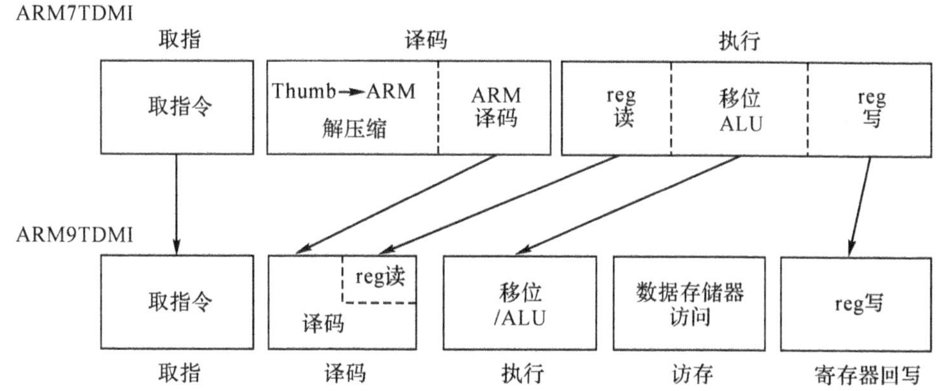

图 2-5 ARM7TDMI 与 ARM9TDMI 流水线比较

长,有利于 CPU 主频的提高. 在常用的芯片生产工艺下,ARM7 一般运行在 100 MHz 左右,而 ARM9 则至少在 200 MHz 以上. 同时,由于采用哈佛结构,指令和数据存储器是分开的,冲突的发生也减少了. 图 2-6 是 ARM9 五级流水线的运行情况. 由于 MOV 指令不需要访问数据存储器,所以其流水线中访存步骤为空.

地址	指令								
PC	MOV R0,R1	取指	译码	执行		回写			
PC+4	LDR R3,[R4]		取指	译码	执行	访存	回写		
PC+8	STR R9,[R13]			取指	译码	执行	访存		
PC+12	MOV R6,R7				取指	译码	执行		回写
	时钟周期					T_1	T_2	T_3	T_4

图 2-6 ARM9 五级流水线

注:程序计数器(PC)指向被取指的指令,而不是指向正在执行的指令. 在正常操作过程中,在将上上条指令的执行结果写入寄存器的同时,需要对上条指令中指定的数据存储器地址进行访问(如果该条指令需要访问数据存储器),同时执行一条已译码的指令,并对下一条指令进行译码,同时将第三条指令从存储器中取出.

五级流水线存在一种互锁的情况,即寄存器冲突. 读寄存器是在译码阶段,写寄存器是在回写阶段. 如果当前指令(A)的目的操作数寄存器和下一条指令(B)的源操作数寄存器一致,B 指令就需要等 A 回写之后才能译码. 这就是五级流水线中的寄存器冲突. 如图 2-7 所示,LDR 指令写 R9 是在回写阶段,而 MOV 中需要用到的 R9 正是 LDR 在回写阶段将会重新写入的寄存器值,MOV 译码需要等待,直到 LDR 指令的寄存器回写操作完成. (注:现在处理器设计中,可以通过寄存器旁路技术对流水线进行优化,解决流水线的寄存器冲突问题.)

指令									
LDR R9,[R13]	取指	译码	执行	访存	回写				
MOV R6,R9		取指	互锁	互锁	译码	执行		回写	
MOV R8,R7					取指	译码	执行		回写
时钟周期			T_1	T_2	T_3	T_4	T_5	T_6	T_7

图 2-7 ARM9 五级流水线互锁

虽然流水线互锁会增加代码执行时间，但是为初期的设计者提供了巨大的方便，可以不必考虑使用的寄存器会不会造成冲突；而且编译器以及汇编程序员可以通过重新设计代码的顺序或者其他方法来减少互锁的数量.

思考与练习

1. 基础知识

(1)ARM 微处理器采用什么架构？具有什么特点？

(2)ARM 微处理器目前包括哪几个系列？各有什么特点？

(3)ARM 体系结构共定义了几个版本？各有什么功能？

(4)RISC 体系结构的特点是什么？

(5)ARM 体系结构包含几个 CPSR 和 SPSR？并指出各自的功能.

(6)ARM 体系结构所支持的异常类型有哪些？并指出其具体含义.

(7)描述出 ARM 体系结构中对异常的响应过程？

2. 比较题

试比较 ARM7 和 ARM9 的区别. 重点阐述 ARM7 与 ARM9 的指令流水线的不同之处.

第三章　ARM 指令系统

ARM 处理器是基于精简指令集计算机(RISC)原理设计的，指令集和相关译码机制较为简单. ARM920T 具有 32 位 ARM 指令集和 16 位 Thumb 指令集，ARM 指令集效率高，但是代码密度低；而 Thumb 指令集具有较高的代码密度，却仍然保持 ARM 的大多数性能上的优势，它是 ARM 指令集的子集. 所有的 ARM 指令都是可以有条件执行的，而 Thumb 指令仅有一条指令具备条件执行功能. ARM 程序和 Thumb 程序可相互调用，相互之间的状态切换开销几乎为零.

3.1　ARM 处理器寻址方式

寻址方式是根据指令中给出的地址码字段来实现寻找真实操作数地址的方式. ARM 处理器具有 9 种基本寻址方式.

(1)寄存器寻址.

操作数的值在寄存器中，指令中的地址码字段指出的是寄存器编号，指令执行时直接取出寄存器值来操作. 寄存器寻址指令举例如下：

```
MOV   R1,R2;将 R2 的值存入 R1
SUB   R0,R1,R2;将 R1 的值减去 R2 的值,结果保存到 R0
```

(2)立即寻址.

立即寻址指令中的操作码字段后面的地址码部分即是操作数本身，也就是说，数据就包含在指令当中，取出指令也就取出了可以立即使用的操作数(这样的数称为立即数). 立即寻址指令举例如下：

```
SUBS   R0,R0,#1; R0 减 1,结果放入 R0,并且影响标志位
MOV    R0,#0xFF000; 将立即数 0xFF000 装入 R0 寄存器
```

立即数要以"#"号为前缀，表示 16 进制数值时以"0x"表示.

(3)寄存器移位寻址.

寄存器移位寻址是 ARM 指令集特有的寻址方式. 当第 2 个操作数是寄存器移位方式时，第 2 个寄存器操作数在与第 1 个操作数结合之前，选择进行移位操作. 寄存器移位寻址指令举例如下：

```
MOV    R0,R2,LSL #3; R2 的值左移 3 位,结果放入 R0,即是 R0=R2×8
ANDS   R1,R1,R2,LSL R3; R2 的值左移 R3 位,然后和 R1 相"与"操作,结果放入 R1
```

可采用的移位操作如下：

① LSL：逻辑左移(Logical Shift Left)，寄存器中字的低端空出的位补 0.

② LSR：逻辑右移(Logical Shift Right)，寄存器中字的高端空出的位补 0.

③ ASR：算术右移(Arithmetic Shift Right)，移位过程中保持符号位不变，即若源操作数为正数，则字的高端空出的位补 0，否则补 1.

④ ROR：循环右移(Rotate Right)，由字的低端移出的位填入字的高端空出的位.

⑤ RRX：带扩展的循环右移(Rotate Right eXtended by 1 place)，操作数右移一位，高端空出的位用原 C 标志值填充.

各种移位操作如图 3-1 所示.

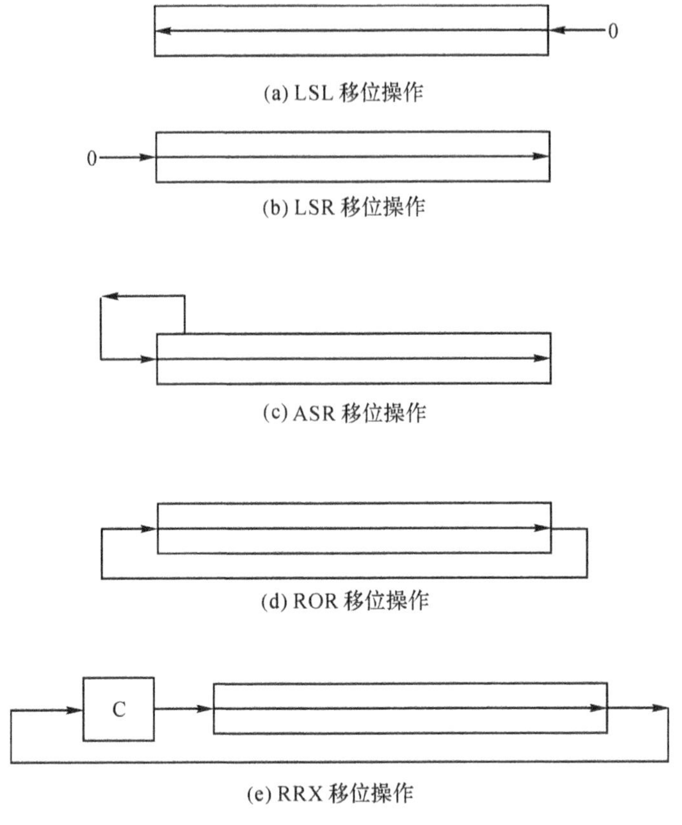

图 3-1　移位操作示意图

(4)寄存器间接寻址.

寄存器间接寻址指令中的地址码给出的是一个通用寄存器的编号，所需的操作数保存在寄存器指定地址的存储单元中，即寄存器为操作数的地址指针. 寄存器间接寻址指令举例如下：

```
LDR   R1,[R2]；将 R2 指向的存储单元的数据读出，保存在 R1
SWP   R1,R1,[R2]；将寄存器 R1 的值和 R2 指定的存储单元的内容交换
```

(5)基址寻址.

基址寻址就是将基址寄存器的内容与指令中给出的偏移量相加，形成操作数的有效地址. 基址寻址用于访问基址附近的存储单元，常用于查表、数组操作、功能部件寄存器访问等. 基址寻址指令举例如下：

```
LDR  R2,[R3,#0x0C];读取 R3+0x0C 地址上的存储单元的内容,放入 R2
STR  R1,[R0,#-4]!;先 R0=R0-4,然后把 R1 的值保存到 R0 指定存储单元
LDR  R1,[R0,R3,LSL #1] ;将 R0+R3×2 地址上的存储单元的内容读出,存入 R1
```

(6)多寄存器寻址.

多寄存器寻址即是一次可传送几个寄存器值,允许一条指令传送16个寄存器的任何子集或所有寄存器.多寄存器寻址指令举例如下:

```
LDMIA R1!,{R2-R7,R12} ;将 R1 指向的单元中的数据读出到 R2~R7、R12 中;(R1 自动加 1)
STMIA R0!,{R2-R7,R12} ;将寄存器 R2~R7、R12 的值保存到 R0 指向的存储单元中(R0
自动加 1)
```

使用多寄存器寻址指令时,寄存器子集的顺序是由小到大的顺序排列,连续的寄存器可用"—"连接,否则用","分隔书写.

(7)堆栈寻址.

堆栈是一种按特定顺序进行存取的存储区,操作顺序分为"后进先出"或"先进后出".堆栈寻址是隐含的,它使用一个专门的寄存器(堆栈指针)指向一块存储区域(堆栈),指针所指向的存储单元即是堆栈的栈顶.存储器堆栈可分为两种:

向上生长:向高地址方向生长,称为递增堆栈.

向下生长:向低地址方向生长,称为递减堆栈.

堆栈指针指向最后压入的堆栈的有效数据项,称为满堆栈;堆栈指针指向下一个待压入数据的空位置,称为空堆栈.这样就有4种类型的堆栈表示递增和递减的满和空堆栈的各种组合.

满递增:堆栈通过增大存储器的地址向上增长,堆栈指针指向内含有效数据项的最高地址.指令如 LDMFA、STMFA 等.

空递增:堆栈通过增大存储器的地址向上增长,堆栈指针指向堆栈上的第一个空位置.指令如 LDMEA、STMEA 等.

满递减:堆栈通过减小存储器的地址向下增长,堆栈指针指向内含有效数据项的最低地址.指令如 LDMFD、STMFD 等.

空递减:堆栈通过减小存储器的地址向下增长,堆栈指针向堆栈下的第一个空位置.指令如 LDMED、STMED 等.

堆栈寻址指令举例如下:

```
STMFD  SP!,{R1-R7,LR} ;将 R1~R7、LR 入栈.满递减堆栈.
LDMFD  SP!,{R1-R7,LR} ;数据出栈,放入 R1~R7、LR 寄存器.满递减堆栈.
```

(8)块拷贝寻址.

多寄存器传送指令用于将一块数据从存储器的某一位置拷贝到另一位置.块拷贝寻址指令举例如下:

```
STMIA  R0!,{R1-R7}        ;将 R1~R7 的数据保存到存储器中.存储指针在保存
                          ;第一个值之后增加,增长方向为向上增长.
STMIB  R0!,{R1-R7}        ;将 R1~R7 的数据保存到存储器中.存储指针在保存
                          ;第一个值之前增加,增长方向为向上增长.
```

```
STMDA R0!,{R1-R7}             ;将 R1～R7 的数据保存到存储器中.存储指针在保存
                              ;第一个值之后增加,增长方向为向下增长.
STMDB R0!,{R1-R7}             ;将 R1～R7 的数据保存到存储器中.存储指针在保存
                              ;第一个值之前增加,增长方向为向下增长.
```

(9)相对寻址.

相对寻址是基址寻址的一种变通.由程序计数器 PC 提供基准地址,指令中的地址码字段作为偏移量,两者相加后得到的地址即为操作数的有效地址.相对寻址指令举例如下:

```
BL SUBR1                      ;调用到 SUBR1 子程序
BEQ LOOP                      ;条件跳转到 LOOP 标号处
...
LOOP     MOV
     ...
SUBR1    ...
```

3.2 指令集介绍

本节介绍的是 ARM920T 的指令集,包括 ARM 指令集和 Thumb 指令集.首先介绍 ARM 指令的基本格式及灵活的操作数,然后介绍条件码,再把 ARM 指令集、Thumb 指令集按类别分别说明.

在介绍 ARM 指令集之前,我们先看一个简单的 ARM 汇编程序,通过这一段程序读者可以了解 ARM 汇编指令格式、程序结构及基本风格,完整代码如程序清单 3-1 所示.

程序清单 3-1　寄存器相加

```
;文件名:TEST1.S
;功能:实现两个寄存器相加
;说明:使用 ARMulate 软件仿真调试
        AREA     Example1,CODE,READONLY    ;声明代码段 Example1
        ENTRY                              ;标识程序入口
        CODE32                             ;声明 32 位 ARM 指令
START
        MOV      R0,#0                     ;设置参数
        MOV      R1,#10
LOOP
        BL       ADD_SUB                   ;调用子程序 ADD_SUB
        B        LOOP                      ;跳转到 LOOP

ADD_SUB
        ADDS     R0,R0,R1                  ;R0 = R0 + R1
        MOV      PC,LR                     ;子程序返回

        END                                ;文件结束
```

第 1、2、3 行为程序说明，使用“;”进行注释，“;”号后面至行结束均为注释内容.

第 4 行声明一个代码段，ARM 汇编程序至少要声明一个代码段.

第 5 行标识程序入口，在仿真调试时会从指定入口处开始运行程序.

第 6 行声明 32 位 ARM 指令，ARM920T 复位后是 ARM 状态.

第 7～14 行为实际代码，标号要顶格书写(如 START、LOOP、ADD_SUB)，而指令不能顶格书写. BL 为调用子程序指令，它会把返回地址(即下一条指令的地址)存到 LR，然后跳转到子程序 ADD_SUB. 子程序 ADD_SUB 处理结束后，将 LR 的值装入 PC 即可返回.

第 11、15 行为空行，目的在于增强程序的可读性.

第 16 行用于指示汇编源文件结束，每一个 ARM 汇编文件均要用 END 声明结束.

3.2.1 ARM 指令集

指令格式 ARM 指令的基本格式如下：

```
<opcode>{<cond>}{S}    <Rd>,<Rn>{,<operand2>}
```

其中，<>号内的项是必需的，{}号内的项是可选的. 如<opcode>是指令助记符，这是必须书写的，而{<cond>}为指令执行条件，是可选项. 若不书写则使用默认条件 AL(无条件执行).

opcode	指令助记符，如 LDR、STR 等.
cond	执行条件，如 EQ、NE 等.
S	是否影响 CPSR 寄存器的值，书写时影响 CPSR.
Rd	目标寄存器.
Rn	第 1 个操作数的寄存器.
operand2	第 2 个操作数.

指令格式举例如下：

```
LDR      R0,[R1]          ;读取 R1 地址上的存储器单元内容，执行条件 AL
BEQ      DATAEVEN         ;分支指令，执行条件 EQ，即相等则跳转
                          ;到 DATAEVEN
ADDS     R1,R1,#1         ;加法指令，R1+1=>R1，影响 CPSR 寄存器(S)
SUBNES   R1,R1,#0x10      ;条件执行减法运算(NE)，R1-0x10=>R1，影响
                          ;CPSR 寄存器(S)
```

第 2 个操作数：

在 ARM 指令中，灵活地使用第 2 个操作数能够提高代码效率. 第 2 个操作数的形式如下：

(1) #immed_8r——常数表达式.

该常数必须对应 8 位位图(pattern)，即常数是由一个 8 位的常数循环移位偶数位得到. 合法常量：0x3FC(0xFF<<2)、0、0xF0000000(0xF0<<24)、200(0xC8)、0xF0000001(0x1F<<28).

非法常量：0x1FE、511、0xFFFF、0x1010、0xF0000010.

常数表达式应用举例：

```
MOV      R0,#1            R0=1
```

```
AND     R1,R2,#0x0F       R2 与 0x0F,结果保存在 R1
LDR     R0,[R1],#-4       读取 R1 地址上的存储器单元内容,且 R1=R1-4
```

(2) Rm—寄存器方式.

在寄存器方式下,操作数即为寄存器的数值.

寄存器方式应用举例:

```
SUB     R1,R1,R2          R1-R2=>R1
MOV     PC,R0             PC=R0,程序跳转到指定地址
LDR     R0,[R1],-R2       读取 R1 地址上的存储器单元内容并存入 R0,且 R1=R1-R2
```

(3) Rm,shift——寄存器移位方式.

将寄存器的移位结果作为操作数,但 Rm 值保存不变,移位方法如下:

ASR　　#n 算术右移 n 位(1≤n≤32).

LSL　　#n 逻辑左移 n 位(1≤n≤31).

LSR　　#n 逻辑右移 n 位(1≤n≤32).

ROR　　#n 循环右移 n 位(1≤n≤31).

RRX　　带扩展的循环右移 1 位.

Type　Rs　其中,type 为 ASR、LSL、LSR 和 ROR 中的一种;Rs 偏移量寄存器,低 8 位有效.若其值大于或等于 32,则第 2 个操作数的结果为 0(ASR、ROR 例外).

寄存器偏移方式应用举例:

```
ADD     R1,R1,R1,LSL #3      ;R1=R1X9
SUB     R1,R1,R2,LSR #2      ;R1=R1-R2/4
```

R15 为处理器的程序计数器 PC,一般不要对其进行操作,而且有些指令是不允许使用 R15 的,如 UMULL 指令.

3.2.2 条件码

使用指令条件码可实现高效的逻辑操作,提高代码效率.指令条件码表如表 3-1 所示.

表 3-1 指令条件码表

操作码	条件码助记符	标志	含义
0000	EQ	Z=1	相等
0001	NE	Z=0	不相等
0010	CS/HS	C=1	无符号数大于或等于
0011	CC/LO	C=0	无符号数小于
0100	MI	N=1	负数
0101	PL	N=0	正数或零
0110	VS	V=1	溢出
0111	VC	V=0	没有溢出

续表

操作码	条件码助记符	标志	含义
1000	HI	C=1,Z=0	无符号数大于
1001	LS	C=0,Z=1	无符号数小于或等于
1010	GE	N=V	有符号数大于或等于
1011	LT	N! =V	有符号数小于
1100	GT	Z=0,N=V	有符号数大于
1101	LE	Z=1,N! =V	有符号数小于或等于
1110	AL	任何	无条件执行（指令默认条件）
1111	NV	任何	从不执行(不要使用)

对于 Thumb 指令集，只有 B 指令具有条件码执行功能．此指令的条件码同表 3-1．但如果为无条件执行时，条件码助记符 AL 不能在指令中书写．

条件码应用举例如下：

比较两个值大小，并进行相应加 1 处理，C 代码为：

```
if(a>b)   a++;
else      b++;
```

对应的 ARM 指令如下(其中 R0 为 a,R1 为 b)：

```
CMP       R0,R1        R0 与 R1 比较
ADDHI     R0,R0,#1     若 R0>R1,则 R0=R0+1
ADDLS     R1,R1,#1     若 R0≤1,则 R1=R1+1
```

若两个条件均成立，则将这两个数值相加，C 代码为：

```
if((a! =10)&&(b! =20))a = a+b;
```

对应的 ARM 指令如下(其中 R0 为 a,R1 为 b)：

```
CMP       R0,#10       比较 R0 是否为 10
CMPNE     R1,#20       若 R0 不为 10,则比较 R1 是否为 20
ADDNE     R0,R0,R1     若 R0 不为 10 且 R1 不为 20,指令执行,R0=R0+R1
```

3.2.3　ARM 存储器访问指令

ARM 处理器是加载/存储体系结构的典型的 RISC 处理器，对存储器的访问只能使用加载和存储指令实现．ARM 的加载/存储指令实现字、半字、无符号/有符号字节操作；多寄存器加载/存储指令可实现一条指令加载/存储多个寄存器的内容，大大提高效率；SWP 指令是一条寄存器和存储器内容交换的指令，可用于信号量操作等．ARM 处理器是冯·诺依曼存储结构，程序空间、RAM 空间及 I/O 映射空间统一编址，除对 RAM 操作以外，对外围 IO、程序数据的访问均要通过加载/存储指令进行．

ARM 存储器访问指令见表 3-2．

表 3-2 ARM 存储器访问指令

助记符	说明	操作	条件码位置
LDR Rd,addressing	加载字数据	Rd←[addressing],addressing 索引	LDR{cond}
LDRB Rd,addressing	加载无符号字节数据	Rd←[addressing],addressing 索引	LDR{cond}B
LDRT Rd,addressing	以用户模式加载字数据	Rd←[addressing],addressing 索引	LDR{cond}T
LDRBT Rd,addressing	以用户模式加载无符号字节数据	Rd←[addressing],addressing 索引	LDR{cond}BT
LDRH Rd,addressing	加载无符号半字数据	Rd←[addressing],addressing 索引	LDR{cond}H
LDRSB Rd,addressing	加载有符号字节数据	Rd←[addressing],addressing 索引	LDR{cond}SB
LDRSH Rd,addressing	加载有符号半字数据	Rd←[addressing],addressing 索引	LDR{cond}SH
STR Rd,addressing	存储字数据	[addressing]←Rd,addressing 索引	STR{cond}
STRB Rd,addressing	存储字节数据	[addressing]←Rd,addressing 索引	STR{cond}B
STRT Rd,addressing	以用户模式存储字数据	[addressing]←Rd,addressing 索引	STR{cond}T
STRBT Rd,addressing	以用户模式存储字节数据	[addressing]←Rd,addressing 索引	STR{cond}BT
STRH Rd,addressing	存储半字数据	[addressing]←Rd,addressing 索引	STR{cond}H
LDM{mode} Rn{!},reglist	多寄存器加载	reglist←[Rn...],Rn 回写等	LDM{cond}{mode}
STM{mode} Rn{!},reglist	多寄存器存储	[Rn...]←reglist,Rn 回写等	STM{cond}{mode}
SWP Rd,Rm,Rn	寄存器和存储器字数据交换	Rd←[Rn],[Rn]←Rm (Rn≠Rd 或 Rm)	SWP{cond}
SWPB Rd,Rm,Rn	寄存器和存储器字节数据交换	Rd←[Rn],[Rn]←Rm (Rn≠Rd 或 Rm)	SWP{cond}B

(1) LDR 和 STR——加载存储指令加载/存储字和无符号字节指令.

使用 STR 指令将单一字节或字存储到内存,使用 LDR 指令从内存中加载单一字节或字到寄存器. LDR 指令用于从内存中读取数据放入寄存器中;STR 指令用于将寄存器中的数据保存到内存. 指令格式如下:

LDR{cond}{T} Rd,<地址> 加载指定地址上的数据(字),放入 Rd 中.
STR{cond}{T} Rd,<地址> 存储数据(字)到指定地址的存储单元,要存储的数据在 Rd 中.
LDR{cond}B{T} Rd,<地址> 加载字节数据,放入 Rd 中,即 Rd 最低字节有效,高 24 位清零.
STR{cond}B{T} Rd,<地址> 存储字节数据,要存储的数据在 Rd,最低字节有效.

其中,T 为可选后缀. 若指令有 T,那么即使处理器是在特权模式下,存储系统也将访问看成是处理器是在用户模式下. T 在用户模式下无效,不能与前索引偏移一起使用 T. 指令编码格式:

31 28	27	26	25	24	23	22	21	20	19 16	15 12	11 0
cond	0	1	I	P	U	B	W	L	Rn	Rd	addressing_mode_specific

I,P,U,W 用于区别不同的地址模式(偏移量). I 为 0 时,偏移量为 12 位立即数,I 为 1 时,偏移量为寄存器移位. P 表示前/后变址,U 表示加/减,W 表示回写. L 用于区别加载(L 为 1)或存储(L 为 0). B 用于区别字节访问(B 为 1)或字访问(B 为 0). Rn 基址寄存

器. Rd 源/目标寄存器. LDR/STR 指令寻址是非常灵活的，由两部分组成，一部分为一个基址寄存器，可以为任一个通用寄存器；另一部分为一个地址偏移量. 地址偏移量有以下 3 种格式：

① 立即数. 立即数可以是一个无符号的数值. 这个数据可以加到基址寄存器，也可以从基址寄存器中减去这个数值. 指令举例如下：

```
LDR R1,[R0,#0x12]；将 R0+0x12 地址处的数据读出，保存到 R1 中；(R0 的值不变)
LDR R1,[R0,# -0x12]；将 R0-0x12 地址处的数据读出，保存到 R1 中；(R0 的值不变)
LDR R1,[R0] ；将 R0 地址处的数据读出，保存到 R1 中 (零偏移)
```

② 寄存器. 寄存器中的数值可以加到基址寄存器，也可以从基址寄存器中减去这个数值. 指令举例如下：

```
LDR   R1,[R0,R2] ；将 R0+R2 地址处的数据读出，保存到 R1 中 (R0 的值不变)
LDR   R1,[R0,-R2] ；将 R0-R2 地址处的数据读出，保存到 R1 中 (R0 的值不变)
```

③ 寄存器及移位常数. 寄存器移位后的值可以加到基址寄存器，也可以从基址寄存器中减去这个数值. 指令举例如下：

```
LDR   R1,[R0,R2,LSL #2] ；将 R0+R2×4 地址处的数据读出，保存到 R1 中；(R0、R2 的值不变)
LDR   R1,[R0,-R2,LSL #2] ；将 R0-R2×4 地址处的数据读出，保存到 R1 中；(R0、R2 的值不变)
```

从寻址方式的地址计算方法分，加载/存储指令有以下 4 种形式：

① 零偏移. Rn 的值作为传送数据的地址，即地址偏移量为 0. 指令举例如下：

```
LDR     Rd,[Rn]
```

② 前索引偏移. 在数据传送之前，将偏移量加到 Rn 中，其结果作为传送数据的存储地址. 若使用后缀“!”，则结果写回到 Rn 中，且 Rn 的值不允许为 R15. 指令举例如下：

```
LDR     Rd,[Rn,#0x04]!
LDR     Rd,[Rn,# -0x04]
```

③ 程序相对偏移. 程序相对偏移是前索引形式的另一个版本. 汇编器由 PC 寄存器计算偏移量，并将 PC 寄存器作为 Rn 生成前索引指令. 不能使用后缀“!”. 指令举例如下：

```
LDR     Rd,label;label 为程序标号，label 必须是在当前指令的±4KB 范围内后
```

④ 索引偏移. Rn 的值用做传送数据的存储地址. 在数据传送后，将偏移量与 Rn 相加，结果写回到 Rn 中. Rn 不允许是 R15. 指令举例如下：

```
LDR     Rd,[Rn],#0x04
```

地址对齐——大多数情况下，必须保证用于 32 位传送的地址是 32 位对齐的. 加载/存储字和无符号字节指令举例如下：

```
LDR     R2,[R5];加载 R5 指定地址上的数据(字)，放入 R2 中
STR     R1,[R0,#0x04];将 R1 的数据存储到 R0+0x04 的存储单元，R0 值不变
```

LDRB　R3,[R2],#1;读取 R2 地址上的一字节数据,并保存到 R3 中,R2=R2+1
STRB　R6,[R7];将 R6 的数据保存到 R7 指定的地址中,只存储一字节数据加载/存储半字和有符号字节

这类 LDR/STR 指令可加载有符号字节、加载有符号半字、加载/存储无符号半字. 偏移量格式、寻址方式与加载/存储字和无符号字节指令相同. 指令格式如下：

LDR{cond}SB　Rd,＜地址＞;加载指定地址上的数据(有符号字节),放入 Rd 中
LDR{cond}SH　Rd,＜地址＞;加载指定地址上的数据(有符号半字),放入 Rd 中
LDR{cond}H　Rd,＜地址＞;加载半字数据,放入 Rd 中,即 Rd 最低 16 位有效,高 16 位清零
STR{cond}H　Rd,＜地址＞;存储半字数据,要存储的数据在 Rd,最低 16 位有效

说明:有符号位半字/字节加载是指用符号位加载扩展到 32 位;无符号位半字加载是指零扩展到 32 位. 指令编码格式：

31　28	27 26 25	24	23	22	21	20	19　16	15　12	11　8	7	6	5	4	3　0
cond	0 0 0	P	U	I	W	L	Rn	Rd	addr_mode	1	S	H	1	addr_mode

I,P,U,W　用于区别不同的地址模式(偏移量). I 为 0 时,偏移量为 8 位立即数;I 为 1 时,偏移量为寄存器偏移. P 表示前/后变址,U 表示加/减,W 表示回写.

L　用于区别加载(L 为 1)或存储(L 为 0).
S　用于区别有符号访问(S 为 1)和无符号访问(S 为 0).
H　用于区别半字访问(H 为 1)或字节访问(H 为 0).
Rn　基址寄存器.
Rd　源/目标寄存器.

地址对齐——对半字传送的地址必须为偶数. 非半字对齐的半字加载将使 Rd 内容不可靠;非半字对齐的半字存储将使指定地址的 2 字节存储内容不可靠.

加载/存储半字和有符号字节指令举例如下：

LDR SB　R1,[R0,R3];将 R0+R3 地址上的字节数据读出到 R1,高 24 位用符号位扩展
LDR SH　R1,[R9]　;将 R9 地址上的半字数据读出到 R1,高 16 位用符号位扩展
LDRH　R6,[R2],#2　;将 R2 地址上的半字数据读出到 R6,高 16 位用零扩展,
　;R2=R2+2

STRH　R1,[R0,#2]! 将 R1 的数据保存到 R0+2 地址中,只存储低 2 字节数据,R0=R0+2 LDR/STR 指令用于对内存变量的访问、内存缓冲区数据的访问、查表、外围部件的控制操作等. 若使用 LDR 指令加载数据到 PC 寄存器,则实现程序跳转功能,这样也就实现了程序散转.

(2) LDM 和 STM——多寄存器加载/存储指令.

多寄存器加载/存储指令可以实现在一组寄存器和一块连续的内存单元之间传输数据. LDM 为加载多个寄存器;STM 为存储多个寄存器. 允许一条指令传送 16 个寄存器的任何子集或所有寄存器. 指令格式如下：

LDM{cond}＜模式＞ Rn{!},reglist{^}
STM{cond}＜模式＞ Rn{!},reglist{^}

指令编码格式：

31 28	27 26 25	24	23	22	21	20	19 16	15 0
cond	1 0 0	P	U	S	W	L	Rn	register list

register list　寄存器列表，b0 位与 R0 对应，b15 位与 R15 对应.

P，U，W　用于区别不同的地址模式. P 表示前/后变址，U 表示加/减，W 表示回写.

S　恢复 CPSR 和强制用户位. 当 PC 寄存器包含在 LDM 指令的 reglist 中，且 S 为 1 时，则当前模式的 SPSR 将被拷贝到 CPSR，成为一个原子的返回和恢复状态指令. 若 reglist 不包含 PC 寄存器，S 为 1，则加载/存储的是用户模式的寄存器.

L　用于区别加载(L 为 1)或存储(L 为 0).

Rn　基址寄存器.

LDM/STM 的主要用途是现场保护、数据复制、参数传送等. 其模式有如下 8 种(前面 4 种用于数据块的传输，后面 4 种是堆栈操作)：

① IA：每次传送后地址加 4；

② IB：每次传送前地址加 4；

③ DA：每次传送后地址减 4；

④ DB：每次传送前地址减 4；

⑤ FD：满递减堆栈；

⑥ ED：空递减堆栈；

⑦ FA：满递增堆栈；

⑧ EA：空递增堆栈.

指令格式中，寄存器 Rn 为基址寄存器，装有传送数据的初始地址，Rn 不允许为 R15；后缀"!"表示最后的地址写回到 Rn 中. 寄存器列表 reglist 可包含多于一个寄存器或包含寄存器范围，使用","分开，如{R1，R2，R6－R9}，寄存器由小到大排列；"^"后缀不允许在用户模式或系统模式下使用，若在 LDM 指令且寄存器列表中包含有 PC 时使用，那么除了正常的多寄存器传送外，将 SPSR 也拷贝到 CPSR 中，这可用于异常处理返回. 使用"^"后缀进行数据传送且寄存器列表不包含 PC 时，加载/存储的是用户模式的寄存器，而不是当前模式的寄存器. 当 Rn 在寄存器列表中且使用后缀"!"时，对于 STM 指令，若 Rn 为寄存器列表中的最低数字的寄存器，则会将 Rn 的初值保存；其他情况下 Rn 的加载值和存储值不可预知.

地址对齐——这些指令忽略地址的位[1∶0].

多寄存器加载/存储指令举例如下：

```
LDMIA    R0!,{R3-R9};加载 R0 指向的地址上的多字数据,保存到 R3~R9 中,
                    ;R0 值更新
STMIA    R1!,{R3-R9}  ;将 R3~R9 的数据存储到 R1 指向的地址上,R1 值更新
STMFD    SP!,{R0-R7,LR} ;现场保存,将 R0~R7、LR 入栈
LDMFD    SP!,{R0-R7,PC}^ ;恢复现场,异常处理返回
```

在进行数据复制时，先设置好源数据指针和目标指针，然后使用块拷贝寻址指令 LDMIA/STMIA、LDMIB/STMIB、LDMDA/STMDA、LDMDB/STMDB 进行读取和存储. 而进行堆栈操作时，则要先设置堆栈指针，一般使用 SP，然后使用堆栈寻址指令 STMFD/

LDMFD、STMED/LDMED、STMFA/LDMFA 和 STMEA/LDMEA 实现堆栈操作.

多寄存器传送指令示意图如图 3-2 所示,其中 R1 为指令执行前的基址寄存器,R1'则为指令执行完后的基址寄存器.

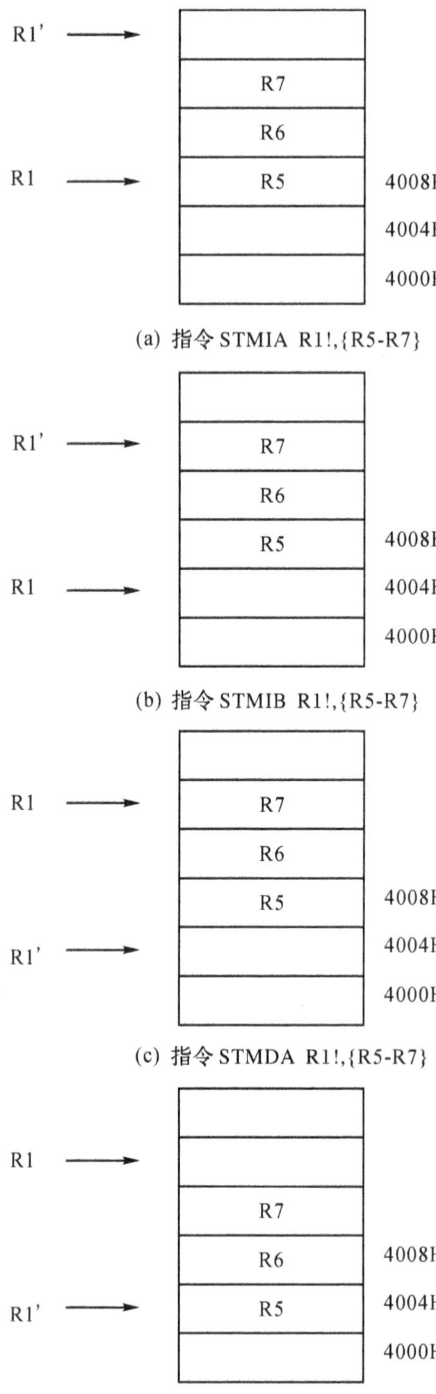

图 3-2 多寄存器传送指令示意图

使用多寄存器传送指令时,基址寄存器的地址是向上增长还是向下增长,地址是在加载/存储数据之前还是之后增加/减少,其对应关系如表 3-3 所示.

表 3-3　多寄存器传送指令映射

增长的方向 / 增长的先后		向上生长		向下生长	
		满	空	满	空
增加	之前	STMIB STMFA			LDMIB LDMED
	之后		STMIA STMEA	LDMIA LDMFD	
减少	之前		LDMDB LDMEA	STMDB STMFD	
	之后	LDMDA LDMFA			STMDA STMED

(3) SWP——寄存器和存储器交换指令.

SWP 指令用于将一个内存单元(该单元地址放在寄存器 Rn 中)的内容读取到一个寄存器 Rd 中,同时将另一个寄存器 Rm 的内容写入到该内存单元中. 使用 SWP 可实现信号量操作. 指令格式如下:

```
SWP{cond}{B}      Rd,Rm,[Rn]
```

其中,B 为可选后缀,若有 B,则交换字节,否则交换 32 位字;Rd 为数据从存储器加载到的寄存器;Rm 的数据用于存储到存储器中,若 Rm 与 Rn 相同,则为寄存器与存储器内容进行交换;Rn 为要进行数据交换的存储器地址,Rn 不能与 Rd 和 Rm 相同.

指令编码格式:

31　28	27 26 25 24 23	22	21 20	19　16	15　12	11　4	3　0
cond	0 0 0 1 0	B	0 0	Rn	Rd	0 0 0 0 1 0 0 1	Rm

B　　用于区别无符号字节(B 为 1)或字(B 为 0).

Rm　　源寄存器.

Rd　　目标寄存器.

Rn　　基址寄存器.

WP 指令举例如下:

```
SWP        ;R1,R1,[R0]将 R1 的内容与 R0 指向的存储单元的内容进行交换
SWPB R1,R2,[R0];将 R0 指向的存储单元内的容读取一字节数据到 R1 中(高 24;位清零),并
               将 R2 的内容写入到该内存单元中(最低字节有效)
```

3.2.4　ARM 数据处理指令

数据处理指令大致可分为 3 类:数据传送指令(如 MOV、MVN)、算术逻辑运算指令(如 ADD、SUB、AND),比较指令(如 CMP、TST). 数据处理指令只能对寄存器的内容进行操作. 所有 ARM 数据处理指令均可选择使用 S 后缀,并影响状态标志. 比较指令 CMP、CMN、TST 和 TEQ 不需要后缀 S,它们会直接影响状态标志.

ARM 数据处理指令见表 3-4.

表 3-4　ARM 数据处理指令

助记符	说明	操作	条件码位置
MOV　Rd,operand2	数据传送	Rd←operand2	MOV{cond}{S}
MVN　Rd,operand2	数据非传送	Rd←(~operand2)	MVN{cond}{S}
ADD　Rd,Rn,operand2	加法运算指令	Rd←Rn+operand2	ADD{cond}{S}
SUB　Rd,Rn,operand2	减法运算指令	Rd←Rn-operand2	SUB{cond}{S}
RSB　Rd,Rn,operand2	逆向减法指令	Rd←operand2-Rn	RSB{cond}{S}
ADC　Rd,Rn,operand2	带进位加法	Rd←Rn+operand2+Carry	ADC{cond}{S}
SBC　Rd,Rn,operand2	带进位减法指令	Rd←Rn-operand2-(NOT)Carry	SBC{cond}{S}
RSC　Rd,Rn,operand2	带进位逆向减法指令	Rd←operand2-Rn-(NOT)Carry	RSC{cond}{S}
AND　Rd,Rn,operand2	逻辑与操作指令	Rd←Rn & operand2	AND{cond}{S}
ORR　Rd,Rn,operand2	逻辑或操作指令	Rd←Rn | operand2	ORR{cond}{S}
EOR　Rd,Rn,operand2	逻辑异或操作指令	Rd←Rn ^ operand2	EOR{cond}{S}
BIC　Rd,Rn,operand2	位清除指令	Rd←Rn & (~operand2)	BIC{cond}{S}
CMP　Rn,operand2	比较指令	标志 N、Z、C、V←Rn-operand2	CMP{cond}
CMN　Rn,operand2	负数比较指令	标志 N、Z、C、V←Rn+operand2	CMN{cond}
TST　Rn,operand2	位测试指令	标志 N、Z、C、V←Rn & operand2	TST{cond}
TEQ　Rn,operand2	相等测试指令	标志 N、Z、C、V←Rn ^ operand2	TEQ{cond}

ARM 数据处理指令编码格式：

31　　28	27 26	25	24　　21	20	19　　16	15　　12	11　　　　0
cond	0　0	I	opcode	S	Rn	Rd	operand2

opcode　　数据处理指令操作码.

I　　用于区别立即数(I 为 1)或寄存器移位(I 为 0).

S　　设置条件码.

Rn　　第一操作数寄存器.

Rd　　目标寄存器.

operand2　　第二个操作数.

若指令不需要全部的可用操作数时(如 MOV 指令的 Rn),不用的寄存器域应设置为 0(由编译器自动完成).对于比较指令,b20 位固定为 1. ARM 数据处理指令操作码见表 3-5.

表 3-5　ARM 数据处理指令操作码

操作码	指令助记符	说明
0000	AND	逻辑与操作指令
0001	EOR	逻辑异或操作指令
0010	SUB	减法运算指令

续表

操作码	指令助记符	说明
0011	RSB	逆向减法指令
0100	ADD	加法运算指令
0101	ADC	带进位加法
0110	SBC	带进位减法指令
0111	RSC	带进位逆向减法指令
1000	TST	位测试指令
1001	TEQ	相等测试指令
1010	CMP	比较指令
1011	CMN	负数比较指令
1100	ORR	逻辑或操作指令
1101	MOV	数据传送
1110	BIC	位清除指令
1111	MVN	数据非传送

(1) 数据传送指令.

① MOV——数据传送指令.

MOV 将 8 位图(pattern)立即数或寄存器(operand2)传送到目标寄存器(Rd),可用于移位运算等操作. 指令格式如下:

```
MOV{cond}{S}Rd,operand2
```

MOV 指令举例如下:

```
MOV    R1,#0x10        ; R1=0x10
MOV    R0,R1           ; R0=R1
MOVS   R3,R1,LSL #2  ; R3=R1<<2,并影响标志位
MOV    PC,LR           ; PC=LR,子程序返回
```

② MVN——数据非传送指令 MVN.

指令将 8 位图(pattern)立即数或寄存器(operand2)按位取反后传送到目标寄存器(Rd),因为其具有取反功能,所以可以装载范围更广的立即数. 指令格式如下:

```
MVN{cond}{S} Rd,operand2
```

MVN 指令举例如下:

```
MVN R1,#0xFF   ; R1=0xFFFFFF00
MVN R1,R2 ; 将 R2 取反,结果存到 R1
```

(2) 算术逻辑运算指令.

① ADD——加法运算指令.

ADD 指令将 operan d2 的值与 Rn 的值相加，结果保存到 Rd 寄存器. 指令格式如下：

```
ADD{cond}{S} Rd,Rn,operand2
```

ADD 指令举例如下：

```
ADDS R1,R1,#1     ; R1=R1+1
ADD  R1,R1,R2     ; R1=R1+R2
ADDS R3,R1,R2,LSL #2 ; R3=R1+R2<<2
```

② SUB——减法运算指令.

SUB 指令用寄存器 Rn 减去 operand2，结果保存到 Rd 中. 指令格式如下：

```
SUB{cond}{S} Rd,Rn,operand2
```

SUB 指令举例如下：

```
SUBS R0,R0,#1     ; R0=R0-1
SUBS R2,R1,R2 ; R2=R1-R2
SUB R6,R7,#0x10    ; R6=R7-0x10
```

③ RSB——逆向减法指令.

RSB 指令将 operand2 的值减去 Rn，结果保存到 Rd 中. 指令格式如下：

```
RSB{cond}{S} Rd,Rn,operand2
```

RSB 指令举例如下：

```
RSB R3,R1,#0xFF00 ; R3=0xFF00-R1
RSBS R1,R2,R2,LSL #2 ; R1=R2<<2-R2=R2×3
RSB R0,R1,#0      ; R0=-R1
```

④ ADC——带进位加法指令.

将 operand2 的值与 Rn 的值相加，再加上 CPSR 中的 C 条件标志位，结果保存到 Rd 寄存器. 指令格式如下：

```
ADC{cond}{S} Rd,Rn,operand2
```

ADC 指令举例如下：

```
ADDS R0,R0,R2
ADC R1,R1,R3 ; 使用 ADC 实现 64 位加法，(R1、R0)=(R1、R0)+(R3、R2)
```

⑤ SBC——带进位减法指令.

SBC 指令用寄存器 Rn 减去 operand2，再减去 CPSR 中的 C 条件标志位的非(即若 C 标志清零，则结果减去 1)，结果保存到 Rd 中. 指令格式如下：

```
SBC{cond}{S} Rd,Rn,operand2
```

SBC 指令举例如下：

```
SUBS R0,R0,R2
SBC R1,R1,R3 ; 使用 SBC 实现 64 位减法，(R1、R0)=(R1、R0)-(R3、R2)
```

⑥ RSC——带进位逆向减法指令.

RSC 指令用寄存器 operand2 减去 Rn，再减去 CPSR 中的 C 条件标志位，结果保存到 Rd 中. 指令格式如下：

```
RSC{cond}{S} Rd,Rn,operand2
```

RSC 指令举例如下：

```
RSBS R2,R0,#0
RSC R3,R1,#0 ；使用 RSC 指令实现求 64 位数值的负数
```

⑦ AND——逻辑“与”操作指令.

AND 指令将 operand2 的值与寄存器 Rn 的值按位作逻辑“与”操作，结果保存到 Rd 中. 指令格式如下：

```
AND{cond}{S} Rd,Rn,operand2
```

AND 指令举例如下：

```
ANDS R0,R0,#0x01 ；R0=R0&0x01，取出最低位数据
AND R2,R1,R3 ；R2=R1&R3
```

⑧ ORR——逻辑“或”操作指令.

ORR 指令将 operand2 的值与寄存器 Rn 的值按位作逻辑“或”操作，结果保存到 Rd 中. 指令格式如下：

```
ORR R0,R0,#0x0F        ；将 R0 的低 4 位置 1
MOV R1,R2,LSR #24
ORR R3,R1,R3,LSL #8 ；使用 ORR 指令将 R2 的高 8 位数据移入到 R3 低 8 位中
```

⑨ EOR——逻辑“异或”操作指令.

EOR 指令将 operand2 的值与寄存器 Rn 的值按位作逻辑“异或”操作，结果保存到 Rd 中. 指令格式如下：

```
EOR{cond}{S} Rd,Rn,operand2
```

EOR 指令举例如下：

```
EOR  R1,R1,#0x0F ；将 R1 的低 4 位取反
EOR  R2,R1,R0 ；R2=R1^R0
EORS R0,R5,#0x01 ；将 R5 和 0x01 进行逻辑“异或”，结果保存到 R0，并影响标志位
```

⑩ BIC——位清除指令.

BIC 指令将寄存器 Rn 的值与 operand2 的值的反码按位作逻辑“与”操作，结果保存到 Rd 中. 指令格式如下：

```
BIC{cond}{S} Rd,Rn,operand2
```

BIC 指令举例如下：

```
BIC R1,R1,#0x0F ；将 R1 的低 4 位清零，其他位不变
BIC R1,R2,R3    ；将 R3 的反码和 R2 相逻辑“与”，结果保存到 R1 中比较指令
```

(3) 比较指令.

① CMP——比较指令.

CMP 指令将寄存器 Rn 的值减去 operand2 的值,根据操作的结果更新 CPSR 中的相应条件标志位,以便后面的指令根据相应的条件标志来判断是否执行. 指令格式如下:

```
CMP{cond} Rn,operand2
```

CMP 指令举例如下:

```
CMP R1,#10 ; R1 与 10 比较,设置相关标志位
CMP R1,R2 ; R1 与 R2 比较,设置相关标志位
```

CMP 指令与 SUBS 指令的区别在于 CMP 指令不保存运算结果. 在进行两个数据的大小判断时,常用 CMP 指令及相应的条件码来操作.

② CMN——负数比较指令.

CMN 指令使用寄存器 Rn 的值加上 operand2 的值,根据操作的结果更新 CPSR 中的相应条件标志位,以便后面的指令根据相应的条件标志来判断是否执行. 指令格式如下:

```
CMN{cond} Rn,operand2
```

CMN 指令举例如下:

```
CMN R0,#1 ; R0+1,判断 R0 是否为 1 的补码.若是,则 Z 置位为 1
```

CMN 指令与 ADDS 指令的区别在于 CMN 指令不保存运算结果. CMN 指令可用于负数比较,比如 CMNR0,#1 指令则表示 R0 与 −1 比较,若 R0 为 −1(即 1 的补码),则 Z 置位;否则 Z 复位.

③ TST——位测试指令.

TST 指令将寄存器 Rn 的值与 operand2 的值按位作逻辑"与"操作,根据操作的结果更新 CPSR 中的相应条件标志位,以便后面的指令根据相应的条件标志来判断是否执行. 指令格式如下:

```
TST{cond} Rn,operand2
```

TST 指令举例如下:

```
TST R0,#0x01 ; 判断 R0 的最低位是否为 0
TST R1,#0x0F ; 判断 R1 的低 4 位是否为 0
```

TST 指令与 ANDS 指令的区别在于 TST 指令不保存运算结果. TST 指令通常与 EQ、NE 条件码配合使用,当所有测试位均为 0 时,EQ 有效,而只要有一个测试位不为 0,则 NE 有效.

④ TEQ——相等测试指令.

TEQ 指令将寄存器 Rn 的值与 operand2 的值按位作逻辑"异或"操作,根据操作的结果更新 CPSR 中的相应条件标志位,以便后面的指令根据相应的条件标志来判断是否执行. 指令格式如下:

```
TEQ{cond}  Rn,operand2
```

TEQ 指令举例如下：

```
TEQ R0,R1 ；比较 R0 与 R1 是否相等（不影响 V 位和 C 位）
```

TEQ 指令与 EORS 指令的区别在于 TEQ 指令不保存运算结果. 使用 TEQ 进行相等测试时，常与 EQ、NE 条件码配合使用. 当两个数据相等时，EQ 有效；否则 NE 有效.

3.2.5 乘法指令与乘加指令

ARM920T 具有 32×32 乘法指令，32×32 乘加指令，32×32 结果为 64 位的乘/乘加指令. ARM 乘法指令见表 3-6.

表 3-6 ARM 乘法指令

助记符	说明	操作	条件码位置
MUL Rd,Rm,Rs	32 位乘法指令	Rd←Rm * Rs (Rd≠Rm)	MUL{cond}{S}
MLA Rd,Rm,Rs,Rn	32 位乘加指令	Rd←Rm * Rs+Rn (Rd≠Rm)	MLA{cond}{S}
UMULL RdLo,RdHi,Rm,Rs	64 位无符号乘法指令	(RdLo,RdHi)←Rm * Rs	UMULL{cond}{S}
UMLAL RdLo,RdHi,Rm,Rs	64 位无符号乘加指令	(RdLo,RdHi)←Rm * Rs+(RdLo,RdHi)	UMLAL{cond}{S}
SMULL RdLo,RdHi,Rm,Rs	64 位有符号乘法指令	(RdLo,RdHi)←Rm * Rs	SMULL{cond}{S}
SMLAL RdLo,RdHi,Rm,Rs	64 位有符号乘加指令	(RdLo,RdHi)←Rm * Rs+(RdLo,RdHi)	SMLAL{cond}{S}

ARM 乘法指令编码格式：

31 28	27 24	23 22 21	20	19 16	15 12	11 8	7 6 5 4	3 0
cond	0 0 0 0	opcode	S	Rd/RdHi	Rd/RdLo	Rs	1 0 0 1	Rm

opcode　乘法指令操作码.

S　设置条件码.

Rm　被乘数寄存器.

Rs　乘数的寄存器.

Rn/RdLo　MLA 指令相加的寄存器或 64 位乘法指令的目标寄存器(低 32 位).

Rd/RdHi　目标寄存器或 64 位乘法指令的目标寄存器(高 32 位). 若指令不需要全部的可用操作数时(如 MUL 指令的 Rn)，不用的寄存器域应设置为 0(由编译器自动完成). ARM 乘法指令操作码见表 3-7.

表 3-7 ARM 乘法指令操作码

操作码	指令助记符	说明
000	MUL	32 位乘法指令
001	MLA	32 位乘加指令
100	UMULL	64 位无符号乘法指令
101	UMLAL	64 位无符号乘加指令
110	SMULL	64 位有符号乘法指令
111	SMLAL	64 位有符号乘加指令

(1) MUL——32 位乘法指令.

MUL 指令将 Rm 和 Rs 中的值相乘,结果的低 32 位保存到 Rd 中. 指令格式如下:

```
MUL{cond}{S} Rd,Rm,Rs
```

MUL 指令举例如下:

```
MUL   R1,R2,R3 ; R1=R2×R3
MULS R0,R3,R7 ; R0=R3×R7,同时设置 CPSR 中的 N 位和 Z 位
```

(2) MLA——32 位乘加指令.

MLA 指令将 Rm 和 Rs 中的值相乘,再将乘积加上第 3 个操作数,结果的低 32 位保存到 Rd 中. 指令格式如下:

```
MLA{cond}{S} Rd,Rm,Rs,Rn
```

MLA 指令举例如下:

```
MLA R1,R2,R3,R0 ; R1=R2×R3+R0
```

(3) UMULL——64 位无符号乘法指令.

UMULL 指令将 Rm 和 Rs 中的值作无符号数相乘,结果的低 32 位保存到 RdLo 中,而高 32 位保存到 RdHi 中. 指令格式如下:

```
UMULL{cond}{S}   RdLo,RdHi,Rm,Rs
```

UMULL 指令举例如下:

```
UMULL R0,R1,R5,R8 ; (R1、R0)=R5×R8
```

(4) UMLAL——64 位无符号乘加指令.

UMLAL 指令将 Rm 和 Rs 中的值作无符号数相乘,64 位乘积与 RdHi、RdLo 相加,结果的低 32 位保存到 RdLo 中,而高 32 位保存到 RdHi 中. 指令格式如下:

```
UMLAL{cond}{S}   RdLo,RdHi,Rm,Rs
```

UMLAL 指令举例如下:

```
UMLAL R0,R1,R5,R8 ; (R1、R0)=R5×R8+(R1、R0)
```

(5) SMULL——64 位有符号乘法指令.

SMULL 指令将 Rm 和 Rs 中的值作有符号数相乘,结果的低 32 位保存到 RdLo 中,而高 32 位保存到 RdHi 中. 指令格式如下:

```
SMULL{cond}{S}   RdLo,RdHi,Rm,Rs
```

SMULL 指令举例如下:

```
SMULL R2,R3,R7,R6 ; (R3、R2)=R7×R6
```

(6) SMLAL——64 位有符号乘加指令.

SMLAL 指令将 Rm 和 Rs 中的值作有符号数相乘,64 位乘积与 RdHi、RdLo 相加,结果的低 32 位保存到 RdLo 中,而高 32 位保存到 RdHi 中. 指令格式如下:

```
SMLAL{cond}{S}  RdLo,RdHi,Rm,Rs
```

SMLAL 指令举例如下：

```
SMLAL R2,R3,R7,R6 ；(R3、R2)=R7×R6+(R3、R2)
```

3.2.6　ARM 分支指令

在 ARM 中有两种方式可以实现程序的跳转，一种是使用分支指令直接跳转，另一种则是直接向 PC 寄存器赋值实现跳转. 分支指令有分支指令 B、带链接的分支指令 BL、带状态切换的分支指令 BX.

ARM 分支指令见表 3-8.

表 3-8　ARM 分支指令

助记符		说明	操作	条件码位置
B	label	分支指令	PC←label	B{cond}
BL	label	带链接的分支指令	LR←PC－4，PC←label	BL{cond}
BX	Rm	带状态切换的分支指令	PC←label，切换处理器状态	BX{cond}

(1) B——分支指令.

B 指令跳转到指定的地址执行程序. 指令格式如下：

```
B{cond} label
```

指令编码格式：

31　28	27	26	25	24	23　　0
cond	1	0	1	0	signed_immed_24

signed_immed_24　24 位有符号立即数(偏移量). 实际跳转的目的地址通过以下方法计算出来：(1)将该 24 位有符号数的补码通过符号扩展方式扩展到 32 位数；(2)将结果左移 2 位；(3)将左移后的结果加上 PC 的值.

分支指令 B 举例如下：

```
B    WAITA ；  跳转到 WAITA 标号处
B    0x1234 ；  跳转到绝对地址 0x1234 处
```

分支指令 B 限制在当前指令的±32M 字节地址范围内(ARM 指令为字对齐，最低 2 位地址固定为 0).

(2) BL——带连接的分支指令.

BL 指令先将下一条指令的地址拷贝到 R14(即 LR)连接寄存器中，然后跳转到指定地址运行程序. 指令格式如下：

```
BL{cond} label
```

指令编码格式：

31 28	27 26 25	24	23 0
cond	1 0 1	1	signed_immed_24

signed_immed_24　24 位有符号立即数(偏移量).实际跳转的目的地址通过以下方法计算出来:

① 将该 24 位有符号数的补码通过符号扩展方式扩展到 32 位数.

② 将结果左移 2 位.

③ 将左移后的结果加上 PC 的值,再加上 8.

带连接的分支指令 BL 举例如下:

```
BL   DELAY
```

分支指令 BL 限制在当前指令的±32M 字节地址范围内.BL 指令用于子程序调用.

(3) BX——带状态切换的分支指令.

BX 指令跳转到 Rm 指定的地址执行程序,若 Rm 的位[0]为 1,则跳转时自动将 CPSR 中的标志 T 置位,即把目标地址的代码解释为 Thumb 代码;若 Rm 的位[0]为 0,则跳转时自动将 CPSR 中的标志 T 复位,即把目标地址的代码解释为 ARM 代码.指令格式如下:

```
BX{cond}         Rm
```

指令编码格式:

31 28	27 4	3 0
cond	0 0 0 1 0 0 1 0 1 1 1 1 1 1 1 1 1 1 1 1 0 0 0 1	Rm

Rm 目标地址寄存器.带状态切换的分支指令 BX 举例如下:

```
ADRL R0,ThumbFun+1
BX     R0                ;跳转到 R0 指定的地址,并根据 R0 的最低位来切换处
                         ;理器状态
```

3.2.7　ARM 协处理器指令

ARM 支持协处理器操作,协处理器的控制要通过协处理器命令实现.

ARM 协处理器指令见表 3-9.

表 3-9　ARM 协处理器指令

助记符	说明	操作	条件码位置
CDP　coproc, opcode1, CRd, CRn,CRm {,opcode2}	协处理器数据操作指令	取决于协处理器	CDP{cond}
LDC{L} coproc,CRd,＜地址＞	协处理器数据读取指令	取决于协处理器	LDC{cond}{L}
STC{L}　coproc,CRd,＜地址＞	协处理器数据写入指令	取决于协处理器	STC{cond}{L}
MCR　coproc,opcode1,Rd,CRn, CRm{,opcode2}	ARM 寄存器到协处理器寄存器的数据传送指令	取决于协处理器	MCR{cond}

续表

助记符	说明	操作	条件码位置
MRC coproc,opcode1,Rd,CRn,CRm{,opcode2}	协处理器寄存器到 ARM 寄存器到的数据传送指令	取决于协处理器	MCR{cond}

(1) CDP——协处理器数据操作指令.

ARM 处理器通过 CDP 指令通知 ARM 协处理器执行特定的操作. 该操作由协处理器完成,即对命令的参数的解释与协处理器有关,指令的使用取决于协处理器. 若协处理器不能成功地执行该操作,将产生未定义指令异常中断. 指令格式如下:

```
CDP{cond}        coproc,opcode1,CRd,CRn,CRm{,opcode2}
```

其中:

- coproc 指令操作的协处理器名. 标准名为 pn,n 为 0～15.
- opcode1 协处理器的特定操作码.
- CRd 作为目标寄存的协处理器寄存器.
- CRn 存放第 1 个操作数的协处理器寄存器.
- CRm 存放第 2 个操作数的协处理器寄存器. Opcode2 可选的协处理器特定操作码.

指令编码格式:

31 28	27 24	23 20	19 16	15 12	11 8	7 4	3 0
cond	1 1 1 0	opcode1	CRn	CRd	cp_num	opcode2	CRm

cp_num 为协处理器编号.

CDP 指令举例如下:

```
CDP  p7,0,c0,c2,c3,0 ;协处理器 7 操作,操作码为 0,可选操作码为 0
CDP  p6,1,c3,c4,c5   ;协处理器 6 操作,操作码为 1
```

(2) LDC——协处理器数据读取指令.

LDC 指令从某一连续的内存单元将数据读取到协处理器的寄存器中. 进行协处理器数据的传送,由协处理器来控制传送的字数. 若协处理器不能成功地执行该操作,将产生未定义指令异常中断. 指令格式如下:

```
LDC{cond}{L} coproc,CRd,<地址>
```

其中:L 可选后缀,指明是长整数传送. coproc 指令操作的协处理器名. 标准名为 pn,n 为 0～15. CRd 作为目标寄存的协处理器寄存器. <地址>指定的内存地址.

指令编码格式:

31 28	27 26 25	24	23	22	21	20	19 16	15 12	11 8	7 0
cond	1 1 0	P	U	N	W	1	Rn	CRd	cp_num	8_bit_word_offset

cp_num 为协处理器编号.

8_bit_word_offset 8 位立即数偏移.

P,U,W 用于区别不同的地址模式. P 表示前/后变址,U 表示加/减,W 表示回写.

N　数据大小(依赖于协处理器).

LDC　指令举例如下:

```
LDC  p5,c2,[R2,#4]  读取 R2+4 指向的内存单元的数据,传送到协处理器 p5 的 c2 寄存器中
LDC  p6,c2,[R1]     读取 R1 指向的内存单元的数据,传送到协处理器 p6 的 c2 寄存器中
```

(3) STC——协处理器数据写入指令.

STC 指令将协处理器的寄存器数据写入到某一连续的内存单元中.进行协处理器数据的数据传送,由协处理器来控制传送的字数.若协处理器不能成功地执行该操作,将产生未定义指令异常中断.指令格式如下:

```
STC{cond}{L} coproc,CRd,<地址>
```

其中:　L 可选后缀,指明是长整数传送.

coproc 指令操作的协处理器名.标准名为 pn,n 为 0～15.

CRd 作为目标寄存的协处理器寄存器.

<地址>指定的内存地址.

指令编码格式:

31　　28	27	26	25	24	23	22	21	20	19　　16	15　　12	11　　8	7　　0
cond	1	1	0	P	U	N	W	0	Rn	CRd	cp_num	8_bit_word_offset

cp_num　为协处理器编号.

8_bit_word_offset　8 位立即数偏移.

P,U,W　用于区别不同的地址模式.P 表示前/后变址,U 表示加/减,W 表示回写.

N　数据大小(依赖于协处理器).

STC 指令举例如下:

```
STC     p5,c1,[R0]
STC     p5,c1,[R0,#-0x04]
```

(4) MRC——协处理器寄存器到 ARM 寄存器到的数据传送指令.

MRC 指令将协处理器寄存器中的数据传送到 ARM 处理器的寄存器中.若协处理器不能成功地执行该操作,将产生未定义指令异常中断.指令格式如下:

```
MCR{cond} coproc,opcode1,Rd,CRn,CRm{,opcode2}
```

其中:coproc　指令操作的协处理器名.标准名为 pn,n 为 0～15.

opcode1　协处理器的特定操作码.

Rd　作为目标寄存的协处理器寄存器.

CRn　存放第 1 个操作数的协处理器寄存器.

CRm　存放第 2 个操作数的协处理器寄存器.

opcode2　可选的协处理器特定操作码.

指令编码格式:

31 28	27 24	23 21	20	19 16	15 12	11 8	7 5	4	3 0
cond	1 1 1 0	opcode1	0	CRn	Rd	cp_num	opcode2	1	CRm

cp_num 为协处理器编号.

MCR 指令举例如下：

```
MCR p6,2,R7,c1,c2
MCR p7,0,R1,c3,c2,1
```

指令编码格式：

31 28	27 24	23 21	20	19 16	15 12	11 8	7 5	4	3 0
cond	1 1 1 0	opcode1	1	CRn	Rd	cp_num	opcode2	1	CRm

cp_num　　为协处理器编号.

MRC　　指令举例如下：

```
MRC    p5,2,R2,c3,c2
MRC    p7,0,R0,c1,c2,1
```

3.2.8　ARM 杂项指令

杂项指令见表 3-10.

表 3-10　ARM 杂项指令

助记符	说明	操作	条件码位置
SWI　immed_24	软中断指令	产生软中断，处理器进入管理模式	SWI{cond}
MRS　Rd,psr	读状态寄存器指令	Rd←psr,psr 为 CPSR 或 SPSR	MRS{cond}
MSR　psr _ fields, Rd/#immed_8r	写状态寄存器指令	psr_fields←Rd/#immed_8r,psr 为 CPSR 或 SPSR	MSR{cond}

（1）SWI——软中断指令.

SWI 指令用于产生软中断，从而实现在从用户模式变换到管理模式，CPSR 保存到管理模式的 SPSR 中，执行转移到 SWI 向量. 在其他模式下也可使用 SWI 指令，处理器同样地切换到管理模式. 指令格式如下：

```
SWI{cond} immed_24
```

其中：immed_24　　24 位立即数，值为 0～16777215 之间的整数. 指令编码格式：

31 28	27 26 25 24	23 0
cond	1 1 1 1	immed_24

SWI 指令举例如下：

```
SWI 0 ；软中断，中断立即数为 0
SWI  0x123456 ；软中断，中断立即数为 0x123456
```

使用 SWI 指令时，通常使用以下两种方法进行传递参数，SWI 异常中断处理程序就可以提供相关的服务，这两种方法均是用户软件协定. SWI 异常中断处理程序要通过读取引起软中断的 SWI 指令，以取得 24 位立即数.

① 指令中 24 位的立即数指定了用户请求的服务类型，参数通过通用寄存器传递.

```
MOV R0,#34 ；设置子功能号为 34
SWI 12     ；调用 12 号软中断
```

② 指令中的 24 位立即数被忽略，用户请求的服务类型由寄存器 R0 的值决定，参数通过其他的通用寄存器传递.

```
MOV    R0,#12    ；调用 12 号软中断
MOV    R1,#34    ；设置子功能号为 34
SWI    0
```

在 SWI 异常中断处理程序中，取出 SWI 立即数的步骤为：首先确定引起软中断的 SWI 指令是 ARM 指令还是 Thumb 指令，这可通过对 SPSR 访问得到；然后要取得该 SWI 指令的地址，这可通过访问 LR 寄存器得到；接着读出指令，分解出立即数. 如程序清单 3-2 所示.

程序清单 3-2　读取 SWI 立即数

```
T_bit          EQU          0x20
SWI_Handler
STMFD SP!,{R0-R3,R12,LR}        ；现场保护
MRS R0,SPSR                     ；读取 SPSR
STMFD SP!,{R0}                  ；保存 SPSR
TST R0,#T_bit                   ；测试 T 标志位
LDRNEH R0,[LR,#-2]              ；若是 Thumb 指令，读取指令码(16 位)
BICNE R0,R0,#0xFF00             ；取得 Thumb 指令的 8 位立即数
LDREQ R0,[LR,#-4]               ；若是 ARM 指令，读取指令码(32 位)
BICEQ R0,R0,#0xFF000000         ；取得 ARM 指令的 24 位立即数
...
LDMFD SP!,{R0-R3,R12,PC}^  ；SWI 异常中断返回
```

(2) MRS——读状态寄存器指令.

在 ARM 处理器中，只有 MRS 指令可以将状态寄存器 CPSR 或 SPSR 读出到通用寄存器中. 指令格式如下：

```
MRS{cond}    Rd,psr
```

其中：Rd 目标寄存器. Rd 不允许为 R15.

psr CPSR 或 SPSR.

指令编码格式：

31　　28	27　　23	22	21 20	19　　16	15　　12	11　　0
cond	0 0 0 1 0	R	0 0	1 1 1 1	Rd	0 0 0 0 0 0 0 0 0 0 0 0

R 用于区别 CPSR(R 为 0)或 SPSR(R 为 1).

MRS 指令举例如下：

```
MRS R1,CPSR ；将 CPSR 状态寄存器读取,保存到 R1 中
MRS R2,SPSR ；将 SPSR 状态寄存器读取,保存到 R2 中
```

MRS 指令读取 CPSR,可用来判断 ALU 的状态标志,或 IRQ、FIQ 中断是否允许等.在异常处理程序中,读 SPSR 可知道进行异常前的处理器状态等.MRS 与 MSR 配合使用,实现 CPSR 或 SPSR 寄存器的读—修改—写操作,可用来进行处理器模式切换、允许/禁止 IRQ/FIQ 中断等设置,如程序清单 3-3、程序清单 3-4 所示.另外,进程切换或允许异常中断嵌套时,也需要使用 MRS 指令读取 SPSR 状态值,并将其保存起来.

程序清单 3-3 IRQ 中断

```
DISABLE_IRQ
        MRS     R0 CPSR
        ORR     R0,R0,#0x80
        MSR     CPSR_c,R0
        MOV     PC,LR
```

程序清单 3-4 禁能 IRQ 中断

```
ENABLE_IRQ
        MRS     R0,CPSR
        BIC     R0,R0,#0x80
        MSR     CPSR_c,R0
        MOV     PC,LR
```

(3) MSR——写状态寄存器指令.

在 ARM 处理器中,只有 MSR 指令可以直接设置状态寄存器 CPSR 或 SPSR.指令格式如下：

```
MSR{cond}    psr_fields,#immed_8r
MSR{cond}    psr_fields,Rm
```

其中:psr　　CPSR 或 SPSR.

Fields　　指定传送的区域.fields 可以是以下的一种或多种(字母必须为小写)：

c 控制域屏蔽字节(psr[7…0])；

x 扩展域屏蔽字节(psr[15…8])；

s 状态域屏蔽字节(psr[23…16])；

f 标志域屏蔽字节(psr[31…24]).

immed_8r　　要传送到状态寄存器指定域的立即数,8 位.

Rm 要传送到状态寄存器指定域的数据的源寄存器.指令编码格式(操作数为立即数)：

31 28	27 23	22	21 20	19 16 15 12	11 8	7 0
cond	0 0 1 1 0	R	1 0	field_mask 1 1 1 1	rotate_mm	8_bit_immediate

指令编码格式(操作数为寄存器)：

31 28	27 23	22	21 20	19 16	15 12	11 4	3 0
cond	0 0 0 1 0	R	1 0	field_mask	1 1 1 1	0 0 0 0 0 0 0 0	Rm

R　　　　　　　　用于区别 CPSR(R 为 0)或 SPSR(R 为 1).

field_mask　　　　域屏蔽.

rotate_imm　　　　立即数对齐.

8_bit_immediate 8 位立即数.

Rm　　　　　　　操作数寄存器.

MSR 指令举例如下：

```
MSR   CPSR_c,#0xD3          ；CPSR[7…0]=0xD3,即切换到管理模式
MSR CPSR_cxsf,R3            ；CPSR=R3
```

只有在特权模式下才能修改状态寄存器.

程序中不能通过 MSR 指令直接修改 CPSR 中的 T 控制位来实现 ARM 状态/Thumb 状态的切换,必须使用 BX 指令完成处理器状态的切换(因为 BX 指令属分支指令,它会打断流水线状态,实现处理器状态切换). MRS 与 MSR 配合使用,实现 CPSR 或 SPSR 寄存器的读—修改—写操作,可用来进行处理器模式切换、允许/禁止 IRQ/FIQ 中断等设置,如程序清单 3-5 所示.

程序清单 3-5　堆栈指令初始化

```
INITSTACK
    MOV         R0,LR               ；保存返回地址
；设置管理模式堆栈
    MSR         CPSR_c,#0xD3
    LDR         SP,StackSvc
；设置中断模式堆栈
    MSR CPSR_c,#0xD2
    LDR SP,StackIrq
    …
```

3.2.9　ARM 伪指令

ARM 伪指令不是 ARM 指令集中的指令,只是为了编程方便编译器定义了伪指令,使用时可以像其他 ARM 指令一样使用,但在编译时这些指令将被等效的 ARM 指令代替. ARM 伪指令有四条,分别为 ADR 伪指令、ADRL 伪指令、LDR 伪指令、NOP 伪指令.

(1) ADR——小范围的地址读取伪指令.

ADR 指令将基于 PC 相对偏移的地址值或基于寄存器相对偏移的地址值读取到寄存器中. 在汇编编译源程序时,ADR 伪指令被编译器替换成一条合适的指令. 通常,编译器用一条 ADD 指令或 SUB 指令来实现该 ADR 伪指令的功能,若不能用一条指令实现,则产生错误,编译失败. ADR 伪指令格式如下：

```
ADR{cond}    register,expr
```

其中:register 加载的目标寄存器.

expr 地址表达式.

当地址值是非字对齐时,取值范围－255～255 字节之间;当地址值是字对齐时,取值范围－1020～1020 字节之间. 对于基于 PC 相对偏移的地址值时,给定范围是相对当前指令地址后两个字处(因为 ARM7TDMI 为三级流水线).

ADR 伪指令举例如下:

```
LOOP    MOV     R1,#0xF0
...
ADR     R2,LOOP         ;将 LOOP 的地址放入 R2
ADR     R3,LOOP+4
```

可以用 ADR 加载地址,实现查表,如程序清单 3-6 所示.

程序清单 3-6　小范围地址的加载

```
...
ADR     R0,DISP_TAB      ;加载转换表地址
LDRB        R1,[R0,R2]     ;使用 R2 作为参数,进行查表
...
DISP_TAB
DCB      0xC0,0xF9,0xA4,0xB0,0x99,0x92,0x82,0xF8,0x80,0x90
```

(2) ADRL——中等范围的地址读取伪指令.

ADRL 指令将基于 PC 相对偏移的地址值或基于寄存器相对偏移的地址值读取到寄存器中,可以读取比 ADR 伪指令更大范围的地址. 在汇编编译源程序时,ADRL 伪指令被编译器替换成两条合适的指令. 若不能用两条指令实现 ADRL 伪指令功能,则产生错误,编译失败. ADRL 伪指令格式如下:

```
ADRL{cond}    register,expr
```

其中:register 加载的目标寄存器.

expr 地址表达式.

当地址值是非字对齐时,取值范围－64～64KB 之间;当地址值是字对齐时,取值范围－256～256KB 之间.

ADRL 伪指令举例如下:

```
    ADRL R0,DATA_BUF
    ...
    ADRL R1,DATA_BUF+80
    ...
DATA_BUF
    SPACE 100 ;定义 100 字节缓冲区
```

可以用 ADRL 加载地址,实现程序跳转,如程序清单 3-7 所示.

程序清单 3-7　中等范围地址的加载

```
    …
            ADR     LR,RETURN1          ;设置返回地址
            ADRL    R1,Thumb_Sub+1      ;取得 Thumb 子程序入口地址,且 R1 的 0 位置 1
            BX      R1                  ; 调用 Thumb 子程序,并切换处理器状态
    RETURN1
            …
            CODE    16
    Thumb_Sub
            MOV R1,#10
            …
```

(3) LDR——大范围的地址读取伪指令.

LDR 伪指令用于加载 32 位的立即数或一个地址值到指定寄存器. 在汇编编译源程序时,LDR 伪指令被编译器替换成一条合适的指令. 若加载的常数未超出 MOV 或 MVN 的范围,则使用 MOV 或 MVN 指令代替该 LDR 伪指令,否则汇编器将常量放入文字池,并使用一条程序相对偏移的 LDR 指令从文字池读出常量. LDR 伪指令格式如下:

```
LDR{cond}    register,=expr/label-expr
```

其中:register 加载的目标寄存器.

expr　32 位立即数.

label-expr 基于 PC 的地址表达式或外部表达式.

LADR 伪指令举例如下:

```
LDR         R0,=0x12345678      ; 加载 32 位立即数 0x12345678
LDR         R0,=DATA_BUF+60     ; 加载 DATA_BUF 地址+60
…
LTORG                           ; 声明文字池
…
```

伪指令 LDR 常用于加载芯片外围功能部件的寄存器地址(32 位立即数),以实现各种控制操作,如程序清单 3-8 所示.

程序清单 3-8　加载 32 位立即数

```
…
LDR         R0,=IOPIN       ; 加载 GPIO 的寄存器 IOPIN 的地址
LDR         R1,[R0]         ; 读取 IOPIN 寄存器的值…
LDR         R0,=IOSET
LDR         R1,=0x00500500
STR         R1,[R0]         ; IOSET=0x00500500
…
```

从 PC 到文字池的偏移量必须小于 4 KB.

与 ARM 指令的 LDR 相比,伪指令的 LDR 的参数有"="号.

(4) NOP——空操作伪指令.

NOP 伪指令在汇编时将会被代替成 ARM 中的空操作,比如可能为"MOV R0,R0"指令等. NOP 伪指令格式如下:

```
NOP
```

NOP 可用于延时操作,如程序清单 3-9 所示.

程序清单 3-9 软件延时

```
...
DELAY1
        NOP
        NOP
        NOP
        SUBS      R1,R1,#1
        BNE       DELAY1
        ...
```

思考与练习

1. 基础知识

(1)ARM920TDMI 有几种寻址方式? LDR R1,[R0,#0x08]属于哪种寻址方式?

(2)ARM 指令的条件码有多少个? 默认条件码是什么?

(3)ARM 指令中第二个操作数有哪几种形式? 列举 5 个 8 位图立即数.

(4)LDR/STR 指令的偏移形式有哪 4 种? LDRB 和 LDRSB 有何区别?

(5)请指出 MOV 指令与 LDR 加载指令的区别及用途.

(6)CMP 指令的操作是什么? 写一程序,判断 R1 的值是否大于 0x30,是则将 R1 减去 0x30.

(7)调用子程序是用 B 还是用 BL 指令? 请写出返回子程序的指令.

(8)请指出 LDR 伪指令的用法. 指令格式与 LDR 加载指令的区别是什么?

(9)ARM 状态与 Thumb 状态的切换指令是什么? 请举例说明.

2. 有符号和无符号加法

下面给出 A 和 B 的值,可先手动计算 A+B,并预测 N、Z、V 和 C 标志位的值. 然后修改程序清单 4.1 中 R0、R1 的值,将这两个值装载到这两个寄存器中(使用 LDR 伪指令,如 LDRR0,=0x FFFF0000),使其执行两个寄存器的加法操作. 调试程序,每执行一次加法操作就将标志位的状态记录下来,并将所得结果与预先计算得出的结果相比较. 如果两个操作数看做是有符号数,如何解释所得标志位的状态? 同样,如果这两个操作数看做是无符号数,所得标志位又当如何理解?

```
     0xFFFF000F     0x7FFFFFFF      67654321 (A)
+ 0x0000FFF1  +  0x02345678  +   23110000 (B)
结果:(          )(              )(              )
```

3. 数据访问

把下面的 C 代码转换成汇编代码. 数组 a 和 b 分别存放在以 0x4000 和 0x5000 为起始地址的存储区内，类型为 long(即 32 位). 把编写的汇编语言进行编译连接，并进行调试.

```
for (i=0; i<8; i++)
{ a[i] = b[7-i];
}
```

4. 阶乘计算

计算一个数 n 的阶乘，即 $n! = n\times(n-1)\times(n-2)\times\cdots\times3\times2\times1$.

给定 n 的值后，整个算法就是不断使当前值与前一次乘数减一所得值相乘，这里所说的当前值即是乘法运算的结果. 程序不断循环执行乘法操作，每次循环先将乘数减一，若所得值为 0 则循环结束. 在程序中，使用条件执行的思想来做乘法. 在编写含有循环和转移指令的程序时，由于可以用 Z 标志来迅速判断是否到达循环次数，很多编程者通常使用一个非零数向下计数而不是向上计数的方法来启动程序.

请填充下面的代码段，并加入相应的段声明信息，然后调试程序的正确性. 并在设定 n 的值为 10 时，说明程序执行结果，并观察程序运行之前和之后寄存器的内容.

```
FACTORIAL   MOV     R6,#10          ; 将 10 存放到 R6 (n)
            MOV     R4,R6           ; 初始化保存结果的寄存器 R4 (n 的结果)
LOOP        SUBS    ____________    ; 本次乘数减一
            MULNE   ____________    ; 乘法运算
            BNE LOOP ;如果循环未结束，转去执行下次循环
```

第四章　ARM 实验教学系统

4.1　教学系统介绍

Embest ARM 教学系统包括 μVision IDE 集成开发环境，ULINK USB-JTAG 仿真器，Embest EduKit-Ⅲ开发板、各种连接线、电源适配器以及实验指导书等. 基本实验模型示意图如图 4-1 所示：

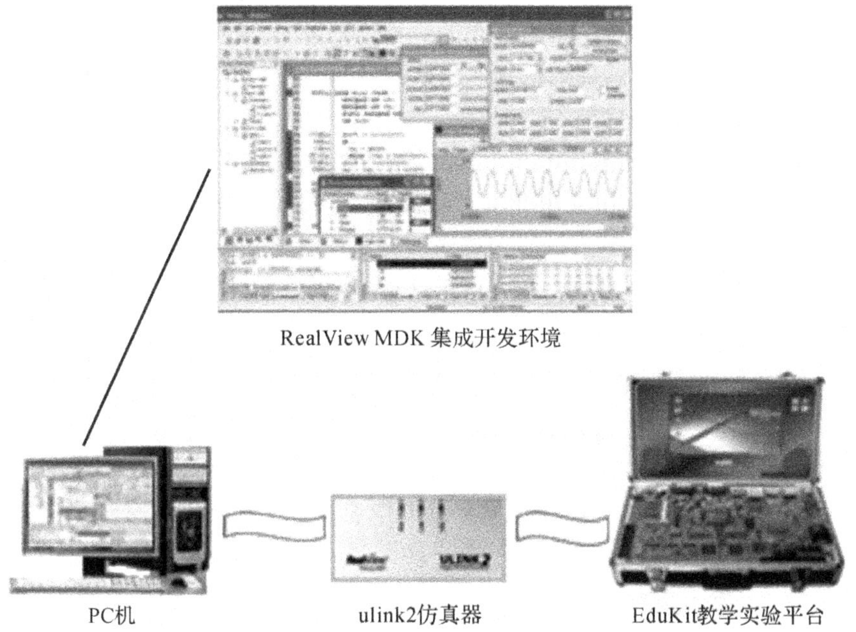

图 4-1　实验模型示意图

4.1.1　μVision 集成开发环境

(1) μVision 是一个基于窗口的软件开发平台，它集成了功能强大的编辑器、工程管理器以及 make 工具. μVision IDE 集成的工具包括 C 编译器、宏汇编器、链接/定位器和十六进制文件生成器. μVision 有编译和调试两种工作模式，两种模式下设计人员都可查看并修改源文件. 图 4-2 是编译模式下典型的窗口配置，μVision IDE 由多个窗口、对话框、菜单栏、工具栏组成. 其中菜单栏和工具栏用来实现快速的操作命令；工程工作区 (Project Workspace) 用于文件管理、寄存器调试、函数管理、手册管理等；输出窗口 (Output Window) 用于显示编译信息、搜索结果以及调试命令交互等；内存窗口 (Memory Window)

可以以不同格式显示内存中的内容；观测窗口（Watch & Call Stack Window）用于观察、修改程序中的变量以及当前的函数调用关系；工作区（Workspace）用于文件编辑、反汇编输出和一些调试信息显示；外设对话框（Peripheral Dialog）帮助设计者观察片内外围接口的工作状态.

（2）μVision IDE 主要功能特点及组件.

μVision IDE 可在 Windows 98、2000、NT、XP 及 7 等操作系统上运行，主要支持基于 ARM7、ARM9、Cortex-M3 系列处理器，其主要特点如下：

① μVision 集成了一个能自动配置工具选项的设备数据库.

② 工业标准的 RealView C/C++编译器能产生代码容量最小、运行速度最快的高效应用程序，同时它包含了一个支持 C++ STL 的 ISO 运行库.

③ 集成在 μVision 的在线帮助系统提供了大量有价值的信息，可加速应用程序开发速度.

④ 包含大量的例程，帮助开发者快速配置 ARM 设备，以及开始应用程序的开发.

⑤ μVision 集成开发环境能帮助工程人员开发稳健、功能强大的嵌入式应用程序.

⑥ μVision 调试器能够精确地仿真整个微控制器，包括其片上外设，使得在没有目标硬件的情况下也能测试开发程序.

⑦ 包含标准的微控制器和外部 Flash 设备的 Flash 编程算法.

⑧ ULINK USB-JTAG 仿真器可以实现 Flash 下载和片上调试.

⑨ RealView RL-ARM 具有网络和通信的库文件以及实时软件.

⑩ 还可使用第三方工具扩展 μVision 的功能.

⑪ μVision 还支持 GNU 的编译器.

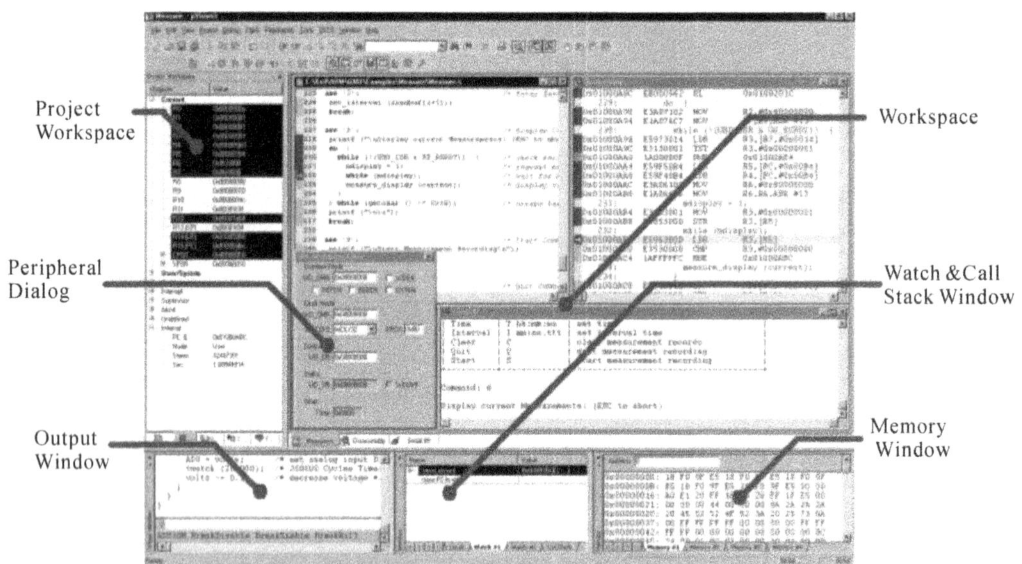

图 4-2 μVision IDE 开发环境软件界面

μVision IDE 包含以下功能组件，能加速嵌入式应用程序开发过程：

① 功能强大的源代码编辑器.

② 可根据开发工具配置的设备数据库.

③ 用于创建和维护工程的工程管理器.

④ 集汇编、编译和链接过程于一体的编译工具.

⑤ 用于设置开发工具配置的对话框.

⑥ 真正集成高速 CPU 及片上外设模拟器的源码级调试器.

⑦ 高级 GDI 接口,可用于目标硬件的软件调试和 Keil ULINK 仿真器的连接.

⑧ 用于下载应用程序到 Flash ROM 中的 Flash 编程器.

⑨ 完善的开发工具手册、设备数据手册和用户向导.

μVision IDE 使用简单、功能强大,是设计者完成设计任务的重要保证. μVision IDE 还提供了大量的例程及相关信息,有助于开发人员快速开发嵌入式应用程序.

μVision IDE 有编译和调试两种工作模式. 编译模式用于维护工程文件和生成应用程序;调试模式下,则可以用功能强大的 CPU 和外设仿真器来测试程序,也可以使用调试器经 Keil ULINK USB-JTAG 适配器(或其他 AGDI 驱动器)来连接目标系统测试应用程序. ULINK 仿真器能用于下载应用程序到目标系统的 Flash ROM 中.

在嵌入式软件开发时,完成设计和编码后,即开始调试程序,这是软件开发的第三步. 一个几千行的程序,其编译可达到没有一个警告,然而在运行时却可能达不到正常的设计需求、甚至系统会因无法运行起来而崩溃,更为难以查找的是系统运行只是在偶然的情况下出现问题或崩溃. 当程序不能顺利运行,而又不能简单、直观地分析、知道问题的症结所在时,就该使用调试器来监视此程序的运行了. μVision IDE 调试器提供程序装载、执行、运行控制和监视所需要的强大的窗口调试环境,支持源码显示和调试,同时可以观察各类调试信息. μVision IDE 具有功能强大的调试器,用于调试和测试应用程序,它提供了两种操作模式:仿真模式和 GDI 驱动器模式. 可以在 Options for Target-Debug 对话框内进行选择,如图4-3所示.

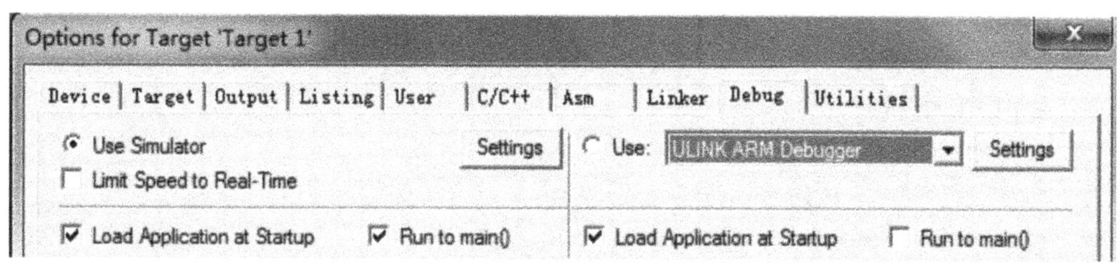

图 4-3 调试器操作模式的选择

① 仿真模式.

仿真模式可在无目标系统硬件情况下,仿真微控制器的许多特性. 可在目标硬件准备好之前,把 μVision 调试器配置为软件仿真,可以测试和调试所开发的嵌入式应用,μVision 能仿真大量的外围设备包括串口、外部 I/O 及时钟等. 在为目标程序选择 CPU 时,相应外围接口就从设备库中被选定.

② GDI 驱动器模式.

GDI 驱动模式下,可使用高级 GDI 驱动器,例如 ULINK ARM Debugger 来连接目标硬件. 对 μVision 来说,以下几种驱动器均可用于连接目标硬件:

JTAG/OCDS 适配器：连接到片上的调试系统，如 AMR Embedded ICE.

监视器：可以集成在用户硬件上、也可以集成在许多评估板上.

仿真器：连接到目标硬件的 CPU 引脚上.

测试硬件：例如 Infineon SmartCard ROM 监视器，或 Philips SmartMX DBox.

4.1.2 ULINK USB-JTAG 仿真器

JTAG 仿真器也称为 JTAG 调试器，是通过 ARM 芯片的 JTAG 边界扫描口进行调试的设备. JTAG 仿真器连接比较方便，通过现有的 JTAG 边界扫描口与 ARM CPU 核通信，属于完全非插入式(即不使用片上资源)调试，它无需目标存储器，不占用目标系统的任何端口，而这些是驻留监控软件所必需的.

另外，由于 JTAG 调试的目标程序是在目标板上执行，仿真更接近于目标硬件，因此，许多接口问题，如高频操作限制、AC 和 DC 参数不匹配，电线长度的限制等被最小化了. 使用集成开发环境配合 JTAG 仿真器进行开发是目前采用最多的一种调试方式. ULINK USB-JTAG 仿真器如图 4-4(a)所示.

ULINK USB-JTAG 仿真器支持 Philips、Samsung、Atmel、Analog Devices、Sharp、ST 等众多厂商 ARM7 及 ARM9 内核的 ARM 微控制器，其将 PC 机的 USB 端口与用户的目标硬件相连(通过 JTAG 或 OCD)，使用户可在目标硬件上调试代码. 通过使用 Keil μVision IDE/调试器和 ULINK USB-JTAG 仿真器，用户可以方便地编辑、下载和在实际的目标硬件上测试嵌入式的程序，并且具有三个 LED 灯分别显示 RUN、COM 和 USB 状态. 使用 ULINK USB-JTAG 仿真器可以实现以下功能：

① USB 通讯接口高速下载用户代码.

② 存储区域/寄存器查看.

③ 快速单步程序运行.

④ 添加多个程序断点.

⑤ 运行实时程序.

⑥ 片内 Flash 编程.

⑦ 运行实时程序.

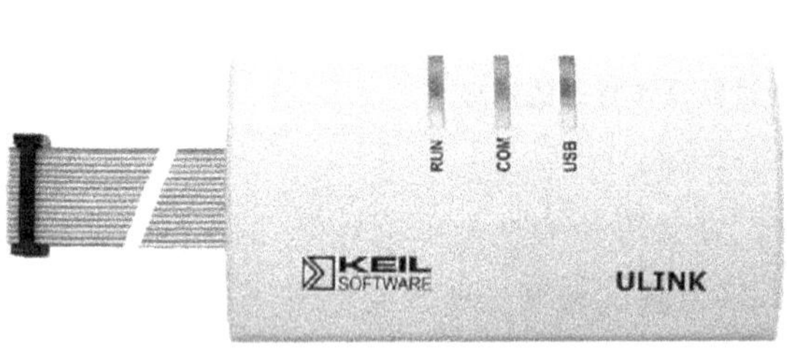

(a) ULINK USB-JTAG仿真器图

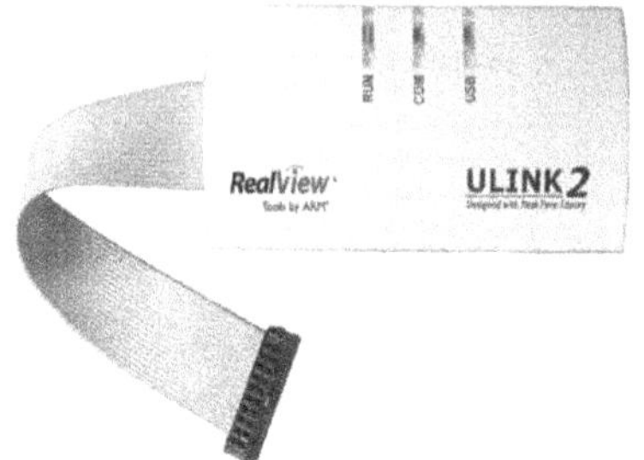

(b) ULINK2 USB-JTAG仿真器图

图 4-4 ULINK 系列仿真器图

ULINK2 通过 JTAG、SWD 或 OCDS 将目标硬件与电脑的 USB 端口连接起来，使用 ULINK2 可以调试在目标硬件上运行的嵌入式程序. ULINK2 不仅包含了 ULINK USB-

JTAG 适配器具有的所有功能，而且具有如下新的特点：

① 标准 Windows USB 驱动支持 ULINK2 即插即用.

② 支持基于 ARM Cortex-M3 的串行线调试.

③ 支持程序运行期间的存储器读写、终端仿真和串行调试输出.

④ 既支持 20 针引脚，同时也支持 10 针引脚.

⑤ ULINK2 仿真器图如图 4-4(b)所示.

4.1.3　Embest EduKit-Ⅲ嵌入式教学实验平台

Embest EduKit-Ⅲ嵌入式教学实验平台是英蓓特公司针对高校需求，在 II 型的基础上研发的最新的第三代教学系统. 该硬件平台如图 4-5 所示.

图 4-5　实验系统硬件平台

Embest EduKit-Ⅲ开发板的基本资源如下：

① 采用多 CPU 子板.

a. ARM7 S3C44B0 子板.

b. ARM9 S3C2410 子板.

c. DSP Blackfin 533 子板(选配).

d. Intel Xscale270 子板(选配).

② 64M NandFlash，2－32M NorFlash.

③ 64M SDRAM.

④ 4Kbit IIC BUS 的串行 EEPROM.

⑤ 2 个 232 串口，一个 422 串口，一个 485 串口.

⑥ 两个中断按钮，一个复位按钮，4 个 LED.

⑦ 5.7 寸 320×240 STN 彩色 LCD 及 TSP 触摸屏.
⑧ 4×5 键盘.
⑨ 20 针 JTAG 接口.
⑩ PS/2 接口.
⑪ 2 个 USB 主口.
⑫ 1 个 USB 从口.
⑬ SD 接口模块.
⑭ PCI 扩展接口.
⑮ 以太网接口.
⑯ 8 段数码管.
⑰ 双 CAN 总线模块.
⑱ A/D 模块.
⑲ IDE 硬盘接口模块.
⑳ CF 卡接口模块.
㉑ CPLD 模块.
㉒ 直流电机模块.
㉓ 步进电机模块.
㉔ MICROPHONE 输入口.
㉕ IIS 音频信号输出口.
㉖ 高速 USB2.0 Ulink2 仿真器一个.
㉗ YS244－JTAG 简易仿真头一个.
㉘ 固态硬盘 32 M×8 bit(选配).
㉙ GPRS 模块(选配).
㉚ GPS 模块(选配).
㉛ 蓝牙(选配).
㉜ 摄像头模块(选配).
㉝ WIFI 模块(选配).
㉞ DAC 模块(选配).

4.1.4 各种连接线与电源适配器

实验系统除了提供以上的组件以外,还提供了各种连接时候需要的电缆线.包括交叉网线,USB 线,交叉串口线,并口线和两根 JTAG 线(分别是 20 针和 14 针接口).

4.2 集成开发环境使用说明

4.2.1 μVision IDE 主框架窗口

μVision IDE 由如图 4-2 所示的多个窗口、对话框、菜单栏、工具栏组成.其中菜单栏和工具栏用来实现快速的操作命令;工程工作区(Project Workspace)用于文件管理、寄存器调试、函数管理、手册管理等;输出窗口(Output Window)用于显示编译信息、搜索结果以及调试命令交互灯;内存窗口(Memory Window)可以以不同格式显示内存中的内容;观测窗口(Watch & Call Stack Window)用于观察、修改程序中的变量以及当前的函数调用关系;工作区(Workspace)用于文件编辑、反汇编输出和一些调试信息显示;外设对话框(Peripheral Dialog)帮助设计者观察片内外围接口的工作状态.

本节将主要介绍 μVision IDE 的菜单栏、工具栏、常用快捷方式,以及各种窗口的内容和使用方法,以便让读者能快速了解 μVision IDE,并能对 μVision IDE 进行简单和基本的操作.

μVision IDE 集成开发环境的菜单栏可提供如下菜单功能:编辑操作、工程维护、开发工具配置、程序调试、外部工具控制、窗口选择和操作,以及在线帮助等. 工具栏按钮可以快速执行 μVision 的命令. 状态栏显示了编辑和调试信息,在 View 菜单中可以控制工具栏和状态栏是否显示. 键盘快捷键可以快速执行 μVision 的命令,它可以通过菜单命令 Edit-Configuration-Shortcut Key 来进行配置.

4.2.2 工程管理

(1) 工程管理介绍.

在 μVision IDE 集成开发环境中,工程是一个非常重要的概念,它是用户组织一个应用的所有源文件、设置编译链接选项、生成调试信息文件和最终的目标 Bin 文件的一个基本结构. 一个工程管理一个应用程序的所有源文件、库文件、其他输入文件,并根据实际情况进行相应的编译链接设置,一个工程必须生成一个相对应的目录,以进行文件管理.

μVision IDE 工程管理提供以下功能:

μVision IDE 的工作区由五部分组成,分别为 Files(文件)页、Regs(寄存器)页、Books(书)页、Functions(函数)页、Templates(模板)页. 工作区如图 4-6 所示,它显示了工程结构.

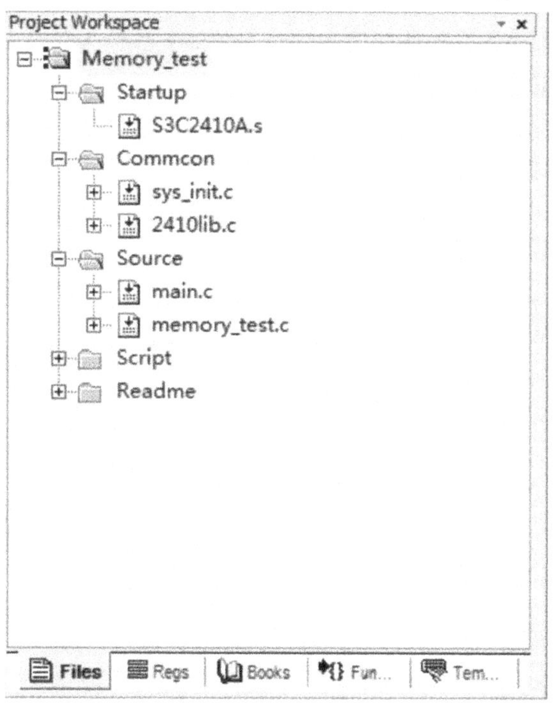

图 4-6 工程管理区结构图

a. 以工程为单位定义设置应用程序的各选项,包括目标处理器和调试设备的选择与设置,调试相关信息的配置,以及编译、汇编、链接等选项的设置等.系统提供一个专门的对话框来设置这些选项.

b. 提供 Build 菜单和工具按钮,让用户轻松将工程编译、链接.编译、链接信息输出到输出窗口中的 Build 标签窗中,如图 4-7 所示,编译链接出现的错误,通过鼠标左键双击错误信息提示行来定位相应的源文件行.

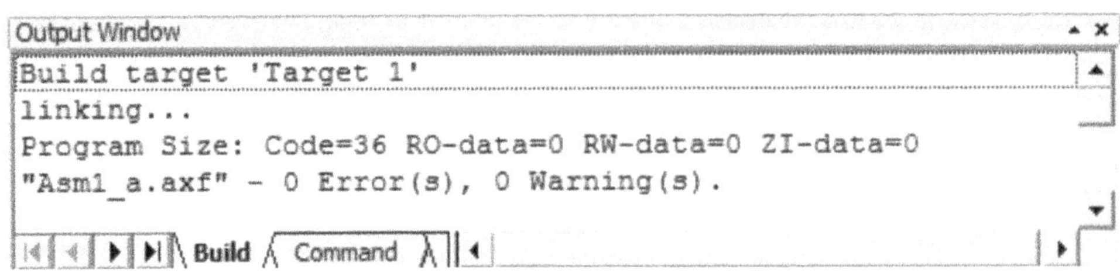

图 4-7 编译链接输出子窗口

c. 一个应用工程编译链接后根据编译器的设置生成相应格式的调试信息文件,调试通过的程序转换成二进制格式的可执行文件后最终在目标板上运行.

① 工程的创建.

μVision 所提供的工程管理,使得基于 ARM 处理器的应用程序设计开发变得越来越方便.通常使用 μVision 创建一个新的工程需要以下几步:选择工具集、创建工程并选择处理器、创建源文件及文件组、配置硬件选项、配置对应启动代码、最后编译链接生成 HEX 文件.

a. 选择工具集.

利用 μVision 创建一个基于处理器的应用程序,首先要选择开发工具集.单击 Project-Manage-Components,Environment and Books 菜单项,在如图 4-8 所示对话框中,可选择所使用的工具集.在 μVision 中既可使用 ARM RealView 编译器、GNU GCC 编译器,也可以使用 Keil CARM 编译器.当使用 GNU GCC 编译器时,需要安装相应的工具集.在本例程中选择 ARM RealView 编译器,MDK 环境默认的编译器,可不用配置.

b. 创建工程并选择处理器.

单击 Project-New μVision Project…菜单项,μVision 将打开一个标准对话框,输入希望新建工程的名字即可创建一个新的工程,建议对每个新建工程使用独立的文件夹.这里先建立一个新的文件夹 Hello,在前述对话框中输入 Hello,μVision 将会创建一个以 Hello. UV2 为名字的新工程文件,它包含了一个缺省的目标(target)和文件组名.这些内容在 Project Workspace 窗口中可以看到.

创建一个新工程时,μVision 要求设计者为工程选择一款对应处理器,如图 4-9 所示,该对话框中列出了 μVision 所支持的处理器设备数据库,也可单击 Project-Select Device 菜单项进入此对话框.选择了某款处理之后,μVision 将会自动为工程设置相应的工具选项,这使得工具的配置过程简化.

对于大部分处理器设备,μVision 会提示是否在目标工程里加入 CPU 的相关启动代码.如图 4-10 所示.启动代码是用来初始化目标设备的配置,完成运行时系统的初始化工

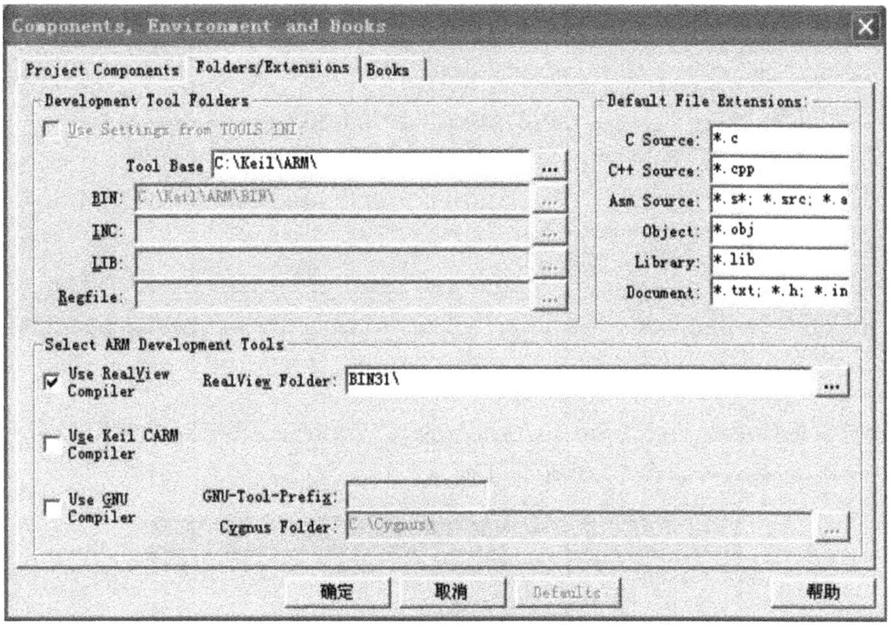

图 4-8　选择工具集

作,对于嵌入式系统开发而言是必不可少的,单击 OK 便可将启动代码加入工程,这使得系统的启动代码编写工作量大大减少.

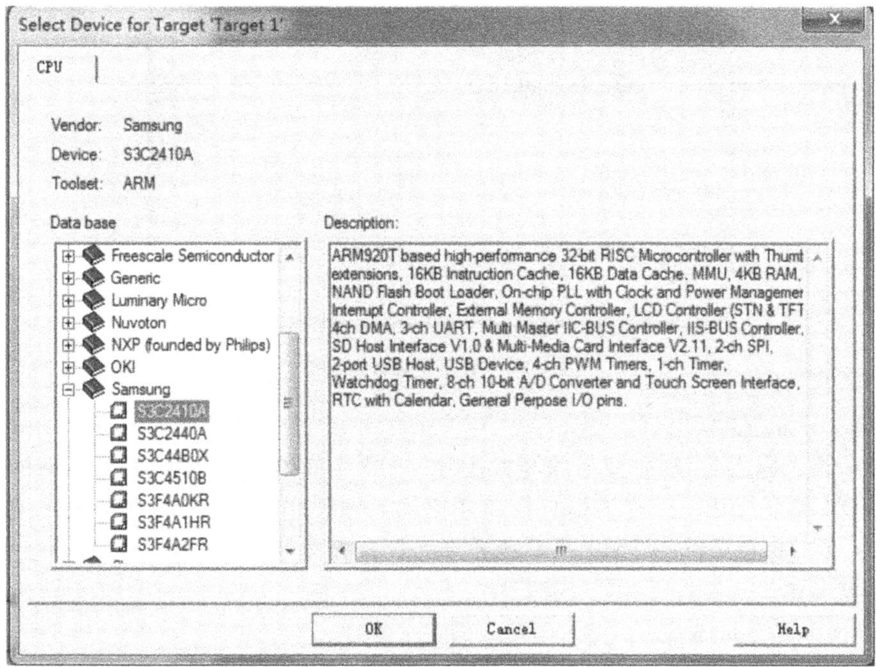

图 4-9　选择处理器

图 4-10　加入启动代码

在设备数据库中为工程选择 CPU 后，Project Workspace-Books 内就可以看到相应设备的用户手册，以供设计者参考，如图 4-11 所示.

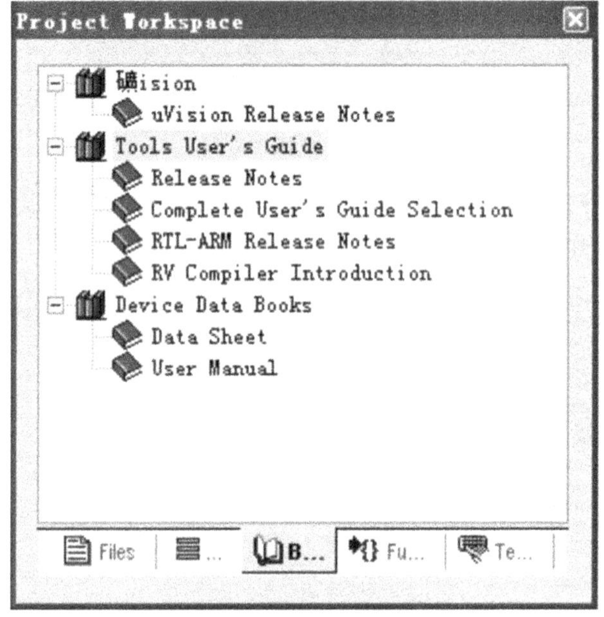

图 4-11　相应设备数据手册

② 建立一个新的源文件.

创建一个工程之后，就应开始编写源程序. 选择菜单项 File-New 可创建新的源文件，μVision IDE 将会打开一个空的编辑窗口用以输入源程序. 在输入完源程序后，选择 File-Save As 菜单项保存源程序，当以 *.C 为扩展名保存源文件时，μVision IDE 将会根据语法以彩色高亮字体显示源程序.

③ 工程中文件的加入.

创建完源文件后便可以在工程里加入此源文件，μVision 提供了多种方法加入源文件到工程中. 例如，在 Project Workspace-Files 菜单项中选择文件组，右击将会弹出如图 4-12 所示快捷菜单，单击选项 Add Files to Group…打开一个标准文件对话框，将已创建好的源文件加入到工程中.

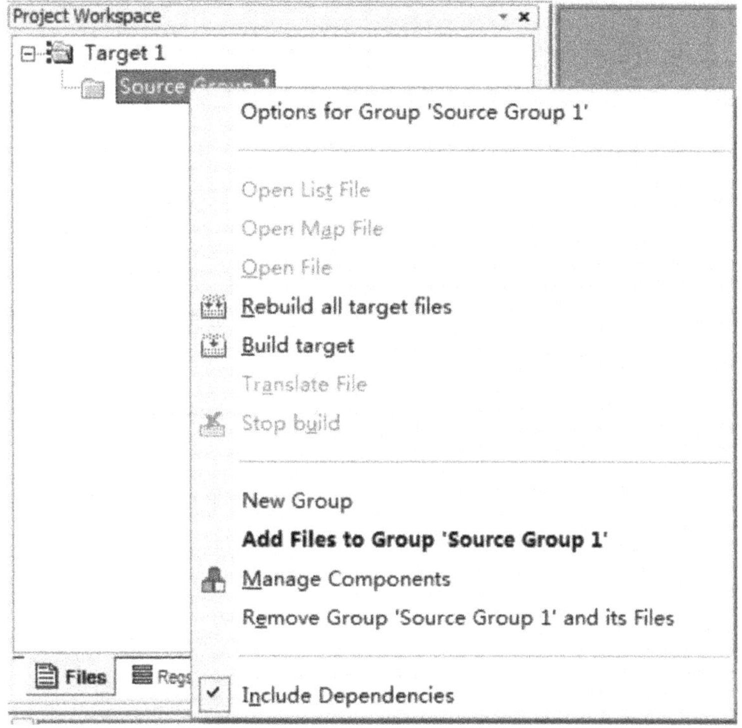

图 4-12　加入源文件到工程中

通常，设计人员应采用文件组来组织大的工程，将工程中同一模块或者同一类型的源文件放在同一文件组中. 例如，可在 Project-Manage-Components，Environment and Books…对话框中创建自己的文件组 System Files 来管理 CPU 启动代码和其他系统配置文件等，如图4-13所示. 可使用 New (Insert)按钮可创建新的文件组，或在 Groups 文件组中选定一个文件组，然后点击 Add Files 为其添加文件.

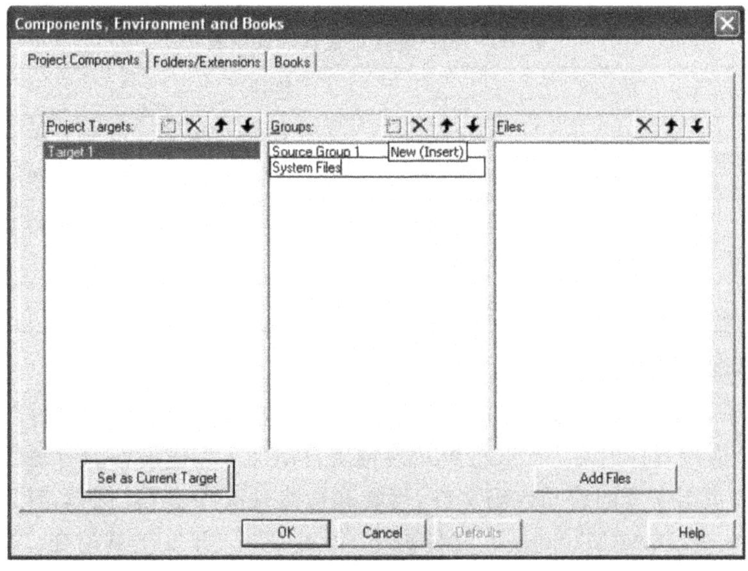

图 4-13　创建新的文件组

④ 设置活动工程.

在 μVision IDE 中可以存在几个同时打开的工程，但只有一个工程处于活动状态并显示在工程区中，处于活动状态的工程才可以作为调试工程. 可在图 4-13 中的工程目标框中选择需要激活的工程，然后单击 Set as Current Target 按钮即可.

（2）工程基本配置.

① 硬件选项配置.

μVision 可根据目标硬件的实际情况对工程进行配置. 通过单击目标工具栏图标或者单击菜单项 Project-Options for Target，在弹出的 Target 页面可指定目标硬件和所选择设备片内组件的相关参数，如图 4-14 所示.

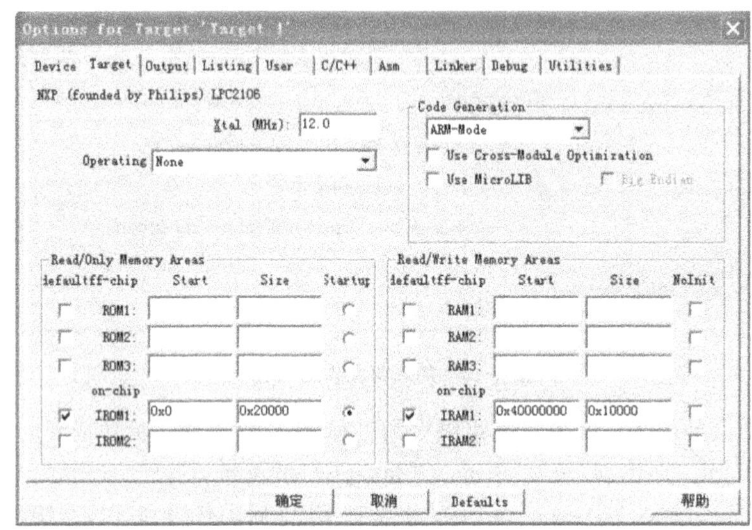

图 4-14　处理器配置对话框

表 4-1 对 Target 页面选项作一个简要说明：

表 4-1　目标硬件配置选项说明表

选项	描述
晶振	设备的晶振频率. 大部分基于 ARM 的微控制器使用片内 PLL 作为 CPU 时钟源. 多数情况下 CPU 时钟和晶振频率是不一致的，依据硬件设备不同设置其相应的值
使用片内 ROM/RAM	定义片内的内存部件的地址空间以供链接器/定位器使用. 注意对于一些设备来说需要在启动代码中反映出这些配置
操作系统	允许为目标工程选择一个实时操作系统

② 处理器启动代码配置.

通常情况下，ARM 程序都需要初始化代码用来配置所对应的目标硬件. 如 4.2.2 节所述，当创建一个应用程序时 μVision 会提示使用者自动加入相应设备的启动代码.

μVision 提供了丰富的启动代码文件，可在相应文件夹中获得. 例如，针对 Keil 开发工具的启动代码放在..\ARM\Startup 文件夹下，针对 GNU 开发工具的在..\ARM\GNU\Startup 文件夹下，针对 ADS 开发工具的在文件夹..\ARM\ADS\Startup 下. 以 S3C2410

处理器为例，其启动代码文件为...\Startup\ Samsung\ S3C2410A. s，可把这个启动代码文件复制到工程文件夹下. 双击 S3C2410A. s 源文件，根据目标硬件作相应的修改即可使用. μVision 里大部分启动代码文件都有一个配置向导(Configuration Wizard)，如图 4-15 所示，它提供了一种菜单驱动方式来配置目标板的启动代码.

开发工具提供缺省的启动代码，对于大部分单芯片应用程序来说是一个很好的起点，但是开发者必须根据目标硬件来调整部分启动代码的配置，否则很可能是无法使用的. 例如，CPU/PLL 时钟和总线系统往往会根据目标系统的不同而不同，不能够自动地配置. 一些设备还提供了片上部件的使能/禁止可选项，这就需要开发者对目标硬件有足够的了解，能够确保启动代码的配置和目标硬件完全匹配.

Expand All | Collapse All | Help

Option	Value
⊟ Stack Configuration (Stack Sizes in Bytes)	
Undefined Mode	0x0000 0004
Supervisor Mode	0x0000 0004
Abort Mode	0x0000 0004
Fast Interrupt Mode	0x0000 0004
Interrupt Mode	0x0000 0080
User/System Mode	0x0000 0400
⊟ PLL Setup	☑
MSEL: PLL Multiplier Selection	5
PSEL: PLL Divider Selection	2
⊟ MAM Setup	☑
MAM Control	Fully Enabled
MAM Timing	4

Text Editor | Configuration Wizard

图 4-15 启动代码文件配置向导

③ 仿真器配置.

选择菜单项 Project→Project-Option for Target 或者直接单击 ，打开 Option for Target 对话框的 Debug 页，弹出如下对话框，进行仿真器的连接配置.

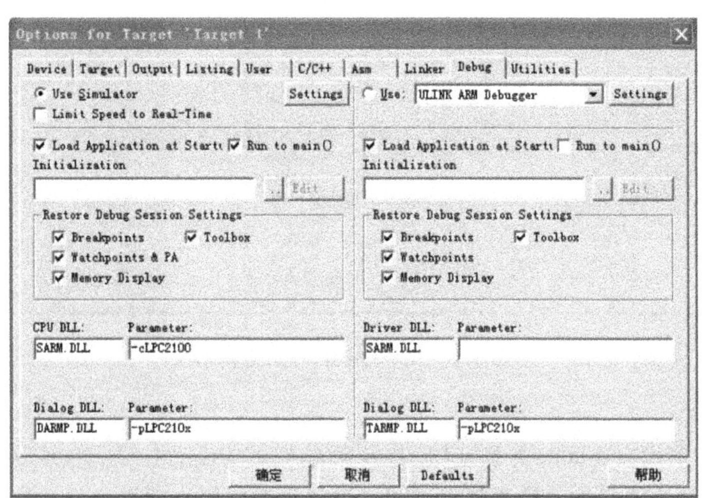

图 4-16 Option for Target 对话框 Debug 页

使用 ULINK 仿真器时，为仿真器选择合适的驱动以及为应用程序和可执行文件下载进行配置，对图 4-16 对话框的设置如图 4-17、图 4-18 所示.

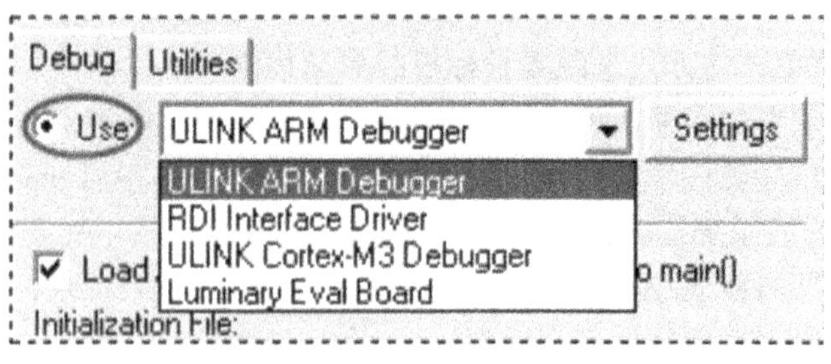

图 4-17　仿真器驱动配置图

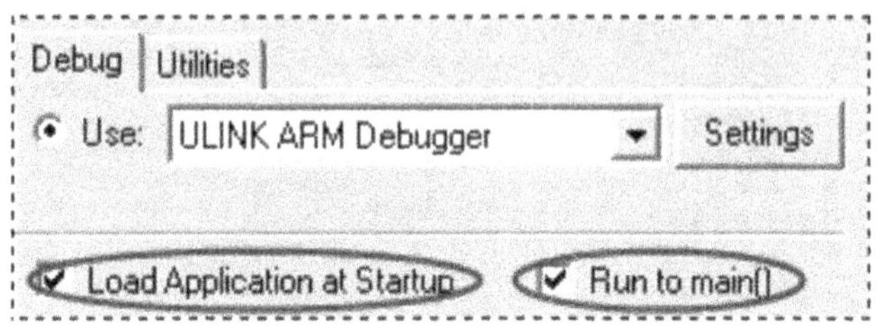

图 4-18　仿真器下载应用程序配置图

PC 机通过 ULINK USB-JTAG 仿真器与目标板连接成功之后，可以打开图 4-18 中的 Settings 选项查看 ULINK 信息，如图 4-20 所示.

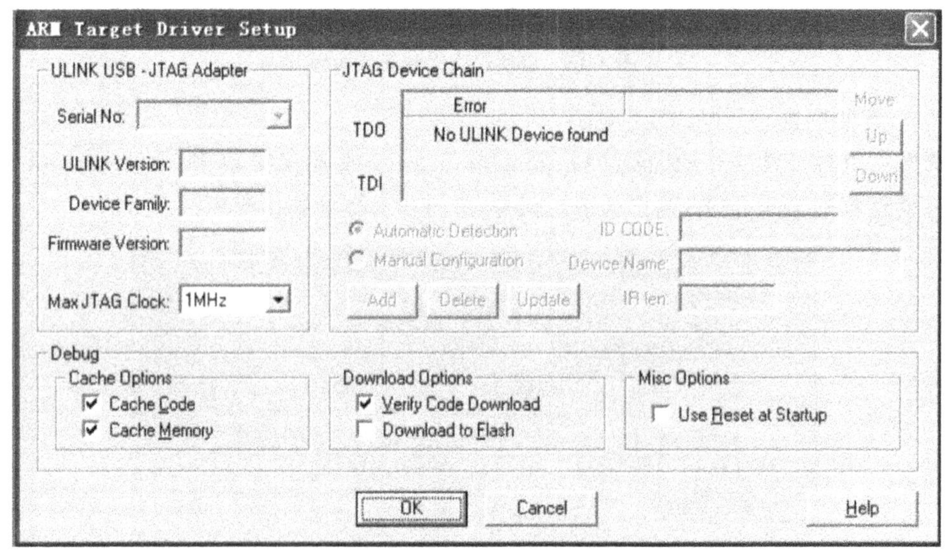

图 4-19　未连 ULINK 仿真器前

④ 工具配置.

工具选项主要设置 Flash 下载选项. 打开菜单栏的 Project→Project-Option for Target 对话框选择其“Utilities”页，或者打开菜单 Flash→Configue Flash Tools…，将弹出如图 4-21所示的对话框.

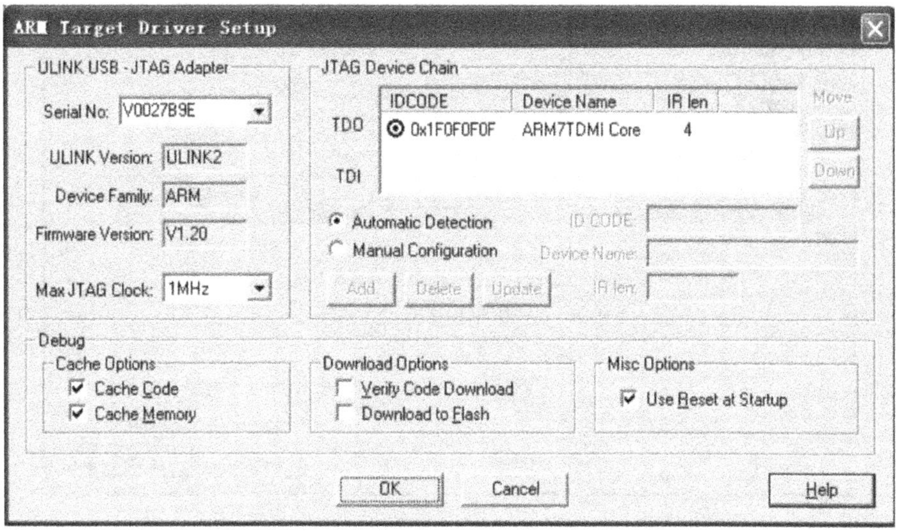

图 4-20　连接 ULINK 仿真器后

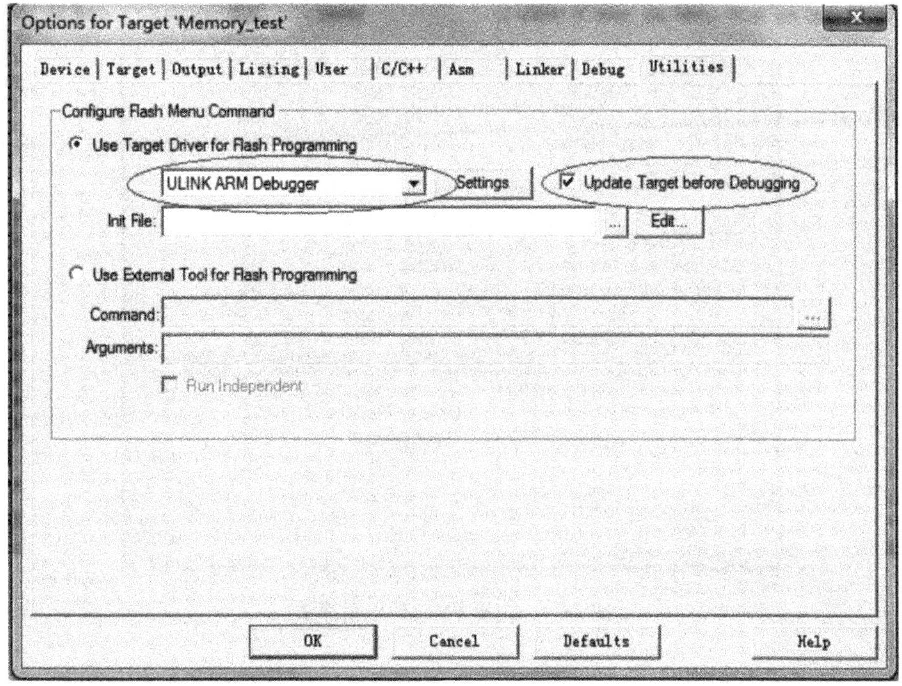

图 4-21　选择 ULINK 下载代码到 FLASH

在图 4-21 对话框中选"Use Target Driver for Flash Programming"，再选择"ULINK ARM Debugger"，同时钩上"Update Target before Debugging"选项. 这时还没有完成设置，还需要选择编程算法，点击"Settings"将弹出如图 4-22 所示的对话框.

点击图 4-22 的对话框中的"Add"，将弹出如图 4-23 所示的对话框，在该对话框中选对需要的 FLASH 编程算法. 例如对 STR912FW 芯片，由于其 FLASH 为 256KB 则需要选择如下图 4-23 所标注的 FLASH 编程算法.

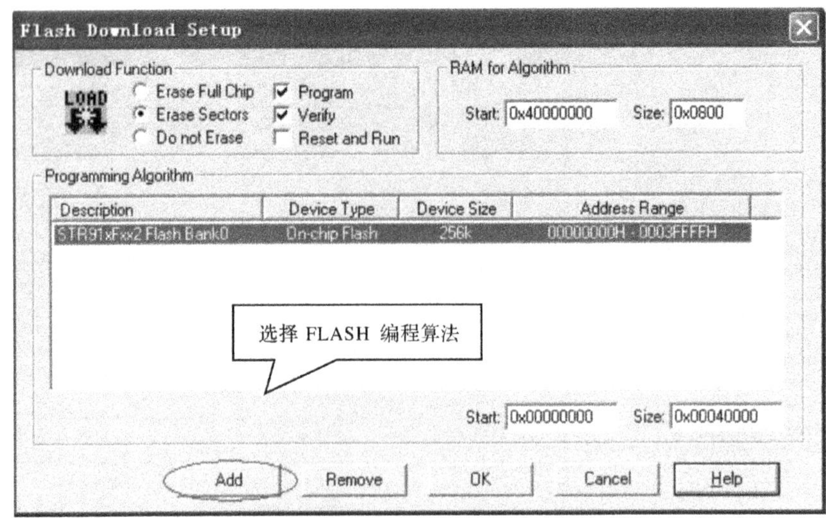

图 4-22　FLASH 下载设置

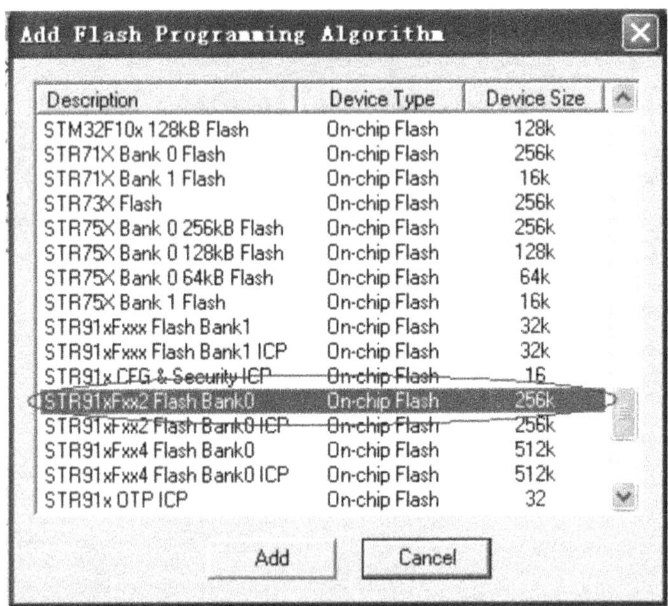

图 4-23　选择 FLASH 编程算法

⑤ 调试设置.

μVision 调试器提供了两种调试模式,可以从 Project→Options for Target 对话框的 Debug 页内选择操作模式,如图 4-24 所示.

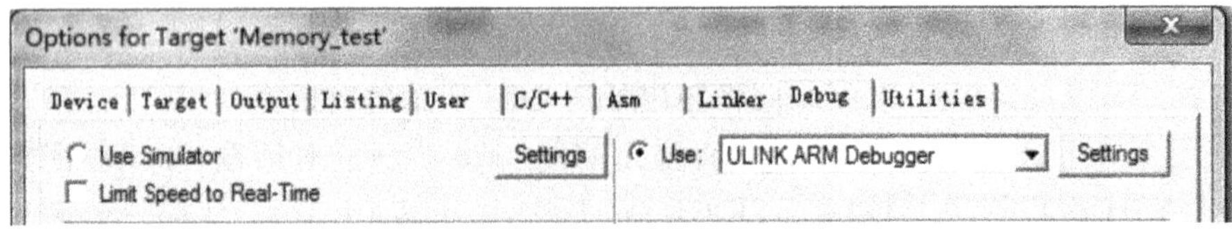

图 4-24　调试器的选择

软件仿真模式.

在没有目标硬件情况下,可以使用仿真器(Simulator)将 μVision 调试器配置为软件仿真器. 它可以仿真微控制器的许多特性,还可以仿真许多外围设备包括串口、外部 I/O 口及时钟等. 所能仿真的外围设备在为目标程序选择 CPU 时就被选定了. 在目标硬件准备好之前,可用这种方式测试和调试嵌入式应用程序.

GDI 驱动模式:

使用高级 GDI 驱动设备连接目标硬件来进行调试,例如使用 ULINK Debugger.

对 μVision 来说,可用于连接的驱动设备有:

a. JTAG/OCDS 适配器:它连接到片上调试系统,例如 AMR Embedded ICE.

b. Monitor(监视器):它可以集成在用户硬件上,也可以用在许多评估板上.

c. Emulator(仿真器):它连接到目标硬件的 CPU 引脚上.

d. In-System Debugger(系统内调试器):它是用户应用程序的一部分,可以提供基本的测试功能.

e. Test Hardware(测试硬件):如 Philips SmartMX DBox、Infineon SmartCard ROM Monitor RM66P 等.

使用仿真器调试时,选择菜单项 Project→Project-Option for Target 或者直接单击 ,打开 Option for Target 对话框的 Debug 页,弹出如下对话框,可进行调试配置.

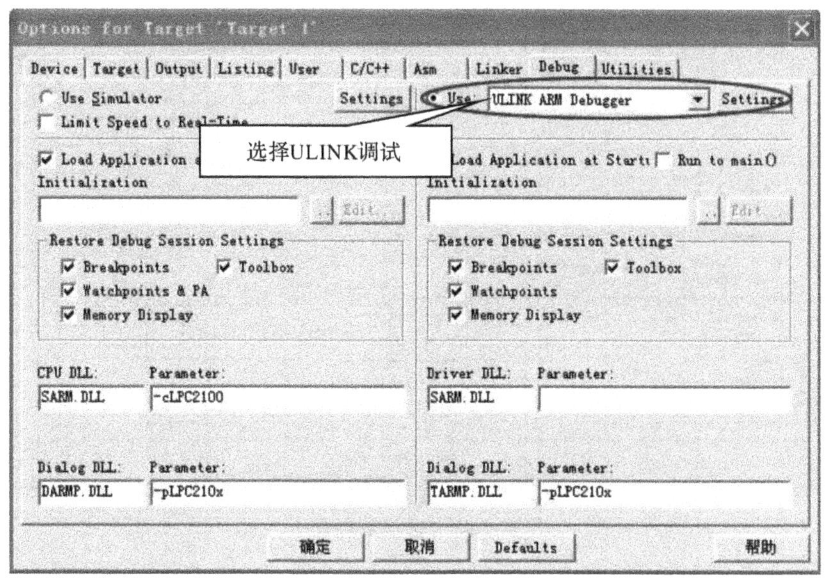

图 4-25 选择 ULINK USB-JTAG 仿真器调试

如果目标板已上电,并且与 ULINK USB-JTAG 仿真器连接上,点击图 4-25 中的"Settings",将弹出如图 4-26 所示的对话框,正常则可读取目标板芯片 ID 号. 如果读不出 ID 号,则需要检查 ULINK USB-JTAG 仿真器与 PC 或目标板的连接是否正确.

⑥ 编译配置.

选择编译器:

μVision IDE 目前支持 RealView、Keil CARM 和 GNU 这三种编译器,从菜单栏的 Project

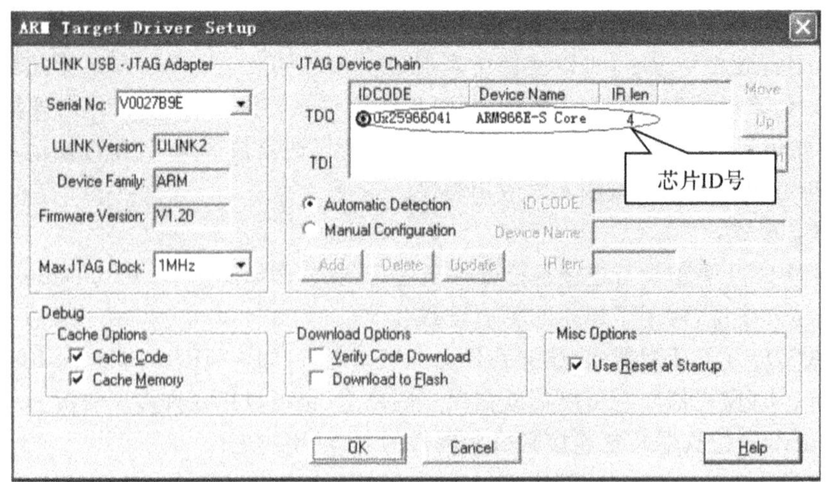

图 4-26 读取设备 ID

→Manage→Component，Environment and Books 或者直接单击工具栏中的图标，打开其 Folders/Extensions 页进入编译器选择界面.我们使用 RealView 编译器如图 4-27 所示.

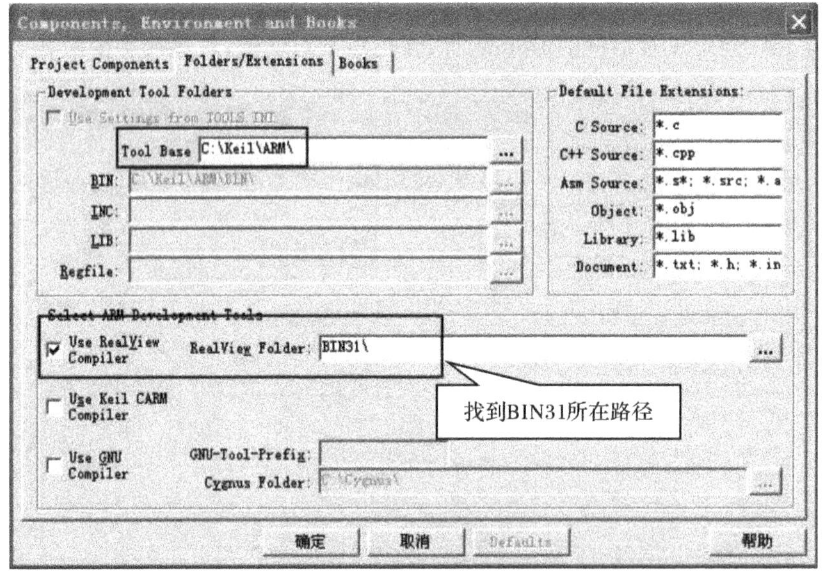

图 4-27 选择编译器

配置编译器：

选择好编译器后，单击图标，打开 Option for Target 对话框的 C/C++页，出现如图 4-28 的编译属性配置页面(这里主要说明 RealView 编译器的编译配置).

各个编译选项说明如下：

Enable ARM/Thumb Interworking：生成 ARM/Thumb 指令集的目标代码，支持两种指令之间的函数调用.

Optimization：优化等级选项，分四个档次.

Optimize for Time：时间优化.

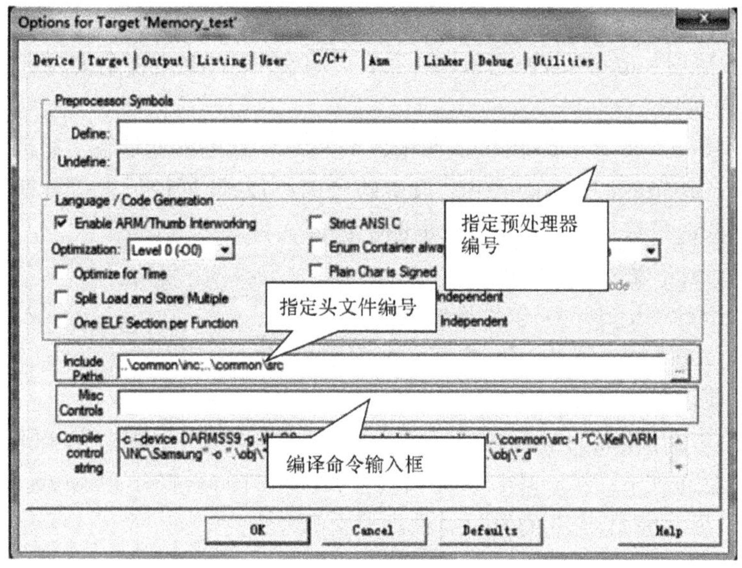

图 4-28　编译器配置页

Split Load and Store Multiple：非对齐数据采用多次访问方式.

One ELF Section per Function：每个函数设置一个 ELF 段.

Strict ANSI C：编译标准 ANSI C 格式的源文件.

Enum Container always int：枚举值用整型数表示.

Plain Char is Signed：Plain Char 类型用有符号字符表示.

Read-Only Position Independent：段中代码和只读数据的地址在运行时候可以改变.

Read-Write Position Independent：段中的可读/写的数据地址在运行期间可以改变.

Warning：编译源文件时，警告信息输出提示选项.

⑦ 汇编选项设置.

单击图标，打开 Option for Target 对话框的 Asm 页，出现如图 4-29 的汇编属性配置页面：

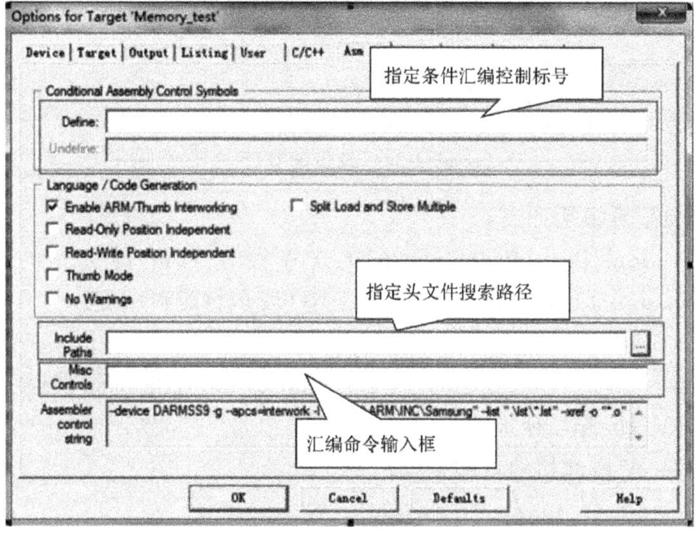

图 4-29　汇编配置页

各个汇编选项说明如下：

Enable ARM/Thumb Interworking：生成 ARM/Thumb 指令集的目标代码，支持两种指令之间的函数调用.

Read-Only Position Independent：段中代码和只读数据的地址在运行时候可以改变.

Read-Write Position Independent：段中的可读/写的数据地址在运行期间可以改变.

Thumb Mode：只编译 Thumb 指令集的汇编源文件.

No Warnings：不输出警告信息.

Software Stack-Checking：软件堆栈检查.

Split Load and Store Multiple：非对齐数据采用多次访问方式.

⑧ 链接选项设置.

链接器/定位器用于将目标模块进行段合并，并对其定位，生成程序. 既可通过命令行方式使用链接器，也可在 μVision IDE 中使用链接器. 单击图标，打开 Options for Target 对话框的 Linker 页，出现如图 4-30 的链接属性配置页面.

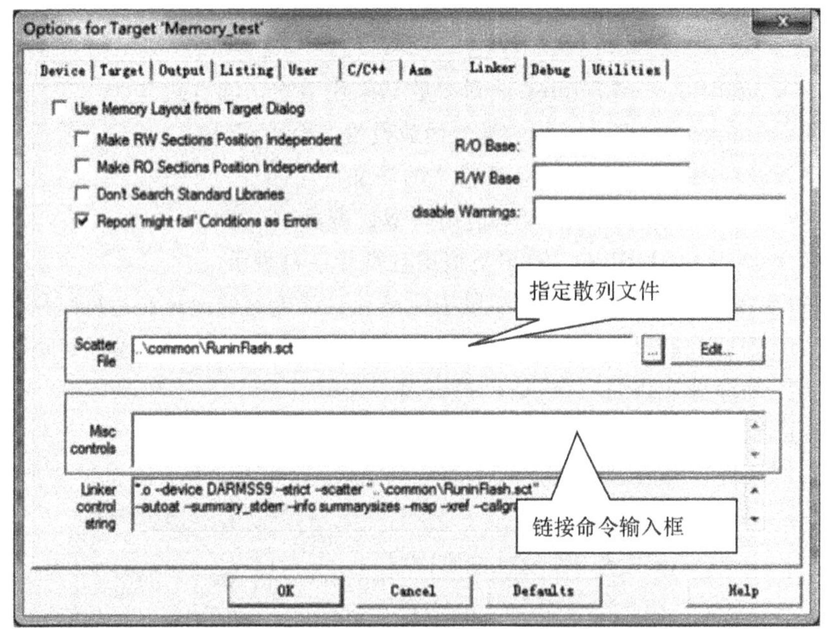

图 4-30　链接配置页

各个链接选项配置说明如下：

Make RW Sections Position Independent：RW 段运行时可改变.

Make RO Sections Position Independent：RO 段运行时可改变.

Don't search Standard Libraries：链接时不搜索标准库.

Report 'might fail' Conditions as Err：将"might fail"报告为错误提示输出.

R/O Base：R/O 段起始地址输入框.

R/W Base：R/W 段起始地址输入框.

⑨ 输出文件设置.

在 Project→Options for Target 的 Output 页中配置输出文件，如图 4-31 所示.

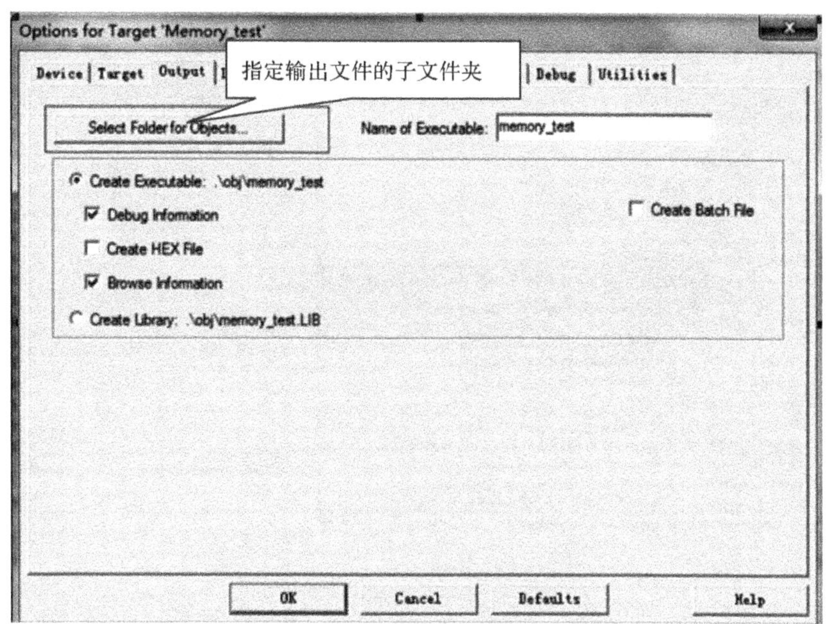

图 4-31　输出文件配置页

输出文件配置选项说明如下：

Name of Executable：指定输出文件名.

Debug Information：允许时，在可执行文件内存储符号的调试信息.

Create HEX File：允许时，使用外部程序生成一个 HEX 文件进行 Flash 编程.

Browse Information：浏览信息.

Create Batch File：创建批文件.

(3) 工程的编译链接.

完成工程的设置后，就可以对工程进行编译链接了.用户可以通过选择主窗口 Project 菜单的 Build target 项或工具条按钮，编译相应的文件或工程，同时在输出窗的 Build 子窗口中输出有关信息.如果在编译链接过程中，出现任何错误，包括源文件语法错误和其他错误时，编译链接操作立刻终止，并在输出窗的 Build 子窗口中提示错误，如果是语法错误，用户可以通过鼠标左键双击错误提示行，来定位引起错误的源文件行.

(4) 加载调试.

μVision 调试器提供了软件仿真和 GDI 驱动两种调试模式，采用 ULINK 仿真器调试时，首先将集成环境与 ULINK 仿真器连接，按照前面 4.2.2.2 小节中的工程配置方法对要调试的工程进行配置后，点击 Flash→Download 菜单项可将目标文件下载到目标系统的指定存储区中，文件下载后即可进行在线仿真调试.

① 断点和单步.

调试器可以控制目标程序的运行和停止，并反汇编正在调试的二进制代码，同时可通过设置断点来控制程序的运行，辅助用户更快地调试目标程序. μVision IDE 的调试器可以在源程序、反汇编程序以及源程序汇编程序混合模式窗口中设置和删除断点.在 μVision 中设置断点的方式非常灵活，甚至可以在程序代码被编译前在源程序中设置断点.定义和修改断

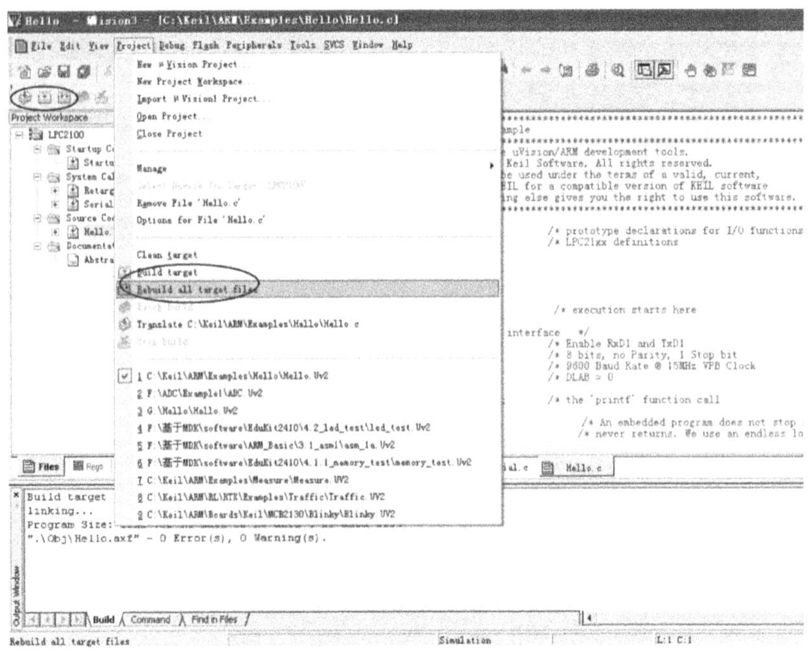

图 4-32　工程 Project 菜单和工具条

点的方式有如下几种：

使用文件工具栏，只要在编辑窗口或反汇编窗口中选中要插入断点的行，然后再单击工具栏上的按钮就可以定义或修改断点；

使用快捷菜单上的断点命令，在编辑窗口或反汇编窗口中单击右键即可打开快捷菜单；

在 Debug-Breakpoints…对话框中，可以查看、定义、修改断点. 这个对话框可以定义及访问不同属性的断点；

在 Output Window-Command 页中，使用 BreakSet、BreakKill、BreakList、BreakEnable、BreakDisable 命令对断点进行管理.

在断点对话框中可以查看及修改断点，如图 4-33 所示. 可以在 Current Breakpoints 列表中通过单击复选框来快捷地 Disable 或 Enable 一个断点. 在 Current Breakpoints 列表中双击可以修改选定的断点.

如图 4-33 所示，可以在断点对话框表达式的文本框中输入一个表达式来定义断点. 根据表达式的类型可以定义如下类型的断点：

当表达式是代码地址时，一个类型为 Execution Break(E)的断点被定义，当执行到指定的代码地址时，此断点有效. 输入的代码地址要参考每条 CPU 指令的第一个字节；

当对话框中一个内存访问类型(可读、可写或既可读又可写)被选中时，那么将会定义一个类型为 Access Break(A)的断点. 当指定的内存访问发生时，此断点有效. 可以以字节方式指定内存访问的范围，也可以指定表达式的目标范围. Access Break 类型的表达式必须能转化为内存地址及内存类型. 在 Access Break 类型的断点停止程序执行或执行命令之前操作符(&,&&,<, <=, >,>=,= =,and ! =)可用于比较变量的值；

当表达式不能转换为内存地址时，一个 Conditional Break(C)类型的断点将被定义，当指定的条件表达式为真时，此断点有效. 在每个 CPU 指令后，均需要重新计算表达式的值，

Breakpoints

Current Breakpoints:

00: (E) 0x000001E4
01: (E) 0x000001F0
02: (E) 0x000001F8
03: (E) 0x00000200
04: (E) 0x000001D8

Expression:
Count: 1
Command:

Access
Read Write
Size:
Bytes
Objects

Define Kill Selected Kill All Close Help

图 4-33 断点对话框

因此，程序执行速度会明显降低.

在 Command 文本框中可以为断点指定一条命令，程序执行到断点时将执行该命令，μVision 执行命令后会继续执行目标程序. 在此指定的命令可以是 μVision 的调试命令或信号函数. μVision 中，可以使用系统变量_break_来停止程序的执行. Count 的值用于指定断点触发前断点表达式为真的次数.

② 反汇编窗.

反汇编窗用于显示反汇编二进制代码后得到的汇编级代码，可以混合源代码显示，也可以混合二进制代码显示. 反汇编窗可以设置和清除汇编级别断点，并可按照 ARM 或 Thumb 格式的反汇编二进制代码.

如图 4-34 所示，反汇编窗口可用于将源程序和反汇编程序一起显示，也可以只显示反汇编程序. 通过 Debug→View Trace Records 可以查看前面指令的执行记录. 为了实现这一功能，需要设置 Debug→Enable/Disable Trace Recording.

若选择反汇编窗口作为当前窗口，那么程序的执行是以 CPU 指令为单位的而不是以源程序中的行为单位的. 可以用工具条上的按钮或快捷菜单命令为选中的行设置断点或对断点进行修改. 还可以使用对话框 Debug→Inline Assembly…来修改 CPU 指令，它允许设计这对调试的目标程序进行临时修改.

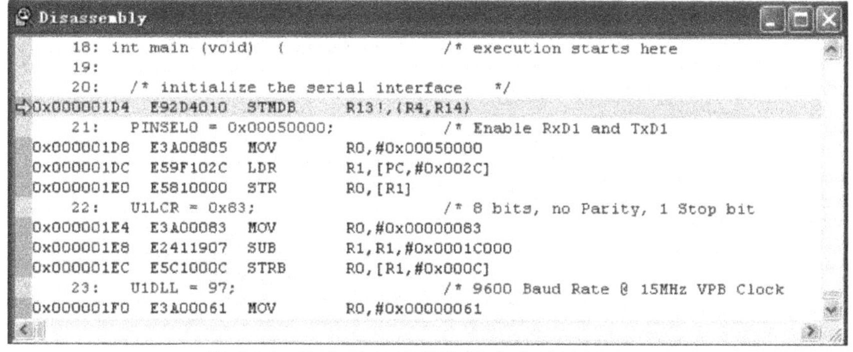

图 4-34 源文件与反汇编指令交叉显示窗口

③ 寄存器窗.

在 Project Workspace-Regs 页中列出了 CPU 的所有寄存器,按模式排列共有八组,分别为 Current 模式寄存器组、User/System 模式寄存器组、Fast Interrupt 模式寄存器组、Interrupt 模式寄存器组、Supervisor 模式寄存器组、Abort 模式寄存器组、Undefined 模式寄存器组以及 Internal 模式寄存器组,如图 4-35 所示. 在每个寄存器组中又分别有相应的寄存器. 在调试过程中,值发生变化的寄存器将会以蓝色显示. 选中指定寄存器单击或按 F2 键便可以出现一个编辑框,从而改变此寄存器的值.

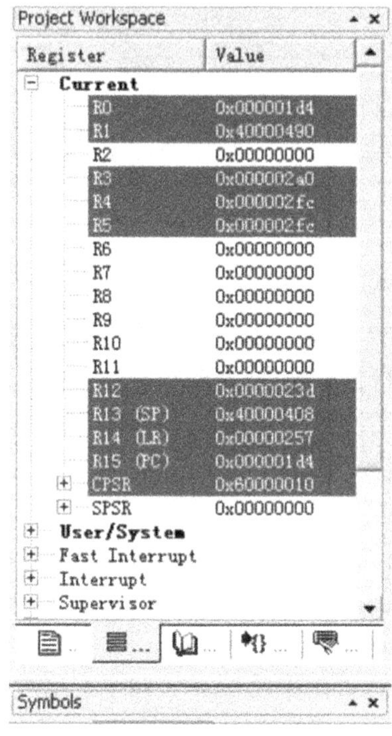

图 4-35 Regs 页

④ 存储区窗.

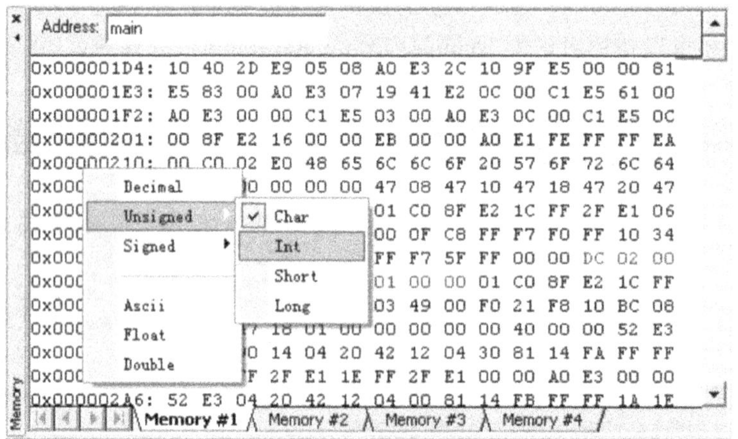

图 4-36 内存窗口

通过内存窗口可以查看与显示存储情况，View-Memory Window 可以打开存储器窗口，如图 4-36 所示. μVision 可仿真了高达 4 GB 的存储空间，这些空间可以通过 MAP 命令或 Debug-Memory Map 打开内存映射对话框来映射为可读的、可写的、可执行的，如图 4-37. μVision 能够检查并报告非法的存储访问.

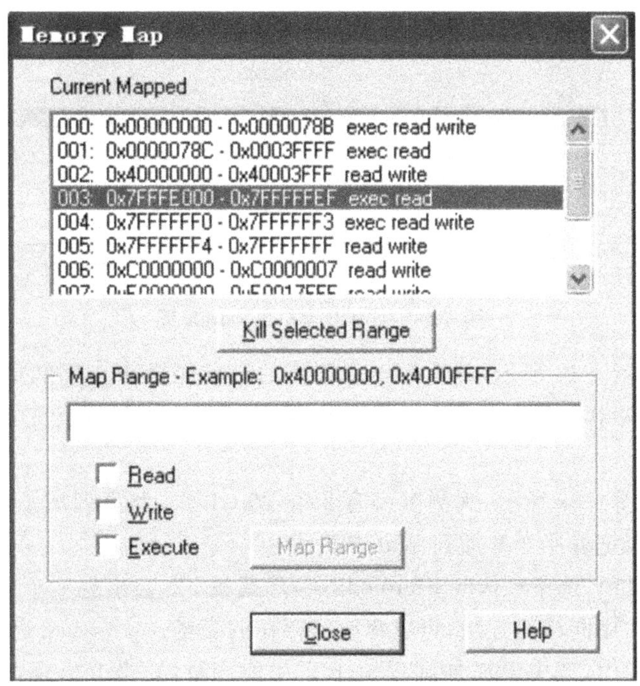

图 4-37　内存映射对话框

从图 4-36 中可看出内存窗口有四个 Memory 页，分别为 Memory # 1、Memory # 2、Memory # 3、Memory # 4，即可同时显示四个指定存储区域的内容. 在 Address 域内，输入地址即可显示相应地址中的内容. 需要说明的是，它支持表达式输入，只要这个表达式代表了某个区域的地址即可，例如图 4-36 中所示的 main. 双击指定地址处会出现编辑框，可以改变相应地址处的值. 在存储区内单击右键可以打开如图 4-36 所示的快捷菜单，在此可以选择输出格式. 通过选中 View→Periodic Window Update，可以在运行时实时更新此内存窗口中的值. 在运行过程中，若某些地址处的值发生变化，将会以红色显示.

内存映射对话框可以用来设定哪些地址空间用于存储数据、哪些地址空间用于存储程序. 也可以用 MAP 命令来完成上述工作. 在载入目标应用时，μVision 自动地对应用进行地址映射，一般不需要映射额外的地址空间，但被访问的地址空间没有被明确声明时就必须进行地址映射，如存储映射 I/O 空间. 如上图所示，每一个存储空间均可指定为可读、可写、可执行，若在编辑框内输入"MAP 0X0C000000，0X0E000000 READ WRITE EXEC"，此命令就是将从 0X0C000000 到 0X0E000000 这部分区域映射为可读的、可写的、可执行的. 在目标程序运行期间，μVision 使用存储映射来保证程序没有访问非法的存储区.

⑤ 观测窗口.

观测窗口(Watch Windows)用于查看和修改程序中变量的值，并列出了当前的函数调用关系. 在程序运行结束之后，观测窗口中的内容将自动更新. 也可通过菜单 View-Periodic

Window Update 设置来实现程序运行时实时更新变量的值. 观测窗口共包含四个页：Locals 页、Watch ＃1 页、Watch ＃2 页、Call Stack 页，分别介绍如下.

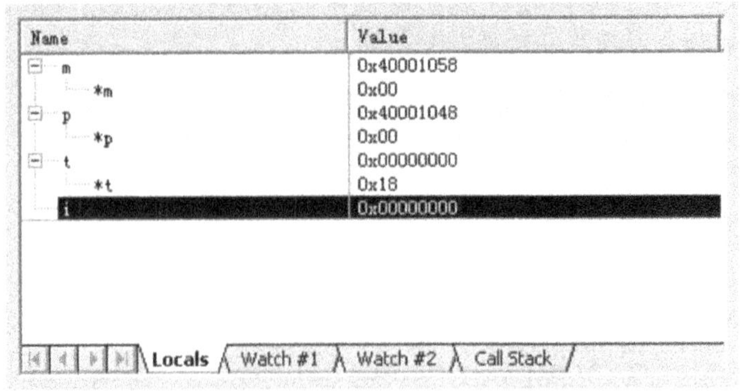

图 4-38　Watch 窗口之 Locals 页

Locals 页：如图 4-38 所示，此页列出了程序的当前函数中全部的局部变量. 要修改某个变量的值，只需选中变量的值，然后单击或按 F2 即可弹出一个文本框来修改该变量的值.

Watch 页：如图 4-39 所示，观测窗口有 2 个 Watch 页，此页列出了用户指定的程序变量. 有三种方式可以把程序变量加到 Watch 页中：

a. 在 Watch 页中，选中<type F2 to edit>，然后按 F2，会出现一个文本框，在此输入要添加的变量名即可，用同样的方法，可以修改已存在的变量；

b. 在工作空间中，选中要添加到 Watch 页中的变量，右击会出现快捷菜单，在快捷菜单中选择 Add to Watch Window，即可把选定的变量添加到 Watch 页中；

c. 在 Output Window 窗口的 Command 页中，用 WS(WatchSet)命令将所要添加的变量添入 Watch 页中.

若要修改某个变量的值，只需选中变量的值，再单击或按 F2 即可出现一个文本框修改该变量的值. 若要删除变量，只需选中变量，按 Delete 键或在 Output Window 窗口的 Command 页中用 WK(WatchKill)命令就可以删除变量.

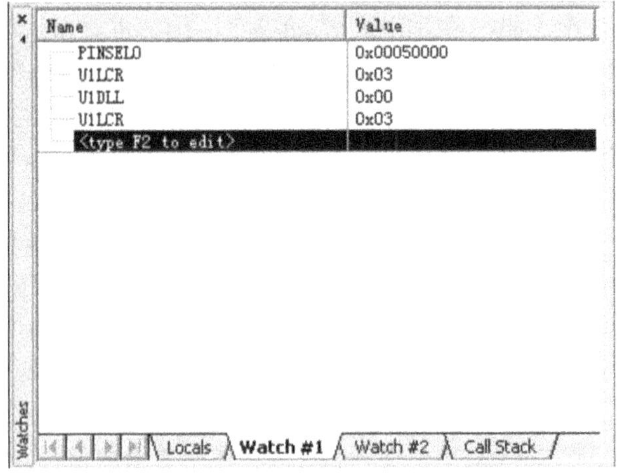

图 4-39　Watch 窗口之 Watch 页

Call Stack 页：如图 4-40 所示，此页显示了函数的调用关系. 双击此页中的某行，将会在工作区中显示该行对应的调用函数以及相应的运行地址.

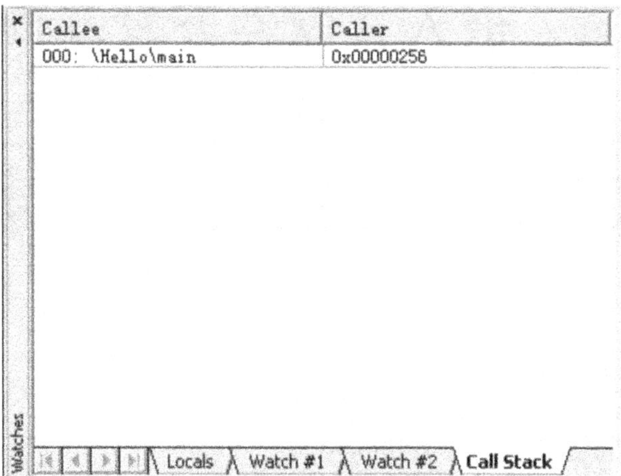

图 4-40 Watch 窗口之 Call Stack 页

第五章　嵌入式软件开发基础实验

本章将介绍几个简单的基础开发实例，既能帮助读者掌握 MDK 嵌入式软件的基本开发过程，同时也能让读者了解 ARM 处理器的基本结构、指令集、存储系统及其工作原理.

5.1　ARM 汇编指令实验一

5.1.1　实验目的

(1) 初步学会使用 μVision3 IDE for ARM 开发环境及 ARM 软件模拟器.

(2) 通过实验掌握简单 ARM 汇编指令的使用方法.

5.1.2　实验设备

(1) 硬件：PC.

(2) 软件：μVision IDE for ARM 集成开发环境，Windows 98/2000/NT/XP.

5.1.3　实验内容

(1) 熟悉开发环境的使用并使用 ldr/str，mov 等指令访问寄存器或存储单元.

(2) 使用 add/sub/lsl/lsr/and/orr 等指令，完成基本算术/逻辑运算.

5.1.4　REALVIEW 基础知识

μVision3 IDE 集成了 RealView 汇编器 AARM、编译器 CARM、链接器 LARM，若采用 GNU 编译器则需要下载安装相应的工具包. 本书所有例程代码均按照 RealView 的语法和规则来书写. 关于 AARM、CARM 和 LARM 的规范和具体使用，可参照 μVision3 IDE 所带的帮助文档，在此不再赘述. 这里简单介绍几个相关基本知识：

(1) ENTRY.

设置程序默认入口点，一个程序可有多个 ENTRY，但一个源文件最多只有一个 ENTRY.

(2) EQU.

EQU 伪操作用于将数字常量、基于寄存器的值和程序中的标号定义为一个字符名称. 语法格式：

```
symbol EQU expression
```

其中，expression 可以是一个寄存器的名字，也可以是由程序标号、常量或者 32 位的地址常量组成的表达式. symbol 是 EQU 伪操作所定义的字符名称. 示例：COUNT EQU 0X1FFF

(3) EXTERN/IMPORT.

IMPORT(EXTERN 功能完全相同)用于声明在其他模块中定义但需要在本文件中使用的符号. EXTERN 声明的变量必须是在其他模块中用 EXPORT 或 GLOBAL 声明过的. 语法格式：

```
IMPORT class(symbol,symbol...)
```

其中，class 为变量的类型，可以为 ARM、CODE16、CODE32、DATA、CONST、THUMB；symbol 为所声明的变量名.

(4) EXPORT/GLOBAL.

EXPORT(GLOBAL 功能完全相同)用于声明在本文件中定义但能在其他模块中使用的变量，相当于定义了一个全局变量. 语法格式：

```
EXPORT symbol, symboly...
```

其中，symbol 为所声明的变量名.

(5) AREA.

AREA 用于定义一个代码段或数据段，ARM 汇编程序设计采用分段式设计，一个 ARM 源程序至少有一个代码段，大的程序会有若干个代码段和数据段. 语法格式：

```
AREA segment-name,class-name,attributes,...
```

其中，segment-name 为所定义段的名称；class-name 为所定义段的类型名称，可以为系统类型(CODE,CONST,DATA,ERAM)或用户定义类型；attributes 为段的属性.

(6) END.

END 用于标记汇编文件的结束行，即标号后的代码不做处理.

5.1.5 实验操作步骤

(1) 新建工程.

首先在\Keil\ARM\Examples\EduKit2410_for_MDK\3.1_asm1 目录下建立文件夹并命名为 Asm1_a，运行 μVision3 IDE 集成开发环境，选择菜单项 Project-New…-μVision Project，系统弹出一个对话框，按照图 5-1 所示输入相关内容. 点击“保存”按钮，创建一个新工程 asm_1a. Uv2.

(2) 为工程选择 CPU.

新建工程后，要为工程选择 CPU，如图 5-2 所示，在此选择 Samsung 的 S3C2410A.

(3) 添加启动代码.

在图 5-2 中点“确定”后，会弹出一个对话框，问是否要添加启动代码. 如图 5-3 所示.

由于本实验是简单的汇编实验，因此不需要启动代码，选择否.

(4) 选择开发工具.

要为工程选择开发工具，在 Project-Manage-Components, Environment and Books-Folders/Extensions 对话框的 Folders/Extensions 页内选择开发工具，如图 5-4 所示.

从图中可以看到，有三个开发工具可选，在此选择 RealView Compiler.

(5) 建立源文件.

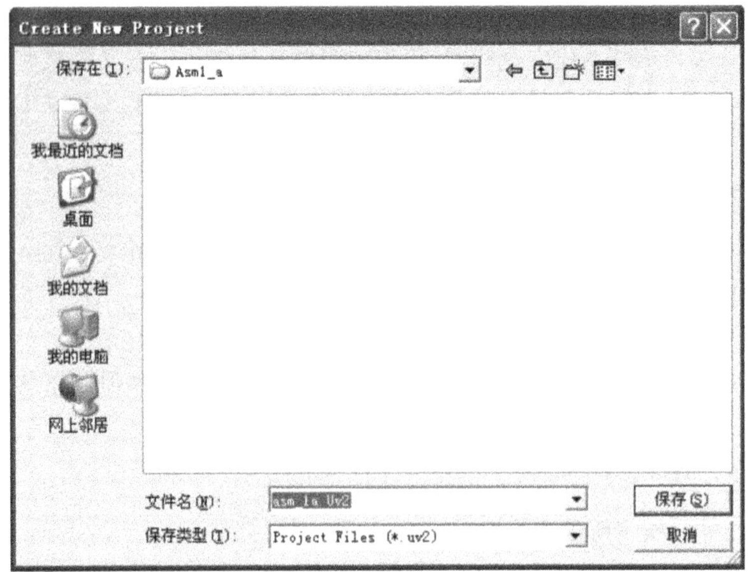

图 5-1　新建工程

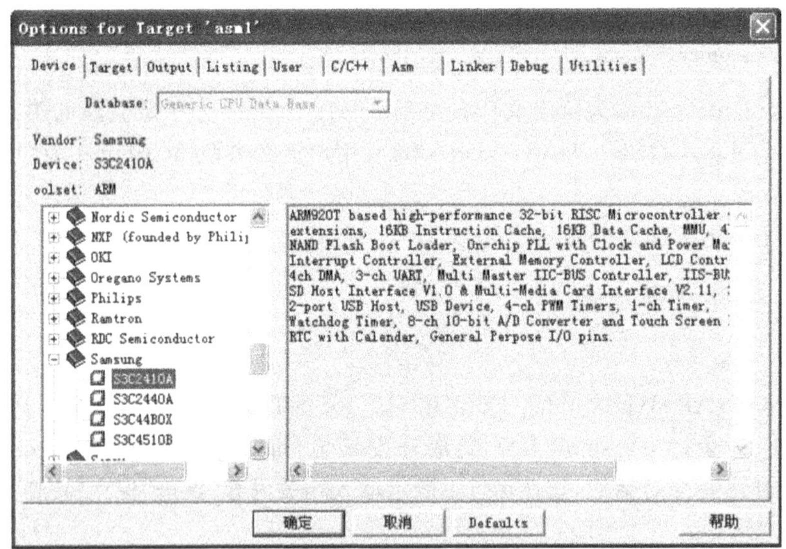

图 5-2　选择 CPU

图 5-3　添加启动代码

点击菜单项 File-New，系统弹出一个新的、没有标题的文本编辑窗，输入光标位于窗口中第一行，按照实验参考程序编辑输入源文件代码. 编辑完后，保存文件 asm1_a. s.（源代码

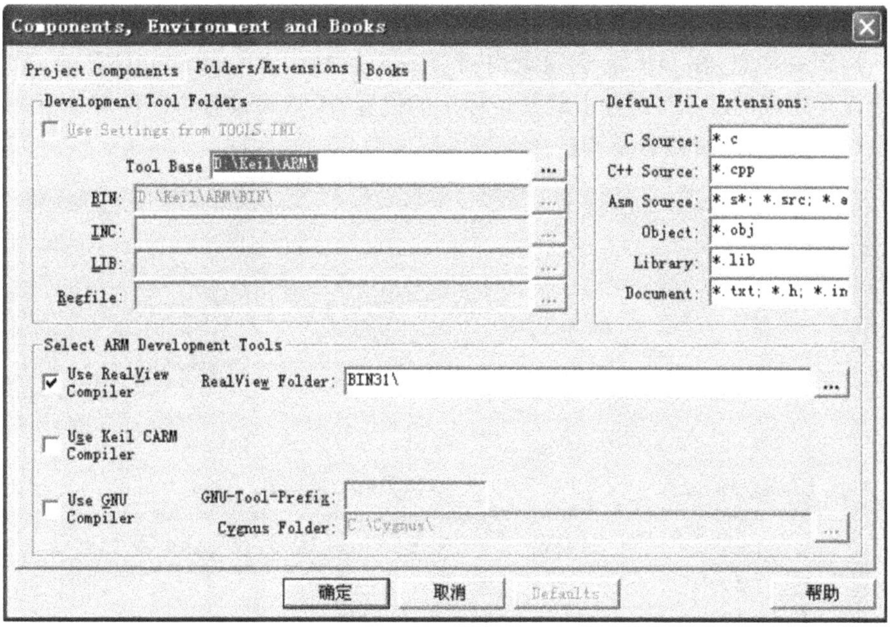

图 5-4　选择开发工具

可以参考光盘\software\EduKit2410_for_MDK\3.1_asm1\Asm1_a 中的 asm1_a.s 文件.)

(6) 添加源文件.

单击工程管理窗口中的相应右键菜单命令,选择 Add Files to…,会弹出文件选择对话框,在工程目录下选择刚才建立的源文件 asm1_a.s.如图 5-5 所示.

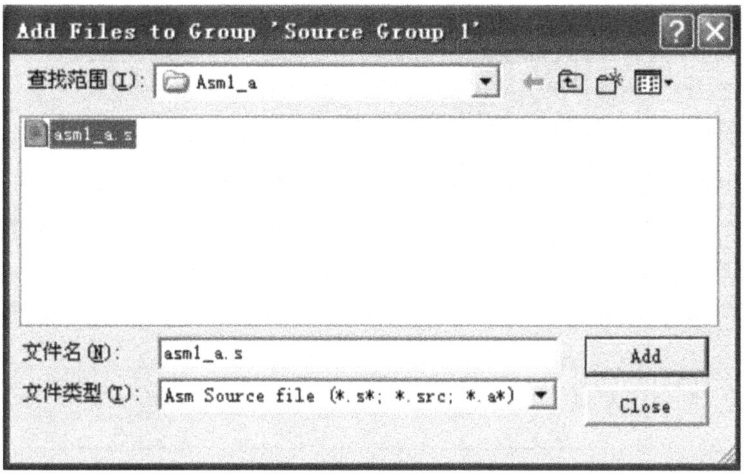

图 5-5　添加源文件

(7) 工程配置.

把光盘\software\EduKit2410_for_MDK\3.1_asm1\Asm1_a 目录中的 DebugINRam.ini 文件拷贝到\Keil\ARM\Examples\EduKit2410_for_MDK\3.1_asm1\Asm1_a 目录下.选择菜单项 Project→Options for Target…,将弹出工程设置对话框,如图 5-6 所示.对话框会因所选开发工具的不同而不同,在此仅对 Target 选项页、Linker 选项页及 Debug 选项页

进行配置. Target 选项页的配置如图 5-6;Linker 选项页的配置如图 5-7;Debug 选项页的配置如图 5-8. 需要注意,在 Debug 选项页内需要一个初始化文件:DebugINRam. ini. 此. INI 文件用于设置生成的. AXF 文件下载到目标中的位置,以及调试前的寄存器、内存的初始化等配置操作. 它是由调试函数及调试命令组成调试命令脚本文件.

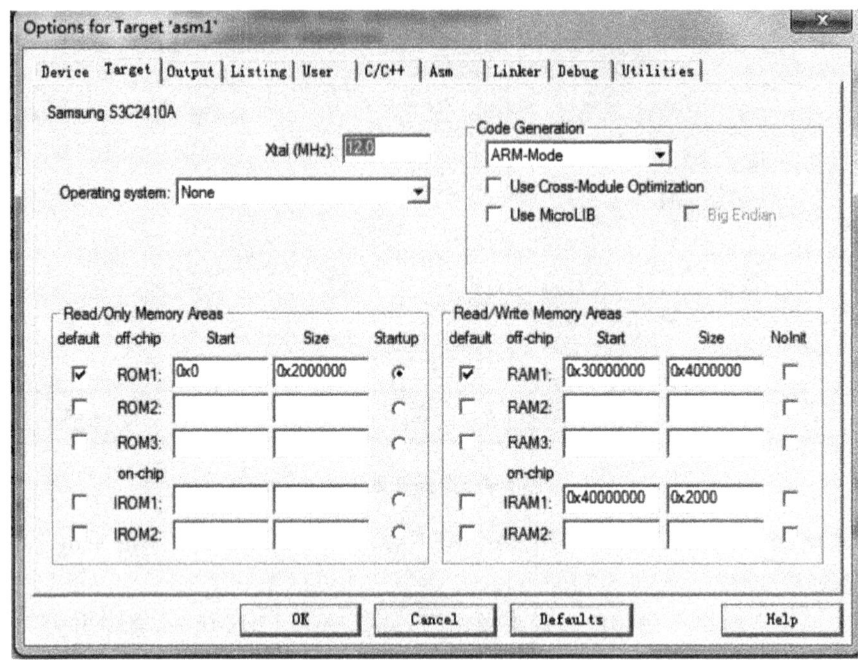

图 5-6 基本配置——Target

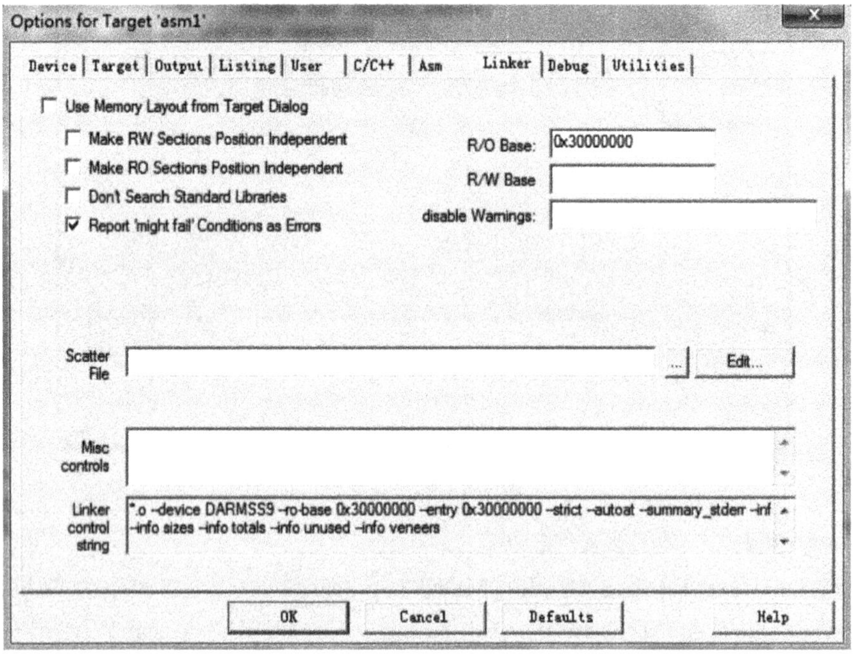

图 5-7 基本配置——Linker

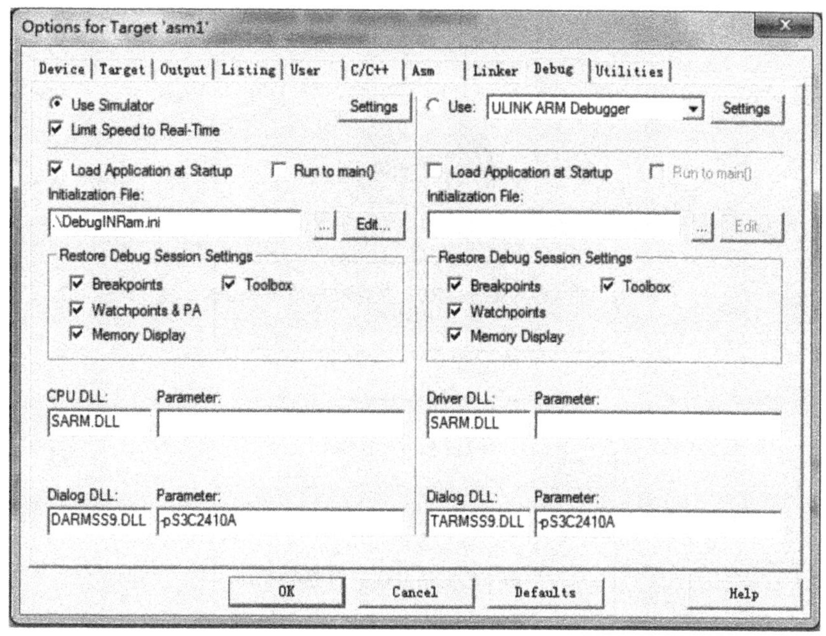

图 5-8　基本配置——Debug

(8) 生成目标代码.

选择菜单项 Project-Build target 或快捷键 F7,生成目标代码.在此过程中,若有错误,则进行修改,直至无错误.若无错误,则可进行下一步的调试.

(9) 调试.

选择菜单项 Debug-Start/Stop Debug Session 或快捷键 Ctrl+F5,即可进入调试模式.若没有目标硬件,可以用 μVision IDE 中的软件仿真器.如果使用 MDK 试用版,则在进入调试模式前,会有如下对话框弹出,如图 5-9 所示.

图 5-9　在软件仿真下调试程序

确定后即可调试了,做如下调试工作:

① 打开 memory 窗口,单步执行,观察地址 0x30200000 中内容的变化;

② 单步执行,观察寄存器的变化;

③ 结合实验内容和相关资料,观察程序运行,通过实验加深理解 ARM 指令的使用;

④ 理解和掌握实验后,完成实验练习题.

实验 B 与上述步骤完全相同,只要把对应的 asm1_a.s 文件改成 asm1_b.s 以及工程名即可.

5.1.6 实验参考程序及流程图

(1) 实验 A.

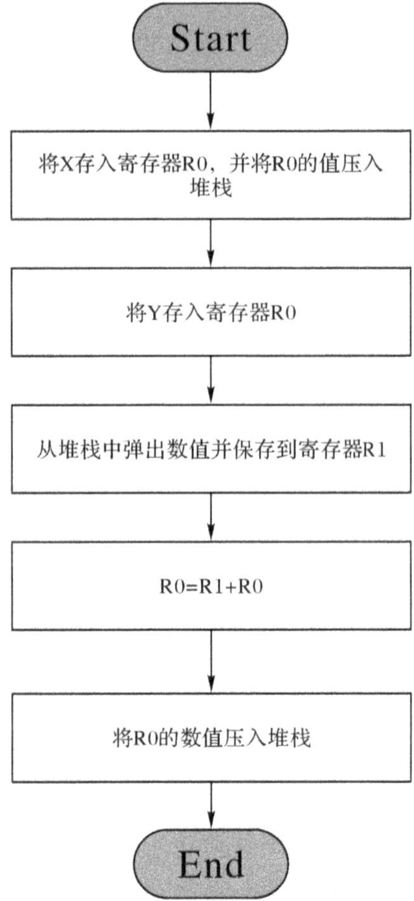

图 5-10 实验 A 流程图

汇编程序

```
;****************************************************************************
; NAME:       asm1_a.s                                                      *
; Author:     TYW    /WUHAN R&D Center,Embest                               *
; Desc:       ARM instruction examples                                      *
; History:    2007.5.1                                                      *
;****************************************************************************
;/*--------------------------------------------------------------------------*/
;/*                        constant define
                                                                           */
;/*--------------------------------------------------------------------------*/
x              EQU    45                              ;  x=45
y              EQU    64                              ;  y=64
stack_top      EQU    0x30200000             ; define the top address for stacks
```

```
        export Reset_Handler

;/*---------------------------------------------------------------------*/
;/*                          code                                       */
;/*---------------------------------------------------------------------*/
  AREA text,CODE,READONLY
          export
Reset_Handler                           ; */ code start */
     ldr           sp,=stack_top
     mov           R0,#x                ;/* put x value into R0 */
     str           R0,[sp]              ;/* save the value of R0 into stacks */
     mov           R0,#y                ;/* put y value into R0 */
     ldr           R1,[sp]              ;/* read the data from stack,and put it into R1 */
     add           R0,R0,R1             ;/* R0=R0+R1 */
     str           R0,[sp]
stop
     b             stop                 ;/* end the code, cycling */
     end
```

调试命令脚本文件

```
/*** <<< Use Configuration ! disable! Wizard in Context Menu >>>  ***/
/* Name: DebugINRam.ini */

FUNC void Setup (void)
{
    // <o> Program Entry Point,.AXF File download Address
    PC = 0x030000000;
}
map 0x00000000,0x00200000 read write exec //Map this memory to be read, write and exec
map 0x30000000,0x34000000 read write exec //Map this memeory to be read,write and exec
Setup();                                  // Setup for Running
//g,main
```

（2）实验 B.

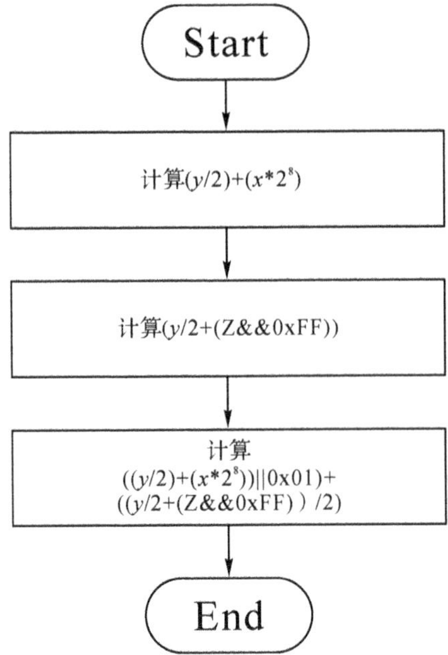

图 5-11　实验 B 流程图

汇编程序

```
;# * * * * * * * * * * * * * * * * * * * * * * * * * * * * * * * * * * * * * * * *
;# NAME:       asm1_b.s                                  *
;# Author:     WUHAN R&D Center,Embest                   *
;# Desc:       ARM instruction examples                  *
;# History:    TianYunFang 2007.05.12                    *
;# * * * * * * * * * * * * * * * * * * * * * * * * * * * * * * * * * * * * * * * *
;/* ------------------------------------------------------------------ */
;/*                    constant define                         */
;/* ------------------------------------------------------------------ */
x              EQU    45                    ;/* x=45 */
y              EQU    64                    ;/* y=64 */
z              EQU    87                    ;/* z=87 */
stack_top      EQU    0x30200000            ;/* define the top address for stacks */
                      export     Reset_Handler

;/* ------------------------------------------------------------------ */
;/*                    code                                       */
;/* ------------------------------------------------------------------ */
AREA text,CODE,READONLY

Reset_Handler       ;/* code start */
     mov            R0,#x                   ;/* put x value into R0 */
```

```
        mov     R0,R0,lsl #8            ;/* R0 = R0 << 8 */
        mov     R1,#y                   ;/* put y value into R1 */
        add     R2,R0,R1,lsr #1         ;/* R2 = (R1>>1)+ R0 */
        ldr     sp,=stack_top
        str     R2,[sp]

        mov     R0,#z                   ;/* put z value into R0  */
        and     R0,R0,#0xFF             ;/* get low 8 bit from R0 */
        mov     R1,#y                   ;/* put y value into R1  */
        add     R2,R0,R1,lsr #1         ;/* R2 = (R1>>1)+ R0 */

        ldr     R0,[sp]                 ;/* put y value into R1 */
        mov     R1,#0x01
        orr     R0,R0,R1
        mov     R1,R2                   ;/* put y value into R1 */
        add     R2,R0,R1,lsr #1         ;/* R2 = (R1>>1)+ R0 */

stop
        b       stop                    ;/* end the code, cycling */
        end
```

调试命令脚本文件与实验 A 相同.

5.1.7　练习题

1. 编写程序循环对 R4～R11 进行累加 8 次赋值,R4～R11 起始值为 1～8,每次加操作后把 R4～R11 的内容放入 SP 栈中,SP 初始设置为 0x800. 最后把 R4～R11 用 LDMFD 指令清空赋值为 0.

2. 更改实验 A 中 x、y 的值,观察执行结果.

5.2　ARM 汇编指令实验二

5.2.1　实验目的

(1) 通过实验掌握使用 ldm/stm、b、bl 等指令完成较为复杂的存储区访问和程序分支.

(2) 学习使用条件码,加强对 CPSR 的认识.

5.2.2　实验设备

(1) 硬件:PC.

(2) 软件:μVision IDE for ARM 集成开发环境,Windows 98/2000/NT/XP/7.

5.2.3　实验内容

(1) 熟悉开发环境的使用并完成一块存储区的拷贝.

(2) 完成分支程序设计,要求判断参数,根据不同参数,调用不同的子程序.

5.2.4 本实验涉及的汇编指令语法及规则

(1) ldr.

ldr 伪指令将一个 32 位的常数或者一个地址值读取到寄存器中. 当需要读取到寄存器中的数据超过了 mov 或者 mnv 指令可以操作的范围时,可以使用 ldr 伪指令将该数据读取到寄存器中. 在汇编编译器处理源程序时,如果该常数没有超过 mov 或者 mnv 可以操作的范围,则 ldr 指令被这两条指令中的一条所替代;否则,该常数将被放在最近的一个文字池(literal pool)内. 同时,本指令被一条基于 PC 的 ldr 指令替代. 语法格式:

```
ldr <register>,= <expression>
```

其中,expression 为需要读取的 32 位常数;register 为目标寄存器.

示例:

```
ldr r1,=0xff
ldr r0,=0xfff00000
```

(2) adr.

adr 指令将基于 PC 的地址值或者基于寄存器的地址值读取到寄存器中. 在汇编编译器处理源程序时,adr 伪指令被编译器替换成一条合适的指令. 通常,编译器用一条 add 指令或者 sub 指令来实现该伪指令的功能. 如果标号超出范围或者标号在同一文件(和同一段)内没有定义,则会产生一个错误. 该指令不使用文字池(literal pool). 语法格式:

```
adr <register>,<label>
```

其中,register 为目标寄存器;label 为基于 PC 或者寄存器的地址表达式.

示例:

```
label1
    mov r0,#25
    adr r2,label1
```

(3) ltorg.

ltorg 用于声明一个文字池. 语法格式:

```
ltorg
```

5.2.5 实验操作步骤

(1) 实验 A.

① 在\Keil\ARM\Examples\EduKit2410_for_MDK\3.2_asm2 目录下建立文件夹并命名为 Asm2_1,参考 5.1.5 小节实验的操作步骤建立一个新的工程,命名为 AsmTest2_1.

② 参考 5.1.5 小节实验的步骤和实验参考程序编辑输入源代码,保存文件为 asm_code1.s(源代码可以参考光盘\software\EduKit2410_for_MDK\3.2_asm2\Asm2_1 中的 asm_code1.s 文件).

③ 在 Project workspace 工作区中右击 target1→Source Group 1,在弹出菜单中选择"

Add file to Group 'Source Group 1' ",在随后弹出的文件选择对话框中,选择刚才建立的源文件 asm_code1. s.

④ 把光盘\software\EduKit2410_for_MDK\3.2_asm2\Asm2_1 目录中的 DebugINRam. ini 文件拷贝到\Keil\ARM\Examples\EduKit2410_for_MDK\3.2_asm2\Asm2_1 目录下.选择菜单项 Project→Option for Target…,将弹出工程设置对话框,如图 5-7 所示.在这个工程里只需把 Linker 选项页的配置对话框中的 R/W Base 改为 0x30000000 即可.其他设置与 5.1.5 小节实验中的工程配置相同.

⑤ 选择菜单项 Project →Build target 或快捷键 F7,生成目标代码.

⑥ 选择菜单项 Debug →Start/Stop Debug Session 或快捷键 Ctrl+F5,即可进入调试模式.这里使用的是 μVision3 IDE 中的软件仿真器.

⑦ 选择菜单项 Debug→run 或 F5,即可运行代码.

⑧ 打开 memory 窗口,观察地址 0x30000058～0x30000094 的内容与地址 0x300000a8～0x300000E4 的内容.

⑨ 单步执行程序并观察和记录寄存器与 memory 的值变化,注意观察步骤 8 里面的地址的内容变化,当执行 stmfd,ldmfd,ldmia 和 stmia 指令的时候,注意观察其后面参数所指的地址段或寄存器段的内容变化.

⑩ 结合实验内容和相关资料,观察程序运行,通过实验加深理解 ARM 指令的使用.

⑪ 理解和掌握实验后,完成实验练习题.

(2)实验 B.

① 参考 5.1.5 小节实验的操作步骤建立一个新的工程,命名为 AsmTest2_2.

② 参考 5.1.5 小节实验的步骤和实验参考程序编辑输入源代码,保存文件为 asmcode2. s(如果存在,可以跳过此步骤).

③ 在 Project workspace 工作区中右击 target1→Source Group 1,在弹出菜单中选择"Add file to Group 'Source Group 1'",在随后弹出的文件选择对话框中,选择刚才建立的源文件 asmcode2. s.

④ 参照实验 A 的步骤完成目标代码的生成与调试.

⑤ 理解和掌握实验后,完成实验练习题.

5.2.6 实验参考程序及流程图

(1)实验 A.

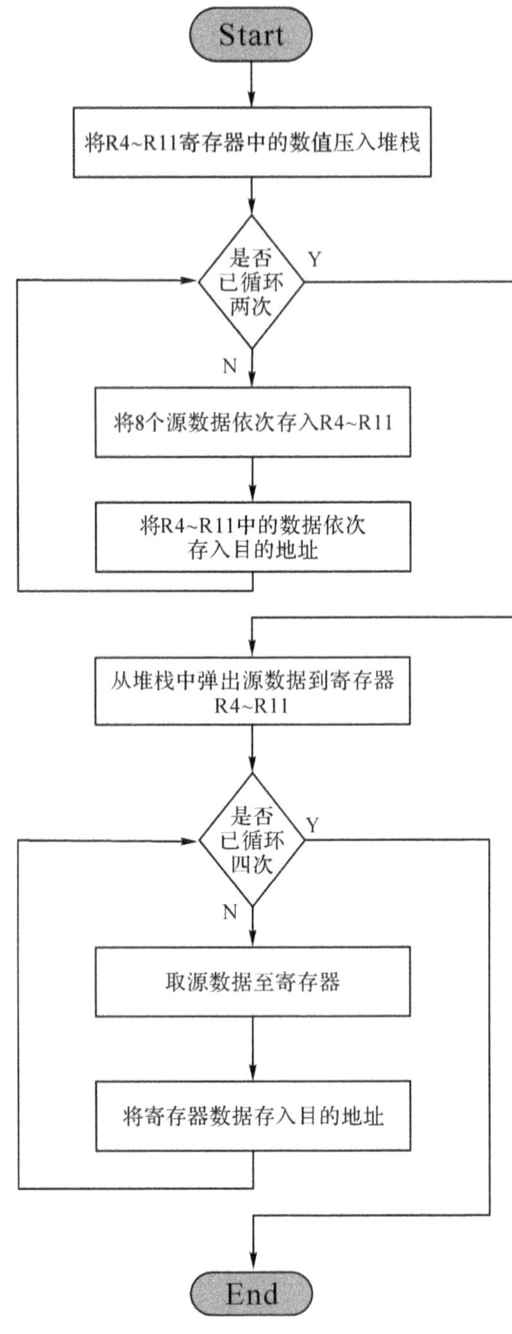

图 5-12 实验 A 流程图

汇编程序

```
;#********************************************
;# NAME:      ARMcode.s                                          *
;# Author:    EWUHAN  R & D Center,st                            *
;# Desc:      ARMcode examples                                   *
;#            copy words from src to dst                         *
;# History:   shw.He 2005.02.22                                  *
;#********************************************
;/*-------------------------------------------------*/
;/*                     code                     */
;/*-------------------------------------------------*/

    GLOBAL      Reset_Handler
    area start,code,readwrite
    entry
    code32
num         EQU     20              ;/*  set number of words to be copied */

Reset_Handler
    ldr         r0,=src             ;/*  r0 = pointer to source block */
    ldr         r1,=dst             ;/*  r1 = pointer to destination block */
    mov         r2,#num             ;/*  r2 = number of words to copy */

    ldr         sp,=0x30200000      ;/*  set up stack pointer (r13) */
blockcopy
    movs        r3,r2,LSR #3        ;/*  number of eight word multiples */
    beq         copywords           ;/*  less than eight words to move ? */

    stmfd       sp!,{r4-r11}        ;/*  save some working registers */
octcopy
    ldmia       r0!,{r4-r11}        ;/*  load 8 words from the source */
    stmia       r1!,{r4-r11}        ;/*  and put them at the destination */
    subs        r3,r3,#1            ;/*  decrement the counter */
    bne         octcopy             ;/*  ... copy more */

    ldmfd       sp!,{r4-r11}        ;/*  don't need these now-restore originals */

copywords
    ands        r2,r2,#7            ;/*  number of odd words to copy */
    beq         stop                ;/*  No words left to copy ? */
wordcopy
    ldr         r3,[r0],#4          ;/*  a word from the source */
```

```
    str         r3,[r1],#4        ;/*  store a word to the destination */
    subs        r2,r2,#1          ;/*  decrement the counter */
    bne         wordcopy          ;/*  ... copy more */

stop
    b       stop

;/*------------------------------------------------------------------*/
;/*                   make a word pool                               */
;/*------------------------------------------------------------------*/
    ltorg
src
    dcd       1,2,3,4,5,6,7,8,1,2,3,4,5,6,7,8,1,2,3,4
dst
    dcd       0,0,0,0,0,0,0,0,0,0,0,0,0,0,0,0,0,0,0,0
    end
```

（2）实验 B.

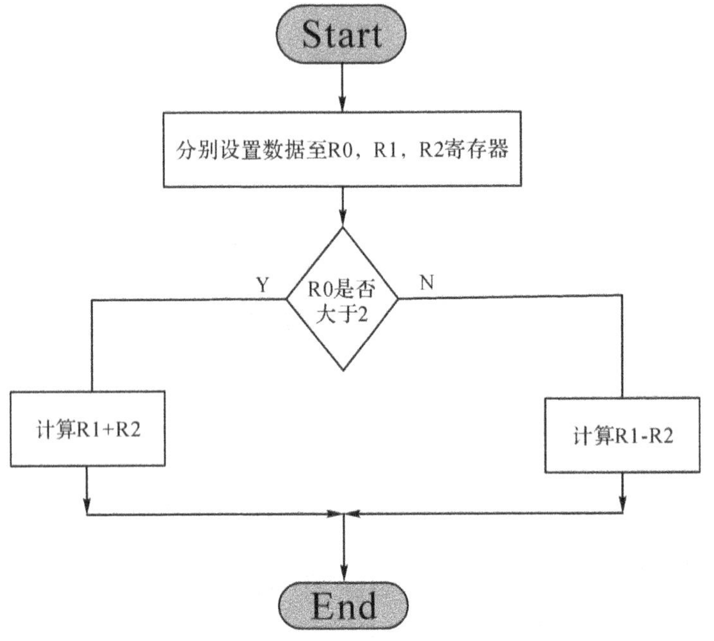

图 5-13　实验 B 流程图

汇编程序

```
;#*****************************************************
;# NAME:      ARM_code2.s                             *
;# Author:    WUHAN R&D Center,Embest                 *
;# Desc:      ARM instruction examples                *
;#            Example for Condition Code              *
```

```
;# History:     shw.He 2005.02.22                                *
;#***************************************************************

;/*---------------------------------------------------------*/
;/*                    code                                 */
;/*---------------------------------------------------------*/

    area start,code,readwrite
    entry
    code32
num equ    2                        ;/*  number of entries in jump table */
    export Reset_Handler
Reset_Handler
    mov         r0,#1               ;/*  set up the three parameters */
    mov         r1,#3
    mov         r2,#2
    bl          arithfunc           ;/*  call the function */

stop
    b           stop


;#***************************************************************
;# * According R0 value to execute the code               *
;#***************************************************************
arithfunc                           ;/*  label the function */
    cmp         r0,#num             ;/*  Treat function code as unsigned integer */
    bhs         DoAdd               ;/*  If code is >=2 then do operation 0. */

    adr         r3,JumpTable        ;/*  Load address of jump table */
    ldr         pc,[r3,r0,LSL#2]    ;/*  Jump to the appropriate routine */

JumpTable
    dcd         DoAdd
    dcd         DoSub

DoAdd
    add         r0,r1,r2            ;/*  Operation 0,>1 */
    bx          lr                  ;/*  Return */


DoSub
    sub         r0,r1,r2            ;/*  Operation 1 */
```

```
        bx      lr                      ;/*  Return */

        end                             ;/*  mark the end of this file */
```

本节可使用 5.1 节的调试脚本文件.

5.2.7 练习题

1. 打开开发板光盘中的启动文件,观察启动文件中复位异常的编写及 Itorg 的使用及其功能.

2. 新建工程,并自行编写汇编程序,分别使用 ldr、str、ldmia、stmia 操作,实现对某段连续存储单元写入数据,并观察操作结果.

5.3 ARM 处理器工作模式实验

5.3.1 实验目的

(1)通过实验掌握学会使用 msr/mrs 指令实现 ARM 处理器工作模式的切换.

(2)观察不同模式下的寄存器,加深对 CPU 结构的理解.

(3)通过实验进一步熟悉 ARM 汇编指令.

5.3.2 实验设备

(1)硬件:PC.

(2)软件:μVision IDE for ARM 集成开发环境,Windows 98/2000/NT/XP/7.

5.3.3 实验内容

通过 ARM 汇编指令,切换并观察各种模式下寄存器的区别;掌握 ARM 不同模式的进入与退出.

5.3.4 实验操作步骤

(1)参考 5.1.5 小节实验 A 的步骤建立一个新的工程,命名为 ARMmode,处理器选择 S3C2410A.

(2)参考 5.1.5 小节实验 A 的步骤和实验参考程序编辑输入源代码,编辑完毕后,保存文件为 ARMmode.s.

(3)单击工具栏的图标,或单击工程管理窗口中的相应右键菜单 Manage Components 命令,弹出 Componets,Environment and Books 对话框,在该对话框中为相应的文件组添加刚才新建的源文件 ARMmode.s.

(4)参考 5.1.5 小节实验 A 的步骤进行相应设置、生成目标代码和下载目标代码调试.

(5)打开寄存器窗口,单步执行,观察并记录寄存器 R0 和 CPSR 的值的变化和每次变化后执行寄存器赋值后的 36 个寄存器的值的变化情况,尤其注意各个模式下 R13 和 R14 的值.

(6)结合实验内容和相关资料,观察程序运行,通过实验加深理解 ARM 各种状态下寄存器的使用.

(7)理解和掌握实验后,完成实验练习题.

5.3.5 实验参考程序及流程图

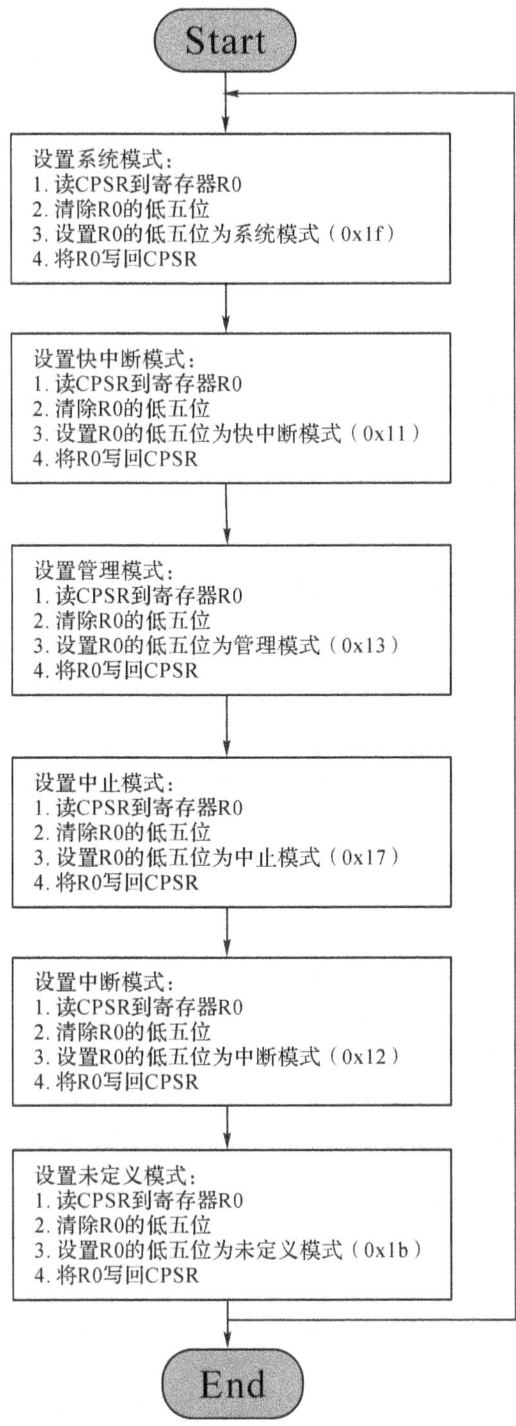

图 5-14　ARM 处理器工作模式实验流程图

汇编程序

```
; # * * * * * * * * * * * * * * * * * * * * * * * * * * * * * * * * * * * * * * *
; # NAME:          ARMmode.s                                                      *
; # Author:        Wuhan R&D Center,Embest                                        *
; #  Desc:         ARM instruction examples                                       *
; #                Example for ARM mode                                           *
; # History:       JianYing,Wang 2007.05.15                                       *
; # * * * * * * * * * * * * * * * * * * * * * * * * * * * * * * * * * * * * * * *

;/* ------------------------------------------------------------------------ */
;/*                          constant define                                   */
;/* ------------------------------------------------------------------------ */
        EXPORT start

;/* ------------------------------------------------------------------------ */
;/*                          code                                              */
;/* ------------------------------------------------------------------------ */
        AREA    |.text|,CODE,READONLY

start
;/* ------------------------------------------------------------------------ */
;/* Setup interrupt / exception vectors                                        */
;/* ------------------------------------------------------------------------ */
        b          Reset_Handler
Undefined_Handler
        b          Undefined_Handler
        b          SWI_Handler
Prefetch_Handler
        b          Prefetch_Handler
Abort_Handler
        b           Abort_Handler
    nop                                  ;/*   reserved vector   */
IRQ_Handler
        b          IRQ_Handler
FIQ_Handler
        b          FIQ_Handler
SWI_Handler
        bx lr

Reset_Handler
;/* ------------------------------------------------------------------------ */
;/*       into System mode                                                     */
```

```
;/*-------------------------------------------------------------*/
        mrs   r0,cpsr                   ;/* read CPSR value                          */
        bic   r0,r0,#0x1f               ;/* clear low 5 bit                          */
        orr   r0,r0,#0x1f               ;/* set the mode as System mode              */
        msr   cpsr_cxfs,r0

        mov r0,#1                       ;/* initialization the register in System mode */
        mov r1,#2
        mov r2,#3
        mov r3,#4
        mov r4,#5
        mov r5,#6
        mov r6,#7
        mov r7,#8
        mov r8,#9
        mov r9,#10
        mov r10,#11
        mov r11,#12
        mov r12,#13
        mov r13,#14
        mov r14,#15

;/*-------------------------------------------------------------*/
;/*     into FIQ mode                                           */
;/*-------------------------------------------------------------*/
        mrs   r0,cpsr                   ;/* read CPSR value                          */
        bic   r0,r0,#0x1f               ;/* clear low 5 bit                          */
        orr   r0,r0,#0x11               ;/* set the mode as FIQ mode                 */
        msr   cpsr_cxfs,r0
        mov r8,#16                      ;/* initialization the register in FIQ mode  */
        mov r9,#17
        mov r10,#18
        mov r11,#19
        mov r12,#20
        mov r13,#21
        mov r14,#22

;/*-------------------------------------------------------------*/
;/*     into SVC mode                                           */
;/*-------------------------------------------------------------*/
        mrs   r0,cpsr                   ;/* read CPSR value                          */
        bic   r0,r0,#0x1f               ;/* clear low 5 bit                          */
        orr   r0,r0,#0x13               ;/* set the mode as SVC mode                 */
```

```
        msr   cpsr_cxfs,r0

        mov r13,#23                    ;/* initialization the register in SVC mode */
        mov r14,#24

;/*-----------------------------------------------------------*/
;/*      into Abort mode                                      */
;/*-----------------------------------------------------------*/
        mrs   r0,cpsr                  ;/* read CPSR value                         */
        bic   r0,r0,#0x1f              ;/* clear low 5 bit                         */
        orr   r0,r0,#0x17              ;/* set the mode as Abort mode              */
        msr   cpsr_cxfs,r0

        mov r13,#25                    ;/* initialization the register in Abort mode   */
        mov r14,#26

;/*-----------------------------------------------------------*/
;/*      into IRQ mode                                        */
;/*-----------------------------------------------------------*/
        mrs   r0,cpsr                  ;/* read CPSR value                         */
        bic   r0,r0,#0x1f              ;/* clear low 5 bit                         */
        orr   r0,r0,#0x12              ;/* set the mode as IRQ mode                */
        msr   cpsr_cxfs,r0

        mov r13,#27                    ;/* initialization the register in IRQ mode */
        mov r14,#28

;/*-----------------------------------------------------------*/
;/*      into UNDEF mode                                      */
;/*-----------------------------------------------------------*/
        mrs   r0,cpsr                  ;/* read CPSR value                         */
        bic   r0,r0,#0x1f              ;/* clear low 5 bit                         */
        orr   r0,r0,#0x1b              ;/* set the mode as UNDEF mode              */
        msr   cpsr_cxfs,r0

        mov r13,#29                    ;/* initialization the register in UNDEF mode   */
        mov r14,#30

        b   Reset_Handler              ;/* jump back to Reset_Handler              */

        end
```

本节可使用 5.1 节的调试脚本文件.

5.3.6　练习题

参考第一个例子，把其中系统模式程序更改为用户模式程序，编译调试，观察运行结果，检查是否正确，如果有错误，分析其原因；(提示：不能从用户模式直接切换到其他模式，可以先使用 SWI 指令切换到管理模式).

5.4　C 语言实验程序

5.4.1 实验目的

(1) 掌握建立基本完整的 ARM 工程，包含启动代码、连接属性的配置等.

(2) 了解 ARM9 的启动过程，学会使用 MDK 编写简单的 C 语言程序和汇编启动代码并进行调试.

(3) 掌握如何指定代码入口地址与入口点.

(4) 掌握通过 memory、register、watch、Local 等窗口分析判断结果.

5.4.2　实验设备

(1) 硬件：PC.

(2) 软件：μVision IDE for ARM 集成开发环境，Windows 98/2000/NT/XP.

5.4.3　实验内容

用 C 语言编写延时函数，使用嵌入汇编.

5.4.4　实验原理

(1) ARM 异常向量表.

当正常的程序执行流程暂时挂起时，称之为异常，例如处理一个外部的中断请求. 在处理异常之前，必须保存当前的处理器状态，以便从异常程序返回时可以继续执行当前的程序. ARM 异常向量表如下：

表 5-1　ARM 异常向量表

地址	异常	入口模式
0x00000000	Reset	管理
0x00000004	Undefined Instruction	未定义
0x00000008	Software interrupt	管理
0x0000000C	Prefetch abort	中止
0x00000010	Data abort	中止
0x00000014	Reserved	保留

续表

地址	异常	入口模式
0x00000018	IRQ	IRQ
0x0000001C	FIQ	FIQ

处理器允许多个异常同时发生，这时，处理器会按照固定的顺序进行处理，参照下面的异常优先级.

高优先级：

1 —— Reset

2 —— Data abort

3 —— FIQ

4 —— IRQ

5 —— Prefetch abort

低优先级：

6 —— Undefined Instruction，Software interrupt

由上可见，Reset 入口，即为整个程序的实际入口点. 因此，我们在编写代码的时候，第一条语句是在 0x00000000 处开始执行的. 一般地，我们使用下面的代码：

```
        area RESET,code,readonly
        entry
        b       Reset_Handler
Undefined_Handler
        b       Undefined_Handler
SWI_Handler
        b       SWI_Handler
Prefetch_Handler
        b       Prefetch_Handler
Abort_Handler
        b       Abort_Handler
        nop
IRQ_Handler
        b       IRQ_Handler
FIQ_Handler
        b       FIQ_Handler
Reset_Handler
        ldr     sp,=0x0C002000
        .
        .
        .
```

（2）分散加载文件.

Scatter file（分散加载描述文件）用于 LARM 链接器的输入参数，它指定映像文件内部各区域的 download 与运行时位置. LARM 将会根据 scatter file 生成一些区域相关的符号，它们是全局的供用户建立运行环境时使用. 通过这个文件可以指定程序的入口地址. 在利用 MDK 进行实际应用程序开发时，常常需要使用分散加载描述文件，例如以下情况：

存在复杂的地址映射：例如代码和数据需要分开放在多个区域.

存在多种存储器类型：例如包含 Flash、ROM、SDRAM、快速 SRAM. 需要根据代码与数据的特性把他们放在不同的存储器中，比如中断处理部分放在快速 SRAM 内部来提高响应速度，而把不常用到的代码放到速度比较慢的 Flash 内.

函数的地址固定定位：可以利用 Scatter file 实现把某个函数放在固定地址，而不管其应用程序是否已经改变或重新编译.

利用符号确定堆与堆栈：

内存映射的 IO：采用 Scatter file 可以实现把某个数据段放在精确的地址处.

因此对于实际的嵌入式系统来说 Scatter file 是必不可少的，因为嵌入式系统通常采用了 ROM、RAM 和内存映射的 IO. 关于 Scatter file 的相关知识非常多，详细内容可以参考 MDK 所带的帮助，下面给出一个简单实例.

```
LOAD_ROM 0x0000 0x8000
{
            EXEC_ROM 0x0000 0x8000
            {
            *(+RO)
            }
           RAM 0x10000 0x6000
           {
            *(+RW,+ZI)
           }
}
```

这个分散加载描述文件对应的分散加载映像如图 5-15 所示，文件中各项内容的含义分别是：

```
LOAD_ROM(下载区域名称)0x0000(下载区域起始地址)0x8000(下载区域最大字节数)
{
    EXEC_ROM(第一执行区域名称)0x0000(第一执行区域起始地址)0x8000(第一执行区域
    最大字节数)
    {
    *(+RO(代码与只读数据))
    }
    RAM(第二执行区域名称)0x10000(第二执行区域起始地址)0x6000(第二执行区域最大字
    节数)
    {
    *(+RW(读写变量),+ZI(未初始化变量))
    }
}
```

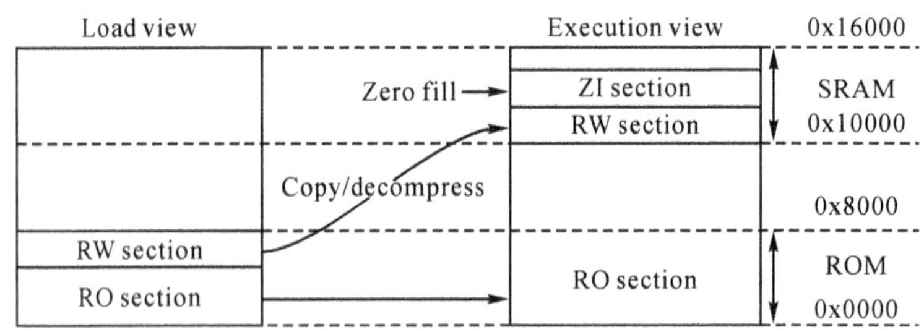

图 5-15 分散加载映像图

(3) 内嵌汇编语言.

编译 C 时,可以通过_asm 汇编程序说明符调用内嵌汇编程序. 说明符后面跟随有一列包含在大括号中的汇编程序指令. 例如:

```
_asm
{
instruction [; instruction]
...
[instruction]
}
```

如果两条指令在同一行中,必须用分号将其分隔. 如果一条指令占用多行,必须用反斜线符号(\)指定续行. 可在内嵌汇编语言块内的任意位置处使用 C 注释. 可在任何可以使用 C 语句的地方使用_asm 语句.

5.4.5 实验操作步骤

(1) 参考 5.1.5 小节实验的操作步骤建立一个新的工程,命名为 CTest2,注意在建立工程的过程中添加设备数据库中 S3C2410 芯片自带的启动代码,也可手动添加启动代码 startup. s.

(2) 参考 5.1.5 小节实验的步骤和实验参考程序编辑输入源代码,编辑完毕后,保存文件为 CCode. c.

(3) 在 Project workspace 工作区中右击 target1→Source Group 1,在弹出菜单中选择"Add file to Group 'Source Group 1'",在随后弹出的文件选择对话框中,选择刚才建立的源文件 CCode. c.

(4) 在 Option for Target 对话框 Linker 页 Scatter File 对话框中添加分散加载描述文件 CTest2. sct.

(5) 选择菜单项 Project →Build target 或快捷键 F7,生成目标代码.

(6) 选择菜单项 Debug →Start/Stop Debug Session 或快捷键 Ctrl+F5,即可进入调试模式. 这里使用的是 μVision3 IDE 中的软件仿真器.

(7) 选择菜单项 Debug→Run 或 F5,即可运行代码.

(8) 打开 memory、register、watch、Local 窗口,单步执行,并通过 memory/register/watch/variable 窗口分析判断结果. 注意观察程序如何跳转进主程序_main,在 call stack 窗

口观察当前执行函数之间的调用. 在 watch 框中输入要观察变量 I 的值,并记录下来. 特别注意在 local 窗口观察变量 I 的变化并记录下来.

(9) 结合实验内容和相关资料,观察程序运行.

(10) 理解和掌握实验后,完成实验练习题.

5.4.6 实验参考程序

(1) CCode. c 的源代码.

```
/*****************************************
* File:          c2.c
* Author:        WUHAN R&D Center,embest
* Desc:          c language example 2
* History:       XU Liang Ping
*****************************************/
/*****************************************
* name:          _nop_
* func:          The following example embed assembel language
* para:          none
* ret:           none
* modify:
* comment:
*****************************************/
void _nop_()
{
    int temp=0;
    __asm
    {
        mov temp,temp
    }
}


/*****************************************
* name:          delay
* func:          delay time
* para:          none
* ret:           none
* modify:
* comment:
*****************************************/
void delay(void)
{
    int i=0;
```

```
    for(; i <= 10; i++)
    {
        _nop_();
    }
}
/****************************************
* name:          delay10
* func:          delay time
* para:          none
* ret:           none
* modify:
* comment:
****************************************/
void delay10(void)
{
    int i;

    for(i = 0; i <= 10; i++)
    {
        delay();
    }
}

/****************************************
* name:          _main
* func:          c code entry
* para:          none
* ret:           none
* modify:
* comment:
****************************************/
_main()
{
//    int i = 5;

    for(; ;)
    {
        delay10();
    }
}
```

(2) Startup. s 的源代码.

```
;#***************************************
```

```
;# File£º          startup.s
;# Author:         Wuhan R&D Center,embest
;# Desc:           C start up codes;#
;#*************************************************************************
;/*-----------------------------------------------------------------------*/
;/*                       global symbol define                            */
;/*-----------------------------------------------------------------------*/
;     .global _start

;/*-----------------------------------------------------------------------*/
;/*                           code                                        */
;/*-----------------------------------------------------------------------*/
    area RESET,code,readonly
entry
;# Set  interrupt / exception vectors
    b       Reset_Handler
Undefined_Handler
    b       Undefined_Handler
SWI_Handler
    b       SWI_Handler
Prefetch_Handler
    b       Prefetch_Handler
Abort_Handler
    b       Abort_Handler
    nop                                         ;/* reserved vector */
IRQ_Handler
    b       IRQ_Handler
FIQ_Handler
    b       FIQ_Handler
Reset_Handler
;     ldr     sp,=0x0C002000

;#*************************************************************************
;# Branch on C code Main function (with interworking)                     *
;# Branch must be performed by an interworking call as                    *
;# either an ARM or Thumb.main C function must be                         *
;# supported. This makes the code not position-independant.               *
;# A Branch with link would generate errors                               *
;#*************************************************************************
      IMPORT   _main
      LDR      R0,=_main
      BX       R0
;     # jump to _main()
```

```
;# * * * * * * * * * * * * * * * * * * * * * * * * * * * * * * * * * * * * * * *
;#  * Loop for ever                                                              *
;#  * End of application. Normally,never occur.                                  *
;#  * Could jump on Software Reset(B 0x0).                                       *
;# * * * * * * * * * * * * * * * * * * * * * * * * * * * * * * * * * * * * * * *
End
  b            End
    end
```

(3) CTest2.sct 的源代码.

```
;* * * * * * * * * * * * * * * * * * * * * * * * * * * * * * * * * * * * * * * *
; * * * Scatter-Loading Description File generated by uVision * * *
;* * * * * * * * * * * * * * * * * * * * * * * * * * * * * * * * * * * * * * * *

LR_ROM1 0x30000000              {     ; load region
  ER_ROM1 0x30000000 0x00200000  {    ; load address = execution address
                                      *.o (RESET,+First)
                                      ;    *(InRoot$$Sections)
                                      .ANY (+RO)
                                      }
  RW_RAM1 0x30300000 0x03D00000  {    ; RW data
  .ANY (+RW +ZI)
  }
}
```

调试命令脚本文件可使用 5.1 节的.

5.4.7 练习题

1. 改进 C 语言使用实验一中的练习题,在 C 语言文件中定义全局及局部变量,并在编译链接时使用链接脚本文件,使用 Tools 菜单下的 Disassemble all 产生 objdump 文件,从该文件中观察代码及变量在目标输出代码中的存放情况.

2. 在以上实验例程 C 语言文件中,加入嵌入汇编语言,使用汇编指令实现读写某存储单元的值,初步掌握嵌入汇编语言的使用.

5.5 汇编与 C 语言相互调用实例

5.5.1 实验目的

(1) 阅读 S3C2410 启动代码,观察处理器的启动过程.

(2) 学会使用 MDK 集成开发环境辅助窗口来分析和判断调试的过程和结果.

(3) 学会在 MDK 集成开发环境中编写、编译与调试汇编和 C 语言相互调用的程序.

5.5.2 实验设备

(1) 硬件:PC.

(2) 软件:μVision IDE for ARM 集成开发环境,Windows 98/2000/NT/XP.

5.5.3 实验内容

使用汇编完成一个随机数产生函数,通过 C 语言调用该函数,产生一系列随机数,存放到数组里面.

5.5.4 实验原理

ARM 过程调用 ATPCS(ARM).

ATPCS 是一系列用于规定应用程序之间相互调用的基本规则,这些规则包括:

支持数据栈限制检查;

支持只读段位置无关(ROPI);

支持可读/写段位置无关(RWPI);

支持 ARM 程序和 Thumb 程序的混合使用;

处理浮点运算.

使用以上规定的 ATPCS 规则时,应用程序必须遵守如下:

程序编写遵守 ATPCS;

变量传递以中间寄存器和数据栈完成;

汇编器使用-apcs 开关选项.

关于其他 ATPCS 规则,用户可以参考 ARM 处理器相关书籍或登录 ARM 公司网站.

程序只要遵守 ATPCS 相应规则,就可以使用不同的源代码编写程序.程序间的相互调用最主要的是解决参数传递问题.应用程序之间使用中间寄存器及数据栈来传递参数,其中,第一个到第四个参数使用 R0～R3,多于四个参数的使用数据栈进行传递.这样,接收参数的应用程序必须知道参数的个数.

但是,在应用程序被调用时,一般无从知道所传递参数的个数.不同语言编写的应用程序在调用时可以自定义参数传递的约定,使用具有一定意义的形式来传递,可以很好地解决参数个数的问题.常用的方法是把第一个或最后一个参数作为参数个数(包括个数本身)传递给应用程序.

ATPCS 中寄存器的对应关系如表 5-2 所列:

表 5-2 ATPCS 规则中寄存器列表

ARM 寄存器	ATPCS 别名	ATPCS 寄存器说明
R0～R3 <==>	a1～a4	参数/结果/scratch 寄存器 1～4
R4 <==>	v1	局部变量寄存器 1
R5 <==>	v2	局部变量寄存器 2
R6 <==>	v3	局部变量寄存器 3

续表

ARM 寄存器	ATPCS 别名	ATPCS 寄存器说明
R7 <==>	v4、wr	局部变量寄存器 4 Thumb 状态工作寄存器
R8 <==>	v5	ARM 状态局部变量寄存器 5
R9 <==>	v6、sb	ARM 状态局部变量寄存器 6 RWPI 的静态基址寄存器
R10 <==>	v7、sl	ARM 状态局部变量寄存器 7 数据栈限制指针寄存器
R11 <==>	v8	ARM 状态局部变量寄存器 8
R12 <==>	ip	子程序内部调用的临时(scratch)寄存器
R13 <==>	sp	数据栈指针寄存器
R14 <==>	lr	链接寄存器
R15 <==>	PC	程序计数器

5.5.5 实验操作步骤

(1) 参考 5.1.5 小节实验的操作步骤建立一个新的工程,命名为 explasm,注意在建立工程的过程中添加设备数据库中 S3C2410 芯片自带的启动代码,也可手动添加启动代码 startup. s.

(2) 参考 5.1.5 小节实验的步骤和实验参考程序编辑输入源代码,保存文件为 randtest. c 和 random. s.

(3) 在 Project workspace 工作区中右击 target1→Source Group 1,在弹出菜单中选择"Add file to Group 'Source Group 1'",在随后弹出的文件选择对话框中,选择刚才建立的源文件 randtest. c 和 random. s.

(4) 在 Option for Target 对话框 Linker 页 Scatter File 对话框中添加分散加载描述文件 explasm. sct,文件内容与 5.5.6 小节 CTest2. sct 相同.

(5) 选择菜单项 Project →Build target 或快捷键 F7,生成目标代码.

(6) 选择菜单项 Debug →Start/Stop Debug Session 或快捷键 Ctrl+F5,即可进入调试模式. 这里使用的是 μVision3 IDE 中的软件仿真器.

(7) 选择菜单项 Debug →run 或 F5,即可运行代码.

(8) 打开 memory、register、watch、Local 窗口,单步执行,并通过 memory、register、watch、variable 窗口分析判断结果. 注意观察程序如何从跳转进主程序_main,在 call stack 窗口观察当前执行函数之间的调用.

(9) 结合实验内容和相关资料,观察程序运行.

(10) 理解和掌握实验后,完成实验练习题.

5.5.6　实验参考程序

(1) randtest. c 参考源代码.

```
/*************************************************************************
* File:          randtest.c
* Author:        Wuhan R&D Center,embest
* Desc:          Random number generator demo program
*                Calls assembler function 'randomnumber' defined in random.s
* History:
*************************************************************************/

/*-------------------------------------------------------------------------*/
/*                       extern function                                   */
/*-------------------------------------------------------------------------*/
extern unsigned int randomnumber(void);

/*************************************************************************
* name:          main
* func:          c code entry
* para:          none
* ret:           none
* modify:
* comment:
*************************************************************************/

main()
{
    unsigned int i,nTemp;
    unsigned int unRandom[10];

    for(i = 0; i < 10; i++)
    {
        nTemp = randomnumber();
        unRandom[i] = nTemp;
    }

    return(0);
}
```

(2) random. s 参考源代码.

```
;#**********************************************************************
;# File:        random.s                                                *
```

```
;# Author:     embest                                                          *
;# Desc:       Random number generator                                         *
;# This uses a 33-bit feedback shift register to generate a pseudo-randomly
                                                                               *
;# ordered sequence of numbers which repeats in a cycle of length 2^33-1       *
;# NOTE: randomseed should not be set to 0,otherwise a zero will be generated  *
;# continuously (not particularly random!).                                    *
;# This is a good application of direct ARM assembler,because the 33-bit      *
;# shift register can be implemented using RRX (which uses reg + carry).       *
;# An ANSI C version would be less efficient as the compiler would not use RRX. *
;# AREA     |Random$$code|,CODE,READONLY                                      *
;# History:
;#***************************************

;/*---------------------------------------------------------------*/
;/*                 global symbol define                           */
;/*---------------------------------------------------------------*/
    EXPORT  randomnumber
    EXPORT  seed

;/*---------------------------------------------------------------*/
;/*                          code                                  */
;/*---------------------------------------------------------------*/

    AREA  RAND,CODE,READONLY
randomnumber
;#   on exit:
;#   a1 = low 32-bits of pseudo-random number
;#   a2 = high bit (if you want to know it)
    ldr     ip,seedpointer
    ldmia   ip,{a1,a2}
    tst     a2,a2,lsr#1           ;/* to bit into carry      */
    movs    a3,a1,rrx             ;/* 33-bit rotate right    */
    adc     a2,a2,a2              ;/* carry into LSB of a2 */
    eor     a3,a3,a1,lsl#12       ;/* (involved!)            */
    eor     a1,a3,a3,lsr#20       ;/* (similarly involved!) */
    stmia   ip,{a1,a2}
    mov     pc,lr

seedpointer
    DCD     seed
seed        DCD     0x55555555
            DCD     0x55555555
    END
```

5.5.7 练习题

使用嵌入汇编语言实现 R1＋R2＝R0 的加法运算，运算结果保存在 R0. 调试时打开 Register 窗口，观察嵌入汇编语句运行前后 R0、R1、R2、SP 寄存器以及 ATPCS 寄存器对应的 ARM 寄存器内容的变化.

第六章　S3C2410 芯片结构

Samsung 公司推出的 16/32 位 RISC 处理器 S3C2410A，为手持设备和一般类型应用提供了低价格、低功耗、高性能小型微控制器的解决方案. 为了降低整个系统的成本，S3C2410A 提供了以下丰富的内部设备：分开的 16 KB 的指令 Cache 和 16 KB 的数据 Cache，MMU 虚拟存储器管理，LCD 控制器（支持 STN&TFT），支持 NAND Flash 系统引导，系统管理器（片选逻辑和 SDRAM 控制器），3 通道 UART，4 通道 DMA，4 通道 PWM 定时器，I/O 端口，RTC，8 通道 10 位 ADC 和触摸屏接口，IIC－BUS 接口，USB 主机，USB 设备，SD 主卡 &MMC 卡接口，2 通道的 SPI 以及内部 PLL 时钟倍频器.

S3C2410A 采用了 ARM920T 内核，0.18 μm 工艺的 CMOS 标准宏单元和存储器单元. 它的低功耗、精简和出色的全静态设计特别适用于对成本和功耗敏感的应用. 同样它还采用了一种叫做 Advanced Microcontroller Bus Architecture（AMBA）的新型总线结构.

S3C2410A 的显著特性是它的 CPU 核心，是一个由 Advanced RISC Machines（ARM）有限公司设计的 16/32 位 ARM920T RISC 处理器. ARM920T 实现了 MMU、AMBA BUS 和 Harvard 高速缓冲体系结构. 这一结构具有独立的 16 KB 指令 Cache 和 16 KB 数据 Cache，每个都是由 8 字长的行（line）构成.

通过提供一系列完整的系统外围设备，S3C2410A 大大减少了整个系统的成本，消除了为系统配置额外器件的需要. 本章将主要介绍 S3C2410A 中集成的以下片上功能：

（1）存储器控制器.

（2）I/O 接口.

（3）中断控制器.

（4）异步发送/接收（UART）.

（5）IIC 总线接口.

（6）A/D 转换器及触摸屏接口.

（7）PWM 定时器.

6.1　存储器控制器

6.1.1　存储控制器的特点

S3C2410 处理器的存储控制器可以为片外存储器访问提供必要的控制信号，它主要包括以下特点：

（1）支持大、小端模式（通过软件选择）.

（2）地址空间：包含 8 个地址空间，每个地址空间的大小为 128 M 字节，总共有 1 G 字节的地址空间.

（3）除 Bank0 以外的所有地址空间都可以通过编程设置为 8 位、16 位或 32 位访问.

Bank0 可以设置为 16 位、32 位访问.

(4) 8 个地址空间中,6 个地址空间可以用于 ROM、SRAM 等存储器,2 个用于 ROM、SRAM、SDRAM 等存储器.

(5) 7 个地址空间的起始地址及空间大小是固定的.

(6) 1 个地址空间的起始地址和空间大小是可变的.

(7) 所有存储器空间的访问周期都可以通过编程配置.

(8) 提供外部扩展总线的等待周期.

(9) SDRAM 支持自动刷新和掉电模式.

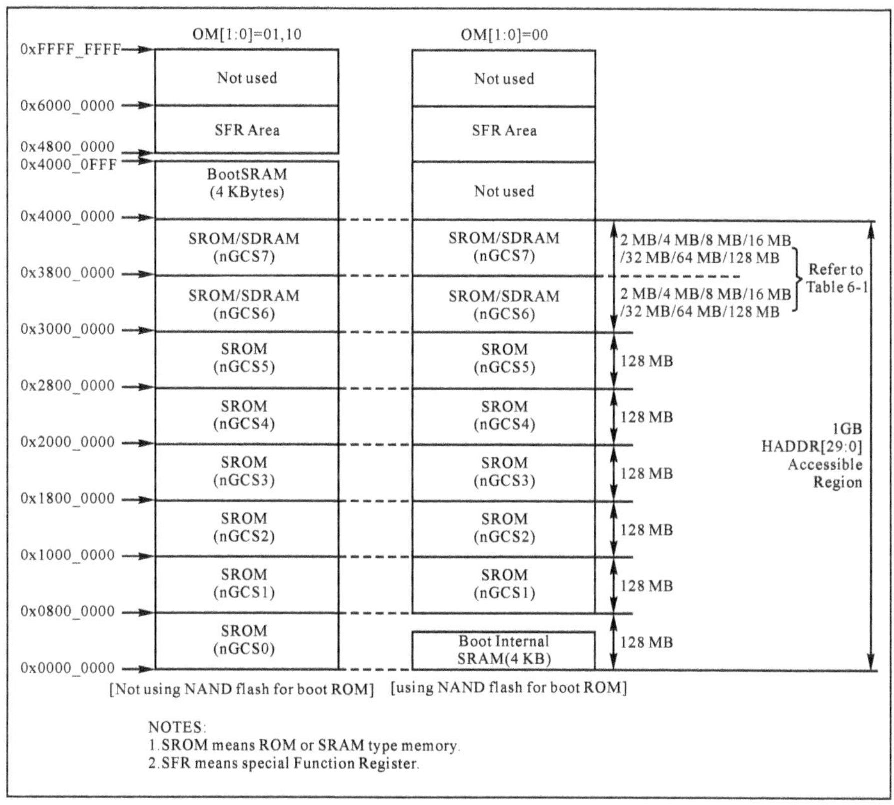

图 6-1　S3C2410 复位后的存储器地址分配

表 6-1　Bank6/Bank7 地址

Address	2 MB	4 MB	8 MB	16 MB	32 MB	64 MB	128 MB
Bank 6							
Start address	0x3000_0000	0x3000_0000	0x3000_0000	0x3000_0000	0x3000_0000	0x3000_0000	0x3000_0000
End address	0x301f_ffff	0x303f_ffff	0x307f_ffff	0x30ff_ffff	0x31ff_ffff	0x33ff_ffff	0x37ff_ffff
Bank 7							
Start address	0x3020_0000	0x3040_0000	0x3080_0000	0x3100_0000	0x3200_0000	0x3400_0000	0x3800_0000
End address	0x303f_ffff	0x307f_ffff	0x30ff_ffff	0x31ff_ffff	0x33ff_ffff	0x37ff_ffff	0x3fff_ffff

注意:Bank6 和 Bank7 的内存大小必须一致.

图 6-1 为 S3C2410 复位后的存储器地址分配图. 从图中可以看出,特殊功能寄存器位于 0x48000000 到 0x60000000 的空间内. Bank0～Bank5 的起始地址和空间大小都是固定的, Bank6 的起始地址是固定的,但是空间大小和 Bank7 一样是可变的,可以配置为 2M/4M/8M/16M/32M/64M/128M. Bank6 和 Bank7 的详细地址和空间大小的关系可以参考表 6-1.

6.1.2 Bank0 总线宽度

Bank0(nGCS0)的数据总线宽度可以配置为 16 位或 32 位. 因为 BANK0 为启动 ROM (映射地址为 0x00000000)所在的空间,所以必须在第一次访问 ROM 前设置 BANK0 数据宽度,该数据宽度是由复位后 OM[1：0]的逻辑电平决定的,如表 6-2 所示.

表 6-2 数据宽度选择

OM1(Operating Mode 1)	OM0(Operating Mode 0)	Booting ROM Data Width
0	0	Nand Flash Mode
0	1	16-bit
1	0	32-bit
1	1	Test Mode

6.1.3 SDRAM 空间地址引脚连接及空间地址配置

SDRAM 空间地址引脚连接如表 6-3 所示,SDRAM 空间地址配置如表 6-4 所示.

表 6-3 存储器(SROM/SDRAM)地址引脚连接

MEMORY ADDR. PIN	S3C2410X ADDR. @8-bit DATA BUS	S3C2410X ADDR. @16-bit DATA BUS	S3C2410X ADDR. @32-bit DATA BUS
A0	A0	A1	A2
A1	A1	A2	A3
…	…	…	…

表 6-4 SDRAM 空间地址配置

<table>
<tr><th>Bank Size</th><th>Bus Width</th><th>Base Component</th><th>Memory Configuration</th><th>Bank Address</th></tr>
<tr><td rowspan="2">2 MB</td><td>x8</td><td rowspan="2">16 Mb</td><td>(1 M×8×2banks)×1 ea</td><td rowspan="2">A20</td></tr>
<tr><td>x16</td><td>(512 K×16×2banks)×1 ea</td></tr>
<tr><td rowspan="3">4 MB</td><td>x8</td><td rowspan="3">16 Mb</td><td>(2 M×4×2banks)×2 ea</td><td rowspan="3">A21</td></tr>
<tr><td>x16</td><td>(1 M×8×2banks)×2 ea</td></tr>
<tr><td>x32</td><td>(512 K×16×2banks)×2 ea</td></tr>
</table>

续表

Bank Size	Bus Width	Base Component	Memory Configuration	Bank Address
8 MB	x16	16 Mb	(2 M×4×2banks)×4 ea	A22
	x32		(1 M×8×2banks)×4 ea	
	x8	64 Mb	(4 M×8×2banks)×1 ea	
	x8		(2 M×8×4banks)×1 ea	A[22∶21]
	x16		(2 M×16×2banks)×1 ea	A22
	x16		(1 M×16×4banks)×1 ea	A[22∶21]
	x32		(512 K×32×4banks)×1 ea	
16 MB	x32	16 Mb	(2 M×4×2banks)×8 ea	A23
	x8	64 Mb	(8 M×4×2banks)×2 ea	
	x8		(4 M×4×4banks)×2 ea	A[23∶22]
	x16		(4 M×8×2banks)×2 ea	A23
	x16		(2 M×8×4banks)×2 ea	A[23∶22]
	x32		(2 M×16×2banks)×2 ea	A23
	x32		(1 M×16×4banks)×2 ea	A[23∶22]
	x8	128 Mb	(4 M×8×4banks)×1 ea	
	x16		(2 M×16×4banks)×1 ea	
32 MB	x16	64 Mb	(8 M×4×2banks)×4 ea	A24
	x16		(4 M×4×4banks)×4 ea	A[24∶23]
	x32		(4 M×8×2banks)×4 ea	A24
	x32		(2 M×8×4banks)×4 ea	A[24∶23]
	x16	128 Mb	(4 M×8×4banks)×2 ea	
	x32		(2 M×16×4banks)×2 ea	
	x8	256 Mb	(8 M×8×4banks)×1 ea	
	x16		(4 M×16×4banks)×1 ea	
64 MB	x32	128 Mb	(4 M×8×4banks)×4 ea	A[25∶24]
	x16	256 Mb	(8 M×8×4banks)×2 ea	
	x32		(4 M×16×4banks)×2 ea	
	x8	512 Mb	(16 M×8×4banks)×1 ea	
128 MB	x32	256 Mb	(8 M×8×4banks)×4 ea	A[26∶25]
	x8	512 Mb	(32 M×4×4banks)×2 ea	
	x16		(16 M×8×4banks)×2 ea	
	x32		(8 M×16×4banks)×2 ea	

6.1.4 nWAIT 引脚功能

如果和每个地址空间相关联的 WAIT 被允许,某个地址空间处于激活状态的时候应该通过外部 nWAIT 引脚来延长 nOE 持续时间. 从 tacc-1 核对 nWAIT,在采样 nWAIT 为高电平的后一个时钟周期使 nOE 变为高电平,nWE 信号和 nOE 信号相同. S3C2410A 的外部 nWAIT 时序如图 6-2 所示.

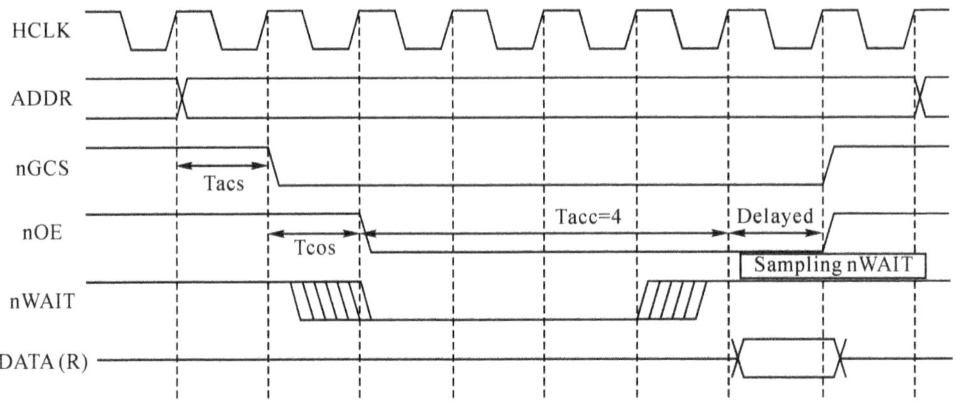

图 6-2 S3C2410A 的外部 nWAIT 时序图(tacc=4)

6.1.5 nXBREQ/nXBACK 引脚操作

如果 nXBREQ 被允许,处理器会在 nXBACK 引脚输出低电平作为应答信号,如果 nXBACK 引脚输出低电平,地址/数据总线和存储器控制信号会处于高阻状态,如图 6-3 所示. 如果 nXBREQ 没有被允许,nXBACK 也无效.

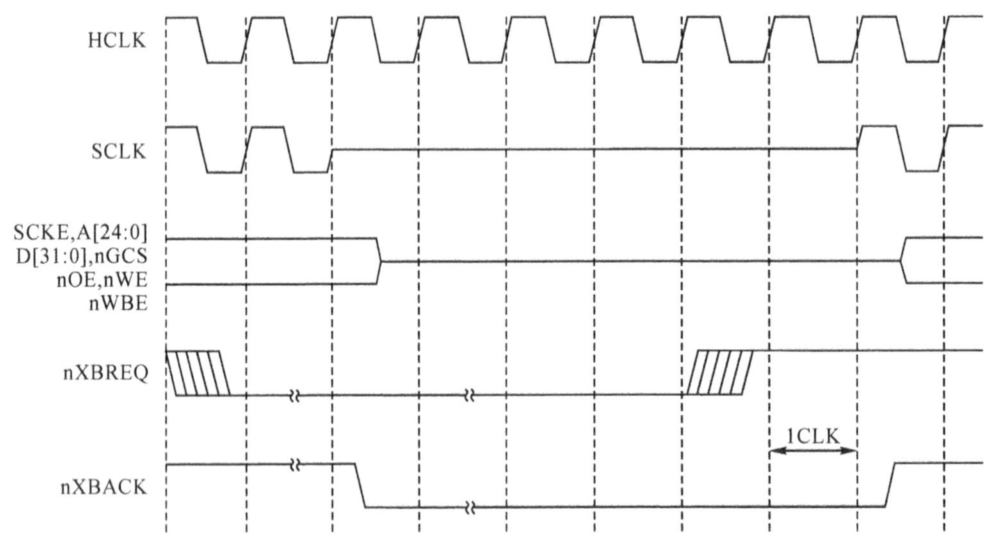

图 6-3 S3C2410A 的 nXBREQ/nXBACK 时序表

6.1.6 ROM 接口

ROM 接口举例如图 6-4～图 6-7 所示.

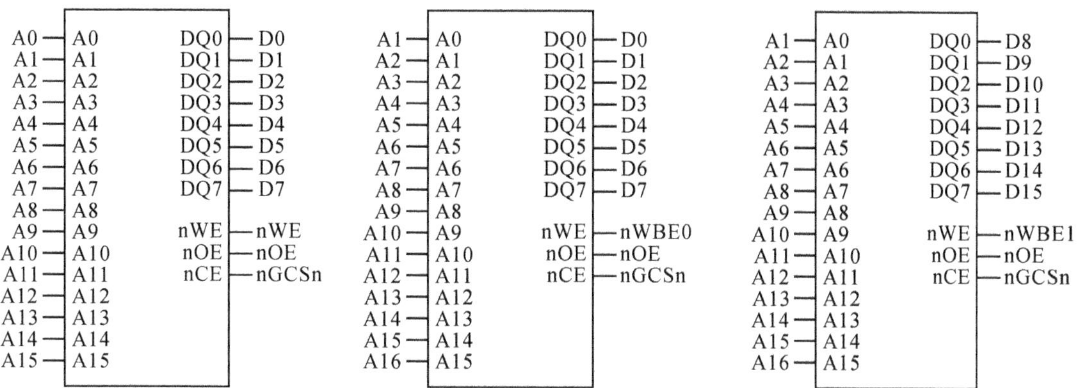

图 6-4 存储器与 8 bit ROM 接口

图 6-5 存储器与 8 bit ROM×2 接口

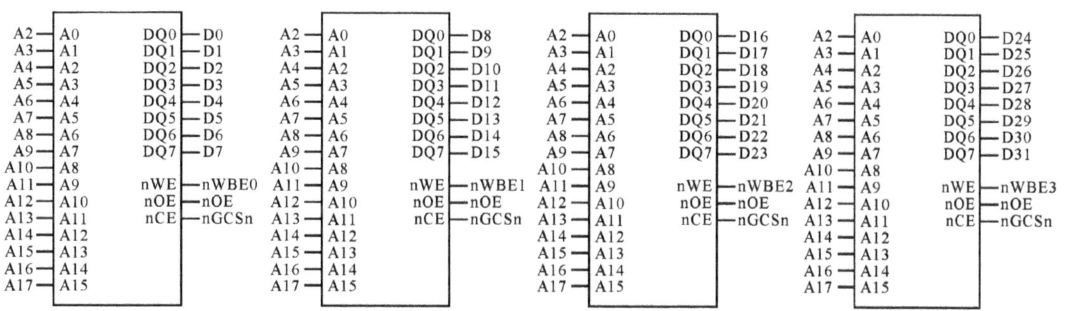

图 6-6 存储器与 8bit ROM×4 接口

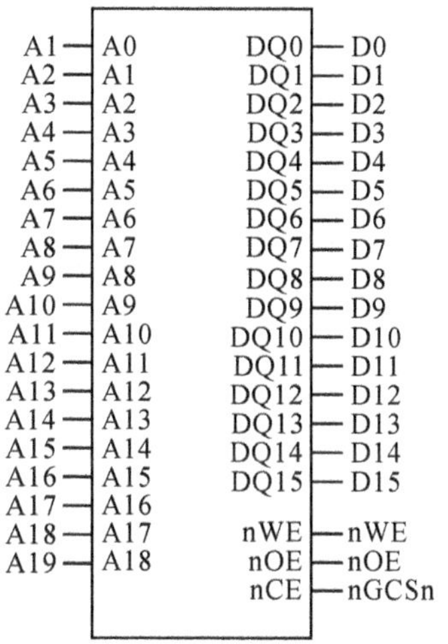

图 6-7 存储器与 16 bit ROM 接口

6.1.7 SRAM 存储器接口

SRAM 存储器如图 6-8、图 6-9 所示.

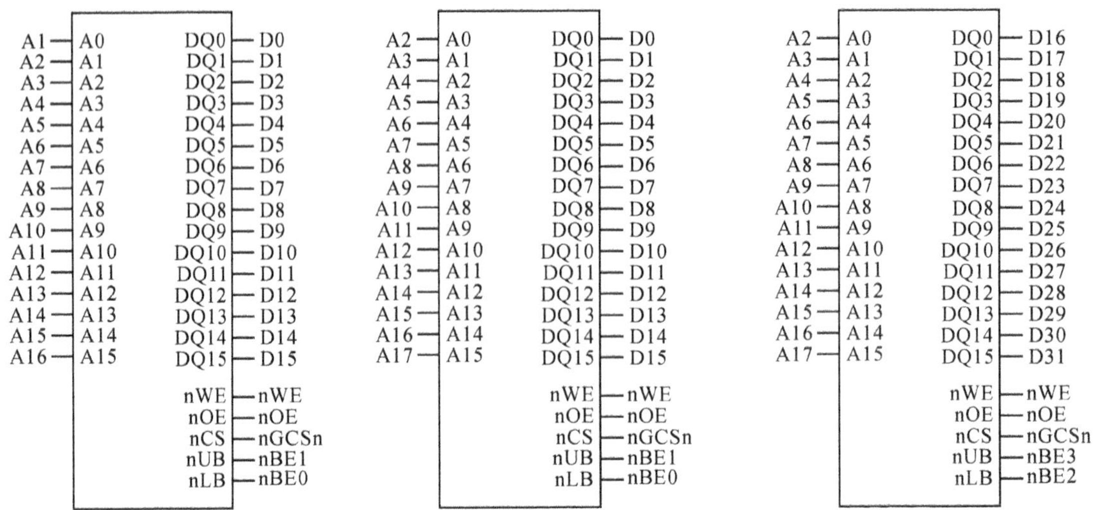

图 6-8 存储器与 16 bit SRAM 接口

图 6-9 存储器与 16 bit SRAM×2 接口

6.1.8 SDRAM 接口

SDRAM 接口举例如图 6-10、图 6-11 所示.

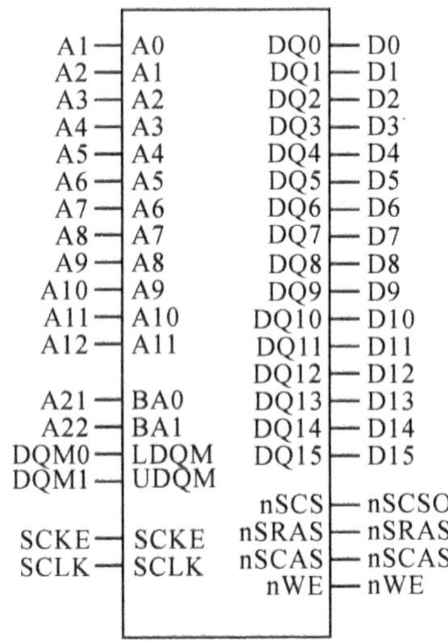

图 6-10 存储器与 16 bit SDRAM 接口(8 MB:1 Mb×16×4banks)

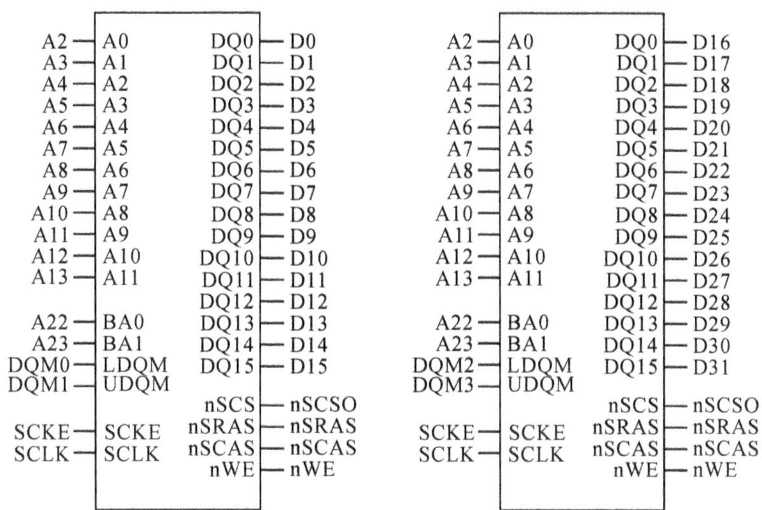

图 6-11　存储器与 16 bit SDRAM 接口(16 MB:1 Mb×16×4banks×2 ea)

6.1.9　可编程访问周期

可编程访问周期如图 6-12、图 6-13 所示.

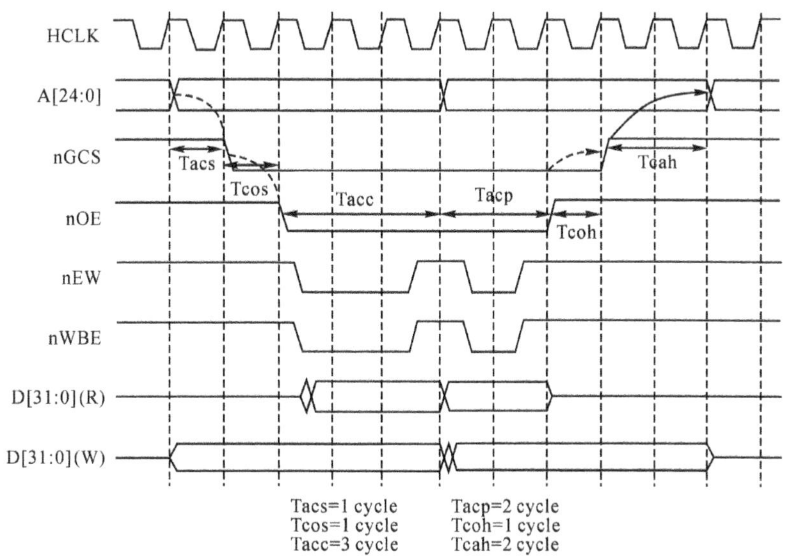

图 6-12　S3C2410X nGCS 时序图

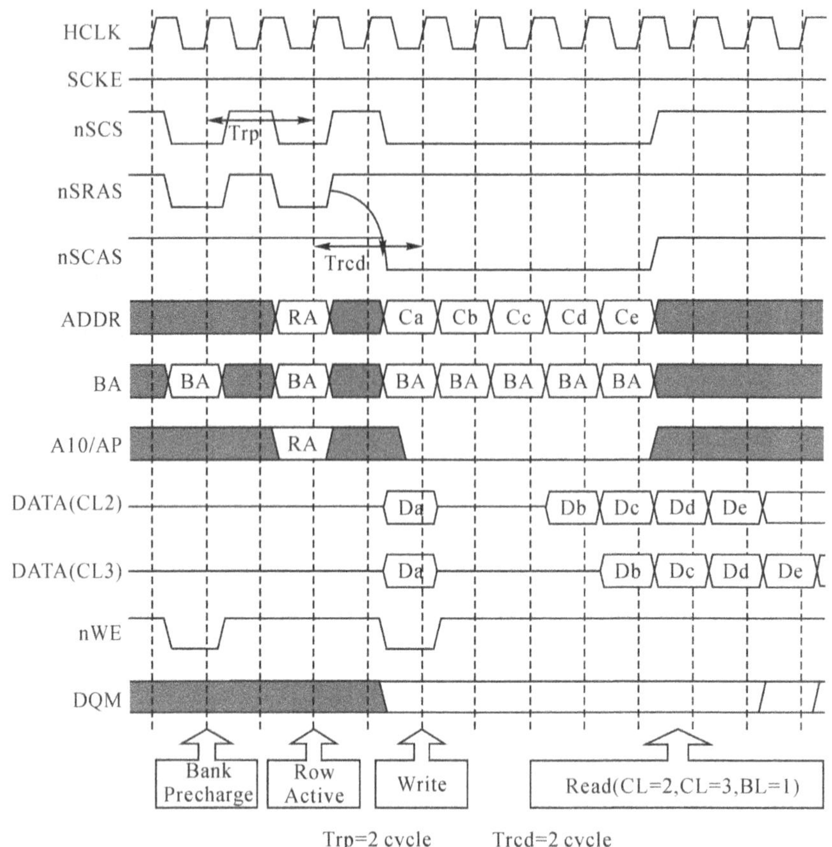

图 6-13 S3C2410X SDRAM 时序图

6.1.10 存储器控制专用寄存器

(1) 总线宽度/等待控制寄存器(BWSCON).

相关寄存器如下表所示.

表 6-5 总线宽度/等待控制寄存器

Register	Address	R/W	Description	Reset Value
BWSCON	0x48000000	R/W	Bus width & wait status control register	0x000000

寄存器各位功能:

[DWi]:i=0~7,其中 DW0 为只读,因为 Bank0 数据总线宽度在复位后已经由 OM[1:0]的电平决定. DW1~DW7 可写,用于配置 Bank1~Bank7 的数据总线宽度,00 表示 8 位数据总线宽度,01 表示 16 位数据总线宽度,10 表示 32 位数据总线宽度,11 保留.

[WSi]:i=1~7,写入 0 则对应的 Banki 等待状态不使用,写入 1 则对应的 Banki 等待状态使能.

[STi]:i=1~7,决定 SRAM 是否使用 UB/LB. 0 表示不使用 UB/LB,引脚[14:11]定义为 nWBE[3:0];1 表示使用 UB/LB,引脚[14:11]定义为 nBE[3:0].

(2) Bank 控制寄存器(BANKCONn: nGCS0—nGCS5).

相关寄存器如下表所示.

表 6-6 Bank 控制寄存器 1

Register	Address	R/W	Description	Reset Value
BANKCON0	0x48000004	R/W	Bank 0 control register	0x0700
BANKCON1	0x48000008	R/W	Bank 1 control register	0x0700
BANKCON2	0x4800000C	R/W	Bank 2 control register	0x0700
BANKCON3	0x48000010	R/W	Bank 3 control register	0x0700
BANKCON4	0x48000014	R/W	Bank 4 control register	0x0700
BANKCON5	0x48000018	R/W	Bank 5 control register	0x0700

（3）Bank 控制寄存器(BANKCONn：nGCS6－nGCS7).

相关寄存器如下表所示.

表 6-7 Bank 控制寄存器 2

Register	Address	R/W	Description	Reset Value
BANKCON6	0x4800001C	R/W	Bank 6 control register	0x18008
BANKCON7	0x48000020	R/W	Bank 7 control register	0x18008

（4）刷新控制寄存器(REFRESH).

相关寄存器如下表所示.

表 6-8 刷新控制寄存器

Register	Address	R/W	Description	Reset Value
REFRESH	0x48000024	R/W	SDRAM refresh control register	0xac0000

（5）Bank 大小寄存器(BANKSIZE).

相关寄存器如下表所示.

表 6-9 Bank 大小寄存器

Register	Address	R/W	Description	Reset Value
BANKSIZE	0x48000028	R/W	Flexible bank size register	0x0

（6）SDRAM 模式设置寄存器(MRSR).

相关寄存器如下表所示.

表 6-10 SDRAM 模式设置寄存器

Register	Address	R/W	Description	Reset Value
MRSRB6	0x4800002C	R/W	Mode register set register bank 6	xxx
MRSRB7	0x48000030	R/W	Mode register set register bank 7	xxx

以上所提到的寄存器的详细解释及设置请参考 S3C2410 数据手册.

下面列举了 13 个存储控制寄存器的配置示例：

```
BANKCON0_Val     EQU     0x00000700
BANKCON1_Val     EQU     0x00000700
BANKCON2_Val     EQU     0x00000700
BANKCON3_Val     EQU     0x00000700
BANKCON4_Val     EQU     0x00000700
BANKCON5_Val     EQU     0x00000700
BANKCON6_Val     EQU     0x00018005
BANKCON7_Val     EQU     0x00018005
BWSCON_Val       EQU     0x22119120;0x22111110
REFRESH_Val      EQU     0x008e0459
BANKSIZE_Val     EQU     0x00000032;0x000000b2
MRSRB6_Val       EQU     0x00000030
MRSRB7_Val       EQU     0x00000030
```

观察上面寄存器介绍中的寄存器地址可以发现，13 个寄存器分布在从 0x48000000 开始的连续地址空间，所以上面的程序可以利用指令"stmia r0,{r1－r13}"实现将配置好的 CPU 寄存器的值依次写入到相应的存储控制寄存器中.

6.2 I/O 接口

S3C2410A 芯片上有 117 个多功能的输入输出引脚，这些端口是：

(1) 端口 A(GPA)：23 个输出口.

(2) 端口 B(GPB)：11 个输入输出口.

(3) 端口 C(GPC)：16 个输入输出口.

(4) 端口 D(GPD)：16 个输入输出口.

(5) 端口 E(GPE)：16 个输入输出口.

(6) 端口 F(GPF)：8 个输入输出口.

(7) 端口 G(GPG)：16 个输入输出口.

(8) 端口 H(GPH)：11 个输入输出口.

每个端口可以根据系统配置和设计需求通过软件配置成相应的功能. 在启动主程序之前，必须定义好每个引脚的功能. 如果某个引脚不用作复用功能，则可以将它配置成 IO 脚. 初始的引脚状态应无缝配置好，以避免产生问题.

6.2.1 端口控制描述

(1) 端口控制寄存器(GPACON－GPHCON).

在 S3C2410A 中，大多数的管脚都复用，所以必须对每个管脚进行配置. 端口控制寄存器(PnCON)定义了每个管脚的功能.

如果GPF0－GPF7和GPG0－GPG7在掉电模式使用了弱上拉信号，这些端口必须在中断模式配置.

（2）端口数据寄存器（GPADAT－GPHDAT）.

如果端口被配置成输出端口，可以向PnDAT的相应位写数据.如果端口被配置成输入端口，可以从PnDAT的相应位读出数据.

（3）端口上拉寄存器（GPBUP－GPHUP）.

端口上拉寄存器控制了每个端口组的上拉电阻的允许/禁止.如果某一位为0，相应的上拉电阻被允许，如果是1，相应的上拉电阻被禁止.

如果端口的上拉电阻被允许，无论在哪种状态（INPUT、OUTPUT、DATAn、EINTn等）下，上拉电阻都要起作用.

（4）多状态控制寄存器.

这个寄存器控制数据端口的上拉电阻、高阻态、USB pad和CLKOUT选项.

（5）外部中断控制寄存器（EXTINTN）.

24个外部中断有各种各样的中断请求信号，EXTINTN寄存器可以配置信号的类型为低电平触发、高电平触发、下降沿触发、上升沿触发、两沿触发中断请求.

8个外部中断引脚有数字滤波器（参考数据手册中的EINTFLTn）.

只有16个外部中断（EINT[15：0]）用于唤醒CPU.

（6）掉电模式和I/O端口.

所有的GPIO寄存器的值在掉电模式下被保存.这在时钟功率管理模块中的掉电模式下提到.

EINTMASK不能禁止从掉电模式唤醒，但是如果EINTMASK屏蔽了EINT[15：4]中的1位，系统可以被唤醒，但是SRCPND中的EINT4_7 bit和EINT8_23 bit不会在唤醒后被置1.

6.2.2 I/O端口控制寄存器

（1）端口A控制寄存器（GPACON/GPADAT）.

与端口A相关的寄存器如下表所示.

表6-11 端口A控制寄存器

Register	Address	R/W	Description	Reset Value
GPACON	0x56000000	R/W	Configure the pins of port A	0x7FFFFF
GPADAT	0x56000004	R/W	The data register for port A	Underfined
Reserved	0x56000008	—	Reserved	Underfined
Reserved	0x5600000C	—	Reserved	Underfined

端口A控制器存器对端口A的具体配置如下表所示.

表 6-12　端口 A 控制寄存器(GPACON)的具体配置

GPACON	Bit	Description
GPA22	[22]	0=Output　　1=nFCE
GPA21	[21]	0=Output　　1=nRSTOUR (nRSTOUR=nRESET & nWDTRST & SW_RESET(MISCCR[16]))
GPA20	[20]	0=Output　　1=nFRE
GPA19	[19]	0=Output　　1=nFWE
GPA18	[18]	0=Output　　1=ALE
GPA17	[17]	0=Output　　1=CLE
GPA16	[16]	0=Output　　1=nGCS5
GPA15	[15]	0=Output　　1=nGCS4
GPA14	[14]	0=Output　　1=nGCS3
GPA13	[13]	0=Output　　1=nGCS2
GPA12	[12]	0=Output　　1=nGCS1
GPA11	[11]	0=Output　　1=ADDR26
GPA10	[10]	0=Output　　1=ADDR25
GPA9	[9]	0=Output　　1=ADDR24
GPA8	[8]	0=Output　　1=ADDR23
GPA7	[7]	0=Output　　1=ADDR22
GPA6	[6]	0=Output　　1=ADDR21
GPA5	[5]	0=Output　　1=ADDR20
GPA4	[4]	0=Output　　1=ADDR19
GPA3	[3]	0=Output　　1=ADDR18
GPA2	[2]	0=Output　　1=ADDR17
GPA1	[1]	0=Output　　1=ADDR16
GPA0	[0]	0=Output　　1=ADDR0

表 6-13　端口 A 控制寄存器(GPADAT)的具体配置

GPADAT	Bit	Description
GPA[22 : 0]	[22 : 0]	When the port is configured as output port, the pin state is the same as the that of the corresponding bit. When the port is configured as functional pin, undefined value will be read.

注意:ADDR[15 : 1]并没有端口寄存器,但是有对应的引脚,它们仅用作地址总线,而且 A 端口默认为 ADDR 功能,没有内部上拉电阻.

(2) 端口 B 控制寄存器(GPBCON,GPBDAT,GPBUP).

与端口 B 相关的寄存器如下表所示.

表 6-14　端口 B 控制寄存器

Register	Address	R/W	Description	Reset Value
GPBCON	0x56000010	R/W	Configure the pins of port B	0x0
GPBDAT	0x56000014	R/W	The data register for port B	Underfined
GPBUP	0x56000018	R/W	Pull-up disable register for port B	0x0
Reserved	0x5600001C	—	Reserved	Underfined

端口 B 控制寄存器对端口 B 的具体配置如下表所示.

表 6-15　端口 B 控制寄存器(GPBCON)的具体配置

GPBCON	Bit	Description
GPB10	[21 : 20]	00=Input　01=Output 10=nXDREQ0　11=Reserved
GPB9	[19 : 18]	00=Input　01=Output 10=nXDACK0　11=Reserved
GPB8	[17 : 16]	00=Input　01=Output 10=nXDREQ1　11=Reserved
GPB7	[15 : 14]	00=Input　01=Output 10=nXDACK1　11=Reserved
GPB6	[13 : 12]	00=Input　01=Output 10=nXBREQ　11=Reserved
GPB5	[11 : 10]	00=Input　01=Output 10=nXBACK　11=Reserved
GPB4	[9 : 8]	00=Input　01=Output 10=TCLK0　11=Reserved
GPB3	[7 : 6]	00=Input　01=Output 10=TOUT3　11=Reserved
GPB2	[5 : 4]	00=Input　01=Output 10=TOUT2　11=Reserved
GPB1	[3 : 2]	00=Input　01=Output 10=TOUT1　11=Reserved
GPB0	[1 : 0]	00=Input　01=Output 10=TOUT0　11=Reserved

表 6-16　端口 B 控制寄存器(GPBDAT)的具体配置

GPBDAT	Bit	Description
GPB[10 : 0]	[10 : 0]	When the port is configured as input port, data from extemal sources can be read to the corresponding pin. When the port is configured as output port data written in this register can be sent to the corresponding pin. When the port is configured as functional pin, undefined value will be read.

表 6-17　端口 B 控制寄存器(GPBUP)的具体配置

GPBUP	Bit	Description
GPB[10：0]	[10：0]	0：The pull-up function attached to the corresponding port pin is enabled. 1：The pull-up function is disabled.

端口 B 被配置为输入端口后，可以从引脚上读出相应的外部源输入的数据. 如果端口被配置为输出端口，则向该位写入的数据可以被发送到相应的引脚上. 如果该引脚被配置为功能引脚，则从该引脚读出的数据不确定.

GPBUP[10：0]中的某位为 0，允许端口 B 的相应位的上拉功能，反之禁止上拉功能.

(3) 端口 C 控制寄存器(GPCCON，GPCDAT，GPCUP).

与端口 C 相关的寄存器如下表所示.

表 6-18　端口 C 控制寄存器

Register	Address	R/W	Description	Reset Value
GPCCON	0x56000020	R/W	Configure the pins of port C	0x0
GPCDAT	0x56000024	R/W	The data register for port C	Underfined
GPCUP	0x56000028	R/W	Pull-up disable register for port C	0x0
Reserved	0x5600002C	—	Reserved	Underfined

端口 C 控制寄存器(GPCCON)的具体配置如下表所示.

表 6-19　端口 C 控制寄存器(GPCCON)的具体配置

GPCCON	Bit	Description
GPC15	[31：30]	00＝Input　01＝Output 10＝VD[7]　11＝Reserved
GPC14	[29：28]	00＝Input　01＝Output 10＝VD[6]　11＝Reserved
GPC13	[27：26]	00＝Input　01＝Output 10＝VD[5]　11＝Reserved
GPC12	[25：24]	00＝Input　01＝Output 10＝VD[4]　11＝Reserved
GPC11	[23：22]	00＝Input　01＝Output 10＝VD[3]　11＝Reserved
GPC10	[21：20]	00＝Input　01＝Output 10＝VD[2]　11＝Reserved
GPC9	[19：18]	00＝Input　01＝Output 10＝VD[1]　11＝Reserved

续表

GPCCON	Bit	Description
GPC8	[17:16]	00=Input　01=Output 10=VD[0]　11=Reserved
GPC7	[15:14]	00=Input　01=Output 10=LCDVF2　11=Reserved
GPC6	[13:12]	00=Input　01=Output 10=LCDVF1　11=Reserved
GPC5	[11:10]	00=Input　01=Output 10=LCDVF0　11=Reserved
GPC4	[9:8]	00=Input　01=Output 10=VM　11=Reserved
GPC3	[7:6]	00=Input　01=Output 10=VFRAME　11=Reserved
GPC2	[5:4]	00=Input　01=Output 10=VLINE　11=Reserved
GPC1	[3:2]	00=Input　01=Output 10=VCLK　11=Reserved
GPC0	[1:0]	00=Input　01=Output 10=LEND　11=Reserved

如果端口 C 被配置为输入端口，则可以从引脚读出相应外部输入源输入的数据. 如果端口被配置为输出端口，则向寄存器写的数据可以被送往相应的引脚. 如果端口被配置为功能引脚，则从该引脚读出的数据不确定.

GPCUP[15:0]的某一位为 0 允许相应引脚的上拉功能，否则禁止上拉功能.

(4) 端口 D 控制寄存器(GPDCON,GPDDAT,GPDUP).

与端口 D 相关的寄存器如下表所示.

表 6-20　端口 D 控制寄存器

Register	Address	R/W	Description	Reset Value
GPDCON	0x56000030	R/W	Configure the pins of port D	0x0
GPDDAT	0x56000034	R/W	The data register for port D	Underfined
GPDUP	0x56000038	R/W	Pull-up disable register for port D	0x0
Reserved	0x5600003C	—	Reserved	Underfined

端口 D 控制寄存器(GPDCON)的配置情况如下.

表 6-21　端口 D 控制寄存器(GPDCON)的具体配置

GPDCON	Bit	Description
GPD15	[31 : 30]	00＝Input　01＝Output 10＝VD23　11＝nSS0
GPD14	[29 : 28]	00＝Input　01＝Output 10＝VD22　11＝nSS1
GPD13	[27 : 26]	00＝Input　01＝Output 10＝VD21　11＝Reserved
GPD12	[25 : 24]	00＝Input　01＝Output 10＝VD20　11＝Reserved
GPD11	[23 : 22]	00＝Input　01＝Output 10＝VD19　11＝Reserved
GPD10	[21 : 20]	00＝Input　01＝Output 10＝VD18　11＝Reserved
GPD9	[19 : 18]	00＝Input　01＝Output 10＝VD17　11＝Reserved
GPD8	[17 : 16]	00＝Input　01＝Output 10＝VD16　11＝Reserved
GPD7	[15 : 14]	00＝Input　01＝Output 10＝VD15　11＝Reserved
GPD6	[13 : 12]	00＝Input　01＝Output 10＝VD14　11＝Reserved
GPD5	[11 : 10]	00＝Input　01＝Output 10＝VD13　11＝Reserved
GPD4	[9 : 8]	00＝Input　01＝Output 10＝VD12　11＝Reserved
GPD3	[7 : 6]	00＝Input　01＝Output 10＝VD11　11＝Reserved
GPD2	[5 : 4]	00＝Input　01＝Output 10＝VD10　11＝Reserved
GPD1	[3 : 2]	00＝Input　01＝Output 10＝VD9　11＝Reserved
GPD0	[1 : 0]	00＝Input　01＝Output 10＝VD8　11＝Reserved

如果端口 D 被配置为输入端口，则可以从引脚读出相应外部输入源输入的数据. 如果端口被配置为输出端口，则向寄存器写的数据可以被送往相应的引脚. 如果端口被配置为功能引脚，则从该引脚读出的数据不确定.

GPDUP[15 : 0]的某一位为 0 允许相应引脚的上拉功能，否则禁止上拉功能.

(5) 端口 E 控制寄存器(GPECON,GPEDAT,GPEUP).

与端口 E 相关的寄存器如下表所示.

表 6-22　端口 E 控制寄存器

Register	Address	R/W	Description	Reset Value
GPECON	0x56000040	R/W	Configure the pins of port E	0x0
GPEDAT	0x56000044	R/W	The data register for port E	Underfined
GPEUP	0x56000048	R/W	Pull-up disable register for port E	0x0
Reserved	0x5600004C	—	Reserved	Underfined

端口 E 控制寄存器(GPECON)的具体配置如下表所示.

表 6-23　端口 E 控制寄存器(GPECON)的具体配置

GPECON	Bit	Description
GPE15	[31 : 30]	00=Input　01=Output(open drain output) 10=IICSDA　11=nSS0
GPE14	[29 : 28]	00=Input　01=Output(open drain output) 10=IICSCL　11=nSS1
GPE13	[27 : 26]	00=Input　01=Output 10=SPICLK0　11=Reserved
GPE12	[25 : 24]	00=Input　01=Output 10=SPIMOSI0　11=Reserved
GPE11	[23 : 22]	00=Input　01=Output 10=SPIMISO0　11=Reserved
GPE10	[21 : 20]	00=Input　01=Output 10=SDDAT3　11=Reserved
GPE9	[19 : 18]	00=Input　01=Output 10=SDDAT2　11=Reserved
GPE8	[17 : 16]	00=Input　01=Output 10=SDDAT1　11=Reserved
GPE7	[15 : 14]	00=Input　01=Output 10=SDDAT0　11=Reserved
GPE6	[13 : 12]	00=Input　01=Output 10=SDCMD　11=Reserved
GPE5	[11 : 10]	00=Input　01=Output 10=SDCLK　11=Reserved
GPE4	[9 : 8]	00=Input　01=Output 10=I2SSDO　11=Reserved
GPE3	[7 : 6]	00=Input　01=Output 10=I2SSDI　11=Reserved

续表

GPECON	Bit	Description
GPE2	[5 : 4]	00=Input 01=Output 10=CDCLK 11=Reserved
GPE1	[3 : 2]	00=Input 01=Output 10=I2SSCLK 11=Reserved
GPE0	[1 : 0]	00=Input 01=Output 10=I2SLRCK 11=Reserved

如果端口 E 被配置为输入端口，则可以从引脚读出相应外部输入源输入的数据. 如果端口被配置为输出端口，则向寄存器写的数据可以被送往相应的引脚. 如果端口被配置为功能引脚，则从该引脚读出的数据不确定.

GPEUP[15 : 0]的某一位为 0 允许相应引脚的上拉功能，否则禁止上拉功能.

(6)端口 F 控制寄存器(GPFCON，GPFDAT，GPFUP).

与端口 F 有关的寄存器如下表所示.

表 6-24 端口 F 控制寄存器

Register	Address	R/W	Description	Reset Value
GPFCON	0x56000050	R/W	Configure the pins of port F	0x0
GPFDAT	0x56000054	R/W	The data register for port F	Underfined
GPFUP	0x56000058	R/W	Pull-up disable register for port F	0x0
Reserved	0x5600005C	—	Reserved	Underfined

端口 F 控制寄存器(GPFCON)的具体配置情况如下表所示.

表 6-25 端口 F 控制寄存器(GPFCON)的具体配置

GPFCON	Bit	Description
GPF7	[15 : 14]	00=Input 01=Output 10=EINT7 11=Reserved
GPF6	[13 : 12]	00=Input 01=Output 10=EINT6 11=Reserved
GPF5	[11 : 10]	00=Input 01=Output 10=EINT5 11=Reserved
GPF4	[9 : 8]	00=Input 01=Output 10=EINT4 11=Reserved
GPF3	[7 : 6]	00=Input 01=Output 10=EINT3 11=Reserved
GPF2	[5 : 4]	00=Input 01=Output 10=EINT2 11=Reserved

续表

GPFCON	Bit	Description
GPF1	[3 : 2]	00=Input　　01=Output 10=EINT1　　11=Reserved
GPF0	[1 : 0]	00=Input　　01=Output 10=EINT0　　11=Reserved

如果端口 F 被配置为输入端口，则可以从引脚读出相应外部输入源输入的数据．如果端口被配置为输出端口，则向寄存器写的数据可以被送往相应的引脚．如果端口被配置为功能引脚，则从该引脚读出的数据不确定．

GPFUP[15 : 0]的某一位为 0 允许相应引脚的上拉功能，否则禁止上拉功能．

(7) 端口 G 控制寄存器(GPGCON，GPGDAT，GPGUP)．

与端口 G 相关的寄存器如下表所示．

表 6-26　端口 G 控制寄存器

Register	Address	R/W	Description	Reset Value
GPGCON	0x56000060	R/W	Configure the pins of port G	0x0
GPGDAT	0x56000064	R/W	The data register for port G	Underfined
GPGUP	0x56000068	R/W	Pull-up disable register for port G	0xF800
Reserved	0x5600006C	—	Reserved	Underfined

端口 G 控制寄存器(GPGCON)对端口 G 的配置如下表所示．

表 6-27　端口 G 控制寄存器(GPGCON)的具体位置

GPGCON	Bit	Description
GPG15	[31 : 30]	00=Input　　01=Output 10=EINT23　　11=nYPON
GPG14	[29 : 28]	00=Input　　01=Output 10=EINT22　　11=YMON
GPG13	[27 : 26]	00=Input　　01=Output 10=EINT21　　11=nXPON
GPG12	[25 : 24]	00=Input　　01=Output 10=EINT20　　11=XMON
GPG11	[23 : 22]	00=Input　　01=Output 10=EINT19　　11=TCLK1
GPG10 (5 V Tolerant Input)	[21 : 20]	00=Input　　01=Output 10=EINT18　　11=Reserved
GPG9 (5 V Tolerant Input)	[19 : 18]	00=Input　　01=Output 10=EINT17　　11=Reserved

续表

GPGCON	Bit	Description	
GPG8 (5 V Tolerant Input)	[17：16]	00＝Input 10＝EINT16	01＝Output 11＝Reserved
GPG7	[15：14]	00＝Input 10＝EINT15	01＝Output 11＝SPICLK1
GPG6	[13：12]	00＝Input 10＝EINT14	01＝Output 11＝SPIMOSI1
GPG5	[11：10]	00＝Input 10＝EINT13	01＝Output 11＝SPIMOSO1
GPG4	[9：8]	00＝Input 10＝EINT12	01＝Output 11＝LCD_PWREN
GPG3	[7：6]	00＝Input 10＝EINT11	01＝Output 11＝nSS1
GPG2	[5：4]	00＝Input 10＝EINT10	01＝Output 11＝nSS0
GPG1	[3：2]	00＝Input 10＝EINT9	01＝Output 11＝Reserved
GPG0	[1：0]	00＝Input 10＝EINT8	01＝Output 11＝Reserved

如果端口 G 被配置为输入端口，则可以从引脚读出相应外部输入源输入的数据．如果端口被配置为输出端口，则向寄存器写的数据可以被送往相应的引脚．如果端口被配置为功能引脚，则从该引脚读出的数据不确定．

GPGUP[15：0]的某一位为 0 允许相应引脚的上拉功能，否则禁止上拉功能．

(8)端口 H 控制寄存器(GPHCON，GPHDAT，GPHUP)．

与端口 H 相关的寄存器如下表所示．

表 6-28　端口 H 控制寄存器

Register	Address	R/W	Description	Reset Value
GPHCON	0x56000070	R/W	Configure the pins of port H	0x0
GPHDAT	0x56000074	R/W	The data register for port H	Underfined
GPHUP	0x56000078	R/W	Pull-up disable register for port H	0x0
Reserved	0x5600007C	—	Reserved	Underfined

端口 H 控制寄存器(GPHCON)对端口 H 的具体配置如下表所示．

表 6-29　端口 H 控制寄存器(GPHCON)的具体配置

GPHCON	Bit	Description
GPH10	[21 : 20]	00=Input　01=Output 10=CLKOUT1　11=Reserved
GPH9	[19 : 18]	00=Input　01=Output 10=CLKOUT0　11=Reserved
GPH8	[17 : 16]	00=Input　01=Output 10=UCLK　11=Reserved
GPH7	[15 : 14]	00=Input　01=Output 10=RXD2　11=Reserved
GPH6	[13 : 12]	00=Input　01=Output 10=TXD2　11=Reserved
GPH5	[11 : 10]	00=Input　01=Output 10=RXD1　11=Reserved
GPH4	[9 : 8]	00=Input　01=Output 10=TXD1　11=Reserved
GPH3	[7 : 6]	00=Input　01=Output 10=RXD0　11=Reserved
GPH2	[5 : 4]	00=Input　01=Output 10=TXD0　11=Reserved
GPH1	[3 : 2]	00=Input　01=Output 10=nRTS0　11=Reserved
GPH0	[1 : 0]	00=Input　01=Output 10=nCTS0　11=Reserved

如果端口 H 被配置为输入端口，则可以从引脚读出相应外部输入源输入的数据. 如果端口被配置为输出端口，则向寄存器写的数据可以被送往相应的引脚. 如果端口被配置为功能引脚，则从该引脚读出的数据不确定.

GPHUP[15 : 0]的某一位为 0 允许相应引脚的上拉功能，否则禁止上拉功能.

6.3　中断控制器

6.3.1　S3C2410A 的中断

S3C2410A 的中断控制器可以接受多达 56 个中断源(对 S3C2440 来说，则增加到 60 个)的中断请求. S3C2410A 的中断源可以由片内外设提供，比如 DMA、UART、IIC 等，其中 UARTn 中断和 EINTn 中断是逻辑或的关系，它们共用一条中断请求线.

S3C2410A 的中断源也可以由处理器的外部中断输入引脚提供，这部分中断源如下所示(11 个)：

INT_ADC　　　ADC 转换中断
INT_TC　　　触摸屏中断
INT_ERR2　　　UART2 收发错误中断
INT_TXD2　　　UART2 发送中断
INT_RXD2　　　UART2 接收中断
INT_ERR1　　　UART1 收发错误中断
INT_TXD1　　　UART1 发送中断
INT_RXD1　　　UART1 接收中断
INT_ERR0　　　UART0 收发错误中断
INT_TXD0　　　UART0 发送中断
INT_RXD0　　　UART0 接收中断

当 S3C2410A 收到来自片内外设和外部中断请求引脚的多个中断请求时，S3C2410A 的中断控制器在中断仲裁过程后向 S3C2410A 内核请求 FIQ 或 IRQ 中断. 中断仲裁过程依靠处理器的硬件优先级逻辑，处理器在仲裁过程结束后将仲裁结果记录到 INTPND 寄存器，以告知用户中断由哪个中断源产生. S3C2410A 的中断控制器的处理过程如图 6-14 所示.

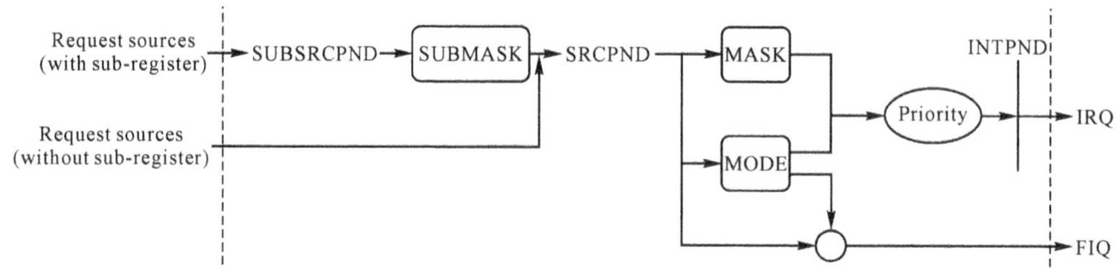

图 6-14　S3C2410A 的中断控制器(Interrupt Controller Logic)

S3C2410A 的中断控制器的任务是在有多个中断发生时，选择其中一个中断通过 IRQ 或 FIQ 向 CPU 内核发出中断请求.

实际上最初 CPU 内核只有 FIQ(快速中断请求)和 IRQ(通用中断请求)两种中断，其他中断都是各个芯片厂家在设计芯片时，通过加入一个中断控制器来扩展定义的，这些中断根据中断的优先级高低来进行处理，更符合实际应用系统中要求提供多个中断源的要求. 例如，如果你定义所有的中断源为 IRQ 中断(通过中断模式寄存器设置)，并且同时有 10 个中断发出请求，这时可以通过读中断优先级寄存器来确定哪一个中断将被优先执行.

S3C2410A 的中断处理流程：当有中断源请求中断时，中断控制器处理中断请求，并根据处理结果向 CPU 内核发出 IRQ 请求或 FIQ 请求，同时，CPU 的程序指针 PC 将指向 IRQ 异常入口(0x18)或 FIQ 异常入口(0x1C)，程序从 IRQ 异常入口(0x18)或 FIQ 异常入口(0x1C)开始执行.

6.3.2　中断优先级判决

中断优先级判决逻辑由 6 个一级仲裁逻辑和 1 个二级仲裁逻辑组成，如图 6-15 所示.

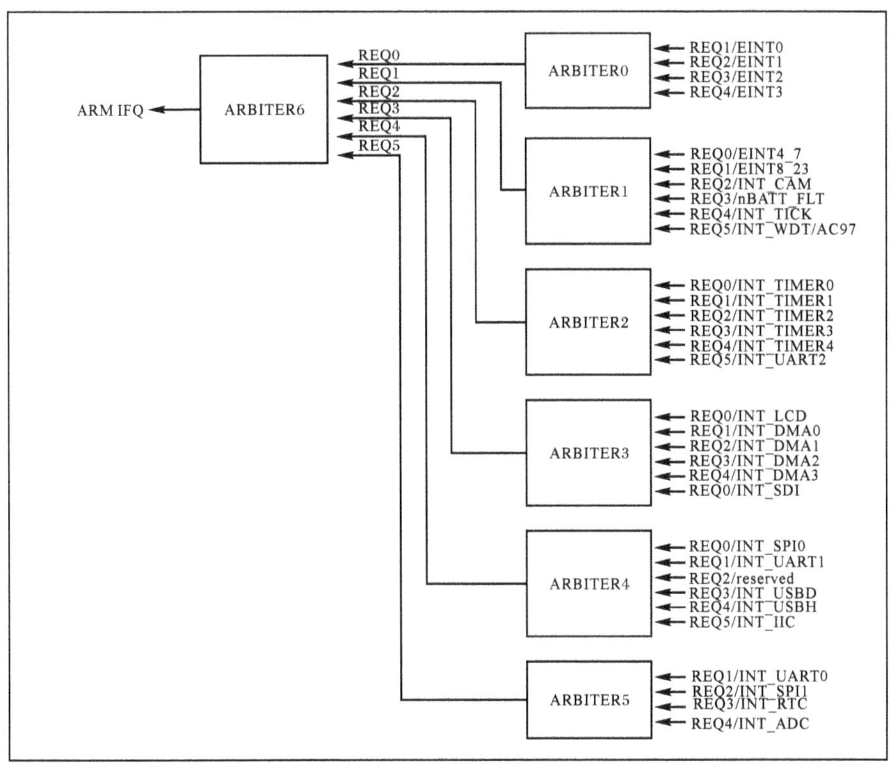

图 6-15　中断优先级判决逻辑

6.3.3　S3C2410A 的中断控制

(1) 程序状态寄存器的 F 位和 I 位.

如果 CPSR 程序状态寄存器的 F 位被设置为 1,那么 CPU 将不接受来自中断控制器的 FIQ(快速中断请求),如果 CPSR 程序状态寄存器的 I 位被设置为 1,那么 CPU 将不接受来自中断控制器的 IRQ(中断请求). 因此,为了使能 FIQ 和 IRQ,必须先将 CPSR 程序状态寄存器的 F 位和 I 位清零,并且中断屏蔽寄存器 INTMSK 中相应的位也要清零.

(2) 中断模式(INTMOD).

ARM920T 提供了两种中断模式:FIQ 模式和 IRQ 模式. 所有中断源在中断请求时都要确定使用哪一种中断模式.

6.3.4　S3C2410A 的中断源

表 6-30　S3C2410A 的中断源

Sources	Descriptions	Arbiter Group
INT_ADC	ADE EOC and Touch interrupt (INT_ADC/INT_TC)	ARB5
INT_RTC	RTC alarm interrupt	ARB5
INT_SPI1	SPI1 inlerrupt	ARB5
INT_UART0	UART0 Interrupt(ERR, RXD, and TXD)	ARB5

续表

Sources	Descriptions	Arbiter Group
INT_IIC	IIC Interrupt	ARB4
INT_USBH	USB Host interrupt	ARB4
INT_USBD	USB Device Interrupt	ARB4
Reserved	Reserved	ARB4
INT_UART1	UART1 Interrupt(ERR, RXD, and TXD)	ARB4
INT_SPI0	SPI0 interrupt	ARB4
INT_SDI	SDI interrupt	ARB3
INT_DMA3	DMA channel 3 interrupt	ARB3
INT_DMA2	DMA channel 2 interrupt	ARB3
INT_DMA1	DMA channel 1 interrupt	ARB3
INT_DMA0	DMA channel 0 interrupt	ARB3
INT_LCD	LCD interrupt(INT_FrSyn and INT_FiCnt)	ARB3
INT_UART2	UART2 Interrupt(ERR, RXD, and TXD)	ARB2
INT_TIMER4	Timer4 interrupt	ARB2
INT_TIMER3	Timer3 interrupt	ARB2
INT_TIMER2	Timer2 interrupt	ARB2
INT_TIMER1	Timer1 interrupt	ARB2
INT_TIMER0	Timer0 interrupt	ARB2
INT_WDT	Watch-Dog timer interrupt	ARB1
INT_TICK	RTC Time tick interrupt	ARB1
nBATT_FLT	Battery Fault interrupt	ARB1
Reserved	Reserved	ARB1
EINT8_23	External interrupt 8-23	ARB1
EINT4_7	External interrupt 4-7	ARB1
EINT3	External interrupt 3	ARB0
EINT2	External interrupt 2	ARB0
EINT1	External interrupt 1	ARB0
EINT0	External interrupt 0	ARB0

在 56 个中断源中，有 30 个中断源提供给中断控制器，其中外部中断 EINT4/5/6/7 通过逻辑“或”的形式提供给中断控制器，EINT8-EINT23 也通过逻辑“或”的形式提供给中断控制器.

6.3.5　S3C2410A 的中断控制寄存器

S3C2410A 的中断控制器有 5 个控制寄存器：源挂起寄存器(SRCPND)、中断模式寄存器(INTMOD)、中断屏蔽寄存器(INTMSK)、中断优先权寄存器(PRIORITY)、中断挂起寄存器(INTPND).

中断源发出的中断请求首先被寄存在中断源挂起寄存器(SRCPND)中，INTMOD 把中断请求分为两组：快速中断请求(FIQ)和中断请求(IRQ)，PRIORITY 处理中断的优先级.

S3C2410A 有两个中断挂起寄存器：源中断挂起寄存器(SRCPND)和中断挂起寄存器(INTPND)，用于指示对应的中断是否被激活. 当中断源请求中断的时候，SRCPND 寄存器的相应位被置 1，同时 INTPND 寄存器中也有唯一的一位在仲裁程序后被自动置 1，如果屏蔽位被设置为 1，相应的 SRCPND 位会被置 1，但是 INTPND 寄存器不会有变化，如果 INTPND 被置位，只要标志 I 或标志 F 一被清零，就会执行相应的中断服务程序. 在中断服务子程序中要先向 SRCPND 中的相应位写 1 来清除源挂起状态，再用同样的方法来清除 INTPND 的相应位的挂起状态.

可以通过 INTPND = INTPND 来实现清零，以避免写入不正确的数据引起错误.

(1) 源挂起寄存器(SRCPND).

中断控制寄存器 INTCON 共有 32 位，每一位对应着一个中断源，当中断源发出中断请求的时候，就会置位源挂起寄存器的相应位. 反之，中断的挂起寄存器的值为 0. 源挂起寄存器如下表所示.

表 6-31　源挂起寄存器(SRCPND)

寄存器	地址	R/W	描述	复位值
SRCPND	0x4A000000	R/W	0=中断源没有发出请求 1=中断源发出中断请求	0x00000000

(2) 中断模式寄存器(INTMOD).

中断模式寄存器 INTMOD 共有 32 位，每一位对应着一个中断源，当中断源的模式位设置为 1 时，对应的中断会由 ARM920T 内核以 FIQ 模式来处理. 相反的，当模式位设置为 0 时，中断会以 IRQ 模式来处理. 中断模式寄存器如下表所示.

表 6-32　中断模式寄存器(INTMOD)

寄存器	地址	R/W	描述	复位值
INTMOD	0x4A000004	R/W	0=IRQ 模式 1=FIQ 模式	0x00000000

注意：中断控制寄存器中只有一个中断源可以被设置为 FIQ 模式，因此只能在紧急情况下使用 FIQ.

如果 INTMOD 寄存器把某个中断设为 FIQ 模式，FIQ 中断不影响 INTPND 和 INTOFFSET 寄存器，因此，这两个寄存器只对 IRQ 模式中断有效.

(3) 中断屏蔽寄存器(INTMSK).

这个寄存器有 32 位，分别对应一个中断源. 当中断源的屏蔽位设置为 1 时，CPU 不响应该中断源的中断请求;反之,等于 0 时 CPU 能响应该中断源的中断请求. 中断屏蔽寄存器如下表所示.

表 6-33 中断屏蔽寄存器(INTMSK)

寄存器	地址	R/W	描述	复位值
INTMSK	0x4A000008	R/W	0=允许响应中断请求 1=中断请求被屏蔽	0xFFFFFFFF

表 6-34 中断屏蔽寄存器(INTMSK)中对各位的描述

INTMSK	位	描述		初始值
INT_ADC	[31]	0=服务有效	1=服务屏蔽	1
INT_RTC	[30]	0=服务有效	1=服务屏蔽	1
INT_SPI1	[29]	0=服务有效	1=服务屏蔽	1
INT_UART0	[28]	0=服务有效	1=服务屏蔽	1
INT_IIC	[27]	0=服务有效	1=服务屏蔽	1
INT_USBH	[26]	0=服务有效	1=服务屏蔽	1
INT_USBD	[25]	0=服务有效	1=服务屏蔽	1
Reserved	[24]	未使用	未使用	1
INT_UART1	[23]	0=服务有效	1=服务屏蔽	1
INT_SPI0	[22]	0=服务有效	1=服务屏蔽	1
INT_SDI	[21]	0=服务有效	1=服务屏蔽	1
INT_DMA3	[20]	0=服务有效	1=服务屏蔽	1
INT_DMA2	[19]	0=服务有效	1=服务屏蔽	1
INT_DMA1	[18]	0=服务有效	1=服务屏蔽	1
INT_DMA0	[17]	0=服务有效	1=服务屏蔽	1
INT_LCD	[16]	0=服务有效	1=服务屏蔽	1
INT_UART2	[15]	0=服务有效	1=服务屏蔽	1
INT_TIMER4	[14]	0=服务有效	1=服务屏蔽	1
INT_TIMER3	[13]	0=服务有效	1=服务屏蔽	1
INT_TIMER2	[12]	0=服务有效	1=服务屏蔽	1
INT_TIMER1	[11]	0=服务有效	1=服务屏蔽	1
INT_TIMER0	[10]	0=服务有效	1=服务屏蔽	1
INT_WDT_AC97	[9]	0=服务有效	1=服务屏蔽	1
INT_TICK	[8]	0=服务有效	1=服务屏蔽	1
nBATT_FLT	[7]	0=服务有效	1=服务屏蔽	1

续表

INTMSK	位	描述		初始值
Reserved	[6]	未使用	未使用	1
EINT8_23	[5]	0=服务有效	1=服务屏蔽	1
EINT4_7	[4]	0=服务有效	1=服务屏蔽	1
EINT3	[3]	0=服务有效	1=服务屏蔽	1
EINT2	[2]	0=服务有效	1=服务屏蔽	1
EINT1	[1]	0=服务有效	1=服务屏蔽	1
EINT0	[0]	0=服务有效	1=服务屏蔽	1

(4) 中断挂起寄存器(INTPND).

中断挂起寄存器INTPND共有32位,每一位对应着一个中断源,当中断请求被响应的时候,相应的位会被设置为1.在某一时刻只有一个位能为1,因此在中断服务子程序中可以通过判断INTPND来判断哪个中断正在被响应,在中断服务子程序中必须在清零SRCPND中相应位后,清除相应的中断挂起位,清零方法和SRCPND的相同. 中断挂起寄存器如下表所示.

表6-35 中断拉起寄存器(INTPND)

寄存器	地址	R/W	描述	复位值
INTPND	0x4A000010	R/W	0=未发生中断请求 1=中断源发出中断请求	0x00000000

注意:1. FIQ响应的时候不会影响INTPND相应的标志位.

2. 向INTPND等于"1"的位写入"0"时,INTPND寄存器和INTOFFSET寄存器会有无法预知的结果,因此,千万不要向INTPND的"1"位写入"0",推荐的清零方法是把INTPND的值重新写入INTPND.

表6-36 中断拉起寄存器(INTPND)中对各位的描述

INTPND	位	描述		初始值
INT_ADC	[31]	0=未请求	1=已请求	0
INT_RTC	[30]	0=未请求	1=已请求	0
INT_SPI1	[29]	0=未请求	1=已请求	0
INT_UART0	[28]	0=未请求	1=已请求	0
INT_IIC	[27]	0=未请求	1=已请求	0
INT_USBH	[26]	0=未请求	1=已请求	0
INT_USBD	[25]	0=未请求	1=已请求	0
Reserved	[24]	未使用	未使用	0
INT_UART1	[23]	未使用	未使用	0
INT_SPI0	[22]	0=未请求	1=已请求	0

续表

INTPND	位		描述	初始值
INT_SDI	[21]	0=未请求	1=已请求	0
INT_DMA3	[20]	0=未请求	1=已请求	0
INT_DMA2	[19]	0=未请求	1=已请求	0
INT_DMA1	[18]	0=未请求	1=已请求	0
INT_DMA0	[17]	0=未请求	1=已请求	0
INT_LCD	[16]	0=未请求	1=已请求	0
INT_UART2	[15]	0=未请求	1=已请求	0
INT_TIMER4	[14]	0=未请求	1=已请求	0
INT_TIMER3	[13]	0=未请求	1=已请求	0
INT_TIMER2	[12]	0=未请求	1=已请求	0
INT_TIMER1	[11]	0=未请求	1=已请求	0
INT_TIMER0	[10]	0=未请求	1=已请求	0
INT_WDT_AC97	[9]	0=未请求	1=已请求	0
INT_TICK	[8]	0=未请求	1=已请求	0
nBATT_FLT	[7]	0=未请求	1=已请求	0
Reserved	[6]	未使用	未使用	0
EINT8_23	[5]	0=未请求	1=已请求	0
EINT4_7	[4]	0=未请求	1=已请求	0
EINT3	[3]	0=未请求	1=已请求	0
EINT2	[2]	0=未请求	1=已请求	0
EINT1	[1]	0=未请求	1=已请求	0
EINT0	[0]	0=未请求	1=已请求	0

(5) IRQ 偏移寄存器.

中断偏移寄存器给出 INTPND 寄存器中哪个是 IRQ 模式的中断请求. IRQ 偏移寄存器如下表所示.

表 6-37 IRQ 偏移寄存器

寄存器	地址	R/W	描述	复位值
INTOFFSET	0x4A000014	R	指示中断请求源的 IRQ 模式	0x00000000

S3C2410A 中的优先级产生模块包含 7 个单元,1 个主单元和 6 个从单元. 两个从优先级产生单元管理 4 个中断源,四个从优先级产生单元管理 6 个中断源. 主优先级产生单元管理 6 个从单元.

每一个从单元有 4 个可编程优先级中断源和 2 个固定优先级中断源. 这 4 个中断源的

优先级是由 ARB_SEL 和 ARM_MODE 决定的. 另外 2 个固定优先级中断源在 6 个中断源中的优先级最低.

(6) 外部中断控制寄存器(EXTINTn).

外部中断控制寄存器如下表所示.

表 6-38　外部中断控制寄存器

Register	Address	R/W	Description	Reset Value
EXTINT0	0x56000088	R/W	External interrupt control register 0	0x0
EXTINT1	0x5600008C	R/W	External interrupt control register 1	0x0
EXTINT2	0x56000090	R/W	External interrupt control register 2	0x0

表 6-39　外部中断控制寄存器中对各位的描述

EXTINT0	Bit	Description
EINT7	[30 : 28]	Set the signaling method of the EINT7. 000=Low level　001=High level　01x=Falling edge triggered 10x=Rising edge triggered　11x=Both edge triggered
EINT6	[26 : 24]	Set the signaling method of the EINT6. 000=Low level　001=High level　01x=Falling edge triggered 10x =Rising edge triggered　11x=Both edge triggered
EINT5	[22 : 20]	Set the signaling method of the EINT5. 000=Low level　001=High level　01x=Falling edge triggered 10x=Rising edge triggered　11x=Both edge triggered
EINT4	[18 : 16]	Set the signaling method of the EINT4. 000=Low level　001=High level　01x=Falling edge triggered 10x=Rising edge triggered　11x=Both edge triggered
EINT3	[14 : 12]	Set the signaling method of the EINT3. 000=Low level　001=High level　01x=Falling edge triggered 10x=Rising edge triggered　11x=Both edge triggered
EINT2	[10 : 8]	Set the signaling method of the EINT2. 000=Low level　001=High level　01x=Falling edge triggered 10x=Rising edge triggered　11x=Both edge triggered
EINT1	[6 : 4]	Set the signaling method of the EINT1. 000=Low level　001=High level　01x=Falling edge triggered 10x=Rising edge triggered　11x=Both edge triggered
EINT0	[2 : 0]	Set the signaling method of the EINT0. 000=Low level　001=High level　01x=Falling edge triggered 10x=Rising edge triggered　11x=Both edge triggered

24 个外部中断可响应各种信号请求方式. EXTINTn 寄存器可以配置如下信号请求方式:低电平触发、高电平触发、上升沿触发、下降沿触发、双边沿触发.

由于 EINT[15 : 0]具有滤波功能,EXTINTn 引脚上的逻辑电平必须保持至少 40ns,才能正确识别中断.

注意:EINT16—23 可以被设置为快速中断模式,通过 EXTINT2 的 3、7、11……位设置.

FLTEN16	[3]	Filter Enable for EINT16　　0=Disable　　1=Enable
EINT16	[2：0]	Set the signaling method of the EINT6. 000=Low level　001=High level　01x=Falling edge triggered 10x=Rising edge triggered　11x=Both edge triggered

(7)外部中断屏蔽寄存器(EXTMASK).

外部中断屏蔽寄存器如下表所示.

表 6-40　外部中断屏蔽寄存器

寄存器	地址	R/W	描述	复位值
EXTMASK	0x560000A4	R/W	外部中断屏蔽标志	0x00FFFFF0

EXTMASK[23：4]分别对应外部中断 23—4,等于 1 时对应的中断被屏蔽,等于 0 时允许外部中断. EXTMASK[3：0]保留. 复位后,这些中断默认都是被屏蔽掉的.

6.4　异步发送/接收器(UART)

S3C2410A 通用异步接收器和发送器(UART)提供了三个独立的异步串行 I/O(SIO)端口,每个端口都可以在中断模式或 DMA 模式下操作. 换言之,UART 可以生成一个中断或 DMA 请求用于 CPU 和 UART 之间的数据传输.

6.4.1　S3C2410A 的串行通信单元

S3C2410A UART 单元提供三个独立的异步串行通信接口,皆可工作于中断和 DMA 模式. 使用系统时钟最高波特率达 230.4Kbps,如果使用外部设备提供的时钟,可以达到更高的速率. 每一个 UART 单元包含一个 16 字节的 FIFO,用于数据的接收和发送(对 S3C2440 来说,FIFO 为 64 字节).

S3C2410A UART 支持可编程波特率,红外发送/接收,一个或两个停止位,5bit/6bit/7bit/8bit 数据宽度和奇偶校验.

每个 UART 包含一个波特率发送器、接收器、计数器和一个控制单元. 其波特率发生器可由 PCLK,FCLK/n 或 UEXTCLK(外部输入时钟)来锁定. 发送器和接收器包含了 16 字节 FIFO 和数据移位器. 数据写到 FIFO 后,在被传送前拷贝到发送移位器. 数据通过发送数据引脚(TxDn)被发出. 同时,接收数据通过接收数据引脚(RxDn)移入,然后从移位器拷贝到 FIFO.

6.4.2　波特率的产生

波特率由一个专用的 UART 波特率分频寄存器(UBRDIVn)控制,计算公式如下:

UBRDIVn = (int)(ULK/(bps×16))－1

或者 UBRDIVn = (int)(PLK/(bps×16))－1

其中:时钟选用 ULK 还是 PLK 由 UART 控制寄存器 UCONn[10]的状态决定. 如果

UCONn[10]=0,用PLK作为波特率发生,否则选用ULK做波特率发生.UBRDIVn的值必须在1~($2^{16}-1$)之间.

例如:ULK或者PLK等于40MHz,当波特率为115200时,

UBRDIVn = (int)(40000000/(115200 × 16))-1

= (int)(21.7)-1

= 21-1 = 20

6.4.3 UART通信操作

发送的数据帧是可编程的.其包括一个开始位,5~8个数据位,一个可选的奇偶校验位和1~2个停止位,其可由线性控制寄存器ULCONn来设置.发送器也可以产生一个终止条件,其可以对一个帧发送时间强制串行输出为逻辑0.在当前发送字被完全传输完以后,该模块发送一个终止信号.在终止信号发送后,其串行发送数据到TxFIFO.

与发送类似,接收帧也是可编程的.接收帧由一个起始位,5~8个数据位,一个可选的奇偶校验和1~2位行控制寄存器ULCONn里的停止位组成.接收器还可以检测溢出错误、奇偶校验错误、帧错误和传输中断,每一个错误均可以设置一个错误标志.

溢出错误(Overrun error)是指已接收到的数据在读取之前被新接收的数据覆盖.

奇偶校验错误是指接收器检测到的校验和与设置的不符.

帧错误指没有接收到有效的停止位.

传输中断表示接收数据RxDn保持逻辑0超过一帧的传输时间.

在FIFO模式下,如果RxFIFO非空,而在3个字的传输时间内没有接收到数据,则产生超时.

6.4.4 中断/DMA请求生成

S3C2410A的每个UART有七个状态(Tx/Rx/Error)信号:溢出错误,奇偶校验错误,帧错误,终止,接收缓存数据准备好,发送缓存空和发送移位器空.其由相应UART的状态寄存器(UTRSTATn/UERSTATn)指出.

溢出错误、奇偶校验错误、帧错误、终止条件是作为接收错误状态来参考,每种错误都可以引起接收错误状态中断请求,如果在控制寄存器UCONn中的接收错误状态中断使能位置1.当接收错误状态中断请求被检测到,该信号引起的请求可以通过读UERSTSTn寄存器的值来鉴别.

当接收器传输接收移位器上的数据到在FIFO模式下的接收FIFO寄存器上且接收到的数据数量达到接收FIFO触发水平,接收中断产生,如果在控制寄存器UCONn中接收模式被置1(中断请求或查询模式).在非FIFO模式下,传输接收移位器的数据到接收保持寄存器将引起在中断请求或查询模式下的接收中断.

当发送器传输接收移位器上的数据到发送FIFO寄存器上且在发送FIFO中剩余的数据数量达到发送FIFO触发水平,发送中断产生,如果在控制寄存器UCONn中的接收模式被选定为中断请求或查询模式.在非FIFO模式下,传输发送保持寄存器的数据到发送移位器将引起在中断请求或查询模式下的发送中断.

如果在控制寄存器中发送模式和接收模式被选定为DMAn请求模式,这样DMAn请求将取代上述情形下的接收或发送中断出现.

表 6-41 中断请求生成

Rx interrupt	只要接收数据到达接收 FIFO 的触发等级,中断产生.当 FIFO 中的数据数量没有达到接收 FIFO 的触发等级且在三个字时间内没有接收到任何数据(接收超时),产生中断.该时间根据字长位设置.	只要接收缓存为空,由接收保持寄存器生成.
Tx interrupt	只要发送数据达到发送 FIFO 触发等级,中断产生.	只要发送缓存为空,由接收发送寄存器生成.
Error interrupt	当帧错误、奇偶错误或终止信号被检测到,中断产生.当达到接收 FIFO 的上限没有读出数据,中断产生.	由错误生成.但是如果其他错误同时产生,仅一个中断产生.

6.4.5 UART 控制寄存器

(1) UART 行控制寄存器 ULCONn.

该寄存器的第 6 位决定是否使用红外模式,位 5～3 决定校验方式,位 2 决定停止位长度,位 1 和 0 决定每帧的数据位数.

表 6-42 UART 行控制寄存器

寄存器	地址	读写	描述	复位值
ULCON0	0x50000000	R/W	UART 通道 0 线性控制寄存器	0x00
ULCON1	0x50004000	R/W	UART 通道 1 线性控制寄存器	0x00
ULCON2	0x50008000	R/W	UART 通道 2 线性控制寄存器	0x00

表 6-43 UART 行控制寄存器中对各位的描述

ULCONn	位	描述	初始值
Reserved	[7]		0
Infrared Mode	[6]	决定是否使用红外模式 0=正常模式操作 1=红外接收发送模式	0
Parity Mode	[5:3]	在 UART 发送接收操作中定义奇偶码的生成和检验类型 0xx = No parity 100=Odd parity 101 = Even parity 110 = Parity forced/checked as 1 111 = Parity forced/checked as 0	000
Number of Stop Bit	[2]	0=每帧一个停止位 1=每帧两个停止位	0
Word Length	[1:0]	指出发送接收每帧的数据位数 00 = 5—bits 01 = 6—bits 10 = 7—bits 11 = 8—bits	00

(2) UART 控制寄存器 UCONn.

该寄存器决定 UART 的各种模式.

表 6-44 UART 控制寄存器

寄存器	地址	读写	描述	复位值
UCON0	0x50000004	R/W	UART 通道 0 控制寄存器	0x00
UCON1	0x50004004	R/W	UART 通道 1 控制寄存器	0x00
UCON2	0x50008004	R/W	UART 通道 2 控制寄存器	0x00

表 6-45 UART 控制寄存器中对各位的描述

UCONn	位	描述	初始值
FCLK divider	[15：12]	当 UART 时钟源选为 FCLK/n 时的分频器值. n 由 UCON0[15：12],UCON1[15：12],UCON2[14：12]来决定. UCON2[15]是 FCLK/n 时钟使能位. 设置 n 从 7 到 21,使用 UCON0[15：12];设置 n 从 22 到 36,使用 UCON1[15：12];设置 n 从 37 到 43,使用 UCON2[14：12]. UCON2[15]：0＝无效 FCLK/n 时钟 1＝使能 FCLK/n 时钟. 对于 UCON0,UART 时钟＝FCLK/（divider＋6),其 divider＞0,UCON1,UCON2 必须为 0. ex)1：UART clock ＝ FCLK/7,2：UART clock ＝ FCLK/8,3：UART clock ＝ FCLK/9,…,15：UART clock ＝ FCLK/21 对于 UCON1,UART 时钟＝FCLK/（divider＋21),其 divider＞0,UCON0,UCON2 必须为 0 ex)1：UART clock ＝ FCLK/22,2：UART clock ＝ FCLK/23,3：UART clock ＝ FCLK/24,…,15：UART clock ＝ FCLK/36 对于 UCON2,UART 时钟＝FCLK/（divider＋36),其 divider＞0,UCON0,UCON1 必须为 0. ex)1：UART clock ＝ FCLK/37,2：UART clock ＝ FCLK/38,3：UART clock ＝ FCLK/39,…,7：UART clock ＝ FCLK/43. 如果 UCON00/1[15：12]和 UCON2[14：12]都是 0,分频器为 44,t 则 UART 时钟＝FCLK/44 总的除数范围是从 7 到 44.	0000
Clock Selection	[11：10]	选择 PCLK 或者 UEXTCLK 做为串口波特率的时钟源 0＝PCLK：UBRDIVn＝(int)(PCLK/(bps×16))－1 1＝UEXTCLK(@GPH8)：UBRDIVn＝(int)(UEXTCLK/(bps×16))－1	0
Tx Interrupt Type	[9]	发送中断请求类型 0＝Pulse（在非 FIFO 模式下一旦发送缓存变空或在 FIFO 模式下发送缓存达到发送 FIFO 触发水平,则中断请求）1＝Level（当非 FIFO 模式下发送缓存变空或在 FIFO 模式下发送缓存达到发送 FIFO 触发水平,则中断请求）	0
Rx Interrupt Type	[8]	接收中断请求类型 0＝Pulse（在非 FIFO 模式下一旦接收缓存接收到数据,或在 FIFO 模式下,发送缓存达到发送 FIFO 触发水平,则中断请求）1＝Level（在非 FIFO 模式下接收缓存接收数据,或在 FIFO 模式下发送缓存达到发送 FIFO 触发水平,则中断请求）	0
Rx Time Out Enable	[7]	在 UART FIFO 有效时,使能接收超时中断. 该中断是一个接收中断. 0＝无效 1＝有效	0

续表

UCONn	位	描述	初始值
Rx Error Status Interrupt Enable	[6]	使能 UART 对异常产生中断,例如在接收期间终止信号,帧错误,奇偶校验错误和溢出错误. 0=不产生接收错误状态中断 1=产生接收错误状态中断 .	0
Loopback Mode	[5]	对该位置位将引起 UART 进入回送模式.该模式仅用于测试目的. 0=正常操作 1=回送模式	0
Send Break Signal	[4]	对该位置位将引起 UART 在一个帧时间内发送一个终止信号.在发送终止信号后该位自动清零. 0=正常发送 1=发终止信号	0
Transmit Mode	[3:2]	决定哪种功能用来写数据到 UART 发送缓存寄存器 (UART Tx Enable/Disable). 00 =无效 01 =中断请求或查询模式 10 = DMA0 请求 (仅对 UART0),DMA3 请求 (仅对 UART2)11 = DMA1 请求 (仅对 UART1)	00
Receive Mode	[1:0]	决定哪种功能用来读取 UART 接收缓存寄存器中的数据(UART Rx Enable/Disable). 00 =无效 01 =中断请求或查询模式 10 = DMA0 请求 (Only for UART0),DMA3 请求 (Only for UART2)11 = DMA1 请求 (Only for UART1)	00

(3) UART FIFO 控制寄存器 UFCONn.

表 6-46　UART FIFO 控制寄存器

寄存器	地址	读写	描述	复位值
UFCON0	0x50000008	R/W	UART 通道 0FIFO 控制寄存器	0x00
UFCON1	0x50004008	R/W	UART 通道 1FIFO 控制寄存器	0x00
UFCON2	0x50008008	R/W	UART 通道 2FIFO 控制寄存器	0x00

UFCONn[7:6] =00:Tx FIFO 寄存器中有 0 个字节就触发中断
01:Tx FIFO 寄存器中有 4 个字节就触发中断
10:Tx FIFO 寄存器中有 8 个字节就触发中断
11:Tx FIFO 寄存器中有 12 个字节就触发中断
UFCONn[5:4] =00:Rx FIFO 寄存器中有 4 个字节就触发中断
01:Rx FIFO 寄存器中有 8 个字节就触发中断
10:Rx FIFO 寄存器中有 12 个字节就触发中断
11:Rx FIFO 寄存器中有 16 个字节就触发中断

UFCONn[3]:保留

UFCONn[2]=1:FIFO 复位清零 Tx FIFO; 0:FIFO 复位不清零 Tx FIFO

UFCONn[1]=1:FIFO 复位清零 Rx FIFO; 0:FIFO 复位不清零 Rx FIFO

UFCONn[0] =1:允许 FIFO 功能; 0:不允许 FIFO 功能

(4) UART MODEM 控制寄存器 UMCONn.

表 6-47　UART MODEM 控制寄存器

寄存器	地址	读写	描述	复位值
UMCON0	0x5000000C	R/W	UART 通道 0MODEM 控制寄存器	0x0
UMCON1	0x5000400C	R/W	UART 通道 1MODEM 控制寄存器	0x0
保留	0x5000800C	—	—	—

UMCONn[7：5]保留，必须全为 0

UMCONn[4]=1：允许使用 AFC 模式；0：不允许使用 AFC

UMCONn[3：1]保留，必须全为 0

UMCONn[0] =1：激活 nRTS；0：不激活 nRTS

(5) 发送寄存器 UTXH 和接收寄存器 URXH.

这两个寄存器存放着发送和接收的数据，当然只有一个字节，8 位数据. 需要注意的是在发生溢出错误的时候，接收的数据必须被读出来，否则会引发下次溢出错误.

(6)状态寄存器 UTRSTAT.

表 6-48　状态寄存器

寄存器	地址	读写	描述	复位值
UTRSTAT0	0x50000010	R	UART 通道 0 接收发送状态寄存器	0x6
UTRSTAT1	0x50004010	R	UART 通道 1 接收发送状态寄存器	0x6
UTRSTAT2	0x50008010	R	UART 通道 2 接收发送状态寄存器	0x6

表 6-49　状态寄存器中对各位的描述

UTRSTATn	位	描述	初始值
Transmitter empty	[2]	当发送缓存寄存器中没有有效值且发送移位寄存器空，则自动置 1. 0=非空 1=发送器空（发送缓存和移位寄存器）	1
Transmit buffer empty	[1]	当发送缓存寄存器为空，则自动置于 1 0=发送缓存寄存器不为空 1=发送缓存寄存器为空(在非 FIFO 模式下，中断或 DMA 被请求. 在 FIFO 模式下当发送 FIFO 触发等级设为 00 (空)时，中断或 DMA 被请求). 如果 UART 使用 FIFO，用户应该检查寄存器 UFSTAT 中的 Tx FIFO Count 位和 Tx FIFO Full 位取代对此位的检查	1
Receive buffer data ready	[0]	只要接收缓存寄存器保留通过 RXDn 端口接收的有效值，则自动置 1. 0=缓存寄存器为空 1=缓存寄存器接收到数据（在非 FIFO 模式下，请求中断或 DMA). 如果 UART 使用 FIFO，用户应该在 UFSTAT 中的 Rx FIFO Count 位和 Rx FIFO Full 位取代对此位的检查	0

6.5 IIC 总线接口

S3C2410A 可以支持多主设备 IIC 总线串行接口. 专用串行数据线(SDA)和串行时钟线(SCL)承载总线主设备和连接 IIC 总线的外围设备之间的信息. SDA 和 SCL 线都是双向的. 在多主设备 IIC 总线模式下,多个 S3C2410A 微处理器可以从从属设备接收或发送串行数据. 主设备 S3C2410A 可以初始化和终止一个基于 IIC 总线的数据传输. 在 S3C2410A 中的 IIC 总线使用标准总线仲裁步骤.

当 IIC 总线是空闲的,SDA 和 SCL 线应该都是高电平. SDA 从高到低的变化能够初始化一个开始条件. 当 SCL 保持稳定在高电平下,SDA 从低到高的变化可以初始化一个停止条件.

开始和停止条件都是由主设备生成. 在第一个字节中的一个 7 位的地址值可以决定一个由主设备选择的从设备,其地址值在开始条件初始化后被放到总线上. 第 8 位决定的是传输方向(读或写). 放到 SDA 线上的每个数据字节总共应该是 8 位. 在总线传输期间,该字节可以被无限制地发送或接收. 数据发送以字节(8bit)为单位传送数据,且高有效位(MSB)在前,每个字节应该紧跟一个应答位(ACK).

IIC 总线为同步串行数据传输总线,其标准总线传输速率为 100kb/s,增强总线可达 400kb/s. 总线驱动能力为 400pF. S3C2410A RISC 微处理器能支持多主 IIC 总线串行接口. 下图为 IIC 总线的内部结构框图.

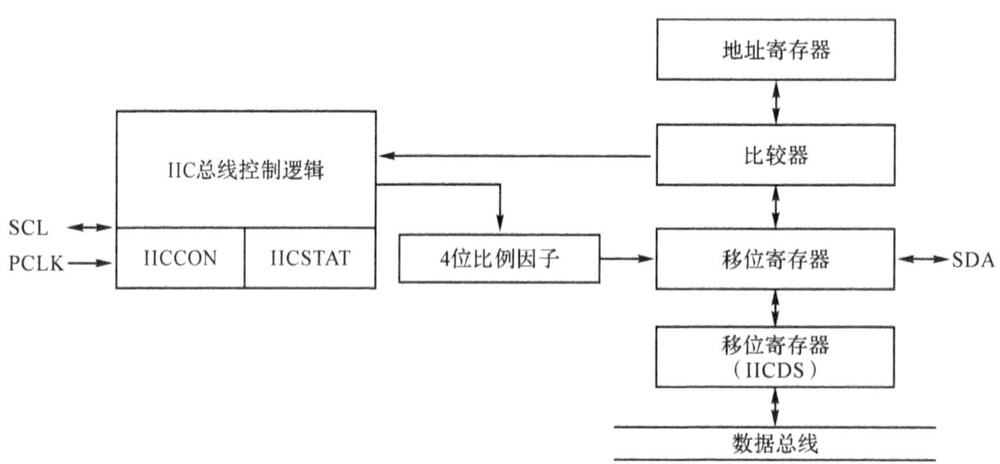

图 6-16 IIC 总线内部结构图

6.5.1 IIC 总线操作模式

接口有四个操作模式:主设备发送模式,主设备接收模式,从设备发送模式,从设备接收模式. 这些操作模式间的功能关系将在下面描述.

6.5.2　开始和停止条件

当 IIC 总线接口不活动时，其通常是在从设备模式. 换言之，接口在检测到 SDA 线上的开始条件之前一直处于从设备模式(开始条件可以被初始化，当 SCL 时钟信号是高电平时 SDA 线下跳变). 当接口状态变为主设备模式，在 SDA 线上的数据传输被初始化且 SCL 信号生成.

开始条件可以通过 SDA 线传输一个字节串行数据，一个停止条件可以终止一个数据传输. 停止条件是当 SCL 是高电平时，SDA 线从低电平到高电平的跳变. 开始和停止条件都是由主设备生成. 当开始条件生成，IIC 总线忙. 停止条件将使 IIC 总线空闲.

当一个主设备初始化开始条件，它应该发送一个从地址来停止从设备. 一个字节的地址域包含 7 位地址和一位传输方向指示(说明读写). 如果位 8 是 0，说明是写操作. 如果位 8 是 1 说明是数据读请求.

主设备通过发送停止条件来完成一个传输操作. 如果主设备想继续到总线的数据传输，它应该生成另一个开始条件和从地址. 用这个方法，读写操作可以在不同形式下执行.

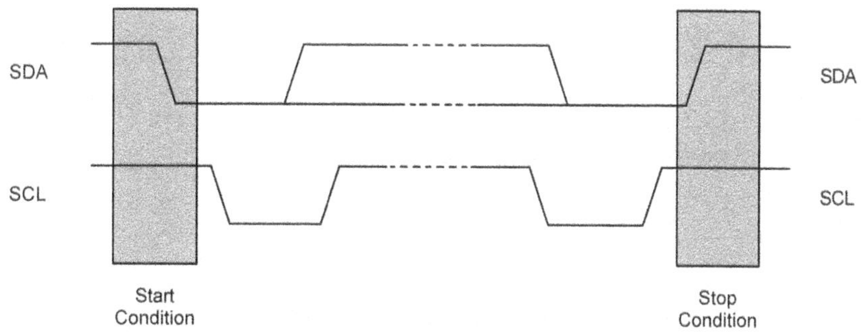

图 6-17　起始和停止条件

6.5.3　数据传输格式

每个放到 SDA 线上的字节应该是 8 位长度. 该字节应该被无限制地传输. 紧接着开始条件的第一个字节应该有一个地址区域. 当 IIC 在主设备模式下操作，地址区域应该由主设备发送. 每个字节后面应该紧跟一个应答位(ACK). 串行数据的 MSB 位和地址总是先发送.

Write Mode Format with 7-bit Addresses

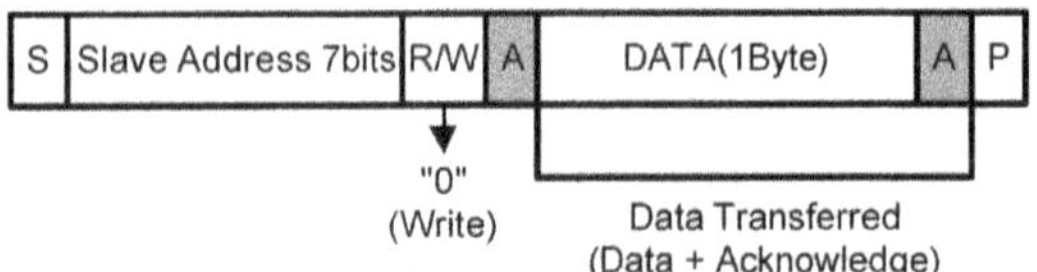

Write Mode Format with 10-bit Addresses

Read Mode Format with 7-bit Addresses

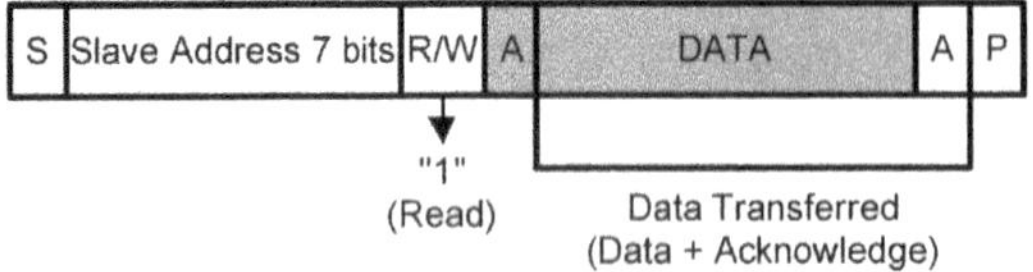

Read Mode Format with 10-bit Addresses

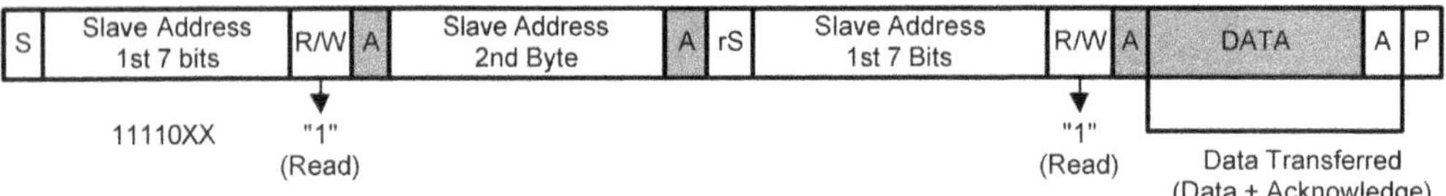

NOTES:
1. S : Start, rS: Repeat Start, P : Stop, A: Acknowledge
2. □: From Master to Slave, ▣: From Slave to Master

图 6-18 IIC 总线接口数据格式

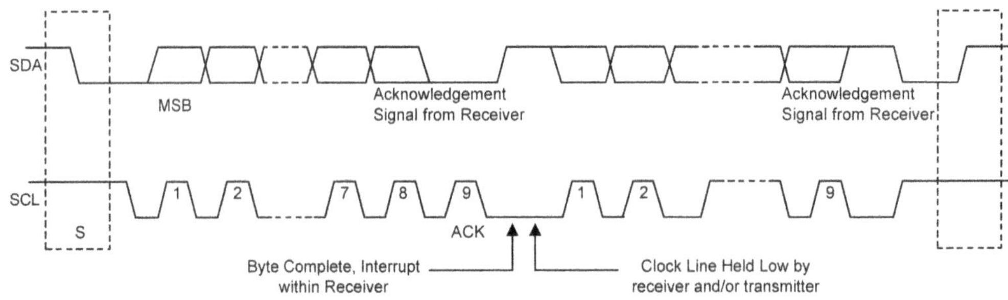

图 6-19 在 IIC 总线上传输数据

6.5.4 ACK 信号传输

为了完成一个字节的传输操作，接收器应该发送一个 ACK 位给发送器. ACK 脉冲应该出现在 SCL 线的第九个时钟. 一个字节数据传输需要 8 个时钟. 主设备生成传输 ACK 位所需的时钟脉冲.

发送器应该在接收到 ACK 时钟脉冲以后通过拉高 SDA 线释放 SDA 线. 接收器也应该在 ACK 时钟脉冲期间拉低 SDA 线，令在第九个 SCL 脉冲为高电平期间 SDA 保持低电平.

ACK 位发送功能可以通过软件(IICSTAT)使能或使无效.但是在 SCL 第九个时钟的 ACK 脉冲是用于完成一个字节数据传输.

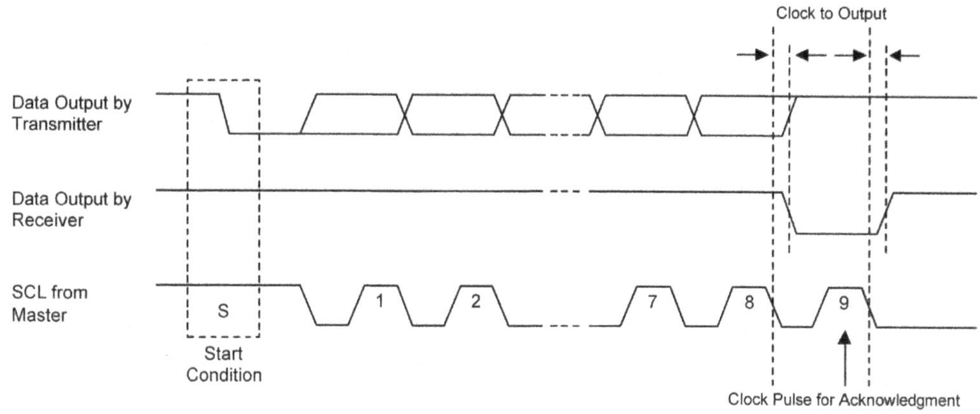

图 6-20　IIC 总线上的应答信号

6.5.5　读写操作

在发送模式下,如果数据传输后,IIC 总线接口会等待直到 IIC 总线数据移位寄存器(IICDS)收到一个新数据.在新数据写入寄存器之前,SCL 线将保持低电平,然后在数据写入后释放.S3C2440A 应该保持中断来识别当前数据发送是否完成.在 CPU 收到中断请求以后,它应该再写一个新数据到 IICDS 寄存器.

在接收模式下,当数据收到后,IIC 总线接口应该等待直到 IICDS 寄存器被读取.在一个新数据被读出之前,SCL 线应该保持低电平,在数据被读出后再释放.S3C2440A 应该保持中断来识别当前数据接收是否完成.在 CPU 收到中断请求以后,它应该从 IICDS 寄存器读取数据.

6.5.6　总线仲裁步骤

仲裁是为了避免两个主设备在总线上对 SDA 线的争夺.如果一个设置 SDA 线为高电平的主设备发现了另一个设置 SDA 线为低电平的主设备,它将无法初始化一个数据传输,因为总线当前电平不满足它自己设定的电平.仲裁过程将展开直到 SDA 线位变为高电平.

但是,当主设备同时拉低 SDA 线,每个主设备应该估计是否控制器是分配给自己.对于估计的目的是每个主设备应该检测地址位.当每个主设备生成从属设备地址时,它也应该侦测 SDA 线上的地址位,因为 SDA 线更可能拉低而不是变高.假定一个主设备生成一个低电平信号作为第一个地址位,而另一个主设备保持高电平.在这种情况下,两个主设备都会侦测到总线上是低电平,因为低电平状态优先于高电平状态.如果这种情况发生,产生低电平的主设备应该获得控制权而产生高电平的主设备应该放弃总线控制权.如果两个设备都产生一个低电平作为地址的第一个位,则应该再仲裁第二个地址位.仲裁会一直继续直到最后一个地址位.

6.5.7 中止条件

如果一个从接收器不能应答从属设备地址的确认，它应该保持 SDA 线的电平为高. 在这种情况下，主设备应该生成一个停止条件并中止传输.

如果主设备的接收器也参与了被中止的传输，它应该在从设备收到最后数据字节后取消 ACK 信号的生成，并给从设备发信号. 从设备发送器应该释放 SDA 线以允许主设备产生一个停止条件.

6.5.8 每个模式下的操作流程图

以下步骤必须在任何 IIC 接收发送操作之前被执行.

(1) 如果需要，写从属地址到 IICDS 寄存器.

(2) 设置 IICCON 寄存器.

①使能中断；

②定义 SCL.

(3) 设置 IICSTAT 寄存器来使能串行输出.

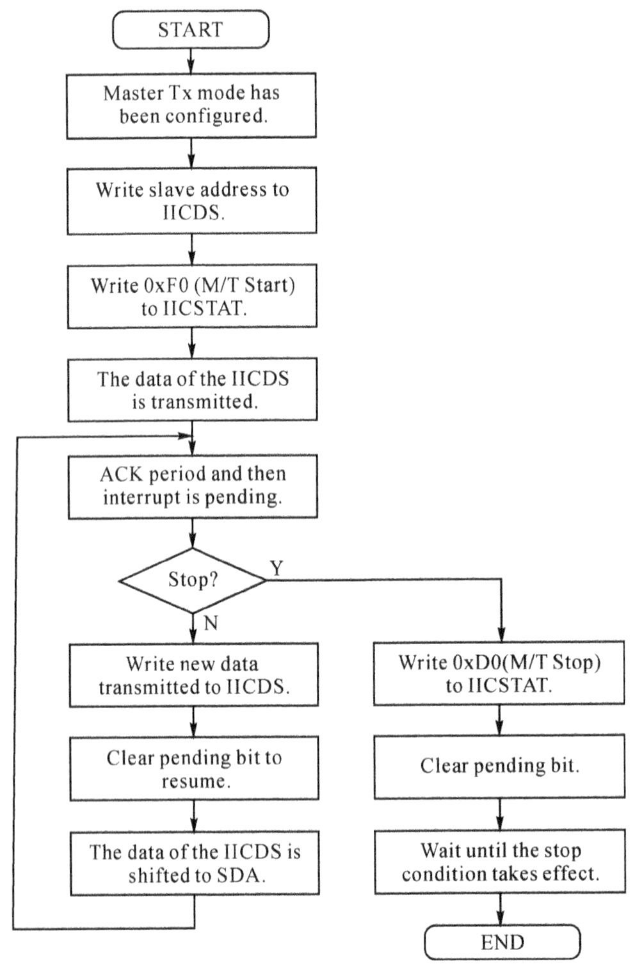

图 6-21 主设备/发送模式下的操作

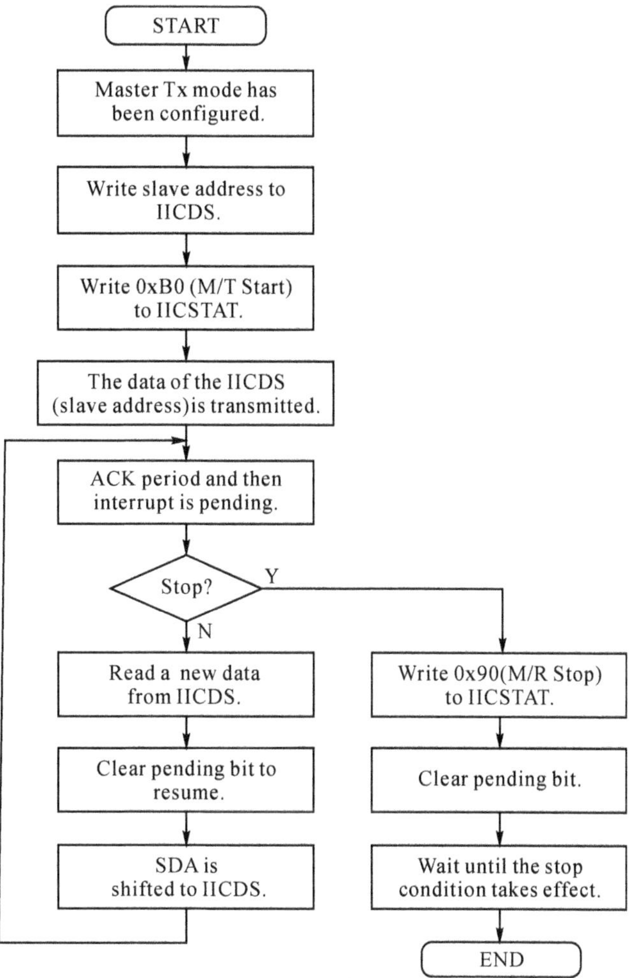

图 6-22　主设备/接收模式下的操作

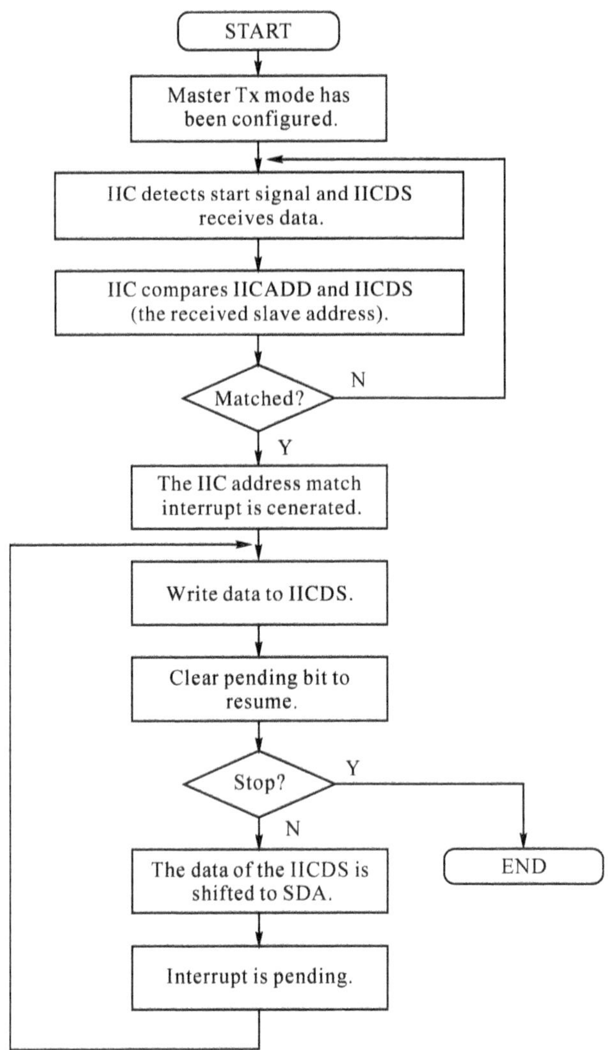

图 6-23 从设备/发送模式下的操作

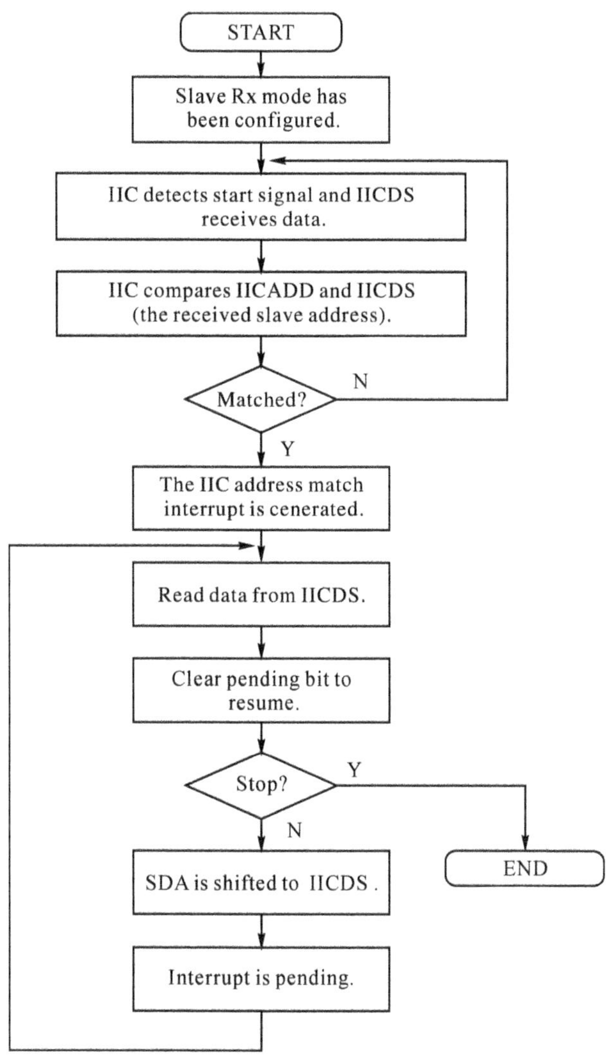

图 6-24　从设备/接收模式下的操作

6.5.9　IIC 总线接口寄存器

(1) S3C2410A IIC 接口.

S3C2410A 处理器可以支持主发送、主接收、从发送、从接收四种工作模式. 在主发送模式下,处理器通过 IIC 接口与外部串行器件进行数据传送,需要使用到如下寄存器:

① IIC 总线控制寄存器(IICCON)如下表所示.

表 6-50　IIC 总线控制寄存器 IICCON

寄存器	地址	读/写	描述	复位值
IICCON	0x54000000	R/W	IIC 总线控制寄存器	0x0X

表 6-51 IIC 总线控制寄存器 IICCON 中对各位的描述

IICCON	位	描 述	初始值
应答使能[注1]	[7]	IIC 总线应答使能位 0:禁止;1:使能 在输出模式下,IICSDA 在 ACK 时间被释放 在输入模式下,IICSDA 在 ACK 时间被拉低	0
输出时钟源选择	[6]	IIC 总线发送时钟预分频选择位 0 : IICCLK = $f_{PCLK}/16$ 1 : IICCLK = $f_{PCLK}/512$	0
发送/接收 中断使能[注3]	[5]	IIC 总线中断使能位 0:禁止;1:使能	0
中断未决位[注2]	[4]	IIC 总线未处理中断标志. 不能对这一位写入 1,置 1 是系统自动产生的. 当这位被置 1,IICSCL 信号将被拉低,IIC 传输也停止了. 如果想要恢复操作,将该位清零. 0 : 1)当读出 0 时,没有发生中断 2)当写入 0 时,清除未决条件并恢复中断响应 1 : 1)当读出 1 时,发生了未决中断 2)不可以进行写入操作	0
发送时钟值	[3 : 0]	发送时钟预分频器的值,这四位预分频器的值决定了 IIC 总线进行发送的时钟频率,对应关系如下: Tx clock = IICCLK/(IICCON[3 : 0]+1).	Undefined

注:1. 在 Rx 模式下访问 EEPROM 时,为了产生停止条件,在读取最后一个字节数据之后不允许产生 ACK 信号.
2. IIC 总线上发生中断的条件:a. 当一个字节的读写操作完成时;b. 当一个通常的通话发生或者是从地址匹配上时;c. 总线仲裁失败时.
3. 如果 IICON[5]=0,IICON[4]就不能够正常工作了. 因此,建议务必将 IICCON[5]设置为 1,即使你暂时并不用 IIC 中断.

② IIC 总线状态寄存器 IICSTAT(地址:0x54000004)如下表所示.

表 6-52 IIC 总线状态寄存器 IICSTAT 对各位的描述

IICSTAT	位	描述	初始值
模式选择	[7 : 6]	IIC 总线主从,发送/接收模式选择位 00:从接收模式;01:从发送模式;10:主接收模式;11:主发送模式	00
忙信号状态/起始/停止条件	[5]	IIC 总线忙信号状态位 0:读出为 0,表示状态不忙;写入 0,产生停止条件 1:读出为 1,表示状态忙;写入 1,产生起始条件 IICDS 中的数据在起始条件之后自动被送出	0
串行数据 输出使能	[4]	IIC 总线串行数据输出使能/禁止位 0:禁止发送/接收;1:使能发送接收	0
仲裁状态位	[3]	IIC 总线仲裁程序状态标志位 0:总线仲裁成功 1:总线仲裁失败	0

续表

IICSTAT	位	描述	初始值
从地址状态标志位	[2]	IIC 总线从地址状态标志位 0:在探测到起始或停止条件时,被清零 1:如果接收到的从器件地址与保存在 IICADD 中的地址相符,则置 1	0
0 地址状态标志位	[1]	IIC 总线 0 地址状态标志位 0:在探测到起始或停止条件时,被清零 1:如果接收到的从器件地址为 0,则置 1	0
应答位状态标志	[0]	应答位(最后接收到的位)状态标志 0:最后接收到的位为 0 (ACK 接收到了) 1:最后接收到的位为 1 (ACK 没有接收到)	0

③ IIC 总线地址寄存器 IICADD(地址:0x54000008)如下表所示.

表 6-53　IIC 总线地址寄存器 IICADD 对各位的描述

IICADD	位	描述	初始值
从器件地址	[7:0]	7 位从器件地址[1:7],第 0 位没有被映射:如果 IICSTAT 中的串行数据输出使能位为 0,IICADD 就变为写使能. IICADD 总为可读	XXXXXXXX

④ IIC 总线发送接收移位寄存器 IICDS(地址:0x5400000C)如下表所示.

表 6-54　IIC 总线发送接收移位寄存器 IICDS 对各位的描述

IICDS	位	描述	初始值
数据移位寄存器	[7:0]	IIC 接口发送/接收数据所使用的 8 位数据移位寄存器:当 IICSTAT 中的串行数据输出使能位为 1,则 IICDS 写使能. IICDS 总为可读	XXXXXXXX

(2) 使用 S3C2410A IIC 总线读写方法.

单字节写操作(R/W=0)　　　　Addr:设备、页面及访问地址

START_C	Addr(7bit)W	ACK	DATA(1 Byte)	ACK	STOP_C

同一页面的多字节写操作(R/W=0)　　　　OPADDR:设备及页面地址(高 7 位)

START_C	OPADDR(7 bit)W	ACK	Addr	DATA(n Byte)	ACK	STOP_C

单字节读串行存储器件(R/W=1)　　　　Addr:设备、页面及访问地址

START_C	Addr(7 bit)R	ACK	DATA(1 Byte)	ACK	STOP_C

同一页面的多字节读操作(R/W=1)　　　　Addr:设备、页面及访问地址

START_C	P & R	ACK	Addr	ACK	P & R	ACK	DATA(n Byte)	ACK	STOP_C

P & R =OPADDR_R=1010xxx(字节高 7 位)R:重新启动读操作

6.6 A/D 转换器

S3C2410A 具有 8 通道模拟输入的 10 位 CMOS 模数转换器(ADC). 它将输入的模拟信号转换为10位的二进制数字代码. 在 2.5MHz 的 A/D 转换器时钟下,最大转化速率可达到 500 ksps. A/D 转换器支持片上采样和保持功能,并支持掉电模式.

6.6.1 A/D 转换器

(1) A/D 转换器的类型.

随着数字技术,特别是计算机技术的飞速发展与普及,在现代控制、通信及检测领域中,对信号的处理广泛采用了数字计算机技术. 由于系统的实际处理对象往往都是一些模拟量(如温度、压力、位移、图像等),要使计算机或数字仪表能识别和处理这些信号,必须首先将这些模拟信号转换成数字信号,这就必须用到 A/D 转换器.

(2) A/D 转换器的一般步骤.

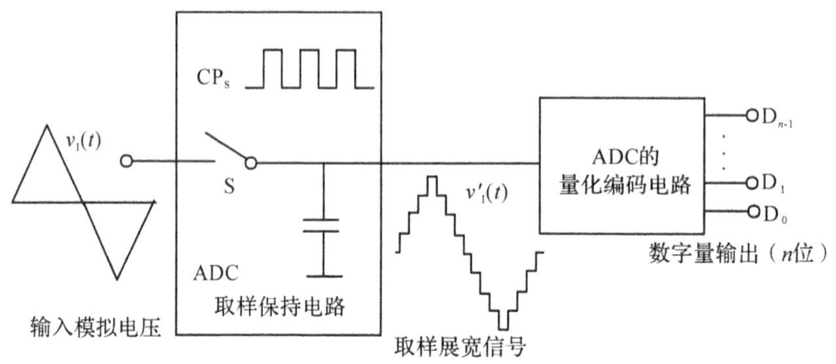

图 6-25 模拟量到数字量的转换过程

模拟信号进行 A/D 转换的时候,从启动转换到转换结束输出数字量,需要一定的转换时间,在这个转换时间内,模拟信号要基本保持不变. 否则转换精度没有保证,特别当输入信号频率较高时,会造成很大的转换误差. 要防止这种误差的产生,必须在 A/D 转换开始时将输入信号的电平保持住,而在 A/D 转换结束后,又能跟踪输入信号的变化. 因此,一般的 A/D 转换过程是通过取样、保持、量化和编码这四个步骤完成的. 一般取样和保持主要由采样保持器来完成,而量化编码就由 A/D 转换器完成.

A/D 转换器种类繁多,分类方法也很多. 其中常见的包括以下分类:

按照工作原理可分为:计数式 A/D 转换器、逐次逼近型、双积分型和并行 A/D 转换几类.

按转换方法可分为:直接 A/D 转换器和间接 A/D 转换器. 所谓直接转换是指将模拟量转换成数字量;而间接转换则是指将模拟量转换成中间量,再将中间量转换成数字量.

按分辨率可分为:二进制的 4 位、6 位、8 位、10 位、12 位、14 位、16 位和 BCD 码的 3 位半、4 位半、5 位半等.

按转换速度可分为：低速（转换时间≥1 s）、中速（转换时间≤1 ms）、高速（转换时间≥1 μs）和超高速（转换时间≤1 ns）.

按输出方式可分为：并行、串行、串并行等.

（3）A/D 转换器的工作原理.

A/D 转换的方法很多，下面介绍常用的 A/D 转换原理.

① 计数式.

这种 A/D 转换原理最简单直观，它由 D/A 转换器、计数器和比较器组成. 计数器由零开始计数，将其计数值送往 D/A 转换器进行转换，将生成的模拟信号与输入模拟信号在比较器内进行比较，若前者小于后者，则计数值加 1，重复 D/A 转换及比较过程. 因为计数值是递增的，所以 D/A 输出的模拟信号是一个逐步增加的量，当这个信号值与输出模拟量比较相等时（在允许的误差范围内），比较器产生停止计数信号，计数器立即停止计数. 此时D/A转换器输出的模拟量就为模拟输入值，计数器的值就是转换成的相应的数字量值. 这种 A/D 转换器结构简单、原理清楚，但是转换速度与精度之间存在严重矛盾，即若要提高转换速度，则转换器输出与输入的误差就越大，反之亦然. 所以在实际中很少使用.

② 逐次逼近式.

逐次逼近 A/D 转换器由一个比较器、D/A 转换器、寄存器及控制逻辑电路组成，如图 6-27 所示. 和计数式相同，逐次逼近式也要进行比较，以得到转换数字值. 但在逐次逼近式中，是用一个寄存器控制 D/A 转换器. 逐次逼近式是从高位到低位依次开始逐位试探比较. S3C2410A 处理器集成了这种 A/D 转换器.

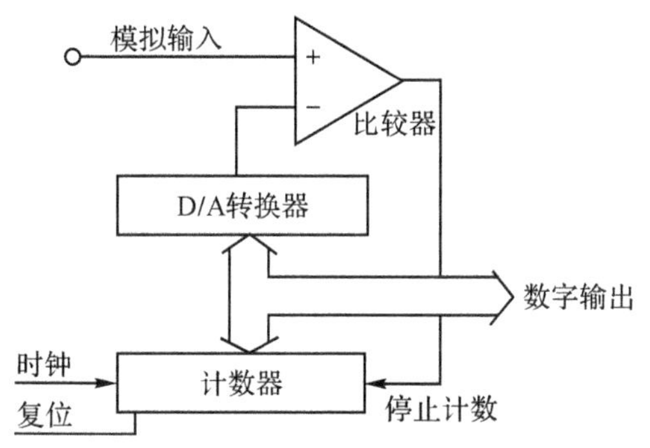

图 6-26　计数式 A/D 转换图

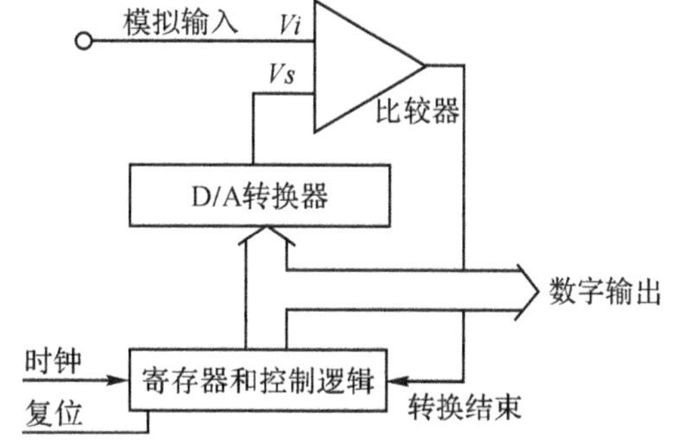

图 6-27　逐次逼近 A/D 转换图

逐次逼近式转换过程如下：初始时寄存器各位清为 0，转换时，先将最高位置 1，送入 D/A转换器，经 D/A 转换后生成的模拟量送入比较器中与输入模拟量进行比较，若 Vs<Vi，该位的 1 被保留，否则被清除. 然后次高位置为 1，将寄存器中新的数字量送入 D/A 转换器，输出的 Vs 再与 Vi 比较，若 Vs<Vi，保留该位的 1，否则清除. 重复上述过程，直至最低位. 最后寄存器中的内容即为输入模拟值转换成的数字量.

对于 n 位逐次逼近式 A/D 转换器，要比较 n 次才能完成一次转换. 因此，逐次逼近式 A/D 转换器的转换时间取决于位数和时钟周期. 转换精度取决于 D/A 转换器和比较器的精度，一般可达 0.01%，转换结果也可串行输出. 逐次逼近式 A/D 转换器可应用于许多场合，是应用最为广泛的一种 A/D 转换器.

(4) A/D 转换器主要性能指标.

① 分辨率.

分辨率是指 A/D 转换器能分辨的最小模拟输入量.通常用能转换成的数字量的位数来表示,如 8 位、10 位、12 位、16 位等.位数越高,分辨率越高.如分辨率为 10 位,表示 A/D 转换器能分辨满量程的 1/1024 的模拟增量,此增量亦可称为 1LSB 或最低有效位的电压当量.

② 转换时间.

转换时间是 A/D 转换完成一次转换所需的时间.即从启动信号开始到转换结束并得到稳定数字输出量为止的时间.一般来说,转换时间越短则转换速度就越快.不同的 A/D 转换器转换时间差别较大,通常为微秒数量级.

③ 量程.

量程是指所能转换的输入电压范围.

④ 绝对精度.

A/D 转换器的绝对精度是指在输出端产生给定的数字代码的情况下,实际需要的模拟输入值与理论上要求的模拟输入值之差.

⑤ 相对精度.

相对精度是指 A/D 转换器的满刻度值校准以后,任意数字输出所对应的实际模拟输入值(中间值)与理论值(中间值)之差.线性 A/D 转换器的相对精度就是它的线性度.精度代表电气或工艺精度,其绝对值应小于分辨率,因此常用 1 LSB 的分数形式来表示.

6.6.2 A/D 转换器特性

(1) 分辨率:10 位.

(2) 微分线性度误差:± 1.0 LSB.

(3) 积分线性度误差:± 2.0 LSB.

(4) 最大转换速率:500 ksps.

(5) 低功耗.

(6) 供电电压:3.3V.

(7) 输入模拟电压范围:0 ~ 3.3V.

(8) 片上采样保持功能.

(9) 普通转换模式.

(10) 分离的 X、Y 轴坐标转换模式.

(11) 自动(连续)X、Y 轴坐标转换模式.

(12) 等待中断模式.

6.6.3 A/D 转换器寄存器

处理器集成的 ADC 只使用到两种寄存器,即 ADC 控制寄存器(ADCCON)、ADC 数据寄存器(ADCDAT).

(1) ADC 控制寄存器(ADCCON).

ADC 控制寄存器(ADCCON)如下表所示.

表 6-55 ADC 控制寄存器(ADCCON)

寄存器	地址	R/W	功能描述	复位值
ADCCON	0x58000000	R/W	ADC 控制寄存器	0x3FC4

ADCCON[15]:A/D 转换结束标志

0：A/D 转换正在进行

1：A/D 转换结束

ADCCON[14]:AD 转换预分频允许

0:不允许预分频

1:允许预分频

ADCCON[13：6]:预分频值 PRSCVL

PRSCVL 在 1～255 之间,实际的分频值为 PRSCVL+1

ADCCON[5：3]:模拟信道输入选择

000 = AIN0

001 = AIN1

010 = AIN2

011 = AIN3

100 = AIN4

101 = AIN5

110 = AIN6

111 = AIN7

ADCCON[2]:待机模式选择位

0:正常模式

1:待机模式

ADCCON[1]:A/D 转换读一启动选择位

0:禁止 Start-by-read

1:允许 Start-by-read

ADCCON[0]:A/D 转换器启动

0：A/D 转换器不工作

1：A/D 转换器开始工作

(2) ADC 数据寄存器(ADCDAT0,ADCDAT1).

① ADC 数据寄存器 0(ADCDAT0)如下表所示.

表 6-56 ADC 数据寄存器 0(ADCOAT0)

寄存器	地址	R/W	功能描述	复位值
ADCDAT0	0x5800000C	R	ADC 数据寄存器	—

ADCDAT0[15]:等待中断模式,Stylus 电平选择

0:低电平

1:高电平

ADCDAT0[14]:自动按照先后顺序转换 X、Y 坐标
0:正常 ADC 顺序
1:按照先后顺序转换
ADCDAT0[13:12]:自定义 X、Y 位置
00:无操作模式
01:测量 X 位置
10:测量 Y 位置
11:等待中断模式
ADCDAT0[11:10]:保留
ADCDAT0[9:0]:X 坐标转换数据值(0～3FF)
② ADC 数据寄存器 1(ADCDAT1)如下表所示.

表 6-57 ADC 数据寄存器 1(ADCDAT1)

寄存器	地址	R/W	功能描述	复位值
ADCDAT1	0x58000010	R	ADC 数据寄存器	—

ADCDAT1[15:10]:与 ADCDAT0[15:10]功能相同
ADCDAT1[9:0]:Y 坐标转换数据值

思考题

1. S3C2410 可以从 NOR FLASH 启动,也可以从 NAND FLASH 启动.该怎样设置它的启动方式?两种启动方式有什么不同?

2. S3C2410 的 I/O 端口一般都是多功能复用的,最多复用了几个功能?如何确定某个时刻一个端口以哪种功能在工作?

3. 简要解释 S3C2410 中断控制器的工作过程.

4. IIC 总线被称为最简单的总线.简述其工作原理.

第七章　基本实验

7.1　存储器实验

7.1.1　实验目的

（1）通过实验熟悉 ARM 的内部存储空间分配.
（2）掌握对存储区进行配置的方法.
（3）掌握对存储区进行读写访问的方法.

7.1.2　实验设备

（1）硬件：Embest EduKit－Ⅲ实验平台，ULINK USB－JTAG 仿真器套件，PC.
（2）软件：μVision IDE for ARM 集成开发环境，Windows 98/2000/NT/XP/7.

7.1.3　实验内容

（1）熟练使用命令脚本文件对 ARM 存储控制寄存器进行正确配置.
（2）使用 C 语言编程，实现对 RAM 的读写访问.

7.1.4　实验原理

（1）存储控制器.
有关存储控制器的实验原理部分请参考本书 6.1.
（2）片选信号设置和外围地址空间分配.
Embest ARM 教学实验系统的外围地址空间分配和片选信号设置如表 7-1 所示：

表 7-1　S3C2410X 的片选信号设置和外围地址空间分配

<table>
<tr><th colspan="4">片选信号</th><th>选择的接口或器件</th><th>片选控制寄存器</th><th>S3C2410 地址范围</th></tr>
<tr><td colspan="4">NGCS0</td><td>FLASH</td><td>BANKCON0</td><td>0x0000_0000～0x07FF_FFFF</td></tr>
<tr><td colspan="4">NGCS6</td><td>SDRAM</td><td>BANKCON6</td><td>0x3000_0000～0x3DFF_FFFF</td></tr>
<tr><td rowspan="9">nGCS1</td><td>A22</td><td>A21</td><td>A20</td><td></td><td rowspan="9">BANKCON1</td><td></td></tr>
<tr><td>0</td><td>0</td><td>0</td><td>USB_CS</td><td>0x0800_0000～0x080F_FFFF</td></tr>
<tr><td>0</td><td>0</td><td>1</td><td>CAN_CS</td><td>0x0810_0000～0x081F_FFFF</td></tr>
<tr><td>0</td><td>1</td><td>0</td><td>CF_CS0</td><td>0x0820_0000～0x082F_FFFF</td></tr>
<tr><td>0</td><td>1</td><td>1</td><td>CF_CS1</td><td>0x0830_0000～0x083F_FFFF</td></tr>
<tr><td>1</td><td>0</td><td>0</td><td>保留</td><td></td></tr>
<tr><td>1</td><td>0</td><td>1</td><td>LCD_CD</td><td>0x0850_0000～0x085F_FFFF</td></tr>
<tr><td>1</td><td>1</td><td>0</td><td></td><td></td></tr>
<tr><td>1</td><td>1</td><td>1</td><td></td><td></td></tr>
</table>

续表

<table>
<tr><th colspan="4">片选信号</th><th>选择的接口或器件</th><th>片选控制寄存器</th><th>S3C2410 地址范围</th></tr>
<tr><td rowspan="9">nGCS2</td><td>A22</td><td>A21</td><td>A20</td><td></td><td rowspan="9">BANKCON2</td><td></td></tr>
<tr><td>0</td><td>0</td><td>0</td><td>扩展输出寄存器 1</td><td>0x1000_0000～0x100F_FFFF</td></tr>
<tr><td>0</td><td>0</td><td>1</td><td>扩展输入寄存器 1</td><td>0x1010_0000～0x101F_FFFF</td></tr>
<tr><td>0</td><td>1</td><td>0</td><td>扩展输入寄存器 2</td><td>0x1020_0000～0x102F_FFFF</td></tr>
<tr><td>0</td><td>1</td><td>1</td><td>CF_MMRD/WR</td><td>0x1030_0000～0x103F_FFFF</td></tr>
<tr><td>1</td><td>0</td><td>0</td><td>CF_IORD/WR</td><td>0x1040_0000～0x104F_FFFF</td></tr>
<tr><td>1</td><td>0</td><td>1</td><td>NO USE</td><td>0x1050_0000～0x105F_FFFF</td></tr>
<tr><td>1</td><td>1</td><td>0</td><td>NO USE</td><td>0x1060_0000～0x106F_FFFF</td></tr>
<tr><td>1</td><td>1</td><td>1</td><td>NO USE</td><td>0x1070_0000～0x107F_FFFF</td></tr>
<tr><td colspan="4">NGCS3</td><td>ETHERNET</td><td>BANKCON3</td><td>0x1800_0000～0x1FFF_FFFF</td></tr>
</table>

7.1.5 实验操作步骤

(1) 准备实验环境.

使用 ULINK USB—JTAG 仿真器连接到目标板上. 使用 Embest EduKit—Ⅲ实验板附带的串口线,连接实验板上的 UART0 和 PC 的串口.

(2) 串口接收设置.

在 PC 上运行 windows 自带的超级终端串口通信程序(波特率 115200、1 位停止位、无校验位、无硬件流控制),或者使用其他串口通信程序.

(3) 打开实验例程.

①拷贝实验平台附带光盘 CD1\CD1_Basic_070615\Software 文件夹到 RealView MDK 软件的安装目录的 Keil\ARM\Boards\Embest\目录下(如果已经拷贝,可跳过此步骤).

② 使用 μVision IDE for ARM 通过 ULINK USB—JTAG 仿真器连接实验板,打开实验例程目录 4.1_memory_test 子目录下的 memory_test. Uv2 例程,编译链接工程.

③ 根据 ReadMe 目录下的 ReadMeCommon.txt 及 readme.txt 文件配置集成开发环境(工程默认已经配置正确),点击工具栏“ ”,在 Option for Target 对话框的 Linker 页中选择 RuninRAM.sct 分散加载文件,点击 MDK 的 Debug 菜单,选择 Start/Stop Debug Session 项或点击工具栏“ ”,下载工程生成的.axf 文件到目标板的 RAM 中调试运行.

④ 如果需要将程序烧写固化到 Flash 中,仅需要更改分散加载文件即可(须慎用,这一步的操作将会破坏 Flash 中原有固化程序,建议实验中不操作). 在 Option for Target 对话框的 Linker 页中选择 RuninFlash.sct 分散加载文件,重新编译工程,点击 MDK 的 Flash 菜单,选择 Download 烧写调试代码到目标系统的 Nor Flash 中,重启实验板,实验板将会运行烧写到 Nor Flash 中的代码.

⑤ 打开 Memory 窗口,点击 Memory1 在地址输入栏中输入 0x3e000000.

⑥ 在工程管理窗口中双击 memory_test.c 就会打开该文件,在约第 37 行(* pt=(UINT32T)pt;)设置断点后,点击 Debug 菜单 Go 键运行程序.

⑦ 当程序停留到断后，按 F10，在 Memory1 窗口中观察地址的内容并与地址相比较，对比是否一致，继续执行 F10.

⑧ 去掉断点，按 F5 并执行程序，观察超级终端串口程序的输出.

⑨ 结合实验内容和实验原理部分，掌握汇编语言和高级语言程序访问 RAM 指令的使用方法.

(4) 观察实验结果.

在 PC 机上观察超级终端程序主窗口，可以看到如下界面：

```
    boot success...
Memory Test(3e000000h－30ff0000h)：WR

Memory Test(3e000000h－30ff0000h)：RD

O.K.
```

7.1.6　实验参考程序及流程图

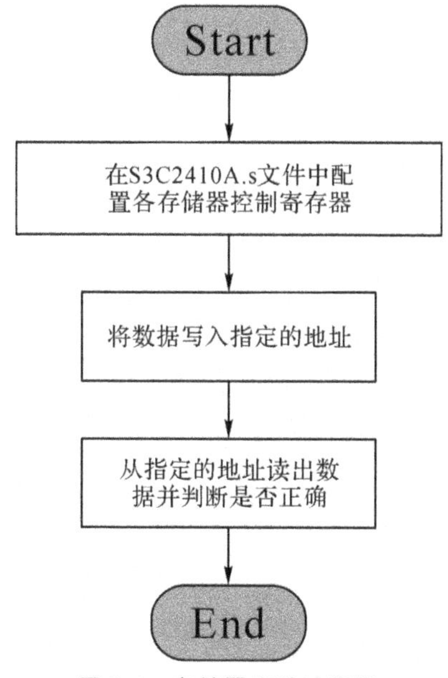

图 7-1　存储器实验流程图

代码

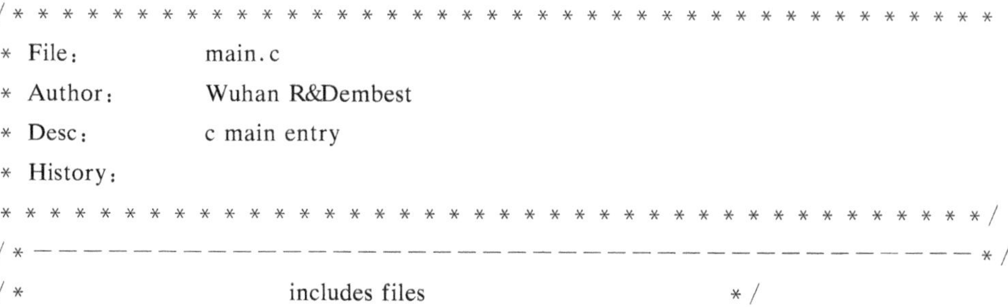

```
/*****************************************
* File:        main.c
* Author:      Wuhan R&Dembest
* Desc:        c main entry
* History:
*****************************************/
/*---------------------------------------*/
/*              includes files           */
```

```
/*------------------------------------------------------------------------*/
#include "2410lib.h"
/****************************************************************************
* name:          main
* func:          c code entry
* para:          none
* ret:           none
* modify:
* comment:
*****************************************************************************/
void main(int argc,char **argv)
{
    sys_init();          /* Initial s3c2410's Clock,MMU,Interrupt,Port and UART */
    memory_test();
    while(1)
    {
    };
}


/****************************************************************************/
* File:          memory.c
* Author:        Wuhan R&D Center,embest
* Desc:          memory test file
* History:
*****************************************************************************/
#include "def.h"
#include "option.h"
void memory_test(void)
{
    int i;
    UINT32T data;
    int memError=0;
    UINT32T *pt;
    // memory test
    uart_printf("\nMemory Test(%xh-%xh):WR\n",_RAM_STARTADDRESS+
    0xe00000,(_ISR_STARTADDRESS&0xf0ff0000));
    //memory write
    pt=(UINT32T *)(_RAM_STARTADDRESS+0xe00000);
    while((UINT32T)pt<(_ISR_STARTADDRESS&0xf0ff0000))
    {
    *pt=(UINT32T)pt;
    pt++;
```

```
    }
    //MEMORY READ
uart_printf(" Memory Test(%xh-%xh):RD\n ",_RAM_STARTADDRESS+0xe00000,(_
ISR_STARTADDRESS&0x0f0ff0000));
    //uart_printf("\b\bRD ");
    pt=(UINT32T *)(_RAM_STARTADDRESS+0xe00000);
        while((UINT32T)pt<(_ISR_STARTADDRESS&0xf0ff0000))
    {
    data= *pt;
    if(data! =(UINT32T)pt)
      {
          memError=1;
          uart_printf("\b\bFAIL:0x%x=0x%x\n ",i,data);
          break;
      }
      pt++;
    }
if(memError==0)
        uart_printf("\n\b\bO.K.\n ");
}
```

7.1.7 练习题

1. 找出上述实验程序存在的问题(有错误),修改并调试.
2. 编写程序对 SRAM 进行字节、半字的读写访问.

7.2 I/O 接口实验

7.2.1 实验目的

(1) 掌握 S3C2410X 芯片的 I/O 控制寄存器的配置.
(2) 通过实验掌握 ARM 芯片使用 I/O 口控制 LED 显示.
(3) 了解 ARM 芯片中复用 I/O 口的使用方法.

7.2.2 实验设备

(1) 硬件:Embest EduKit-Ⅲ实验平台,ULINK USB-JTAG 仿真器套件,PC.
(2) 软件:μVision IDE for ARM 集成开发环境,Windows 98/2000/NT/XP.

7.2.3 实验内容

编写程序,控制实验平台的发光二极管 LED1、LED2、LED3、LED4,使它们有规律地点亮和熄灭,具体顺序如下:LED1 亮→LED2 亮→LED3 亮→LED4 亮→LED1 灭→LED2 灭→LED3 灭→LED4 灭→全亮→全灭,如此反复.

7.2.4 实验原理

(1) I/O 接口.

I/O 接口的原理请参考 6.2.

(2) 电路设计.

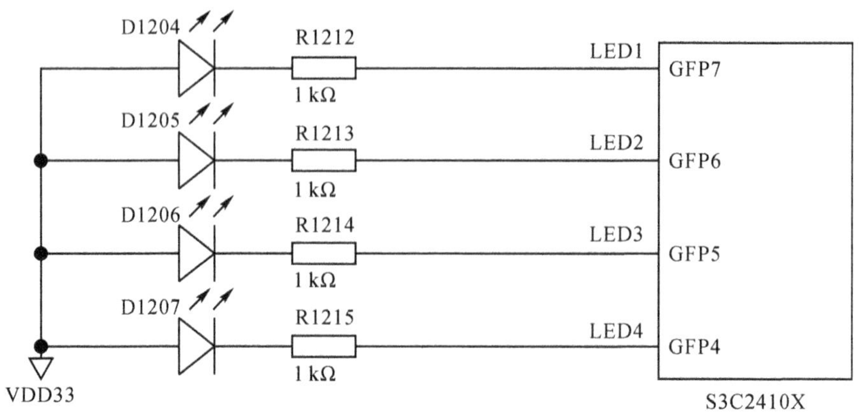

图 7-2 LED1-4 连接图

如图 7-2 所示,LED1～4 分别与 GFP7～4 相连,通过 GFP7～4 引脚的高低电平来控制发光二极管的亮与灭. 当这几个管脚输出高电平的时候发光二极管熄灭;反之,发光二极管点亮.

7.2.5 实验操作步骤

(1) 准备实验环境.

使用 ULINK USB—JTAG 仿真器连接到目标板上. 使用 Embest EduKit－Ⅲ实验板附带的串口线,连接实验板上的 UART0 和 PC 机的串口.

(2) 串口接收设置.

在 PC 上运行 windows 自带的超级终端串口通信程序(波特率 115200、1 位停止位、无校验位、无硬件流控制),或者使用其他串口通信程序.

(3) 打开实验例程.

①拷贝实验平台附带光盘 CD1\CD1_Basic_070615\Software 文件夹到 RealView MDK 软件的安装目录的 Keil\ARM\Boards\Embest\目录下(如果已经拷贝,可跳过此步骤).

② 使用 μVision IDE for ARM 通过 ULINK USB—JTAG 仿真器连接实验板,打开实验例程目录 4.2_led_test 子目录下的 led_test. Uv2 例程,编译链接工程.

③ 根据 ReadMe 目录下的 ReadMeCommon. txt 及 readme. txt 文件配置集成开发环境(工程默认已经配置正确),点击工具栏" ",在 Option for Target 对话框的 Linker 页中选择 RuninRAM. sct 分散加载文件,点击 MDK 的 Debug 菜单,选择 Start/Stop Debug Session 项或点击工具栏" ",下载工程生成的. axf 文件到目标板的 RAM 中调试运行.

④ 如果需要将程序烧写固化到 Flash 中,仅需要更改分散加载文件即可(须慎用,这一步的操作将会破坏 Flash 中原有固化程序,建议实验中不操作). 在 Option for Target 对话框的 Linker 页中选择 RuninFlash. sct 分散加载文件,重新编译工程,点击 MDK 的 Flash 菜

单，选择 Download 烧写调试代码到目标系统的 Nor Flash 中，重启实验板，实验板将会运行烧写到 Nor Flash 中的代码.

⑤ 在工程管理窗口中双击 led_test.c 就会打开该文件，分别在约第 34 行（for(i=0;i<100000;i++);）和 58 行（for(i=0;i<100000;i++);）设置断点后，点击 Debug 菜单 Go 运行程序.

⑥ 程序停到第一个断点处，观察四个灯是否都被点亮（注意观察渐变过程），按 step out，跳出这个子函数，继续执行.

⑦ 程序运行到 led_off()，按 step into，停到第二个断点处，观察四个灯是否都熄灭（注意观察渐变过程）. 按 step out，继续执行.

⑧ 去掉断点，重新下载，执行程序.

（4）观察实验结果.

观察发光二极管的亮灭情况，可以观察到的现象与前面实验内容中的相符，说明实验成功地实现了对 I/O 的操作.

```
boot success...

I/O (Diode Led)Test Example
end.
```

7.2.6　实验参考程序及流程图

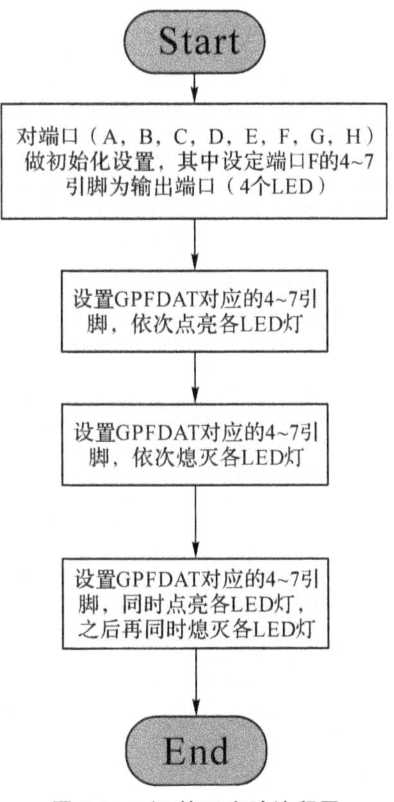

图 7-3　I/O 接口实验流程图

代码

```
/*****************************************/
* File:       led_test.c
* Author:     Wuhan R&D Center,embest
* Desc:       IO port test file
* History:
*****************************************/
#include "2410lib.h"
/*****************************************/
* name:       led_xxx
* func:       the led operations
* para:       none
* ret:        none
*****************************************/
void led_on(void)
{
    int i,nOut;
    nOut=0xF0;
    rGPFDAT=nOut & 0x70;
    for(i=0;i<100000;i++);
    rGPFDAT=nOut & 0x30;
    for(i=0;i<100000;i++);
    rGPFDAT=nOut & 0x10;
    for(i=0;i<100000;i++);
    rGPFDAT=nOut & 0x00;
    for(i=0;i<100000;i++);
}
void led_off(void)
{
    int i,nOut;
    nOut=0;
    rGPFDAT = 0;
    for(i=0;i<100000;i++);
    rGPFDAT = nOut | 0x80;
    for(i=0;i<100000;i++);
    rGPFDAT |= nOut | 0x40;
    for(i=0;i<100000;i++);
    rGPFDAT |= nOut | 0x20;
    for(i=0;i<100000;i++);
    rGPFDAT |= nOut | 0x10;
    for(i=0;i<100000;i++);
}
```

```
void led_on_off(void)
{
    int i;
    rGPFDAT=0;
    for(i=0;i<100000;i++);
    rGPFDAT=0xF0;
    for(i=0;i<100000;i++);
}
```

7.2.7 实验练习题

1. 自己编写程序使 LED 以不同的显示方式显示,例如从左至右按 1、3、2、4 的方式点亮 LED 灯,之后再按 3、1、4、2 的方式熄灭各 LED 灯.

7.3 中断实验

7.3.1 实验目的

(1) 通过实验掌握 S3C2410X 的中断控制寄存器的使用.

(2) 通过实验掌握 S3C2410X 处理器的中断响应过程.

(3) 通过实验掌握不同中断触发方式下中断产生的过程.

(4) 通过实验掌握 ARM 处理器的中断方式和中断处理过程.

(5) 通过实验掌握 ARM 处理器中断处理的软件编程方法.

7.3.2 实验设备

(1) 硬件:Embest EduKit-Ⅲ实验平台,ULINK USB-JTAG 仿真器套件,PC.

(2) 软件:μVision IDE for ARM 集成开发环境,Windows 98/2000/NT/XP.

7.3.3 实验内容

编写中断服务程序,实现以下功能:

(1) 通过 UART0 选择中断触发方式,使能外部中断 Eint0、Eint11.

(2) 在不同的中断触发方式下,使用 Embest EduKit-Ⅲ实验平台的按钮 SB1202 触发 EINT0,同时在超级终端的主窗口中显示外部中断号.

(3) 在不同的中断触发方式下,使用 Embest EduKit-Ⅲ实验平台的按钮 SB1203 触发 EINT11,同时在超级终端的主窗口中显示外部中断号.

7.3.4 实验原理

(1) 中断控制器.

中断控制器原理请参考 6.3.

(2) 电路设计.

本实验选择的是外部中断 EXTINT0 和 EXTINT11. 中断的产生分别来自按钮 SB1202

和 SB1203，当按钮按下时，EXTINT0 或 EXTINT11 和地连接，输入低电平，从而向 CPU 发出中断请求. 当 CPU 受理中断后，进入相应的中断服务程序，通过超级终端的主窗口显示当前进入的中断号. 电路原理图如图 7-4 所示.

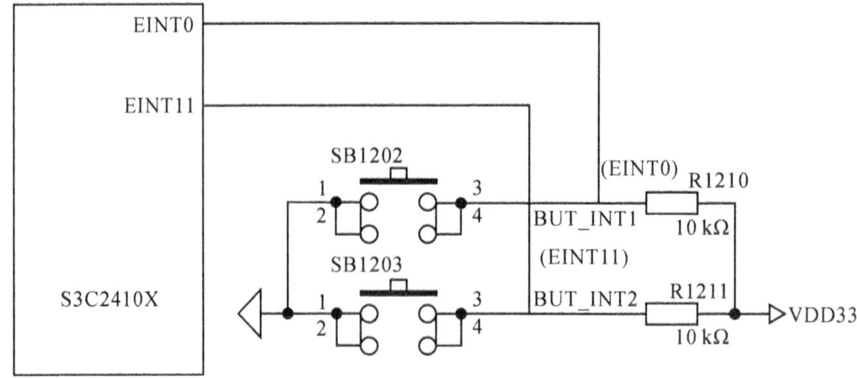

图 7-4 S3C2410X 中断实验电路图

7.3.5 实验操作步骤

(1) 准备实验环境.

使用 ULINK USB-JTAG 仿真器连接到目标板上. 使用 Embest EduKit－Ⅲ实验板附带的串口线，连接实验板上的 UART0 和 PC 的串口.

(2) 串口接收设置.

在 PC 上运行 Windows 自带的超级终端串口通信程序(波特率 115200、1 位停止位、无校验位、无硬件流控制)，或者使用其他串口通信程序.

(3) 打开实验例程.

① 拷贝实验平台附带光盘 CD1\CD1_Basic_070615\Software 文件夹到 RealView MDK 软件的安装目录的 Keil\ARM\Boards\Embest\目录下(如果已经拷贝，可跳过此步骤).

② 使用 μVision IDE for ARM 通过 ULINK USB－JTAG 仿真器连接实验板，打开实验例程目录 4.3_int_test 子目录下的 int_test. Uv2 例程，编译链接工程.

③ 根据 ReadMe 目录下的 ReadMeCommon. txt 及 readme. txt 文件配置集成开发环境(工程默认已经配置正确)，点击工具栏“ ”，在 Option for Target 对话框的 Linker 页中选择 RuninRAM. sct 分散加载文件，点击 MDK 的 Debug 菜单，选择 Start/Stop Debug Session 项或点击工具栏“ ”，下载工程生成的. axf 文件到目标板的 RAM 中调试运行.

④ 如果需要将程序烧写固化到 Flash 中，仅需要更改分散加载文件即可(慎用!!! 这一步的操作将会破坏 Flash 中原有固化程序，建议实验中不操作). 在 Option for Target 对话框的 Linker 页中选择 RuninFlash. sct 分散加载文件，重新编译工程，点击 MDK 的 Flash 菜单，选择 Download 烧写调试代码到目标系统的 Nor Flash 中，重启实验板，实验板将会运行烧写到 Nor Flash 中的代码.

⑤ 点击 Peripherals 菜单→Interrupt Controller，打开中断控制器的窗口，在试验中观察中断控制寄存器的值的变化，如下图 7-5 所示.

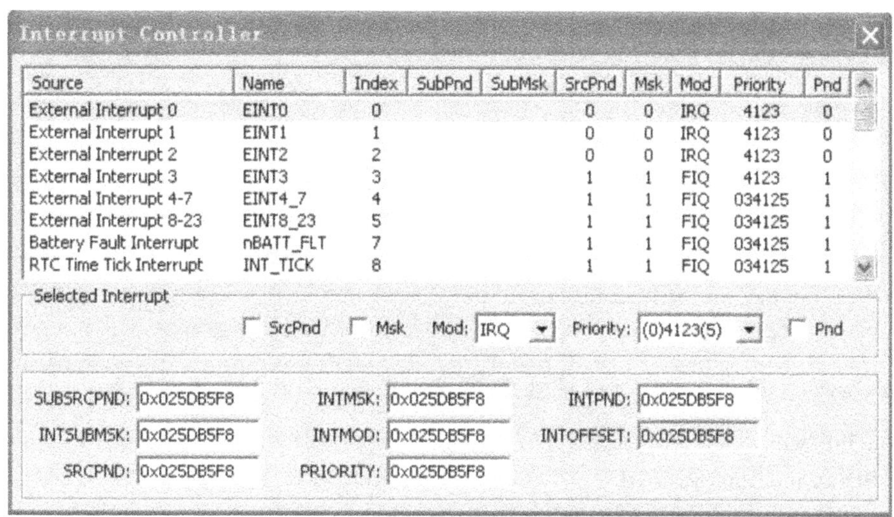

图 7-5　μVision IDE 中断控制器窗口

⑥ 在工程管理窗口中双击 int_test.c 就会打开该文件，分别在两个中断服务程序的第一行语句处设置断点，在函数 int_test()的函数调用语句" int_init();"处设置断点，点击菜单 Debug→ Run 或 F5 键运行程序，程序正确运行后，会在超级终端上输出如下信息：

```
boot success...


External Interrupt Test Example
1.L－LEVEL  2.H－LEVEL  3.F－EDGE(default here)  4.R－EDGE  5.B－EDGE
Select number to change the external interrupt type:
Press the Buttons (SB1202/SB1203)to test...
Press SPACE(PC)to exit...
```

⑦ 程序停留在断点处，在超级终端界面，使用 PC 键盘，输入所需设置的中断触发方式(默认 3)后，在程序界面按 F10，此时注意观察图 7-5 中中断控制寄存器的值，即中断配置情况；如果选择 2，是高电平，则一直有中断.

⑧ 连续按 F10，当前光标运行到(while(g_nKeyPress&(g_nKeyPress<6)))，等待按下按钮产生中断；当按下 SB1202/或 SB1203 后，按 F10 两次，程序停留到中断服务程序入口的断点，再次观察图 7-5 中中断控制寄存器的值，右击 INTERRUPT，刷新寄存器窗口，注意观察各个值在程序运行前后的变化(提示：中断申请标志位应该被置位).

⑨ 去掉断点，重新下载执行程序，按下数字键选择相应的中断触发方式，按下按键 SB1202 或 SB1203，在超级终端的主窗口中观察输出结果是否与事实相符.

⑩ 选择不同的外部中断信号触发方式，观察不同中断触发方式按下 SB1202 或 SB1203 时，超级终端输出中断情况.

⑪ 结合实验内容和实验原理部分，掌握 ARM 处理器中断操作过程，如中断使能、设置中断触发方式和中断源识别等，重点理解 ARM 处理器的中断响应及中断处理的过程.

(4) 观察实验结果.

等待选择输入所需中断方式设置,如下图所示.

```
boot success...

External Interrupt Test Example
1.L-LEVEL  2.H-LEVEL  3.F-EDGE(default here)  4.R-EDGE  5.B-EDGE
Select number to change the external interrupt type:
Press the Buttons (SB1202/SB1203)to test...
Press SPACE(PC)to exit...
```

在 PC 键盘上输入 3 选择下降沿触发,并按下按钮 SB1202,如下图所示.

```
3.F-EDGE
EINT0 interrupt occurred.
end.
```

按下 SB1203 键,超级终端主窗口中继续显示,如下图所示.

```
External Interrupt Test Example
1.L-LEVEL  2.H-LEVEL  3.F-EDGE(default here)  4.R-EDGE  5.B-EDGE
Select number to change the external interrupt type:
Press the Buttons (SB1202/SB1203)to test...
Press SPACE(PC)to exit...
EINT11 interrupt occurred.
end.
```

其他选择类似.

（1）实验参考程序及流程图.

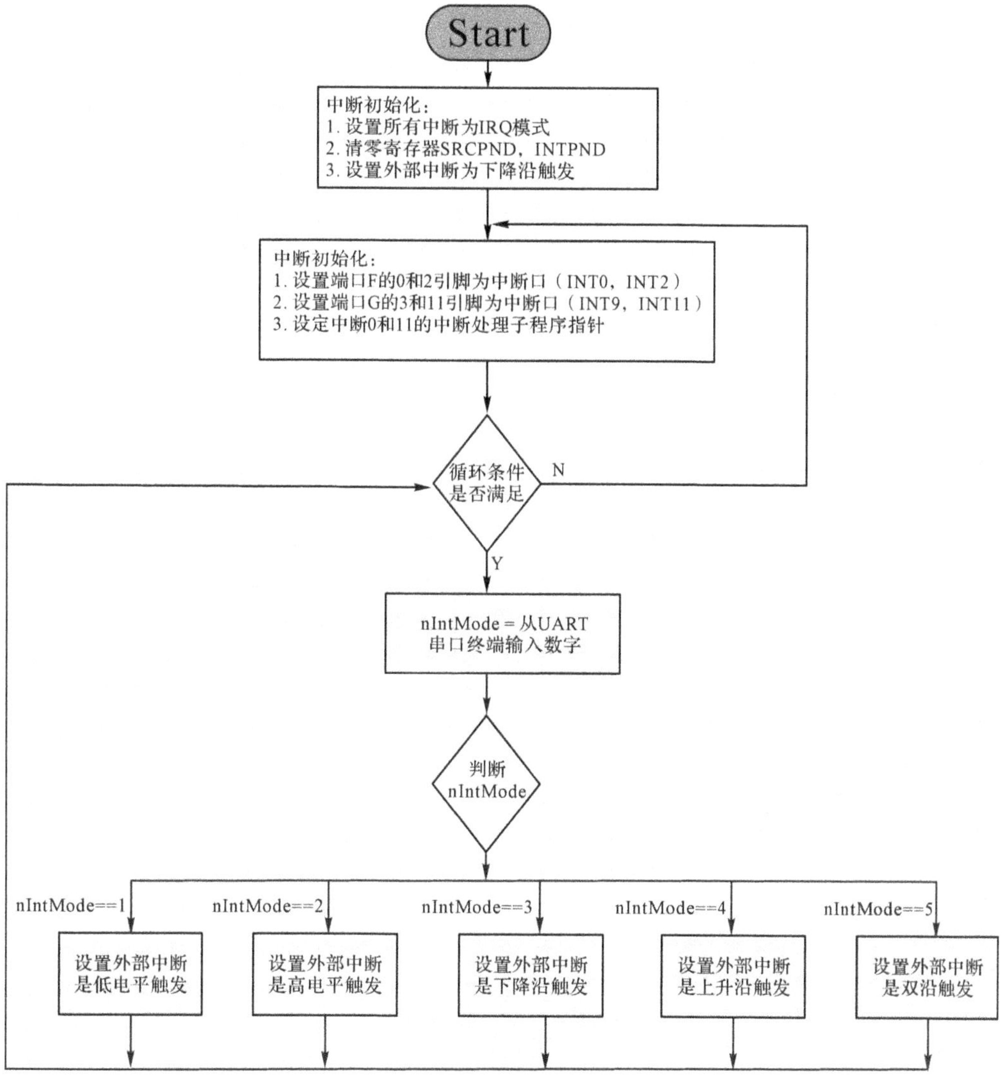

Start

中断初始化：
1. 设置所有中断为IRQ模式
2. 清零寄存器SRCPND，INTPND
3. 设置外部中断为下降沿触发

中断初始化：
1. 设置端口F的0和2引脚为中断口（INT0，INT2）
2. 设置端口G的3和11引脚为中断口（INT9，INT11）
3. 设定中断0和11的中断处理子程序指针

循环条件是否满足　N　Y

nIntMode＝从UART串口终端输入数字

判断nIntMode

nIntMode==1　设置外部中断是低电平触发

nIntMode==2　设置外部中断是高电平触发

nIntMode==3　设置外部中断是下降沿触发

nIntMode==4　设置外部中断是上升沿触发

nIntMode==5　设置外部中断是双沿触发

图 7-6　中断实验主函数流程图

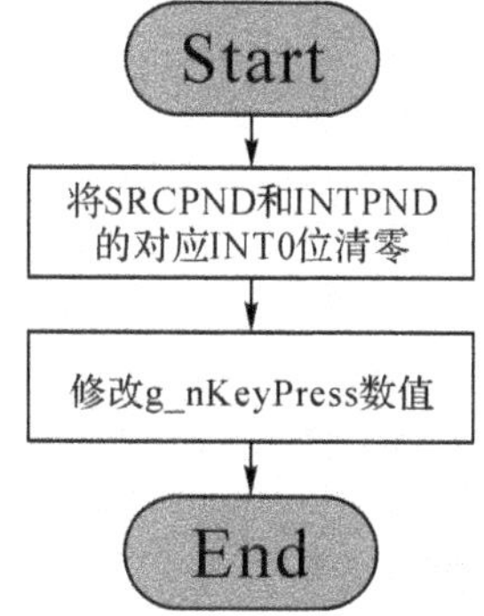

图 7-7　中断 INT0 处理子程序流程图

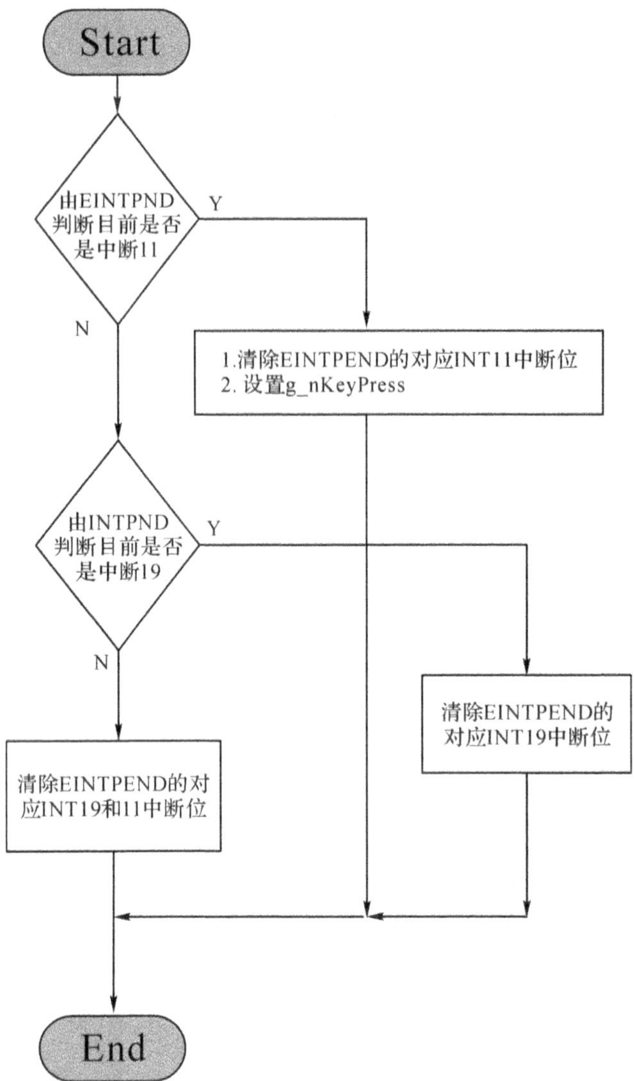

图 7-8　中断 INT11 子程序流程图

代码

(1) 中断初始化程序.

```
/***************************************************************************
* name:          int_init
* func:          Interrupt initialize
* para:          none
* ret:           none
* modify:
* comment:
*          EINT0 —— SB202    EINT11 —— SB203
***************************************************************************/
void int_init(void)
```

```
{
    rSRCPND = rSRCPND;                                    // clear all interrupt
    rINTPND = rINTPND;                                    // clear all interrupt

rGPFCON = (rGPFCON & 0xffcc)| (1<<5)| (1<<1);      // PF0/2 = EINT0/2
rGPGCON = (rGPGCON & 0xff3fff3f)| (1<<23)| (1<<7);// PG3/11 = EINT11/19

pISR_EINT0      = (UINT32T)int0_int;          // isrEINT0;
pISR_EINT8_23 = (UINT32T)int11_int;        // isrEINT11_19;

rEINTPEND = 0xffffff;
rSRCPND     = BIT_EINT0 | BIT_EINT8_23;       //to clear the previous pending states
rINTPND     = BIT_EINT0 | BIT_EINT8_23;

rEXTINT0 = (rEXTINT0 & ~((7<<8)   | (0x7<<0)))| 0x2<<8 | 0x2<<0;
rEXTINT1 = (rEXTINT1 & ~(7<<12))| 0x2<<12;

rEINTMASK &= ~(1<<11);
rINTMSK   &= ~(BIT_EINT0 | BIT_EINT8_23);
}

/****************************************
* name:          int_test
* func:          Extern interrupt test
* para:          none
* ret:           none
* modify:
* comment:
*               EINT0 —— SB202    EINT11 —— SB203
****************************************/
void int_test(void)
{
    int nIntMode;

uart_printf("\n External Interrupt Test Example\n ");
uart_printf(" 1. L-LEVEL   2. H-LEVEL   3. F-EDGE(default here)   4. R-EDGE   5. B-EDGE\n ");
uart_printf(" Select number to change the external interrupt type:");
uart_printf(" \nPress the Buttons (SB1202/SB1203)to test...\n ");
uart_printf(" Press SPACE(PC)to exit...\n ");

int_init();
g_nKeyPress = 3;                    // only 3 times test (for board test)
```

```
while(g_nKeyPress&(g_nKeyPress<6))// SB1202/SB1203 to exit board test
{
    nIntMode = uart_getkey();

    switch(nIntMode)
    {
    case '1':
        uart_printf(" 1.L-LEVEL\n ");
        // EINT0/2=low level triggered,EINT11=low level triggered
        rEXTINT0 = (rEXTINT0 & ~((7<<8)|(0x7<<0)))|0x0<<8 | 0x0<<0;
        rEXTINT1 = (rEXTINT1 & ~(7<<12))| 0x0<<12;
        break;
    case '2':
        uart_printf(" 2.H-LEVEL\n ");
        // EINT0/2=high level triggered,EINT11=high level triggered
        rEXTINT0 = (rEXTINT0 & ~((7<<8)|(0x7<<0)))| 0x1<<8 | 0x1<<0;
        rEXTINT1 = (rEXTINT1 & ~(7<<12))| 0x1<<12;
        break;
    case '3':
        uart_printf(" 3.F-EDGE\n ");
        // EINT0/2=falling edge triggered,EINT11=falling edge triggered
        rEXTINT0 = (rEXTINT0 & ~((7<<8)  | (0x7<<0)))| 0x2<<8 | 0x2<<0;
        rEXTINT1 = (rEXTINT1 & ~(7<<12))| 0x2<<12;
        break;
    case '4':
        uart_printf(" 4.R-EDGE\n ");
        // EINT0/2=rising edge triggered,EINT11=rising edge triggered
        rEXTINT0 = (rEXTINT0 & ~((7<<8)  | (0x7<<0)))| 0x4<<8 | 0x4<<0;
        rEXTINT1 = (rEXTINT1 & ~(7<<12))| 0x4<<12;
        break;
    case '5':
        uart_printf(" 5.B-EDGE\n ");
        // EINT0/2=both edge triggered,EINT11=both edge triggered
        rEXTINT0 = (rEXTINT0 & ~((7<<8)  | (0x7<<0)))| 0x6<<8 | 0x6<<0;
        rEXTINT1 = (rEXTINT1 & ~(7<<12))| 0x6<<12;
        break;
    case ' ':
        return;
    default:
        break;
    }
    delay(10000);
}
```

```
uart_printf(" end.\n ");
}
```

(2) 中断服务程序.

```
/*****************************************
* name:        int0_int
* func:        EXTINT0 interrupt service routine
* para:        none
* ret:         none
* modify:
* comment:
*****************************************/
void _irq int0_int(void)
{
    uart_printf(" EINT0 interrupt occurred.\n ");
    ClearPending(BIT_EINT0);
    if(g_nKeyPress)
        g_nKeyPress-=1;
}

/*****************************************
* name:        int11_int
* func:        EXTINT11 interrupt service routine
* para:        none
* ret:         none
* modify:
* comment:
*****************************************/
void _irq int11_int(void)
{
    if(rEINTPEND==(1<<11))
    {
     uart_printf(" EINT11 interrupt occurred.\n ");
     rEINTPEND=(1<<11);
     if(g_nKeyPress<20)
         g_nKeyPress+=1;
     else
         g_nKeyPress=0;
    }
else if(rEINTPEND==(1<<19))
{
     uart_printf(" EINT19 interrupt occurred.\n ");
     rEINTPEND=(1<<19);
```

```
    }
    else
    {
        uart_printf(" rEINTPEND=0x%x\n ",rEINTPEND);
        rEINTPEND=(1<<19)|(1<<11);
    }
    ClearPending(BIT_EINT8_23);
    }
```

7.3.7 练习题

1. 熟悉 S3C2410X 芯片的时钟控制器及其相关的寄存器,掌握中断响应的完整过程.
2. 编写程序实现:按下 SB1202 或 SB1203 后点亮实验系统的 LED 一段时间后熄灭.

7.4 串口通信实验

7.4.1 实验目的

(1) 了解 S3C2410X 处理器 UART 相关控制寄存器的使用.
(2) 熟悉 ARM 处理器系统硬件电路中 UART 接口的设计方法.
(3) 掌握 ARM 处理器串行通信的软件编程方法.

7.4.2 实验设备

(1) 硬件:Embest EduKit－Ⅲ实验平台,ULINK USB－JTAG 仿真器套件,PC.
(2) 软件:μVision IDE for ARM 集成开发环境,Windows 98/2000/NT/XP/7.

7.4.3 实验内容

(1) 编写 S3C2410X 处理器的串口通信程序.
(2) 监视串行口 UART0 动作.
(3) 将从 UART0 接收到的字符串回送显示.

7.4.4 实验原理

(1) UART 原理.
UART 原理请参考 6.4.
(2) 电路设计.

本教学实验平台的电路中,UART0 串口电路如图 7-9 所示,UART0 只采用两根接线 RXD0 和 TXD0,因此只能进行简单的数据传输及接收功能. UART0 则采用 MAX3221E 作为电平转换器.

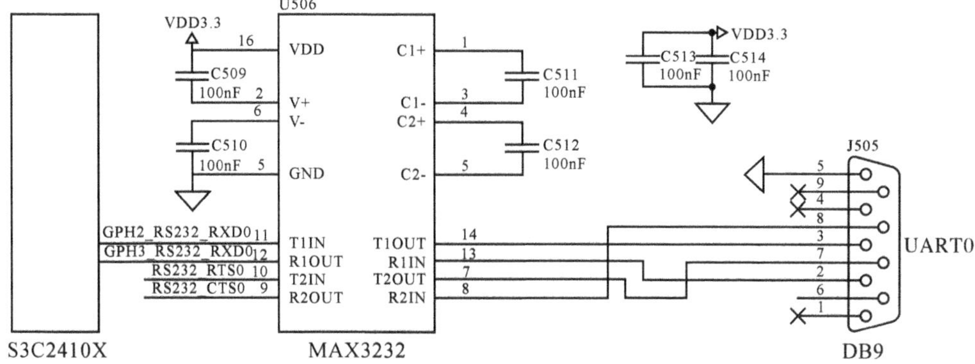

图 7-9　UART0 与 S3C2410 的连接图

7.4.5　UART 初始化代码

下面列出的两个函数，是我们本实验用到的两个主要函数，包括 UART 初始化，字符的接收函数，希望大家仔细阅读，理解每一行的含义. 这几个函数可以在例程目录下\common\include\2410lib. c 文件内找到.

```
void uart_init(int nMainClk,int nBaud,int nChannel)
{
    int i;

    if(nMainClk == 0)
    nMainClk    = PCLK;

    switch (nChannel)
    {
        case UART0:
            rUFCON0 = 0x0;   //UART channel 0 FIFO control register,FIFO disable
            rUMCON0 = 0x0;   //UART channel 0 MODEM control register,AFC disable
            rULCON0 = 0x3;   //Line control register : Normal,No parity,1 stop,8 bits
            rUCON0 = 0x245;  // Control register
            rUBRDIV0=((int)(nMainClk/16./nBaud+0.5)-1); // Baud rate divisior register 0
            break;

        case UART1:
            rUFCON1 = 0x0;   //UART channel 1 FIFO control register,FIFO disable
            rUMCON1 = 0x0;   //UART channel 1 MODEM control register,AFC disable
            rULCON1 = 0x3;
            rUCON1 = 0x245;
            rUBRDIV1=((int)(nMainClk/16./nBaud)-1);
            break;
```

```
        case UART2:
            rULCON2 = 0x3;
            rUCON2 = 0x245;
            rUBRDIV2=((int)(nMainClk/16./nBaud)-1);
            rUFCON2 = 0x0;    //UART channel 2 FIFO control register,FIFO disable
            break;

        default:
            break;
    }

    for(i=0;i<100;i++);
    delay(0);
}
```

下面是接收字符的实现函数：

```
/*****************************************
* name:         uart_getch
* func:         Get a character from the uart
* para:         none
* ret:          get a char from uart channel
* modify:
* comment:
*****************************************/
char uart_getch(void)
{
    if(f_nWhichUart==0)
    {
        while(! (rUTRSTAT0 & 0x1)); //Receive data ready
        return RdURXH0();
    }
    else if(f_nWhichUart==1)
    {
        while(! (rUTRSTAT1 & 0x1)); //Receive data ready
        return RdURXH1();
    }
    else if(f_nWhichUart==2)
    {
        while(! (rUTRSTAT2 & 0x1)); //Receive data ready
        return RdURXH2();
    }
}
```

7.4.6 实验操作步骤

(1) 准备实验环境.

使用 ULINK USB-JTAG 仿真器连接到目标板上.使用 Embest EduKit-Ⅲ实验板附带的串口线,连接实验板上的 UART0 和 PC 的串口.

(2) 串口接收设置.

在 PC 上运行 Windows 自带的超级终端串口通信程序(波特率 115200、1 位停止位、无校验位、无硬件流控制),或者使用其他串口通信程序.

(3) 打开实验例程.

① 拷贝实验平台附带光盘 CD1\CD1_Basic_070615\Software 文件夹到 RealView MDK 软件的安装目录的 Keil\ARM\Boards\Embest\目录下(如果已经拷贝,可跳过此步骤).

② 使用 μVision IDE for ARM 通过 ULINK USB-JTAG 仿真器连接实验板,打开实验例程目录 4.4_uart_test 子目录下的 uart_test. Uv2 例程,编译链接工程.

③ 根据 ReadMe 目录下的 ReadMeCommon. txt 及 readme. txt 文件配置集成开发环境(工程默认已经配置正确),点击工具栏“”,在 Option for Target 对话框的 Linker 页中选择 RuninRAM. sct 分散加载文件,点击 MDK 的 Debug 菜单,选择 Start/Stop Debug Session 项或点击工具栏“”,下载工程生成的. axf 文件到目标板的 RAM 中调试运行.

④ 如果需要将程序烧写固化到 Flash 中,仅需要更改分散加载文件即可(须慎用,这一步的操作将会破坏 Flash 中原有固化程序,建议实验中不操作).在 Option for Target 对话框的 Linker 页中选择 RuninFlash. sct 分散加载文件,重新编译工程,点击 MDK 的 Flash 菜单,选择 Download 烧写调试代码到目标系统的 Nor Flash 中,重启实验板,实验板将会运行烧写到 Nor Flash 中的代码.

⑤ 在超级终端的“Please input words that you want to transmit:”提示后输入想要发送的数据,并以回车作为发送字符串的结尾标志.

⑥ 继续运行程序,直至程序的结尾.

⑦ 结合实验内容和实验原理部分,熟练掌握 S3C2410A 处理器 UART 模块的使用.

(4) 观察实验结果.

在执行到第⑤步时,可以看到超级终端上输出等待输入字符.

```
boot success...


UART0 Communication Test Example
Please input words,then press Enter:
  />
```

如果输入字符就会马上显示在超级终端上(假设输入为 abcdefg),输入回车符后打印一整串字符:

```
The words that you input are:
abcdefg
```

7.4.7 实验参考程序及流程图

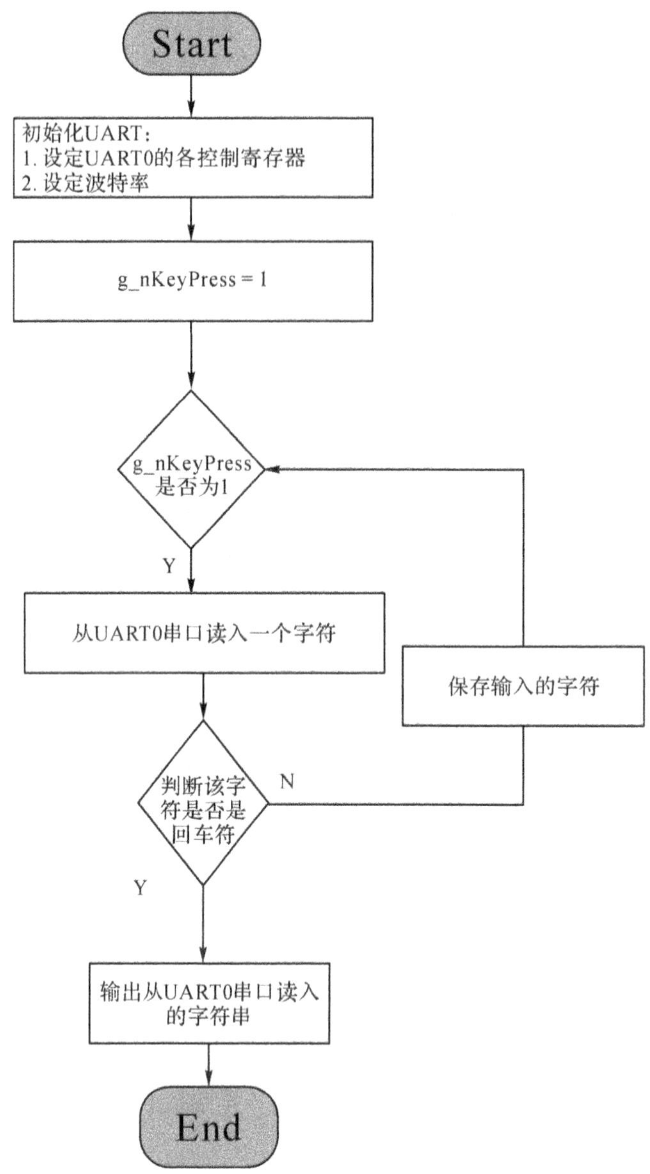

图 7-10 串口通信实验流程图

代码

```
/*****************************************
* File:        uart_communication.c
* Author:      embest
* Desc:        uart test file
* History:
*              R.X.Huang,Programming modify,March 12,2005
```

```
*************************************************************************/
/*                          include files                               */
#include "2410lib.h"
/*                          function declare                            */
/************************************************************************
* name:        uart0_test
* func:        uart test function
* para:        none
* ret:         none
* modify:
* comment:
*************************************************************************/
void uart0_test()
{
    char cInput[256];
    U8 ucInNo=0;
    char c;
    uart_init(0,115200,0);
    uart_printf("\n UART0 communication test!! \n");
    uart_printf(" Please input words that you want to transmit:\n");
    uart_printf(" ");
    g_nKeyPress = 1;
    while(g_nKeyPress==1)              // only for board test to exit
    {
        c=uart_getch();
        //uart_sendbyte(c);
        uart_printf("%c",c);
        if(c!='\r')
            cInput[ucInNo++]=c;
        else
        {
            cInput[ucInNo]='\0';
            break;
        }
    }
    delay(1000);
    uart_printf(" The words that you input are:\n");
    uart_printf(cInput);
}
```

串口通信函数库中的其他函数：

```
void uart_getString(char * pString);
int uart_getintnum(void);
```

```
void uart_sendbyte(int nData);
void uart_sendstring(char *pString);
```

这些函数的详细定义,请参考\common\include\2410lib.c.

7.4.8 练习题

1. 编写程序实现在 LCD 上显示从串口接收到的字符.
2. 思考题:怎样在本例程的基础上,增加错误检测功能?

7.5 数码管显示实验

7.5.1 实验目的

(1) 通过实验掌握 LED 的显示控制方法.
(2) 通过实验加深对 IIC 总线工作原理的掌握.

7.5.2 实验设备

(1) 硬件:Embest EduKit－Ⅲ实验平台,ULINK USB－JTAG 仿真器套件,PC.
(2) 软件:μVision IDE for ARM 集成开发环境,Windows 98/2000/NT/XP/7.

7.5.3 实验内容

编写程序使实验板上八段数码管循环显示 0～9 字符.

7.5.4 实验原理

(1) 八段数码管.

嵌入式系统中,经常使用八段数码管来显示数字或符号,由于它具有显示清晰、亮度高、使用电压低、寿命长的特点,因此使用非常广泛.

① 结构.

八段数码管由八个发光二极管组成,其中七个长条形的发光管排列成"日"字形,右下角一个点形的发光管作为显示小数点用,八段数码管能显示所有数字及部分英文字母. 见图 7-11.

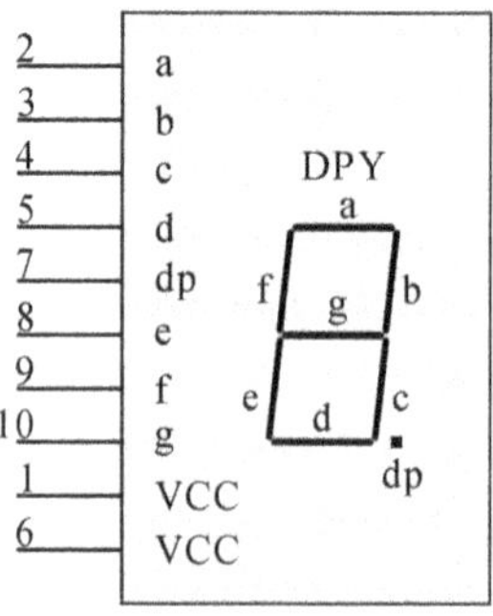

图 7-11 八段数码管的结构

② 类型.

八段数码管有两种不同的形式:一种是八个发光二极管的阳极都连在一起的,称之为共阳极八段数码管;另一种是八个发光二极管的阴极都连在一起的,称之为共阴极八段数码管.

③ 工作原理.

以共阳极八段数码管为例,当控制某段发光二极管的信号为低电平时,对应的发光二极管点亮,当需要显示某字符时,就将该字符对应的所有二极管点亮;共阴极二极管则相反,控制信号为高电平时点亮.

电平信号按照 dp,g,e,…,a 的顺序组合形成的数据字称为该字符对应的段码,常用字符的段码表如下:

表 7-2 常用字符的段码表

字符	dp	g	f	e	d	c	b	a	共阴极	共阳极
0	0	0	1	1	1	1	1	1	3FH	C0H
1	0	0	0	0	0	1	1	0	06H	F9H
2	0	1	0	1	1	0	1	1	5BH	A4H
3	0	1	0	0	1	1	1	1	4FH	B0H
4	0	1	1	0	0	1	1	0	66H	99H
5	0	1	1	0	1	1	0	1	6DH	92H
6	0	1	1	1	1	1	0	1	7DH	82H
7	0	0	0	0	0	1	1	1	07H	F8H
8	0	1	1	1	1	1	1	1	7FH	80H
9	0	1	1	0	1	1	1	1	6FH	90H
A	0	1	1	1	0	1	1	1	77H	88H
B	0	1	1	1	1	1	0	0	7CH	83H
C	0	0	1	1	1	0	0	1	39H	C6H
D	0	1	0	1	1	1	1	0	5EH	A1H
E	0	1	1	1	1	0	0	1	79H	86H
F	0	1	1	1	0	0	0	1	71H	8EH
—	0	1	0	0	0	0	0	0	40H	BFH
.	1	0	0	0	0	0	0	0	80H	7FH
熄灭	0	0	0	0	0	0	0	0	00H	FFH

④ 显示方式.

八段数码管的显示方式有两种,分别是静态显示和动态显示.

静态显示是指当八段数码管显示一个字符时,该字符对应段的发光二极管控制信号一直保持有效.

动态显示是指当八段数码管显示一个字符时,该字符对应段的发光二极管是轮流点亮的,即控制信号按一定周期有效,在轮流点亮的过程中,点亮时间是极为短暂的(约1ms),由于人的视觉暂留现象及发光二极管的余辉效应,数码管的显示依然是非常稳定的.

(2) IIC 原理.

IIC 原理请参考 6.5.

(3) 电路原理.

Embest EduKit—Ⅲ教学电路中使用的是共阴极八段数码管.数码管的显示由芯片ZLG7290 进行控制,它的 DIG1～DIG8 引脚输出 LED 显示所需的位驱动信号,而 SEGA～SEGG 及 DP 引脚输出 LED 显示所需的段驱动信号.相关电路见图 7-12 和图 7-13.

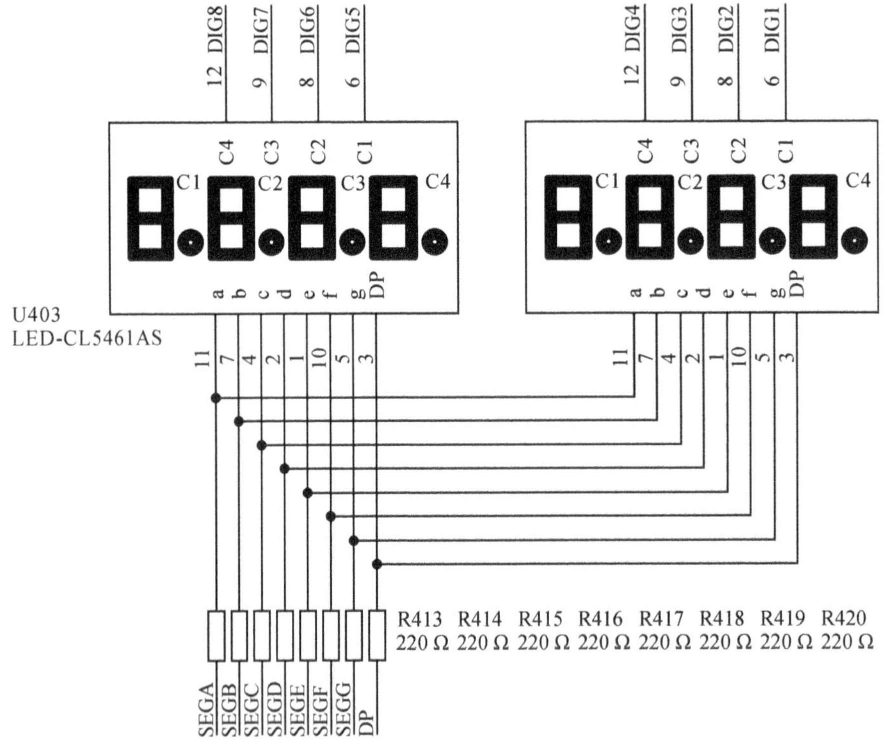

图 7-12　八段数码管连接电路

(4) 软件程序设计.

八段数码管上显示的字符段码储存在数组 f_szDigital[]中,通过 IIC 总线依次将它们写入到 ZLG7290 芯片的显示缓存寄存器(DpRam0～DpRam7)中,即可完成字符在八段数码管上的显示.

① IIC 中断使能设置.

由于 LED 的段码是通过 IIC 总线传输的,需要采用中断方式来检测每个字节的传输,所以需要定义中断处理程序入口,使能中断.具体的实现方法如下:

```
rINTMSK = rINTMSK & (~(BIT_ALLMSK|BIT_IIC)); //使能中断
pISR_IIC = (unsigned)iic_int; //将 IIC 中断处理程序指针指向 iic_int
```

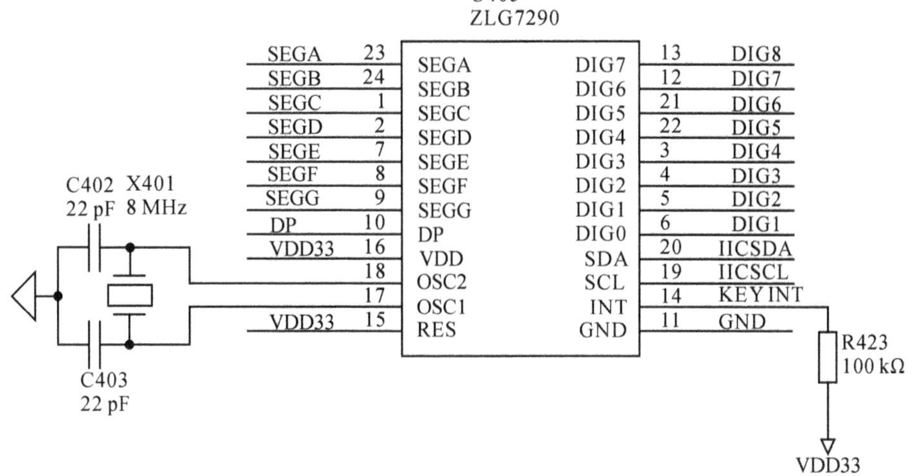

图 7-13　八段数码管控制电路

② 初始化 IIC 接口.

初始化 IIC 接口就是对 IIC 的相关寄存器进行初始设置. 如下所示：

```
rIICADD = 0x10;     // S3C2410X 从设备地址
rIICCON = 0xef;     // 使能 ACK 和 IIC 总线中断,设置 IICCLK 为
                    // MCLK/512,清除 pending 位以便响应中断.
rIICSTAT= 0x10;     // 使能发送/接收中断
```

③ iic_write()函数介绍.

函数原型:void iic_write(UINT32T unSlaveAddr,UINT32T unAddr,UINT8T ucData)

参数说明:unSlaveAddr ——输入,IIC 从设备地址(ZLG7290 地址为 0x70H)

unAddr——输入,数据地址(即 ZLG7290 显示缓冲区地址 0x10H～0x17H)

ucData——输入,数据值

函数返回值：NULL

所以,通过函数 iic_write(0x70,0x10+i,f_szDigital[k])即可将数组 f_szDigital[]中的第 k+1 个元素为段码的字符显示在第 i 个八段数码管上.

7.5.5　实验方法与操作步骤

(1) 准备实验环境.

使用 ULINK USB－JTAG 仿真器连接到目标板上. 使用 Embest EduKit－Ⅲ实验板附带的串口线,连接实验板上的 UART0 和 PC 的串口.

(2) 串口接收设置.

在 PC 上运行 Windows 自带的超级终端串口通信程序(波特率 115200、1 位停止位、无校验位、无硬件流控制),或者使用其他串口通信程序.

(3) 打开实验例程.

① 拷贝实验平台附带光盘 CD1\CD1_Basic_070615\Software 文件夹到 RealView MDK 软件的安装目录的 Keil\ARM\Boards\Embest\目录下(如果已经拷贝,可跳过此步骤).

② 使用 μVision IDE for ARM 通过 ULINK USB－JTAG 仿真器连接实验板，打开实验例程目录 4.6_8led_test 子目录下的 8led_test.Uv2 例程，编译链接工程成功.

③ 根据 ReadMe 目录下的 ReadMeCommon.txt 及 readme.txt 文件配置集成开发环境(工程默认已经配置正确)，点击工具栏""，在 Option for Target 对话框的 Linker 页中选择 RuninRAM.sct 分散加载文件，点击 MDK 的 Debug 菜单，选择 Start/Stop Debug Session 项或点击工具栏""，下载工程生成的.axf 文件到目标板的 RAM 中调试运行.

④ 如果需要将程序烧写固化到 Flash 中，仅需要更改分散加载文件即可(须慎用，这一步的操作将会破坏 Flash 中原有固化程序，建议实验中不操作). 在 Option for Target 对话框的 Linker 页中选择 RuninFlash.sct 分散加载文件，重新编译工程，点击 MDK 的 Flash 菜单，选择 Download 烧写调试代码到目标系统的 Nor Flash 中，重启实验板，实验板将会运行烧写到 Nor Flash 中的代码.

⑤ 点击 Debug 菜单的 Go 或 F5 键运行程序.

(4) 观察实验结果.

① 在 PC 上观察超级终端程序主窗口，可以看到如下界面：

```
boot success...
8-segment Digit LED Test Example (Please look at LED)
```

② 实验系统八段数码管循环显示 0～9 字符.

7.5.6 实验参考程序及流程图

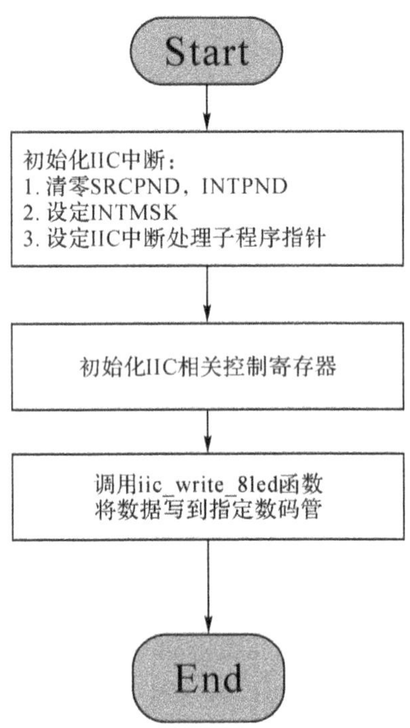

图 7-14 数码管显示实验主程序流程图

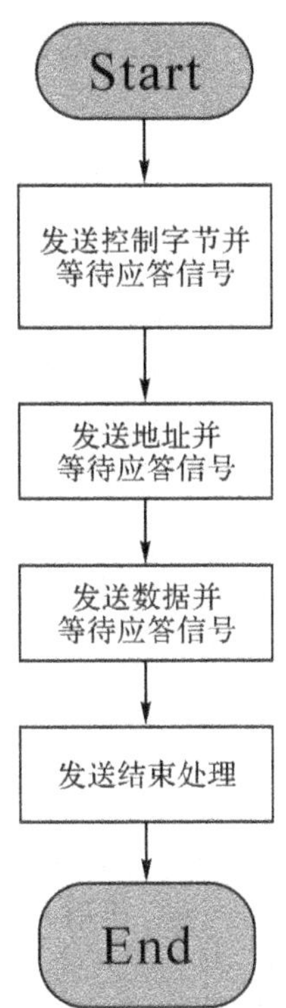

图 7-15　数码管显示 iic_write_8led 函数流程图

(1) LED 测试程序.

```
/****************************************
* name:        led8_test
* func:        test 8led
* para:        none
* ret:         none
* modify:
* comment:
****************************************/
void led8_test(void)
{
    int i,j,k;
    iic_init();
    for(;;)
    {
        for(j=0; j<10; j++)
        {
            for(i=0; i<8; i++)
            {
                k = 9-(i+j)%10;
                iic_write(0x70,0x10+i,f_szDigital[k]);
```

```
                }
                delay(10000);
            }
        }
    }
```

(2) IIC 总线读写程序.

```
/*******************************************
* name:       iic_write_8led()
* func:       write data to iic
* para:       unSlaveAddr —— input,chip slave address
*             unAddr —— input,data address
*             ucData —— input,data value
* ret:        none
* modify:
* comment:
********************************************/
void iic_write_8led(UINT32T unSlaveAddr,UINT32T unAddr,UINT8T ucData)
{
  f_nGetACK = 0;

  // Send control byte
  rIICDS = unSlaveAddr;                 // 0x70
  rIICSTAT = 0xf0;                      // Master Tx,Start
  while(f_nGetACK == 0);                // Wait ACK
  f_nGetACK = 0;

  // Send address
  rIICDS = unAddr;
  rIICCON = 0xef;                       // Resumes IIC operation.
  while(f_nGetACK == 0);                // Wait ACK
  f_nGetACK = 0;

  // Send data
  rIICDS = ucData;
  rIICCON = 0xef;                       // Resumes IIC operation.
  while(f_nGetACK == 0);                // Wait ACK
  f_nGetACK = 0;

  // End send
  rIICSTAT = 0xd0;                      // Stop Master Tx condition
  rIICCON = 0xef;                       // Resumes IIC operation.
  delay(5) ;                            // Wait until stop condtion is in effect.
```

```
}
/*****************************************
* name:        iic_read_8led()
* func:        read data from iic
* para:        unSlaveAddr —— input,chip slave address
*              unAddr —— input,data address
*              pData —— output,data pointer
* ret:         none
* modify:
* comment:
*****************************************/
void iic_read_8led(UINT32T unSlaveAddr,UINT32T unAddr,UINT8T *pData)
{
  char cRecvByte;
  f_nGetACK = 0;

  // Send control byte
  rIICDS = unSlaveAddr;                    // Write slave address to IICDS
  rIICSTAT = 0xf0;                         // Master Tx,Start
  while(f_nGetACK == 0);                   // Wait ACK
  f_nGetACK = 0;

  // Send address
  rIICDS = unAddr;
  rIICCON = 0xef;                          // Resumes IIC operation.
  while(f_nGetACK == 0);                   // Wait ACK
  f_nGetACK = 0;

  // Send control byte
  rIICDS = unSlaveAddr;                    // 0x70
  rIICSTAT = 0xb0;                          // Master Rx,Start
  rIICCON = 0xef;                         // Resumes IIC operation.
  while(f_nGetACK == 0);                 // Wait ACK
  f_nGetACK = 0;

  // Get data
  cRecvByte = rIICDS;
  rIICCON = 0x2f;
  delay(1) ;

  // Get data
  cRecvByte = rIICDS;
```

```
    // End receive
    rIICSTAT = 0x90;                          // Stop Master Rx condition
       CCON = 0xef;                           // Resumes IIC operation.
       delay(5) ;                             // Wait until stop condtion is in effect.

     * pData = cRecvByte;
  }
```

7.5.7 练习题

编写程序首先从左到右显示 1、2、3、4、5、6、7、8，然后全部熄灭，再从右向左显示 1、2、3、4、5、6、7、8，之后循环往复.

7.6 A/D 转换实验

7.6.1 实验目的

(1) 通过实验掌握模数转换(A/D)的原理.

(2) 掌握 S3C2410X 处理器的 A/D 转换功能.

7.6.2 实验设备

(1) 硬件：Embest EduKit—Ⅲ实验平台，ULINK USB—JTAG 仿真器套件，PC.

(2) 软件：μVision IDE for ARM 集成开发环境，Windows 98/2000/NT/XP/7.

7.6.3 实验内容

设计分压电路，利用 S3C2410X 集成的 A/D 模块，把分压值转换为数字信号，并通过超级终端和数码管观察转换结果.

7.6.4 实验原理

(1) A/D 转换器.

A/D 转换器原理请参考 6.6.

(2) 分压电路设计.

分压电路比较简单，为了保证电压转换时是稳定的，可以直接调节可变电阻得到稳定的电压值. Embest EduKit—Ⅲ实验平台的分压电路见图 7-16.

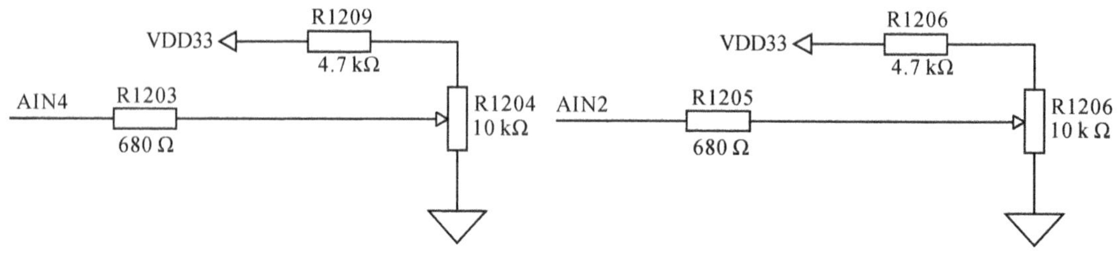

图 7-16 分压电路

(3) 软件程序设计.

实验主要是对 S3C2410X 中的 A/D 模块进行操作,所以软件程序也主要是对 A/D 模块中的寄存器进行操作,其中包括对 ADC 控制寄存器(ADCCON)、ADC 数据寄存器(ADCDAT)的读写操作.同时为了观察转换结果,可以通过串口在超级终端里面观察.

7.6.5 实验操作步骤

(1) 准备实验环境.

使用 ULINK USB-JTAG 仿真器连接目标板,使用 Embest EduKit-Ⅲ实验板附带的串口线,连接实验板上的 UART0 和 PC 的串口.

(2) 串口接收设置.

在 PC 上运行 Windows 自带的超级终端串口通信程序(波特率 115200、1 位停止位、无校验位、无硬件流控制),或者使用其他串口通信程序.

(3) 打开实验例程.

① 拷贝实验平台附带光盘 CD1\CD1_Basic_070615\Software 文件夹到 RealView MDK 软件的安装目录的 Keil\ARM\Boards\Embest\目录下(如果已经拷贝,可跳过此步骤).

② 使用 μVision IDE for ARM 通过 ULINK USB-JTAG 仿真器连接实验板,打开实验例程目录 7.1_adc_test 子目录下的 adc_test. Uv2 例程,编译链接工程.

③ 根据 ReadMe 目录下的 ReadMeCommon. txt 及 readme. txt 文件配置集成开发环境(工程默认已经配置正确),点击工具栏"",在 Option for Target 对话框的 Linker 页中选择 RuninRAM. sct 分散加载文件,点击 MDK 的 Debug 菜单,选择 Start/Stop Debug Session 项或点击工具栏"",下载工程生成的. axf 文件到目标板的 RAM 中调试运行.

④ 如果需要将程序烧写固化到 Flash 中,仅需要更改分散加载文件即可(须慎用,这一步的操作将会破坏 Flash 中原有固化程序,建议实验中不操作).在 Option for Target 对话框的 Linker 页中选择 RuninFlash. sct 分散加载文件,重新编译工程,点击 MDK 的 Flash 菜单,选择 Download 烧写调试代码到目标系统的 Nor Flash 中,重启实验板,实验板将会运行烧写到 Nor Flash 中的代码.

⑤ 点击 Debug 菜单的 Go 或 F5 键运行程序.

(4) 观察实验结果.

① 在 PC 机上观察超级终端程序主窗口,可以看到如下界面:

```
boot success...

[ ADC_IN Test,channel 2]
ADC conv. freq. = 2500000 Hz
Please adjust AIN2 value!
The results of ADC are:
```

② 本实验对 AIN2 输入信号进行 A/D 转换,调节电位器 R1206,可以在超级终端和数码管上观察到变化的数据,本实验使用 start-by-read 模式,每 1 秒钟对数据进行一次采样,共采样 20 个点.超级终端主窗口和数码管显示出采样点的数据经过转换后的结果如下图所示.

```
[ ADC_IN Test,channel 2]
ADC conv. freq. = 2500000 Hz
Please adjust AIN2 value!
The results of ADC are:
3.2742  3.2742  2.9097  1.9452  1.6774  1.6161  1.0871  0.8194  1.2194  1.2806
1.6290  1.6290  1.9161  2.1065  2.2839  2.2871  1.7032  1.1806  0.7161  0.0677
```

7.6.6 实验参考程序及流程图

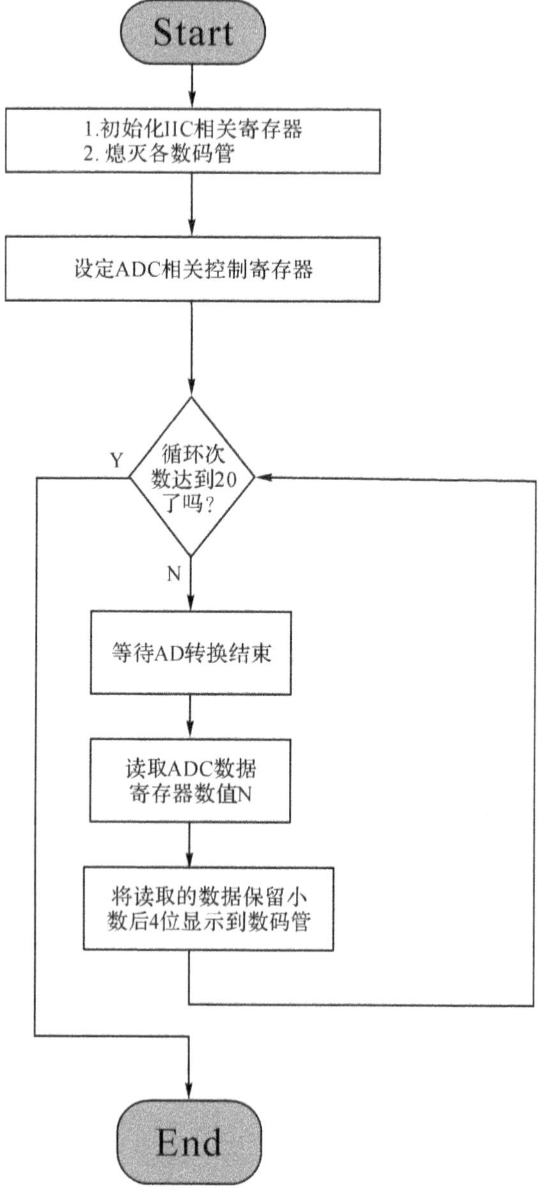

图 7-17 A/D 转换实验流程图

代码

```
#include "2410lib.h"
#define REQCNT 100
#define ADC_FREQ 2500000
#define LOOP 10000
/*------------------------------------------------------------*/
/*                    global variables                    */
/*------------------------------------------------------------*/
volatile UINT8T unPreScaler;
volatile char nEndTest;

extern void iic_init_8led(void);
extern void iic_write_8led(UINT32T unSlaveAddr,UINT32T unAddr,UINT8T ucData);
extern void iic_read_8led(UINT32T unSlaveAddr,UINT32T unAddr,UINT8T *pData);
/****************************************************
* name:        adc_test
* func:        ADC convert test
* para:        none
* ret:         none
* modify:
* comment:
****************************************************/
void adc_test(void)
{
    int i,j;
    UINT16T usConData;
    float usEndData;
     UINT8T f_szDigital[10] ={0xFC,0x60,0xDA,0xF2,0x66,0xB6,0xBE,0xE0,0xFE,
     0xF6};    // 0 ~ 9
    uart_printf("\n Adc Conversion Test Example (Please look at 8-seg LED)\n ");
    iic_init_8led();                              // initialize iic and leds
    for(i=0;i<8;i++)
    iic_write_8led(0x70,0x10+i,0);
    uart_printf(" ADC_IN Test,channel 2\n ");
    uart_printf(" ADC conv. freq. = %dHz\n ",ADC_FREQ);
    unPreScaler = PCLK/ADC_FREQ -1;
  rADCCON=(1<<14)|(unPreScaler<<6)|(2<<3)|(0<<2)|(1<<1);//enable
  prescaler,ain2,normal,start by read
    uart_printf(" Please adjust AIN2 value! \n ");
    uart_printf(" The results of ADC are:\n ");
    usConData=rADCDAT0&0x3FF;
    for(j=0;j<20;j++)                // sample and show data both by UART and leds
```

```
    {
        while(! (rADCCON & 0x8000));
        usConData=rADCDAT0&0x3FF;
        usEndData=usConData * 3.3000/0x3FF;
        uart_printf(" %0.4f ",usEndData);
        iic_write_8led(0x70,0x10+4,f_szDigital[(int)usEndData]+1);
        usEndData=usEndData-(int)usEndData;
        for(i=0;i<4;i++)
        {
            usEndData=usEndData * 10;
            iic_write_8led(0x70,0x10+3-i,f_szDigital[(int)usEndData]);
            usEndData=usEndData-(int)usEndData;
        }
        delay(10000);
    }
    uart_printf(" end.\n ");
}
```

7.6.7 练习题

参考实验程序,采用分压电路,对第四通道的输入电压进行循环采样,循环周期为 0.5 s,并求出采样数据的平均值.

7.7 液晶显示实验

7.7.1 实验目的

(1) 初步掌握液晶屏的使用及其电路设计方法.

(2) 掌握 S3C2410X 处理器的 LCD 控制器的使用.

(3) 通过实验掌握液晶显示文本及图形的方法与程序设计.

7.7.2 实验设备

(1) 硬件:Embest EduKit-Ⅲ实验平台,ULINK USB-JTAG 仿真器套件,PC.

(2) 软件:μVision IDE for ARM 集成开发环境,Windows 98/2000/NT/XP/7.

7.7.3 实验内容

通过使用 Embest EduKit-Ⅲ 实验板的 256 色彩色液晶屏(320×240)进行电路设计,掌握液晶屏作为人机接口界面的设计方法,并编写程序实现以下功能:

(1) 画出多个矩形框.

(2) 显示 ASCII 字符.

(3) 显示汉字字符.

(4) 显示彩色位图.

7.7.4　实验原理

(1) 液晶显示屏(LCD).

液晶屏(Liquid Crystal Display,LCD)主要用于显示文本及图形信息.液晶显示屏具有轻薄、体积小、低耗电量、无辐射危险、平面直角显示以及影像稳定不闪烁等特点,因此在许多电子应用系统中,常使用液晶屏作为人机界面.

① 主要类型及性能参数.

液晶显示屏按显示原理分为STN和TFT两种.

a. STN(Super Twisted Nematic,超扭曲向列)液晶屏.

STN液晶显示器与液晶材料、光线的干涉现象有关,因此显示的色调以淡绿色与橘色为主.STN液晶显示器中,使用X、Y轴交叉的单纯电极驱动方式,即X、Y轴由垂直与水平方向的驱动电极构成,水平方向驱动电压控制显示部分为亮或暗,垂直方向的电极则负责驱动液晶分子的显示.STN液晶显示屏加上彩色滤光片,并将单色显示矩阵中的每一像素分成三个子像素,分别通过彩色滤光片显示红、绿、蓝三原色,也可以显示出色彩.单色液晶屏及灰度液晶屏都是STN液晶屏.

b. TFT(Thin Film Transistor,薄膜晶体管)彩色液晶屏.

随着液晶显示技术的不断发展和进步,TFT液晶显示屏被广泛用于制作成电脑中的液晶显示设备. TFT液晶显示屏既可在笔记本电脑上应用(现在大多数笔记本电脑都使用TFT显示屏),也常用于主流台式显示器.

使用液晶显示屏时,主要考虑的参数有外形尺寸、分辨率、点宽、色彩模式等.以下是Embest EduKit－Ⅲ 实验板所选用的液晶屏(LRH9J515XA STN/BW)的主要参数:

表 7-3　LRH9J515XA STN/BW 液晶屏主要技术参数

<table>
<tr><td>型号</td><td>LRH9J515XA</td><td>外形尺寸</td><td colspan="2">93.8 mm×75.1 mm×5 mm</td><td>重量</td><td>45 g</td></tr>
<tr><td>像素</td><td>320 × 240</td><td>画面尺寸</td><td>9.6 cm(3.8 inch)</td><td>色彩</td><td colspan="2">16级灰度</td></tr>
<tr><td>电压</td><td>21.5 V(25 ℃)</td><td>点宽</td><td>0.24 mm/dot</td><td>附加</td><td colspan="2">带驱动逻辑</td></tr>
</table>

可视屏幕的尺寸及参数示意如图7-18所示.

液晶屏外形如图7-19所示.

② 驱动与显示.

液晶屏的显示要求设计专门的驱动与显示控制电路.驱动电路包括提供液晶屏的驱动电源和液晶分子偏置电压,以及液晶显示屏的驱动逻辑;显示控制部分可由专门的硬件电路组成,也可以采用集成电路(IC)模块,比如EPSON的视频驱动器等,还可以使用处理器外围LCD控制模块.实验板的驱动与显示系统包括S3C2410X片内外设LCD控制器、液晶显示屏的驱动逻辑以及外围驱动电路.

(2) S3C2410X LCD控制器.

① LCD控制器特点.

S3C2410X处理器集成了LCD控制器,主要功能是传输显示数据和产生控制信号,并且它支持屏幕水平和垂直滚动显示.数据的传送采用DMA(直接内存访问)方式,以达到最

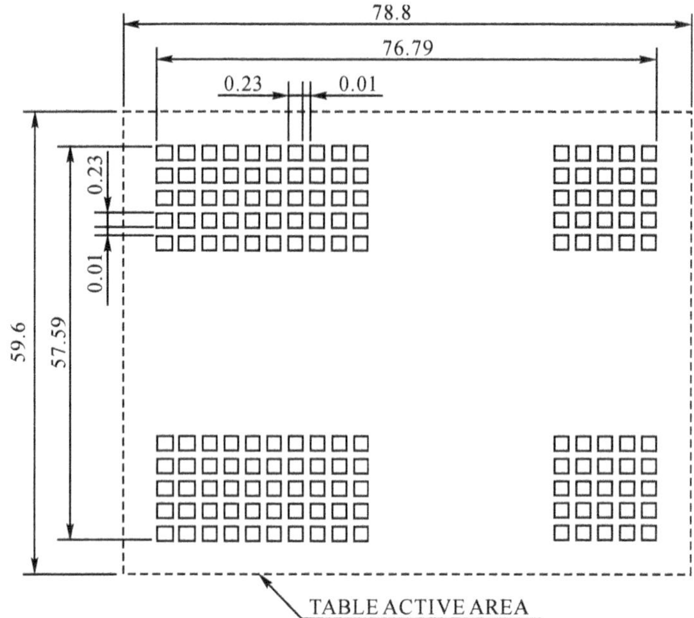

图 7-18　液晶屏参数示意图

图 7-19　LRH9J515XA STN/BW 液晶屏外形

小的延迟.它可以支持多种液晶屏.

STN LCD：

a. 支持 3 种类型的扫描方式:4 位单扫描、4 位双扫描和 8 位单扫描.

b. 支持单色、4 级灰度和 16 级灰度显示.

c. 支持 256 色和 4096 色彩色 STN LCD.

d. 支持多种屏幕大小.

典型的实际屏幕大小是:640×480,320×240,160×160 和其他.

最大虚拟屏幕占内存大小为 4M 字节.

256 色模式下最大虚拟屏幕大小是:4096×1024,2048×2048,1024×4096 和其他.

TFT LCD:

a. 支持 1bpp、2bpp、4bpp 或 8bpp 彩色调色显示.

b. 支持 16bpp 和 24bpp 非调色真彩显示.

c. 在 24bpp 模式下,最多支持 16M 种颜色.

d. 支持多种屏幕大小.

典型的实际屏幕大小是:640×480,320×240,160×160 和其他.

最大虚拟屏幕占内存大小为 4M 字节.

64K 色模式下最大虚拟屏幕大小是:2048×1024 和其他.

② LCD 控制器内部结构.

LCD 控制器主要提供液晶屏显示数据的传送、时钟和各种信号的产生与控制功能. S3C2410X 处理器的 LCD 控制器主要部分框图如图 7-20 所示:

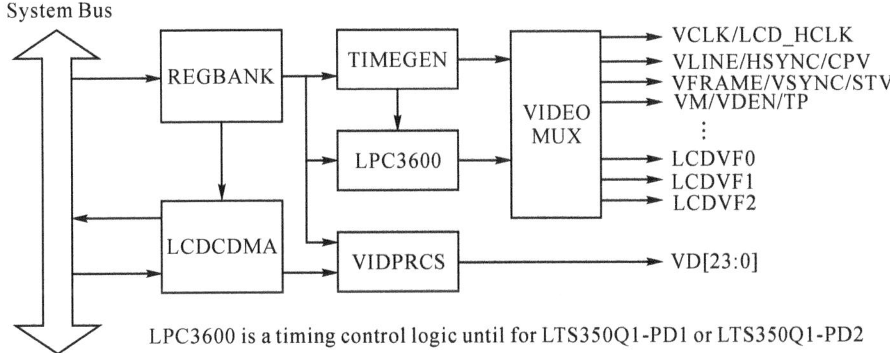

图 7-20　LCD 控制器框图

S3C2410X LCD 控制器用于传输显示数据和产生控制信号,例如 VFRAME、VLINE、VCLK、VM 等. 除了控制信号之外,S3C2410X 还提供数据端口供显示数据传输,也就是 VD[23 : 0]. 如图 7-11 所示. LCD 控制器包含 REGBANK、LCDCDMA、VIDPRCS、TIMEGEN 和 LPC3600 等控制模块. REGBANK 中有 17 个可编程的寄存器组和 256×16 调色板内存用于配置 LCD 控制器. LCDCDMA 是一个专用的 DMA,它负责自动地将帧缓冲区中的显示数据发往 LCD 驱动器. 通过特定的 DMA,显示数据可以不需要 CPU 的干涉,自动地发送到屏幕上. VIDPRCS 将 LCDCDMA 发送过来的数据变换为合适的格式(例如 4/8 位单扫描或 4 位双扫描显示模式)之后通过 VD[23 : 0]发送到 LCD 驱动器. TMIEGEN 包含可编程逻辑,用于支持不同 LCD 驱动器对时序以及速率的需求. VFRAME、VLINE、VCLK、VM 等控制信号由 TIMEGEN 产生. 在 LCD 控制的 33 个输出接口中有 24 个用户数据输出,9 个用于控制. 如下表所示.

表 7-4　S3C2410X LCD 控制器输出接口说明

输出接口信号	描述
VFRAME/VSYNC/STV	帧同步信号(STN)/垂直同步信号(TFT)/SEC TFT 信号
VLINE/HSYNC/CPV	行同步信号(STN)/水平同步信号(TFT)/ SEC TFT 信号

续表

输出接口信号	描述
VCLK/LCD_HCLK	时钟信号(STN/TFT)/SEC TFT 信号
VD[23 : 0]	LCD 显示数据输出端口(STN/TFT/SEC TFT)
VM/VDEN/TP	交流控制信号(STN)/数据使能信号(TFT)/SEC TFT 信号
LEND/STH	行结束信号(TFT)/SEC TFT 信号
LCD_PWREN	LCD 电源使能
LCDVF0	SEC TFT 信号 OE
LCDVF1	SEC TFT 信号 REV
LCDVF2	SEC TFT 信号 REVB

LCD 控制寄存器如下表所示.

表 7-5 LCD 控制器寄存器列表[注]

寄存器名	内存地址	读写	说　明	复位值
LCDCON1	0X4D000000	R/W	LCD 控制寄存器 1	0x00000000
LCDCON2	0X4D000004	R/W	LCD 控制寄存器 2	0x00000000
LCDCON3	0X4D000008	R/W	LCD 控制寄存器 3	0x00000000
LCDCON4	0X4D00000C	R/W	LCD 控制寄存器 4	0x00000000
LCDCON5	0X4D000010	R/W	LCD 控制寄存器 5	0x00000000
LCDSADDR1	0X4D000014	R/W	STN/TFT:高位帧缓存地址寄存器 1	0x00000000
LCDSADDR2	0X4D000018	R/W	STN/TFT:低位帧缓存地址寄存器 2	0x00000000
LCDSADDR3	0X4D00001C	R/W	STN/TFT:虚屏地址寄存器	0x00000000
REDLUT	0X4D000020	R/W	STN:红色定义寄存器	0x00000000
GREENLUT	0X4D000024	R/W	STN:绿色定义寄存器	0x00000000
BLUELUT	0X4D000028	R/W	STN:蓝色定义寄存器	0x0000
DITHMODE	0X4D00004C	R/W	STN:抖动模式寄存器	0x00000
TPAL	0X4D000050	R/W	TFT:临时调色板寄存器	0x00000000
LCDINTPND	0X4D000054	R/W	指示 LCD 中断 pending 寄存器	0x0
LCDSRCPND	0X4D000058	R/W	指示 LCD 中断源 pending 寄存器	0x0
LCDINTMSK	0X4D00005C	R/W	中断屏蔽寄存器(屏蔽哪个中断源)	0x3
LPCSEL	0X4D000060	R/W	LPC3600 模式控制寄存器	0x4

注:以下实验说明中只是简单地介绍控制寄存器的含义,详细使用请参考 S3C2410X 处理器数据手册;地址从 0x14A0002C 到 0x14A00048 禁止使用,因为这个区域用作测试用保留地址.

S3C2410X 能够支持 STN LCD 和 TFT LCD,这两种 LCD 屏在显示的时候有很大的差别,而且所涉及的寄存器也会不同. Embest EduKit—Ⅲ 实验平台采用的是 STN LCD,下面对 STN LCD 的显示过程进行详细的介绍.

③ STN LCD 显示.

a. LCD 控制器时间相关参数设定.

TIMEGEN 产生 LCD 驱动器所需要的控制信号,例如 VFRAME、VLINE、VCLK 和 VM. 这些控制信号又和 REGBANK 中的寄存器 LCDCON1/2/3/4/5 的设置密切相关. 可以对 REGBANK 中的这些寄存器进行设置以产生适合于不同种类 LCD 驱动器的控制信号.

VFRAME 脉冲是 LCD 的帧控制信号,它在每一帧的整个第一行期间有效.

VM 交流控制电压信号用于控制像素的亮和灭. VM 信号的频率取决于 LCDCON1 寄存器的 MMODE 位和 LCDCON4 寄存器的 MVAL 域. 如果 MMODE 位为 0,则 VM 信号就在每一帧切换一次;如果 MMODE 位为 1,则 VM 信号的切换位置由 MVAL[7:0],即 LCDCON4[15:8]的值来决定. 具体的公式为:

VM 速率 = VLINE 速率/(2×MVAL)

VM Rate = VLINE Rate /(2×MVAL)

VFRAME 和 VLINE 脉冲的产生依赖于对 LCDCON2/3 寄存器中 HOZVAL 域和 LINEVAL 域的配置,HOZVAL 和 LIINEVAL 可以由 LCD 的大小和显示模式,根据如下公式来确定:

HOZVAL =(水平尺寸/VD 数据位)

在彩色模式下:

水平尺寸 = 3× 水平像素点数

在 4 位单扫描模式和 4 位双扫描模式下,VD 数据位均为 4,而在 8 位单扫描模式下 VD 数据位为 8.

单扫描模式:LINEVAL = 垂直尺寸-1

双扫描模式:LINEVAL =(垂直尺寸 / 2)-1

VCLK 取决于 LCDCON1 中 CLKVAL 域(LCDCON1[17:8])的配置,CLKVAL 最小值为 2.

VCLK(Hz)=HCLK/(CLKVAL×2)

帧速率取决于 VFARME 的信号频率. 帧速率和 LCDCON1/2/3/4 寄存器中的域 WLH[1:0](VLINE 脉冲宽度)、WDLY[1:0](VLINE 脉冲之后延迟宽度)、HOZVAL、LINEBLANK 和 LINEVAL 以及 VCLK、HCLK 有密切关系. 多数 LCD 驱动器都需要按照下面的方法设置适当的帧速率.

帧速率(Hz)=1 / {[(1/VCLK)×(HOZVAL+1)+(1/HCLK)×
(A+B+(LINEBLANK ×8))]×(LINEVAL+1)}

其中:

$A=2^{(4+WLH)}$,$B=2^{(4+WDLY)}$

LINEBANK:水平扫描信号 LINE 持续时间设置(MCLK 个数)

LINEVAL:显示屏的垂直尺寸

VCLK 是 LCD 控制器的时钟信号,VCLK 的计算需要先计算数据传送速率,并由此设定的一个大于数据传送速率的值为 CLKVAL(LCDCON1[17:8]).

每一种显示模式的 MV 值如表 7-6 所示. 屏幕滚动显示的示例(单扫描)如图 7-21 所示.

数据传送速率=水平尺寸×垂直尺寸×帧速率×模式值(MV)

表 7-6 每一种显示模式的 MV 值

液晶类型	4 位双扫描	4 位单扫描	8 位单扫描
单色液晶	1/8	1/4	1/8
4 级灰度屏	1/8	1/4	1/8
16 级灰度屏	1/8	1/4	1/8
彩色液晶	3/8	3/4	3/8

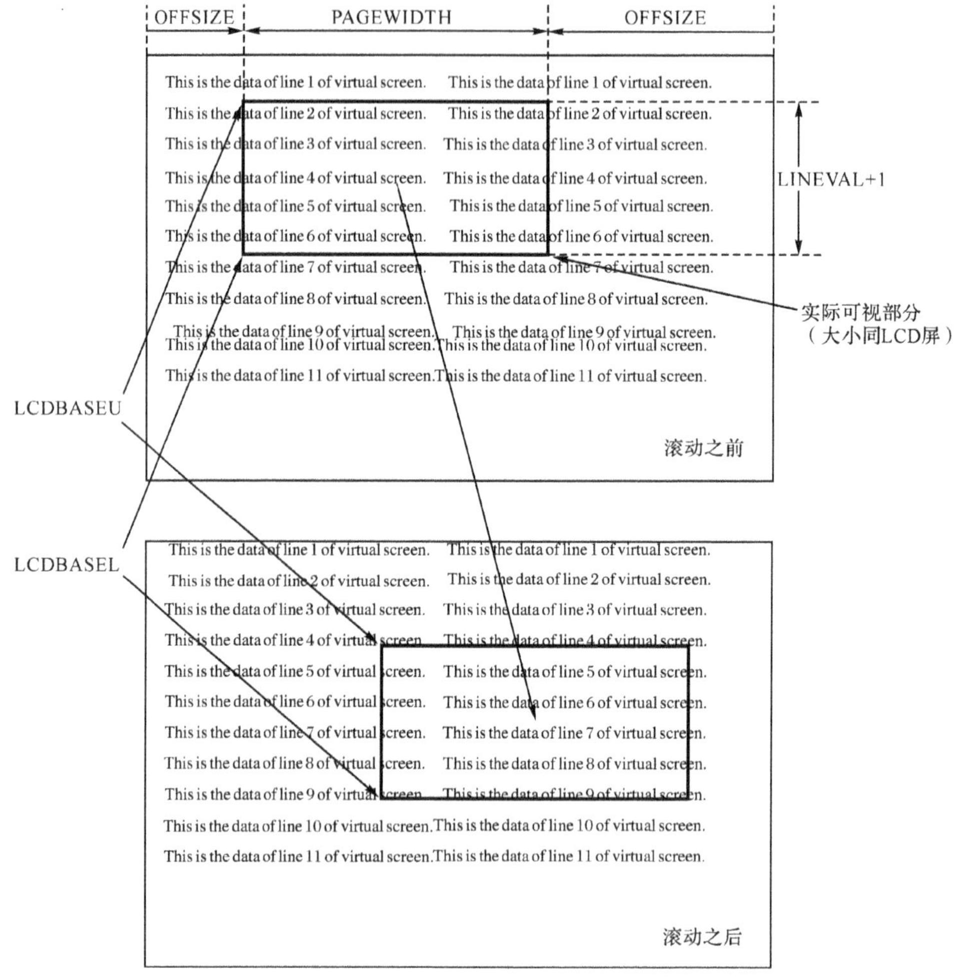

图 7-21 屏幕滚动显示的示例(单扫描)

b. LCD 控制器帧显示控制参数设定.

LCD 控制器中与帧显示控制相关的寄存器为 LCDSADDR1～3. 在表 7-5 中已经分别进行了说明,下面对这组寄存器中与帧显示控制相关的各个域再分别加以详细介绍：

LCDBANK(LCDSADDR1[29：21]):访问系统内存中显示存储区的地址(A[30：22])值.

LCDBASEU(LCDSADDR1[20：0]):双扫描时,设置为帧缓存地址(A[21：1])的高位缓存起始地址指针;单扫描时,设置为帧缓存起始地址指针.

LCDBASEL(LCDSADDR2[20：0]):双扫描时,设置为帧缓存地址(A[21：1])的低位

缓存起始地址指针;单扫描时,设置为帧缓存结束地址指针.

LCDBASEL=((帧缓存结束地址)>>)+1=LCDBASEU+(PAGEWIDTH+OFFSIZE)×(LINEVAL+1).

OFFSIZE(LCDSADDR3[21:11]):显示存储区的前行最后半字和后行第一个半字之间的半字数(计算方法:虚拟屏幕上一行的半字数-LCD屏上一行的半字数).

PAGEWIDTH(LCDSADDR3[11:0]):显示存储区的可见帧宽度(半字数).

具体的参数设置可以参考下面几个例子:

例1. LCD:2bpp STN,320×240,四位双扫描,虚拟屏幕:1024×1024.

1个半字=8像素(4级灰度,2位表示1像素)
虚拟屏幕上的一行=128个半字(1024×2/16)
LCD屏上的一行=40个半字(320×2/16)
OFFSIZE=128-40=88=0x58
PAGEWIDTH=40=0x28
LCDBASEL=LCDBASEU+(PAGEWIDTH+OFFSIZE)×(LINEVAL+1)=100+(40+88)×120=0x3C64

例2. LCD液晶屏:320×240,16级灰度,单扫描.

数据帧首地址=0x0c500000
偏移点数=2048dots(512半字)(假定值)
LINEVAL=240-1=0xef
PAGEWIDTH=320×4/16=0x50
OFFSIZE=512=0x200(假定值)
LCDBANK=0x0c500000>>22=0x31
LCDBASEU=0x100000>>1=0x80000(假定值)
LCDBASEL=0x80000+(0x50+0x200)×(0xef+1)=0xa2b00

例3. LCD液晶屏:320×240,16级灰度,双扫描.

数据帧首地址=0x0c500000
偏移点数=2048 dots(512半字)(假定值)
LINEVAL=120-1=0x77
PAGEWIDTH=320×4/16=0x50
OFFSIZE=512=0x200(假定值)
LCDBANK=0x0c500000>>22=0x31
LCDBASEU=0x100000>>1=0x80000(假定值)
LCDBASEL=0x80000+(0x50+0x200)×(0x77+1)=0x91580

例4. LCD液晶屏:320×240,彩色,单扫描.

数据帧首地址=0x0c500000
偏移点数=1024 dots(512半字)(假定值)
LINEVAL=240-1=0xef
PAGEWIDTH=320×8/16=0xa0
OFFSIZE=512=0x200

LCDBANK＝0x0c500000＞＞22＝0x31

LCDBASEU＝0x100000＞＞1＝0x80000

LCDBASEL＝0x80000＋(0xa0＋0x200)×(0xef＋1)＝0xa7600

c. STN LCD 控制器信号时序.

显示数据从内存中发送到 LCD 驱动器上就可以完成数据显示. 首先，在 VCLK 的控制下，显示数据被送到 LCD 驱动器的移位寄存器上，当某一行上的数据全部进入移位寄存器后，这些数据在 VLINE 信号的下降沿经过 WDLY 指定的延迟时间后被显示到 LCD 屏上.

VM 信号提供显示所需要的交流信号，来控制每一个像素的亮和灭. VM 信号的极性变化有两种模式：当 MMODE 为 0 时，它每一帧变化一次；当 MMODE 为 1 时，它变化的周期由 MVAL 来决定. 8 位单扫描模式下 SNTLCD 控制信号时序如图 7-22 所示.

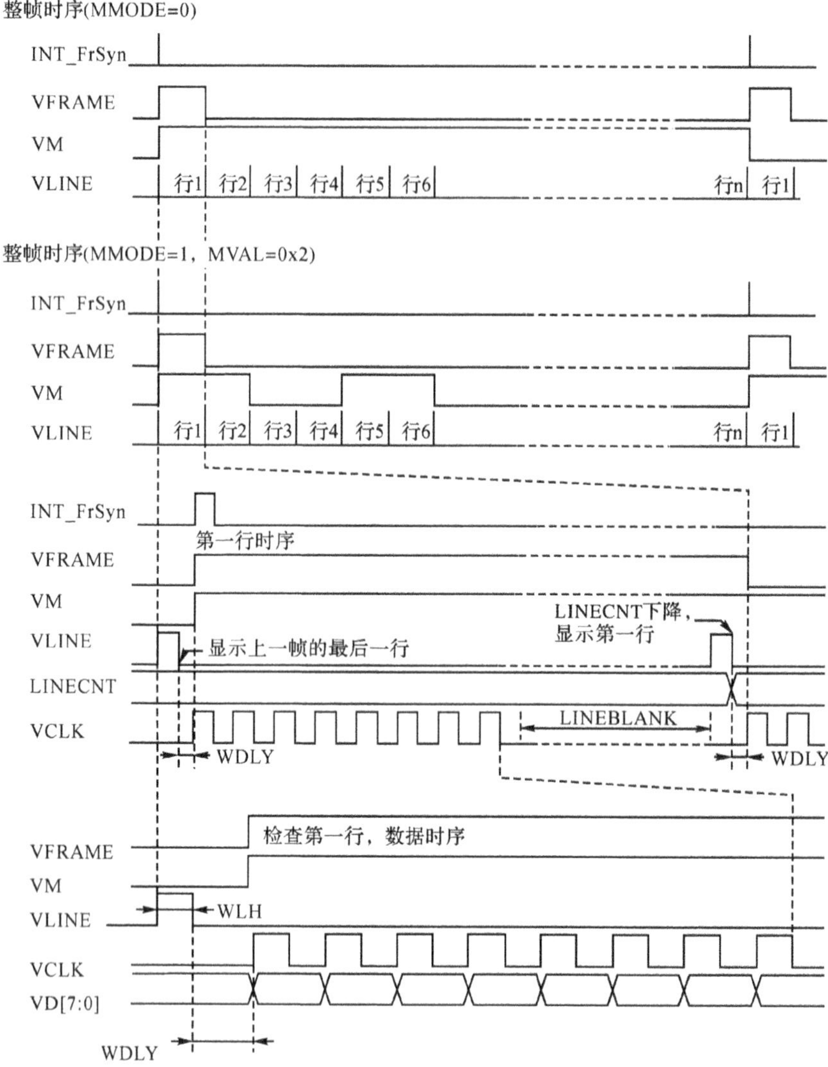

图 7-22　8 位单扫描模式下 STN LCD 控制器信号时序(整帧)

注：1. WLH(STN)：VLINE 高电平的系统时钟个数(LCDCON4[7：0]设置).

2. WDLY(STN)：VLINE 后 VCLK 延时系统时钟个数(LCDCON3[25：19]设置).

d. 扫描模式支持.

S3C2410X LCD 控制器扫描工作方式通过 PNRMOD(LCDCON1[6：5])设置，如表 7-7 所示.

表 7-7　扫描模式选择

PNRMOD	00	01	10	11
模式	4 位双扫描(STN)	4 位单扫描(STN)	8 位单扫描(STN)	TFT

4 位双扫描(STN)：显示控制器分别使用两个扫描线进行数据显示. 显示数据从 VD[3：0]获得高扫描数据，从 VD[7：4]获得低扫描数据；彩色液晶屏数据位代表 RGB 色.

4 位单扫描(STN)：显示控制器扫描线从左上角位置进行数据显示. 显示数据从 VD[3：0]获得，VD[7：4]没有使用；彩色液晶屏数据位代表 RGB 色.

8 位单扫描(STN)：显示控制器扫描线从左上角位置进行数据显示. 显示数据从 VD[7：0]获得；彩色液晶屏数据位代表 RGB 色.

单色显示扫描类型如图 7-23 所示，彩色显示扫描类型如图 7-24 所示.

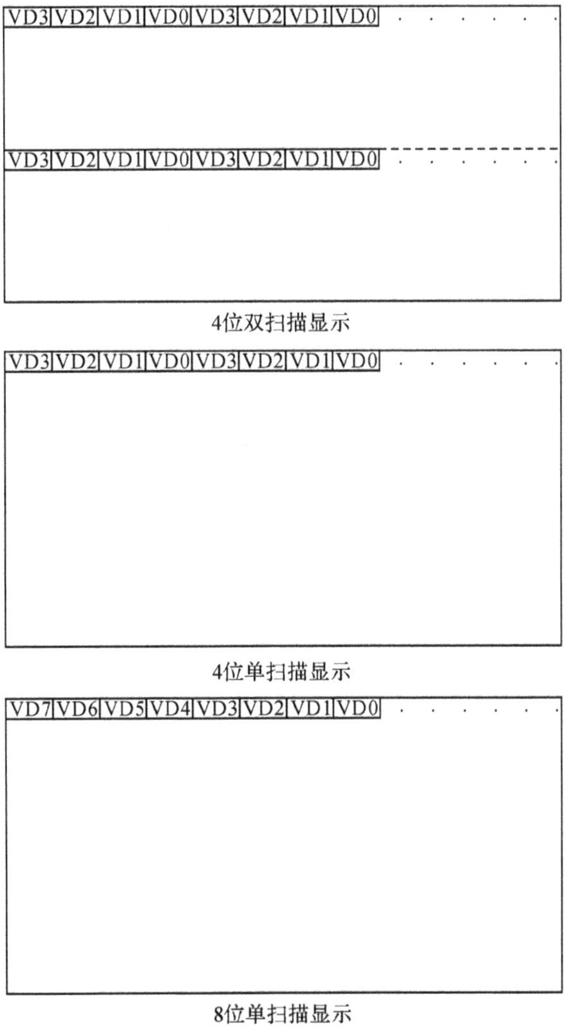

图 7-23　单色显示扫描类型(STN)

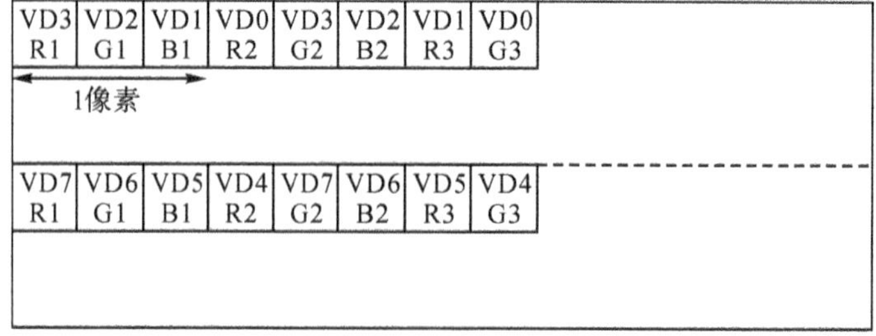

4位双扫描显示

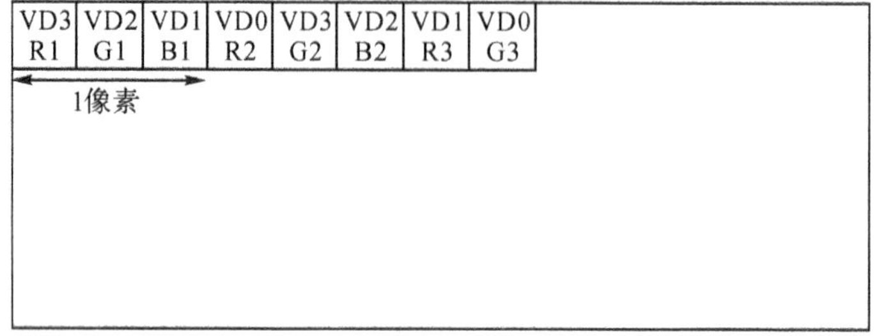

4位单扫描显示

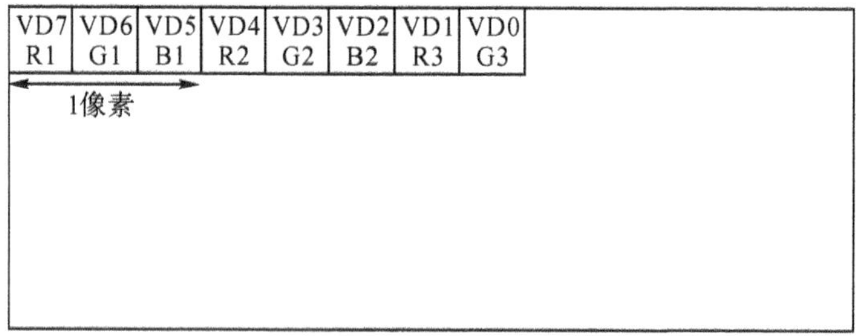

8位单扫描显示

图 7-24　彩色显示扫描类型(STN)

e. 数据的存放与显示.

液晶控制器传送的数据表示了一个像素的属性:4 级灰度屏用两个数据位代表一个像素;16 级灰度屏时使用 4 个数据位代表一个像素;256 色 RGB 彩色模式使用 8 个数据位(R[7:5]、G[4:2]、B[1:0])代表一个像素;4096 色 RGB 彩色模式使用 12 个数据位(4 位为红,4 位为绿,4 位为蓝)代表一个像素(每 8 个像素,即 12 个字节为显示数据的存放边界).显示缓存中存放的数据必须符合硬件及软件设置,即要注意字节对齐方式.

在 4 位或 8 位单扫描方式时,数据的存放与显示如图 7-25 所示:

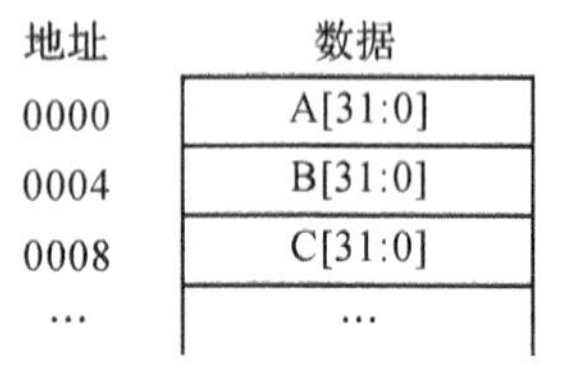

A[31]A[30]…A[1]A[0]B[31]B[30]…B[1]B[0]C[31]C[30]…C[1]C[0]…

图 7-25　4 位或 8 位单扫描数据显示

在 4 位双扫描方式时，数据的存放与显示如图 7-26 所示：

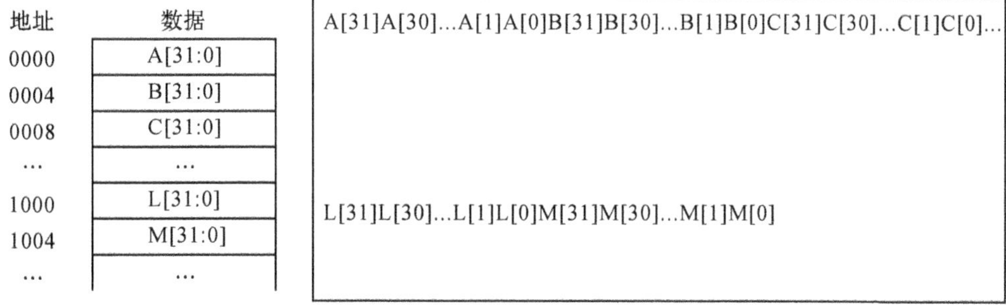

图 7-26　4 位双扫描数据显示

7.7.5　实验设计

(1) 电路设计.

进行液晶屏控制电路设计时必须提供电源驱动、偏压驱动以及 LCD 显示控制器. 由于 S3C2410X 处理器本身自带 LCD 控制器，而且可以驱动实验板所选用的液晶屏，所以控制电路的设计可以省去显示控制电路，只需进行电源驱动和偏压驱动的电路设计即可.

① 液晶电路结构框图.

液晶电路结构如图 7-27 所示.

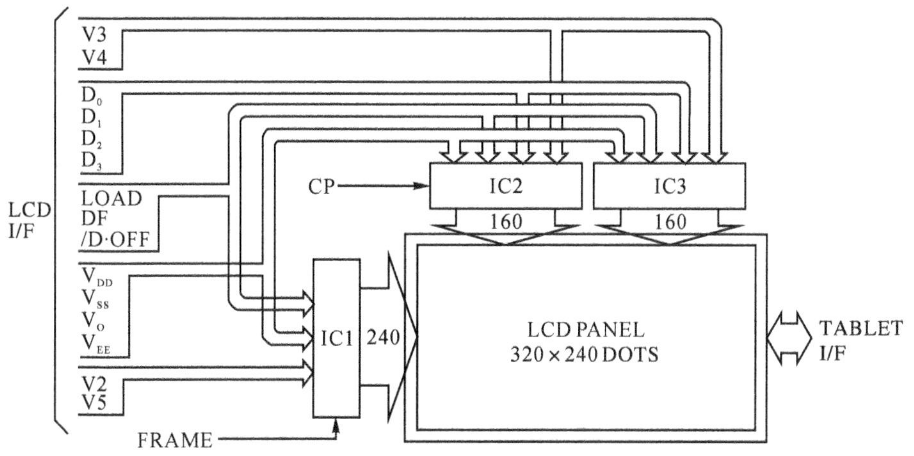

图 7-27　LCD 结构框图

② 管脚说明. 液晶屏管脚如表 7-8 所示.

表 7-8　液晶屏管脚

管脚	功能		管脚	功能		管脚	功能	
1	V5	偏压 5	6	V_O	电源地	11	CP	时钟宽度
2	V2	偏压 2	7	LOAD	逻辑控制(内部)	12	V4	偏压 4
3	V_{EE}	驱动电压	8	V_{SS}	信号地	13	V3	偏压 3
4	V_{DD}	逻辑电压	9	DF	驱动交流信号	14-17	D3－D0	数据
5	FRAME		10	/D-OFF	像素开关	18	NC	未定义

③ 控制电路设计.

由前述可知实验板所选用的液晶屏的驱动电源是 21.5V,因此直接使用实验系统的 3V 或 5V 电源时需要电压升压控制,实验系统采用的是 MAX629 电源管理模块,以提供液晶屏的驱动电源.偏压电源可由系统升压后的电源分压得到.以下是 S3C2410 实验板的电源驱动和偏压驱动参考电路.

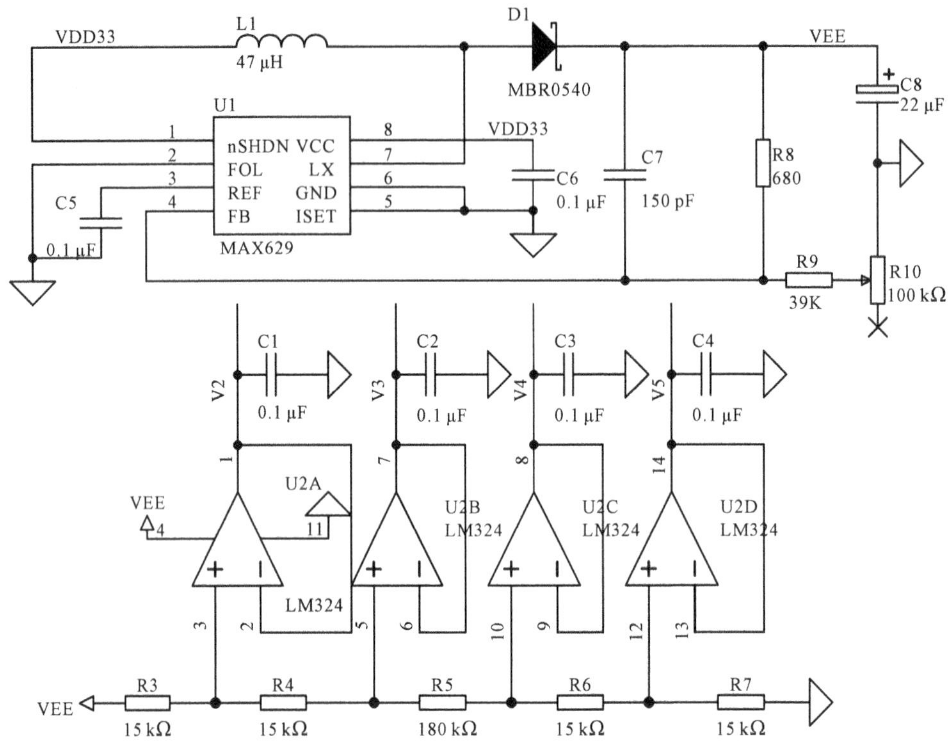

图 7-28 电源驱动与偏压驱动电路

(2) 软件程序设计.

由于实验要求在液晶显示屏上显示包括矩形、字符和位图文件,所以实验程序设计主要包括三大部分:矩形显示、字符显示、位图显示.

① 设计思路.

使用液晶屏显示最基本的是像素控制数据的使用,像素控制数据的存放与传送形式,决定了显示的效果.这也是所有显示控制的基本程序设计思想.图形显示可以直接使用像素控制函数实现;把像素控制数据按一定形式存放即可实现字符显示,比如 ASCII 字符、语言文字字符等.

Embest EduKit—Ⅲ 实验平台的 LCD 显示部分像素控制函数按如下设计:

```
void ( * PutPixel)(UINT32T, UINT32T, UINT32T);    //define pointer of function, display
                                                  single pixel
void ( * BitmapView)(UINT8T * pBuffer);    // define pointer of function, display bitmap
```

② 矩形显示.

矩形显示可以通过两条水平线和两条垂直线组成,因此在液晶显示屏上显示矩形实际就是画线函数的实现.画线函数则通过反复调用像素控制函数得到水平线或垂直线.

```
void Glib_Line(int x1,int y1,int x2,int y2,int color);                //draw line
void Glib_Rectangle(int x1,int y1,int x2,int y2,int color);           //draw rectangle
void Glib_FilledRectangle(int x1,int y1,int x2,int y2,int color);     //filled rectangle
void Glib_ClearScr(U32 c,int type);                                    //clear screen
```

③ 字符显示.

字符的显示包括 ASCII 字符和汉字的显示.字符的显示可以采用多种形式字体,其中常用的字体大小有(W×H 或 H×W):8×8、8×16、12×12、16×16、16×24、24×24 等,用户可以使用不同的字库以显示不同的字体.如实验系统中使用 8×16 字体显示 ASCII 字符,使用 24×24 字体显示汉字.

不管显示 ASCII 字符还是点阵汉字,都是通过查找预先定义好的字符表来实现,这个存储字符的表我们叫做库,相应的有 ASCII 库和汉字库.

```
const INT8U g_Auc_Ascii8x16[]={ //ASCII 字符查找表 }
```

ASCII 字符的存储是把字符显示数据存放在以字符的 ASCII 值为下标的库文件(数组)中,显示时再按照字体的长与宽和库的关系取出作为像素控制数据显示.ASCII 库文件只存放 ANSI ASCII 的共 255 个字符.请参考程序 ascii8x16.c.

```
const INT8U g_auc_HZK24[]={ //点阵汉字查找表 }
```

点阵汉字库是按照方阵形式进行数据存放,所以汉字库的字体只能是方形的.汉字库的大小与汉字显示的个数及点阵数成正比.请参考程序 hzk24.c.

④ 位图文件显示.

通过把位图文件转换成一定容量的显示数组,并按照一定的数据结构存放.与字符的显示一样,传送的数据需要设计软件控制程序.

Embest EduKit－Ⅲ 实验平台位图显示的存放数据结构(请参考程序 bmp_data.c)及控制程序:

```
const INT8U g_ucBitmap [] = {// 位图文件数据};
```

位图显示由 void (＊BitmapView)(UINT8T ＊pBuffer)完成,它实际上是指向下面函数的一个函数指针.

```
void BitmapViewCstn8Bit (UINT8T * pBuffer);
```

7.7.6　实验操作步骤

(1) 准备实验环境.

使用 ULINK USB－JTAG 仿真器连接到目标板上.使用 Embest EduKit－Ⅲ实验板附带的串口线,连接实验板上的 UART0 和 PC 的串口.

(2) 串口接收设置.

在 PC 上运行 Windows 自带的超级终端串口通信程序(波特率 115200、1 位停止位、无校验位、无硬件流控制);或者使用其他串口通信程序.

(3) 打开实验例程.

① 拷贝实验平台附带光盘 CD1\CD1_Basic_070615\Software 文件夹到 RealView MDK 软件的安装目录的 Keil\ARM\Boards\Embest\目录下(如果已经拷贝,可跳过此步骤).

② 使用 μVision IDE for ARM 通过 ULINK USB—JTAG 仿真器连接实验板,打开实验例程目录 5.1_color_lcd_test 子目录下的 color_lcd_test. Uv2 例程,编译链接工程成功.

③ 根据 ReadMe 目录下的 ReadMeCommon. txt 及 readme. txt 文件配置集成开发环境(工程默认已经配置正确),点击工具栏" ",在 Option for Target 对话框的 Linker 页中选择 RuninRAM. sct 分散加载文件,点击 MDK 的 Debug 菜单,选择 Start/Stop Debug Session 项或点击工具栏" ",下载工程生成的. axf 文件到目标板的 RAM 中调试运行.

④ 如果需要将程序烧写固化到 Flash 中,仅需要更改分散加载文件即可(须慎用,这一步的操作将会破坏 Flash 中原有固化程序,建议实验中不操作). 在 Option for Target 对话框的 Linker 页中选择 RuninFlash. sct 分散加载文件,重新编译工程,点击 MDK 的 Flash 菜单,选择 Download 烧写调试代码到目标系统的 Nor Flash 中,重启实验板,实验板将会运行烧写到 Nor Flash 中的代码.

⑤ 点击 Debug 菜单的 Go 或 F5 键运行程序.

(4) 观察实验结果.

在 PC 上观察超级终端程序主窗口,可以看到如下界面:

```
Boot success...


LCD display Test Example (please look at LCD screen)
Initializing GPIO ports...
[STN 256 COLOR(8bit/1pixel)LCD TEST]
```

此时,观察 LCD 液晶屏,用户可以看到包含多个矩形框、ASCII 字符、汉字字符和彩色位图显示.

7.7.7　实验参考程序及流程图

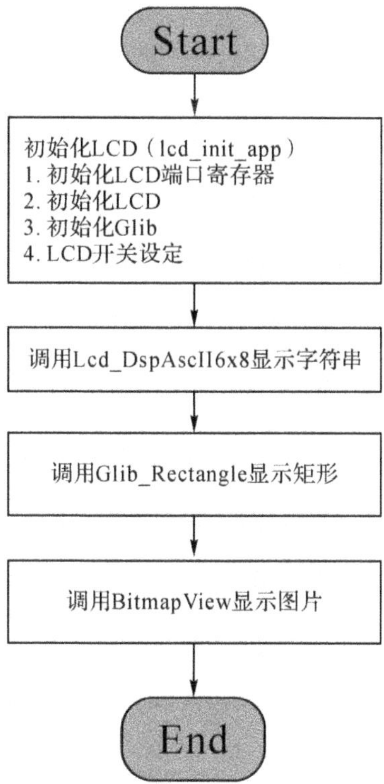

图 7-29　液晶显示实验流程图

代码

(1) 液晶屏初始化.

```
/****************************************
* name:        Lcd_Init
* func:        LCD initialization
* para:        int type    ——    LCD display type
* ret:         none
* modify:
* comment:
****************************************/
void Lcd_Init(int type)
{
  switch(type)
  {
      case MODE_STN_1BIT:
          //setup address and sizeof display buffer
                  frameBuffer1Bit = (UINT32T (*)[SCR_XSIZE_STN/32])
                  LCDFRAMEBUFFER;
```

```
    //4 bit scan,1bpp STN display model,ENVID=off
    rLCDCON1=(CLKVAL_STN_MONO<<8)|(MVAL_USED<<7)|(1<<5)|
    (0<<1)|0;
    //vertical size LCD_YSIZE_STN(240)-1,other bits set 0 while STN LCD display
    rLCDCON2=(0<<24)|(LINEVAL_STN<<14)|(0<<6)|(0<<0);
    //horizontal size LCD_XSIZE_STN/4-1

    rLCDCON3=(WDLY_STN<<19)|(HOZVAL_STN<<8)|(LINEBLANK_
    MONO<<0);
    rLCDCON4=(MVAL<<8)|(WLH_STN<<0);
    rLCDCON5=0;
    //frame buffer beginning address
    rLCDSADDR1=(((UINT32T)frameBuffer1Bit>>22)<<21)
                  |M5D((UINT32T)frameBuffer1Bit>>1);
    rLCDSADDR2=M5D(((UINT32T)frameBuffer1Bit+
                  (SCR_XSIZE_STN * LCD_YSIZE_STN/8))>>1);
    rLCDSADDR3=(((SCR_XSIZE_STN-LCD_XSIZE_STN)/16)<<11)
                  |(LCD_XSIZE_STN/16);
    break;
//...skip servral initial model
case MODE_CSTN_8BIT:
    //setup address and size of diplay buffer
    frameBuffer8Bit=(UINT32T (*)[SCR_XSIZE_CSTN/4])LCDFRAMEBUFFER;
    //8 bit scan,8bpp 256 STN display model,ENVID=off
    rLCDCON1=(CLKVAL_CSTN<<8)|(MVAL_USED<<7)|(2<<5)|(3<<
    1)|0;
    //vertical size LCD_YSIZE_STN(240)-1,other set 0 while STN LCD display
    rLCDCON2=(0<<24)|(LINEVAL_CSTN<<14)|(0<<6)|(0<<0);
    rLCDCON3=(WDLY_CSTN<<19)|(HOZVAL_CSTN<<8)|(LINEBLANK_
    CSTN<<0);
    rLCDCON4=(MVAL<<8)|(WLH_CSTN<<0);
    rLCDCON5=0;
    //frame buffer beginning address
    rLCDSADDR1=(((UINT32T)frameBuffer8Bit>>22)<<21)
                  |M5D((UINT32T)frameBuffer8Bit>>1);
    rLCDSADDR2=M5D(((UINT32T)frameBuffer8Bit+
                  (SCR_XSIZE_CSTN * LCD_YSIZE_CSTN/1))>>1);
    rLCDSADDR3=(((SCR_XSIZE_CSTN-LCD_XSIZE_CSTN)/2)<<11)
                  |(LCD_XSIZE_CSTN/2);
    //color register
    rDITHMODE=0x0;
    rREDLUT=0xfdb96420;
    rGREENLUT=0xfdb96420;
```

```
            rBLUELUT =0xfb40;
            break;
        //...skip several inialization models
        default:
            break;
    }
}
```

(2) 显示像素和位图.

```
/*--------------------------------------------------------------------*/
/*        functions declare                                    */
/*--------------------------------------------------------------------*/
void (*PutPixel)(UINT32T,UINT32T,UINT32T);             //define pointer of function
void (*BitmapView)(UINT8T *pBuffer);

/*****************************************************************
* name:          Glib_Init()
* func:          Glib initialization
* para:          type    ——   lcd display mode
* ret:           none
* modify:
* comment:       PutPixel & BitmapView relocation
*****************************************************************/
void Glib_Init(int type)
{
  switch(type)
  {
        case MODE_STN_1BIT:
            PutPixel=_PutStn1Bit;     //point pointer of function PutPixel to _PutStn1Bit
             BitmapView=BitmapViewStn1Bit;  // point pointer of function BitmapView to
                                                BitmapViewStn1Bit
            break;
        //...skip several inialization models
        case MODE_CSTN_8BIT:
            PutPixel=_PutCstn8Bit;
            BitmapView=BitmapViewCstn8Bit;
            break;
        //...skip several inialization models
        default:
            break;
  }
}
```

```
/*************************************************
* name:          _PutCstn8Bit()
* func:          put pixel to 8bpp  256 color Cstn
* para:          UINT32T x    ——    x coordinate
*                UINT32T y    ——    y coordinate
*                UINT32T c    ——    color value
* ret:           none
* modify:
* comment:
*************************************************/
void _PutCstn8Bit(UINT32T x,UINT32T y,UINT32T c)
{
    //SCR_XSIZE_CSTN,SCR_YSIZE_CSTN are virtual screen horizital and vertical
    numbers of pixel
    if(x<SCR_XSIZE_CSTN&& y<SCR_YSIZE_CSTN)
        frameBuffer8Bit[(y)][(x)/4]=(frameBuffer8Bit[(y)][x/4]
        & ~(0xff000000>>((x)%4) * 8))|((c&0x000000ff)<<((4-1-((x)%4)) * 8));
}
/*************************************************
* name:        BitmapViewCstn8Bit
* func:        Display Bmp on 8bpp 256 color Cstn
* para:        UINT8T * pBuffer    ——    Bmp data
* ret:         none
* modify:
* comment:
*************************************************/
void BitmapViewCstn8Bit(UINT8T  * pBuffer)
{
    UINT32T i,j;
    UINT32T * pView = (UINT32T *)frameBuffer8Bit;

    for (i = 0; i < SCR_YSIZE_STN; i++)
    {
        for (j = 0; j < LCD_XSIZE_STN/4; j++)
        {
            pView[j] = ((* pBuffer)<< 24)+ ((* (pBuffer+1))<< 16)
                    + ((* (pBuffer+2))<< 8)+ (* (pBuffer+3));
            pBuffer += 4;
        }
        pView+=SCR_XSIZE_STN/4;
    }
}
```

(3) 显示 ASCII 码和汉字.

```
/********************************************
* name:        Lcd_DspAscII8X16
* func:        Display 8x16 AscII
* para:        U16 x0             x coordinate of start point
*              U16 y0             y coordinate of start point
*              INT8U ForeColor    foreground color
*              INT8U *s           string to display
* ret:         none
* modify:
* comment:
********************************************/
void Lcd_DspAscII8X16(U16 x0,U16 y0,INT8U ForeColor,INT8U * s)
{
        INT16T i,j,k,x,y,xx;
        INT8U qm;
        S32 ulOffset;
        INT8T ywbuf[16],temp[2];

        for(i = 0; i < strlen((const char *)s); i++)
        {
            if((INT8U) *(s+i)>= 161)
            {
                temp[0] = *(s + i);
                temp[1] = '\0 ';
                return;
            }
            else
            {
                qm = *(s+i);
                ulOffset = (S32)(qm) * 16;
                for (j = 0; j < 16; j ++)
                {
                    ywbuf[j] = g_auc_Ascii8x16[ulOffset + j];
                }
                for(y = 0; y < 16; y++)
                {
                    for(x = 0; x < 8; x++)
                    {
                        k = x % 8;
                        if (ywbuf[y]  & (0x80 >> k))
                        {
```

```
                        xx = x0 + x + i * 8;
                        PutPixel(xx,y + y0,(INT8U)ForeColor);
                    }
                }
            }
        }
    }
}

/********************************************************
* name:        Lcd_DspHz24
* func:        Display 24x24 Chinese
* para:        U16 x0              x coordinate of start point
*              U16 y0              y coordinate of start point
*              INT8U ForeColor     foreground color
*              INT8U *s            string to display
* ret:         none
* modify:
* comment:
********************************************************/
void Lcd_DspHz24(U16 x0,U16 y0,INT8U ForeColor,INT8U *s)
{
    INT16T i,j,k,x,y,xx;
    INT8U qm,wm;
    S32 ulOffset;
    INT8T hzbuf[72],temp[2];

    for(i = 0; i < strlen((const char *)s); i++)
    {
        if(((INT8U)(*(s+i)))< 161)
        {
            temp[0] = *(s+i);
            temp[1] = '\0 ';
            break;
        }
        else
        {
            qm = *(s+i)-176;
            wm = *(s+i +1)-161;
            ulOffset = (S32)(qm * 94 + wm) * 72;
            for (j = 0; j < 72; j ++)
            {
                hzbuf[j] = g_auc_HZK24[ulOffset + j];
```

```
            }
            for(y = 0; y < 24; y++)
            {
                for(x = 0; x < 24; x++)
                {
                    k = x % 8;
                    if (hzbuf[y * 3 + x / 8]  &(0x80 >> k))
                    {
                        xx = x0 + x + i*12;
                        PutPixel(xx,y + y0,(INT8U)ForeColor);
                    }
                }
            }
            i++;
        }
    }
}
```

7.7.8　练习题

1. 请在液晶屏上显示下面的图形.

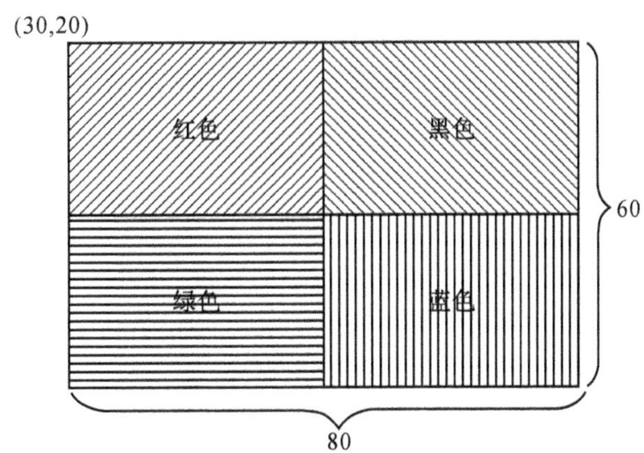

2. 修改程序使用 DMA 方式在彩色液晶屏上显示彩色位图.

7.8　5×4 键盘控制实验

7.8.1　实验目的

(1) 通过实验掌握键盘控制与设计方法.
(2) 熟练编写 ARM 核处理器 S3C2410X 中断处理程序.

7.8.2　实验设备

(1) 硬件:Embest EduKit－Ⅲ实验平台,ULINK USB－JTAG 仿真器套件,PC.
(2) 软件:μVision IDE for ARM 集成开发环境,Windows 98/2000/NT/XP.

7.8.3 实验内容

(1) 使用实验板上 5×4 用户键盘,编写程序接收键盘中断.

(2) 通过 IIC 总线读入键值,并将读到的键值发送到串口.

7.8.4 实验原理

(1) 常规键盘电路设计原理.

用户设计行列键盘接口,一般常采用三种方法读取键值.一种是中断式,另两种是扫描法和反转法.

① 中断式.

在键盘按下时产生一个外部中断通知 CPU,并由中断处理程序通过不同的地址读取数据线上的状态,判断哪个按键被按下.本实验采用中断方式实现用户键盘接口.

② 扫描法.

对键盘上的某一行发送低电平,其他为高电平,然后读取列值,若列值中有一位是低,表明该行与低电平对应列的键被按下;否则扫描下一行.

③ 反转法.

先将所有行扫描线输出低电平,读列值,若列值有一位是低,表明有键按下;接着所有列扫描线输出低电平,再读行值.根据读到的值组合就可以查表得到键码.

(2) 使用 ZLG7290 的键盘电路设计原理.

① ZLG7290 的特点.

a. IIC 串行接口,提供键盘中断信号,方便与处理器接口;

b. 可驱动 8 位共阴数码管或 64 只独立 LED 和 64 个按键;

c. 可控扫描位数,可控制任一数码管闪烁;

d. 提供数据译码和循环、移位、段寻址等控制;

e. 8 个功能键,可检测任一键的连击次数;

f. 无需外接元件即直接驱动 LED,可扩展驱动电流和驱动电压;

g. 提供工业级器件,多种封装形式 PDIP24,SO24.

② ZLG7290 的引脚说明.

采用 24 引脚封装,引脚图如下所示.

③ ZLG7290 的寄存器说明.

系统寄存器(SystemReg):地址 00H,复位值 11110000B.系统寄存器保存 ZLG7290 的系统状态,并可对系统运行状态进行配置.

KeyAvi(SystemReg.0):置 1 时表示有效的按键动作(普通键的单击、连击和功能键状态变化),/INT 引脚信号有效变为低电平.清 0 表示无按键动作./INT 引脚信号无效变为高阻态.有效的按键动作消失后或读 Key 后 KeyAvi 位自动清 0.

键值寄存器(Key):地址 01H,复位值 00H.Key 表示被压按键的键值.当 Key=0 时,表示没有键被压按.

连击次数计数器(RepeatCnt):地址 02H,复位值 00H .RepeatCnt=0 时,表示单击键.RepeatCnt 大于 0 时,表示键的连击次数.RepeatCnt 用于区别出单击键或连击键,判断连击

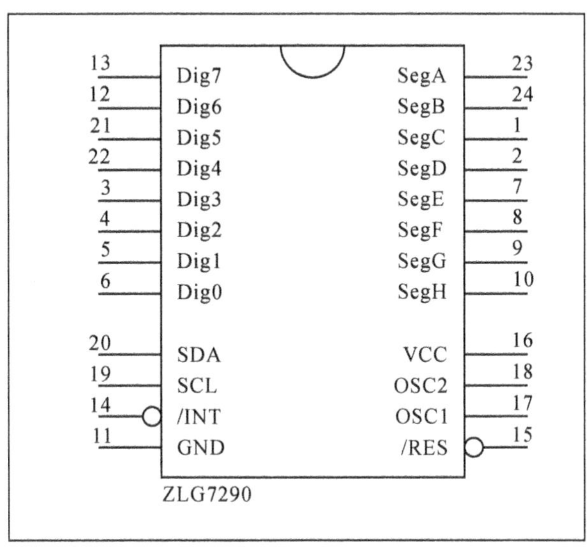

图 7-30　ZLG7290 引脚图

次数可以检测被按时间.

功能键寄存器(FunctionKey)：地址 03H,复位值 0FFH. FunctionKey 对应位的值=0 表示对应功能键被压按(FunctionKey. 7 ～FunctionKey. 0 对应 S64～S57).

命令缓冲区(CmdBuf0～CmdBuf1)：地址 07H～08H,复位值 00H～00H. 用于传输指令.

闪烁控制寄存器(FlashOnOff)：地址 0CH,复位值 0111B/0111B. 高 4 位表示闪烁时亮的时间,低 4 位表示闪烁时灭的时间,改变其值的同时也改变了闪烁频率,也能改变亮和灭的占空比. FlashOnOff 的 1 个单位相当于 150～250ms(亮和灭的时间范围为:1～16,0000B 相当 1 个时间单位),所有像素的闪烁频率和占空比相同.

扫描位数寄存器(ScanNum)：地址 0DH,复位值 7. 用于控制最大的扫描显示位数(有效范围为 0～7,对应的显示位数为:1～8),减少扫描位数可提高每位显示扫描时间的占空比,以提高 LED 亮度. 不扫描显示的显示缓存寄存器则保持不变. 如 ScanNum=3 时,只显示 DpRam0～DpRam3 的内容.

显示缓存寄存器(DpRam0～DpRam7)：地址 10H～17H,复位值 00H～00H. 缓存中位置 1 表示该像素亮,DpRam7～DpRam0 的显示内容对应 Dig7～Dig0 引脚.

④ ZLG7290 的通信接口.

ZLG7290 的 IIC 接口传输速率可达 32kbit/s,容易与处理器接口通信,并提供键盘中断信号,提高主处理器时间效率. ZLG7290 的从地址 slave address 为 70H (01110000B). 我们从它的键值寄存器(01H)中读取按键值(ucChar 用于保存读到的键值)：

```
iic_read(0x70,0x1,&ucChar);
```

有效的按键动作都会令系统寄存器(SystemReg)的 KeyAvi 位置 1,/INT 引脚信号有效(变为低电平). 用户的键盘处理程序可由/INT 引脚低电平中断触发,以提高程序效率;也可以不采样/INT 引脚信号节省系统的 I/O 数,而轮询系统寄存器的 KeyAvi 位. 要注意读键值寄存器会令 KeyAvi 位清 0,并会令/INT 引脚信号无效. 为确保某个有效的按键动作所有参数寄存器的同步性,建议利用 IIC 通信的自动增址功能连续读 RepeatCnt、

FunctionKey 和 Key 寄存器,但用户无需太担心寄存器的同步性问题,因为键参数寄存器变化速度较缓慢(典型 250ms,最快 9ms).

ZLG7290 内可通过 IIC 总线访问的寄存器地址范围为:00H～17H,任一寄存器都可按字节直接读写,也可以通过命令接口间接读写或按位读写,请参考 ZLG7290 芯片手册. ZLG7290 支持自动增址功能(访问一寄存器后寄存器子地址自动加 1)和地址翻转功能(访问最后一寄存器后寄存器子地址翻转为 00H). ZLG7290 的控制和状态查询全部都是通过读/写寄存器实现的,用户只需像读写 24C02 内的单元一样即可实现对 ZLG7290 的控制,关于 IIC 总线访问的细节请参考 IIC 总线规范.

7.8.5 实验设计

(1) 键盘硬件电路设计.

① 键盘连接电路.

键盘连接电路如图 7-31 所示.

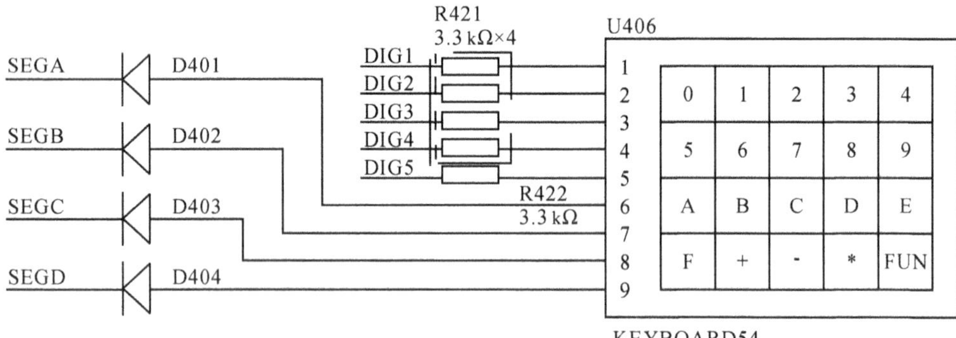

图 7-31 5×4 键盘连接电路

② 键盘控制电路.

键盘控制电路使用芯片 ZLG7290 控制,如图 7-32. 对应下图中的 14 引脚 KEY_INT 捕捉由键盘按下产生的中断触发信号.

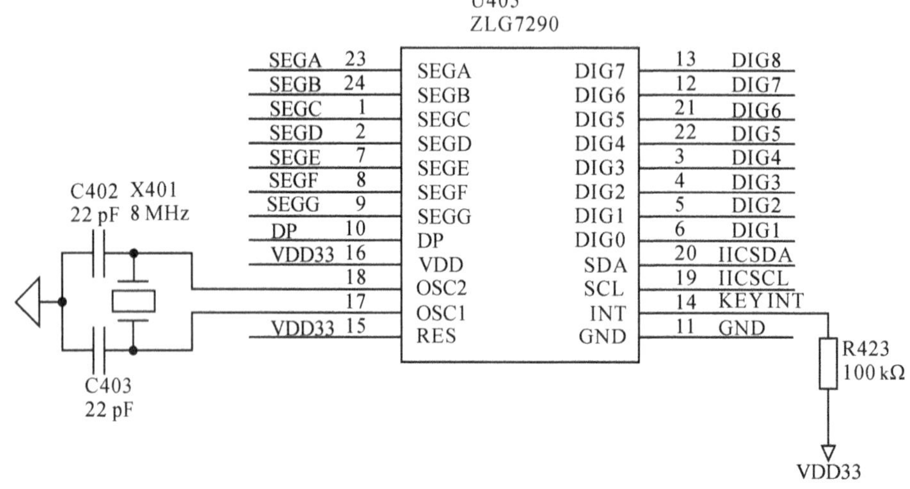

图 7-32 5×4 键盘控制电路

③ 工作过程.

键盘动作由芯片 ZLG7290 检测,当键盘按下时,芯片检测到后在 INT 引脚产生中断触发电平通知处理器,处理器通过 IIC 总线读取芯片 ZLG7290 键值寄存器(01H)中保存的键值.

7.8.6　实验操作步骤

(1) 准备实验环境.

使用 ULINK USB—JTAG 仿真器连接到目标板上.使用 Embest EduKit—Ⅲ实验板附带的串口线,连接实验板上的 UART0 和 PC 机的串口.

(2) 串口接收设置.

在 PC 上运行 Windows 自带的超级终端串口通信程序(波特率 115200、1 位停止位、无校验位、无硬件流控制),或者使用其他串口通信程序.

(3) 打开实验例程

① 拷贝实验平台附带光盘 CD1\CD1_Basic_070615\Software 文件夹到 RealView MDK 软件的安装目录的 Keil\ARM\Boards\Embest\目录下(如果已经拷贝,可跳过此步骤).

② 使用 μVision IDE for ARM 通过 ULINK USB—JTAG 仿真器连接实验板,打开实验例程目录 5.2_keyboard_test 子目录下的 keyboard_test.Uv2 例程,编译链接工程成功.

③ 根据 ReadMe 目录下的 ReadMeCommon.txt 及 readme.txt 文件配置集成开发环境(工程默认已经配置正确),点击工具栏"",在 Option for Target 对话框的 Linker 页中选择 RuninRAM.sct 分散加载文件,点击 MDK 的 Debug 菜单,选择 Start/Stop Debug Session 项或点击工具栏"",下载工程生成的.axf 文件到目标板的 RAM 中调试运行.

④ 如果需要将程序烧写固化到 Flash 中,仅需要更改分散加载文件即可(须慎用,这一步的操作将会破坏 Flash 中原有固化程序,建议实验中不操作).在 Option for Target 对话框的 Linker 页中选择 RuninFlash.sct 分散加载文件,重新编译工程,点击 MDK 的 Flash 菜单,选择 Download 烧写调试代码到目标系统的 Nor Flash 中,重启实验板,实验板将会运行烧写到 Nor Flash 中的代码.

⑤ 点击 Debug 菜单的 Go 或 F5 键运行程序.

(4) 观察实验结果.

① 在 PC 上观察超级终端程序主窗口,可以看到如下界面:

```
Boot success…
Keyboard Test Example
```

② 用户可以按下实验系统的 5×4 键盘,在超级终端上观察结果.

7.8.7 实验参考程序及流程图

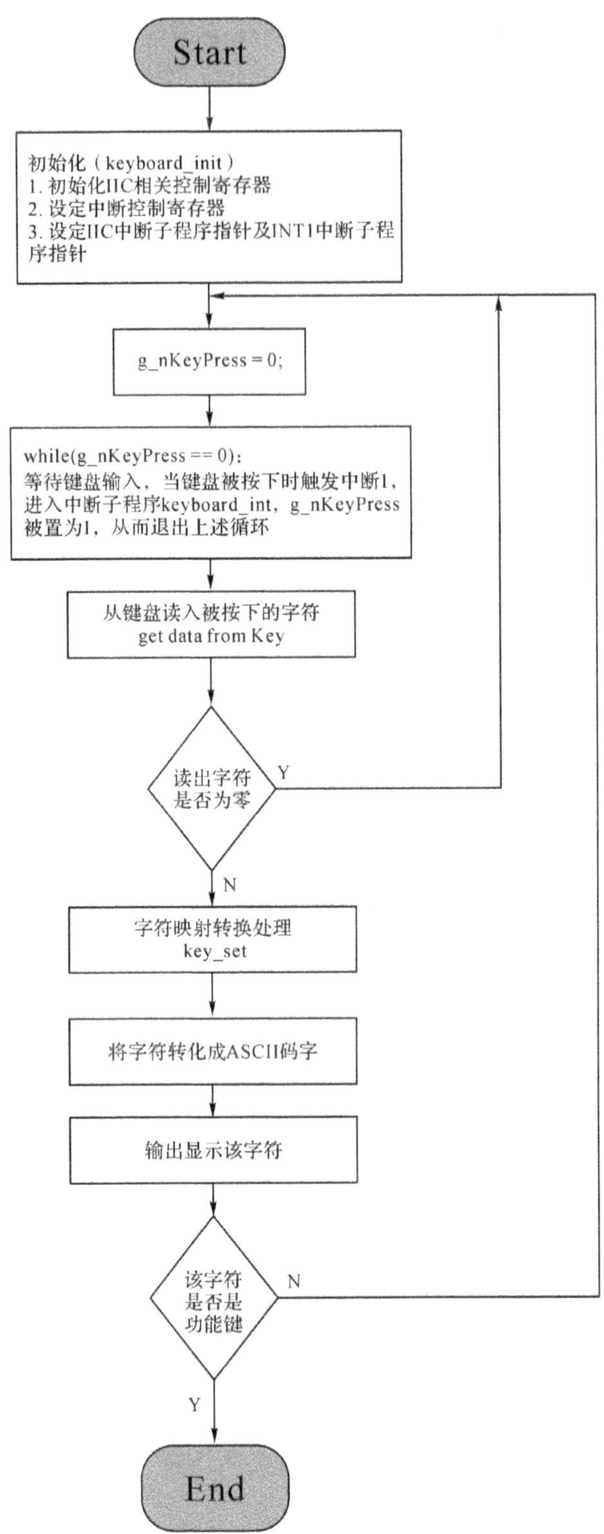

图 7-33 键盘控制实验流程图

代码

(1) 键盘控制初始化.

```
/*****************************************
* name:          keyboard_test
* func:          test keyboard
* para:          none
* ret:           none
* modify:
* comment:
*****************************************/
void keyboard_test(void)
{
  UINT8T ucChar;
  UINT8T szBuf[40];
  uart_printf("\n Keyboard Test Example\n ");
  uart_printf(" Press any key to exit...\n ");
  keyboard_init();
  g_nKeyPress=0xFE;
  while(1)
  {

      f_nKeyPress = 0;
      while(f_nKeyPress==0)
      {
          if(uart_getkey())                    // Press any key from UART0 to exit
              return;
          else if(ucChar==7)                   // or press 5x4 Key-7 to exit
              return;
          else if(g_nKeyPress! =0xFE)          // or SB1202/SB1203 to exit
              return;
      }
      iic_read_keybd(0x70,0x1,&ucChar);        // get data from ZLG7290
      if(ucChar ! = 0)
      {
          ucChar = key_set(ucChar);            // key map for EduKitII
          if(ucChar<16)
              sprintf(&szBuf," press key %d ",ucChar);
          else if(ucChar<255)
              sprintf(&szBuf," press key %c ",ucChar);

          if(ucChar==0xFF)
              sprintf(&szBuf," press key FUN ");
```

```
            #ifdef BOARDTEST
            print_lcd(200,170,0x1c,&szBuf);
            #endif
            uart_printf(szBuf);
            uart_printf("\n ");
        }
    }
```

(2) 中断服务程序.

```
/*****************************************
* name:         keyboard_int
* func:         keyboard interrupt handler
* para:         none
* ret:          none
* modify:
* comment:
*****************************************/
void keyboard_init(void)
{
  int i;
  iic_init_8led();
  for(i=0; i<8; i++)
  {
      iic_write_8led(0x70,0x10+i,0xFF);  // write data to DpRam0~DpRam7(Register of
                                            ZLG7290)
      delay(5) ;
  }
  iic_init_keybd();                    // enable IIC and EINT1 int
pISR_EINT1 = (int)isrEINT1;//keyboard_int;
}
/*****************************************
* name:         iic_int_keybd
* func:         IIC interrupt handler
* para:         none
* ret:          none
* modify:
* comment:
*****************************************/
void _irq iic_int_keybd(void)
{
  ClearPending(BIT_IIC);
  f_nGetACK = 1;
}
```

7.8.8 练习题

1. 编写程序实现一个简单的计算器,包括加减乘除功能,并能将结果显示在数码管上.
2. 编写程序实现双键同时按下时键盘的检测及处理程序.

7.9 以太网通讯实验

7.9.1 实验目的

(1) 通过实验了解以太网通讯原理和驱动程序开发方法.
(2) 通过实验了解 IP 网络协议和网络应用程序开发方法.

7.9.2 实验设备

(1) 硬件:Embest EduKit-Ⅲ实验平台,ULINK USB-JTAG 仿真器套件,PC,以太网集线器(Hub,可选).

(2) 软件:μVision IDE for ARM 集成开发环境,Windows 98/2000/NT/XP/7.

7.9.3 实验内容

熟悉以太网控制器 CS8900A,在内部以太局域网上基于 TFTP/IP 协议,下载代码到目标板上.

7.9.4 实验原理

(1) 以太网通讯原理.

以太网是由 Xeros 公司开发的一种基带局域网碰撞检测机制(CSMA/CD),使用同轴电缆作为传输介质,数据传输速率达到 10Mbps;使用双绞线作为传输介质,数据传输速率达到 100Mbps/1000Mbps. 该机制现在普遍遵从 IEEE802.3 规范.

① 结构.

以太网结构如图 7-34 所示.

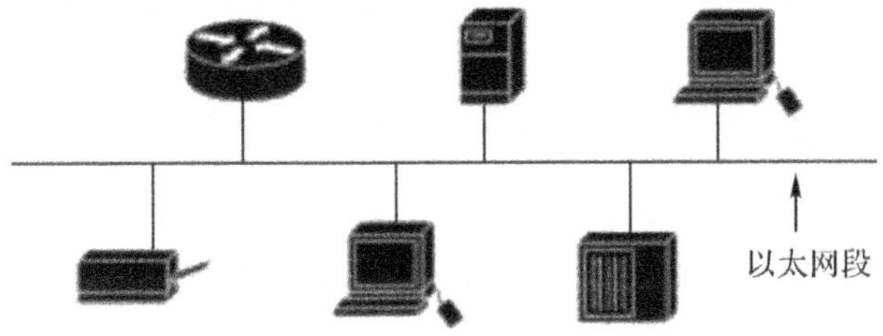

图 7-34 以太网结构示意图

② 类型.

以太网/IEEE802.3——采用同轴电缆作为网络媒体,传输速率达到 10 Mbps;

100 Mbps 以太网——又称为快速以太网,采用双绞线作为网络媒体,传输速率达到 100 Mbps;

1000 Mbps 以太网——又称为千兆以太网,采用光缆或双绞线作为网络媒体.

③ 工作原理.

以太网的传输方法,也就是以太网的介质访问控制(MAC)技术称为载波监听多路存取和冲突检测(CSMA/CD),下面我们分步来说明其原理:

载波监听:当你所在的网站(计算机)要向另一个网站发送信息时,先监听网络信道上有无信息正在传输,信道是否空闲.

信道忙碌:如果发现网络信道正忙,则等待,直到发现网络信道空闲为止.

信道空闲:如果发现网络信道空闲,则向网上发送信息. 由于整个网络信道为共享总线结构,网上所有网站都能够收到你所发出的信息,所以网站向网络信道发送信息也称为"广播". 但只有你想要发送数据的网站才能识别和接收这些信息.

冲突检测:网站发送信息的同时,还要监听网络信道,检测是否有另一个网站同时在发送信息. 如果有,两个网站发送的信息会产生碰撞,即产生冲突,从而使数据信息包被破坏.

遇忙停发:如果发送信息的网站检测到冲突,则立即停止发送,并向网上发送一个"冲突"信号,让其他网站也发现该冲突,从而摈弃可能一直在接收受损的信息包.

多路存取:如果发送信息的网站因"碰撞冲突"而停止发送,就需等待一段时间,再回到第一步,重新开始载波监听和发送,直到数据成功发送为止.

所有共享型以太网上的网站,都是经过上述六个步骤,进行数据传输的. 由于 CSMA/CD 介质访问控制法规定在同一时间里,只能有一个网站发送信息,其他网站只能收听和等待,否则就会产生"碰撞". 所以当共享型网络用户增加时,每个网站在发送信息时产生"碰撞"的概率增大,当网络用户增加到一定数目后,网站发送信息产生的"碰撞"会越来越多,想发送信息的网站不断地进行:监听一Λ 发送一Λ 碰撞一Λ 停止发送一Λ 等待一Λ 再监听一Λ 再发送……

④ 以太网/IEEE802.3 帧的结构.

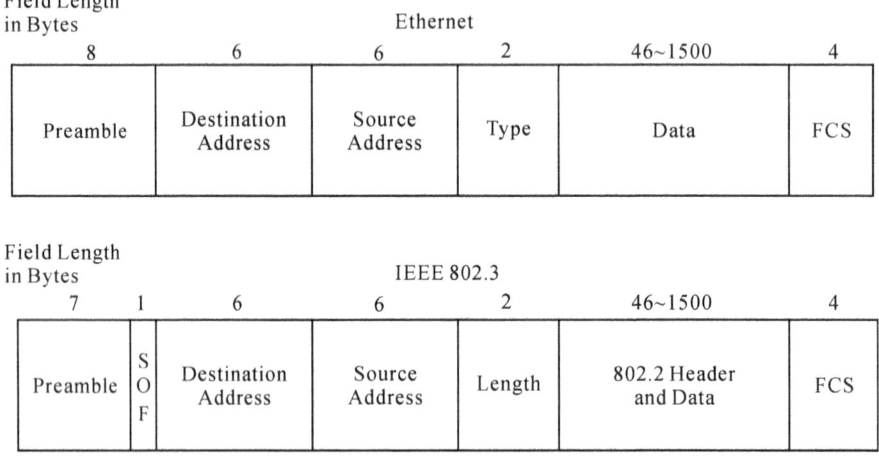

图 7-35　以太网/IEEE 802.3 帧的基本组成

如上图所示,以太网和IEEE802.3帧的基本结构如下:

前导码:由0、1间隔代码组成,可以通知目标站作好接收准备.IEEE 802.3帧的前导码占用7个字节,紧随其后的是长度为1个字节的帧首定界符(SOF).以太网帧把SOF包含在了前导码当中,因此,前导码的长度扩大为8个字节.

帧首定界符(SOF):IEEE 802.3帧中的定界字节,以两个连续的代码1结尾,表示一帧的实际开始.

目标和源地址:表示发送和接收帧的工作站的地址,各占据6个字节.其中,目标地址可以是单址,也可以是多点传送或广播地址.

类型(以太网):占用2个字节,指定接收数据的高层协议.

长度(IEEE 802.3):表示紧随其后的以字节为单位的数据段的长度.

数据(以太网):在经过物理层和逻辑链路层的处理之后,包含在帧中的数据将被传递给在类型段中指定的高层协议.虽然以太网版本2中并没有明确作出补齐规定,但是以太网帧中数据段的长度最小应当不低于46个字节.

数据(IEEE 802.3):IEEE 802.3帧在数据段中对接收数据的上层协议进行规定.如果数据段长度过小,使帧的总长度无法达到64个字节的最小值,那么相应软件将会自动填充数据段,以确保整个帧的长度不低于64个字节.

帧校验序列(FSC):该序列包含长度为4个字节的循环冗余校验值(CRC),由发送设备计算产生,在接收方被重新计算以确定帧在传送过程中是否被损坏.

(2) IP网络协议原理.

TCP/IP协议是一组包括TCP(Transmission Control Protocol)协议和IP(Internet Protocol)协议,UDP(User Datagram Protocol)协议、ICMP(Internet Control Message Protocol)协议和其他一些协议的协议组.

① 结构.

应用层(第四层)
传输层(第三层)
互联层(第二层)
网络接口层(第一层)

图7-36　TCP/IP协议层次

TCP/IP协议采用分层结构,共分为四层,每一层独立完成指定功能,如图7-36所示.

网络接口层:负责接收和发送物理帧,它定义了将数据组成正确帧的规程和在网络中传输帧的规程,帧是指一串数据,它是数据在网络中传输的单位.网络接口层将帧放在网上,或从网上把帧取下来.

互联层:负责相邻结点之间的通信,本层定义了互联网中传输的"信息包"格式,以及从一个节点通过一个或多个路由器运行必要的路由算法到最终目标的"信息包"转发机制.主要协议有IP、ARP、ICMP、IGMP等.

传输层:负责起点到终点的通信,为两个用户进程之间建立、管理和拆除有效的端到端连接.主要协议有 TCP、UDP 等.

应用层:它定义了应用程序使用互联网的规程.应用程序通过这一层访问网络,主要遵从 BSD 网络应用接口规范.主要协议有 SMTP、FTP、TELNET、HTTP 等.

② 主要协议介绍.

a. IP.

网际协议 IP 是 TCP/IP 的心脏,也是网络层中最重要的协议.

IP 层接收由更低层(网络接口层,例如以太网设备驱动程序)发来的数据包,并把该数据包发送到更高层——TCP 或 UDP 层;相反,IP 层也把从 TCP 或 UDP 层接收来的数据包传送到更低层.但 IP 数据包是不可靠的,因为 IP 并没有做任何事情来确认数据包是按顺序发送的或者没有被破坏.

当前 IP 协议有 IPv4 和 IPv6 两个版本,IPv4 正被广泛使用,IPv6 是下一代高速互联网的基础协议.下面这个表是 IPv4 的数据包格式.

IP 协议头的结构定义如下:

```
struct ip_header
{
        UINT     ip_v:4;                  //协议版本
        UINT     ip_hl:4;                 //协议头长度
        UINT8    ip_tos;                  //服务类型
        UINT16   ip_len;                  //数据包长度
        UINT16   ip_id;                   //协议标识
        UINT16   ip_off;                  //分段偏移域
        UINT8    ip_ttl;                  //生存时间
        UINT8    ip_p;                    //IP 数据包的高层协议
        UINT16   ip_sum;                  //校验和
        struct in_addr ip_src,ip_dst;     //源和目的 IP 地址
};
```

```
--------------------------------------------------
|       0       4          8           16     32 |
--------------------------------------------------
| 版本|首部长度|服务类型 |  数据包总长 |
--------------------------------------------------
|  标识       |  DF  |  MF  |       碎片偏移 |
--------------------------------------------------
| 生存时间     |     协议    |  首部较验和 |
--------------------------------------------------
|                 源 IP 地址                     |
--------------------------------------------------
|                 目的 IP 地址                   |
--------------------------------------------------
|                 选项                           |
--------------------------------------------------
|                 数据                           |
--------------------------------------------------
```

图 7-37　IPv4 的数据包格式

ip_v:IP 协议的版本号,IPv4 为 4,IPv6 为 6.

ip_hl:IP 包首部长度,这个值以 4 字节为单位. IP 协议首部的固定长度为 20 个字节,如果 IP 包没有选项,那么这个值为 5.

ip_tos:服务类型,说明提供的优先权.

ip_len:说明 IP 数据的长度. 以字节为单位.

ip_id:标识这个 IP 数据包.

ip_off:碎片偏移,和上面 ID 一起用来重组碎片.

ip_ttl:生存时间,每经过一个路由时减 1,直到为 0 时被抛弃.

ip_p:协议,表示创建这个 IP 数据包的高层协议. 如 TCP、UDP 协议.

ip_sum:首部校验和,提供对首部数据的校验.

ip_src,ip_dst:发送者和接收者的 IP 地址.

IP 地址实际上是采用 IP 网间网层通过上层软件完成"统一"网络物理地址的方法,这种方法使用统一的地址格式,在统一管理下分配给主机. Internet 网上不同的主机有不同的 IP 地址,在 IPv4 协议中,每个主机的 IP 地址都是由 32 比特,即 4 个字节组成的. 为了便于用户阅读和理解,通常采用"点分十进制表示方法"表示,每个字节为一部分,中间用点号分隔开来. 如 211.154.134.93 就是嵌入开发网 WEB 服务器的 IP 地址. 每个 IP 地址又可分为两部分:网络账号和主机号. 网络号表示网络规模的大小,主机号表示网络中主机的地址编号. 按照网络规模的大小,IP 地址可以分为 A、B、C、D、E 五类,其中 A、B、C 类是三种主要的类型地址,D 类专供多目传送用的多目地址,E 类用于扩展备用地址.

b. TCP.

如果 IP 数据包中有已经封好的 TCP 数据包,那么 IP 将把它们向"上"传送到 TCP 层. TCP 将包排序并进行错误检查,同时实现虚电路间的连接. TCP 数据包中包括序号和确认,所以未按照顺序收到的包可以被排序,而损坏的包可以被重传.

TCP 将它的信息送到更高层的应用程序,例如 Telnet 的服务程序和客户程序. 应用程序轮流将信息送回 TCP 层,TCP 层便将它们向下传送到 IP 层、设备驱动程序和物理介质,最后到接收方.

关于 TCP 协议的详细情况,请查看 RFC793 文档.

TCP 对话通过三次握手来初始化. 三次握手的目的是使数据段的发送和接收同步;告诉其他主机其一次可接收的数据量,并建立虚连接.

这三次握手的简单过程如下:

第一,初始化主机通过一个同步标志置位的数据段发出会话请求.

第二,接收主机通过发回具有以下项目的数据段表示回复:同步标志置位、即将发送的数据段的起始字节的顺序号、应答并带有将收到的下一个数据段的字节顺序号.

第三,请求主机再回送一个数据段,并带有确认顺序号和确认号.

c. UDP.

UDP 与 TCP 位于同一层,但对于数据包的顺序错误或重发不处理. 因此,UDP 不被应用于那些使用虚电路的面向连接的服务,UDP 主要用于那些面向查询、应答的服务,如 NFS. 相对于 FTP 或 Telnet,这些服务需要交换的信息量较小. 使用 UDP 的服务包括 NTP (网落时间协议)和 DNS(DNS 也使用 TCP).

UDP 协议适用于无须应答并且通常一次只传送少量数据的应用.

d. ICMP.

ICMP 与 IP 位于同一层,它被用来传送 IP 的控制信息. 它主要是用来提供有关通向目的地址的路径信息. ICMP 的"Redirect"信息通知主机通向其他系统的更准确的路径,而"Unreachable"信息则指出路径有问题. 另外,如果路径不可用了,ICMP 可以使 TCP 连接"体面地"终止. PING 是最常用的基于 ICMP 的服务.

e. ARP.

要在网络上通信,主机就必须知道对方主机的硬件地址. 地址解析就是将主机 IP 地址映射为硬件地址的过程. 地址解析协议 ARP 用于获得在同一物理网络中的主机的硬件地址.

解释本地网络 IP 地址过程如下:

第一,当一台主机要与别的主机通信时,初始化 ARP 请求. 当断定 IP 地址是本地时,源主机在 ARP 缓存中查找目标主机的硬件地址.

第二,要是找不到映射的话,ARP 会建立一个请求,源主机 IP 地址和硬件地址会被包括在请求中,该请求通过广播,使所有本地主机均能接收并处理.

第三,本地网上的每个主机都收到广播并寻找相符的 IP 地址.

第四,当目标主机断定请求中的 IP 地址与自己的相符时,直接发送一个 ARP 答复,将自己的硬件地址传给源主机. 以源主机的 IP 地址和硬件地址更新它的 ARP 缓存. 源主机收到回答后便建立起了通信.

f. TFTP 协议.

TFTP 是一个传输文件的简单协议,一种简化的 TCP/IP 文件传输协议,它基于 UDP 协议而实现,支持用户从远程主机接收或向远程主机发送文件. 此协议设计的时候是进行小文件传输的,因此它不具备通常的 FTP 的许多功能,它只能从文件服务器上获得或写入文件,不能列出目录,不进行认证,它传输 8 位数据.

因为 TFTP 使用 UDP,而 UDP 使用 IP,IP 还可以使用其他本地通信方法. 因此一个 TFTP 包中会有以下几段:本地媒介头、IP 头、数据报头、TFTP 头,剩下的就是 TFTP 数据了. TFTP 在 IP 头中不指定任何数据,但是它使用 UDP 中的源和目标端口以及包长度域. 由 TFTP 使用的包标记(TID)在这里被用做端口,因此 TID 必须介于 0～65 535 之间.

初始连接时候需要发出 WRQ(请求写入远程系统)或 RRQ(请求读取远程系统),收到一个确定应答,一个确定的可以写出的包或应该读取的第一块数据. 通常确认包包括要确认的包的包号,每个数据包都与一个块号相对应,块号从 1 开始而且是连续的. 因此对于写入请求的确定是一个比较特殊的情况,因此它的包的包号是 0. 如果收到的包是一个错误的包,则这个请求被拒绝. 创建连接时,通信双方随机选择一个 TID,因为是随机选择的,因此两次选择同一个 ID 的可能性就很小了. 每个包包括两个 TID,发送者 ID 和接收者 ID. 在第一次请求的时候它会将请求发到 TID 69,也就是服务器的 69 端口上. 应答时,服务器使用一个选择好的 TID 作为源 TID,并用上一个包中的 TID 作为目的 ID 进行发送. 这两个被选择的 ID 在随后的通信中会被一直使用.

此时连接建立,第一个数据包以序列号 1 从主机开始发出. 以后两台主机要保证以开始时确定的 TID 进行通信. 如果源 ID 与原来确定的 ID 不一样,这个包会被认识为发送到了错误的地址而被抛弃.

③ 网络应用程序开发方法.

进行网络应用程序开发有两种方法:一是采用 BSD Socket 标准接口,程序移植能力强;二是采用专用接口直接调用对应的传输层接口,效率较高.

a. BSD Socket 接口编程方法.

Socket(套接字)是通过标准的文件描述符和其他程序通讯的一个方法.每一个套接字都用一个半相关描述,即用{协议、本地地址、本地端口}来表示;一个完整的套接字则用一个相关描述,即{协议、本地地址、本地端口、远程地址、远程端口},每一个套接字都有一个本地的由操作系统分配的唯一的套接字号.

b. 传输层专有接口编程方法.

网络协议都可以直接提供专有函数接口给上层或者跨层调用,用户可以调用每个协议代码中特有的接口实现快速数据传递.

实验板的网络协议包提供的就是 TFTP 协议的专用接口,应用程序可以通过它接收用户从主机上使用 TFTP 传递过来的数据.主要接口函数有:

extern char * TftpRecv(int * len)——接收用户数据,网络协议包自动完成连接过程,并从网络获取用户传递过来的数据包,每次接收最大长度由 len 指定,返回前改写成实际接收到的数据长度,函数返回数据首地址指针,若返回值为 NULL,表示接收故障.

MakeAnswer()——返回应答信号,每当用户处理完一个数据包后,需要调用此函数给对方一个确认信号,使得数据传输得以继续.

(3) 关于 CS8900A.

① CS8900A 特点介绍.

CS8900A 是由美国 CIRRUS LOGIC 公司生产的以太网控制器,由于其优良的性能、低功耗及低廉的价格,使其在市场上 10Mbps 嵌入式网络应用中占有相当大的比例.

CS8900A 主要性能为:

a. 符合 Ethernet II 与 IEEE802.3(10Base5、10Base2、10BaseT)标准.

b. 全双工,收、发可同时达到 10Mbps 的速率.

c. 内置 SRAM,用于收发缓冲,降低对主处理器的速度要求.

d. 支持 16 位数据总线,4 个中断申请线以及 3 个 DMA 请求线.

e. 8 个 I/O 基地址,16 位内部寄存器,IO Base 或 Memory Map 方式访问.

f. 支持 UTP、AUI、BNC 自动检测,还支持对 10BaseT 拓扑结构的自动极性修正.

g. LED 指示网络激活和连接状态.

h. 100 脚的 LQFP 封装,缩小了 PCB 尺寸.

② CS8900A 引脚分布.

CS8900A 引脚分布如图 7-38 所示.

③ 复位与初始化过程.

引起 CS8900A 复位的因素有很多种,有人为的需要,也有意外产生的复位.如外部复位信号(在 RESET 引脚加至少 400ns 的高电平)引起复位,上电自动复位,下电复位(电压低于 2.5V),EEPROM 校验失败引起复位以及软件复位等.复位之后,CS8900A 需要重新进行配置.

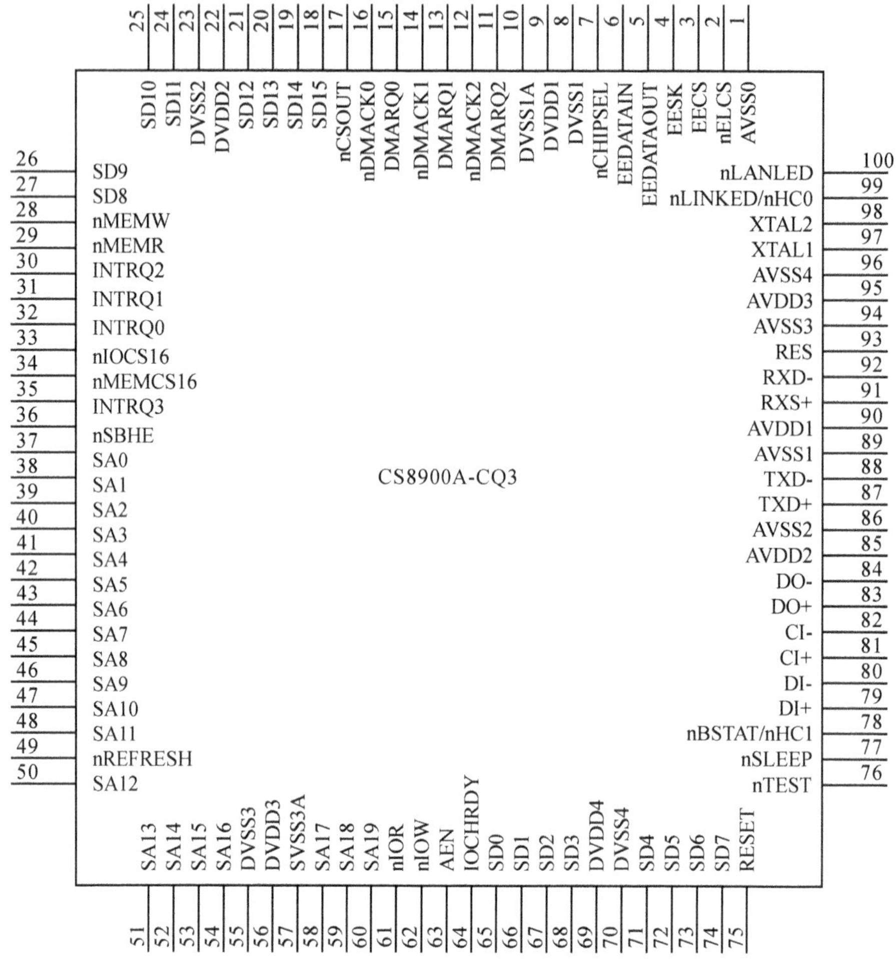

图 7-38 CS8900A 的引脚分布图

每次复位之后(除 EEPROM 校验失败引起复位以外),CS8900A 都会检查 EEDataIn 引脚,判断是否有外部的 EEPROM 存在. 如果 EEDI 是高电平,则说明 EEPROM 存在,CS8900A 会自动将 EEPROM 中的数据加载到内部寄存器中(Embest EduKit一Ⅲ 实验平台未采用外接 EEPROM 的方法,具体的配置过程可以参考 CS8900A 的硬件手册);如果 EEDI 为低电平,则 EEPROM 不存在,CS8900A 会按照下表所示进行默认的配置.

表 7-9 CS8900A 的默认配置

PacketPage 地址	寄存器内容	寄存器描述
0020h	0300h	I/O 基地址
0022h	XXXX XXXX XXXX X100	中断号
0024h	XXXX XXXX XXXX XX11	DMA 通道号
0026h	0000h	DMA 基址到待发送帧的偏移
0028h	X000h	DMA 帧数

续表

PacketPage 地址	寄存器内容	寄存器描述
002Ah	0000h	DMA 字节数
002Ch	XXX0 0000h	内存基地址
0030h	XXX0 0000h	引导 PROM 基地址
0034h	XXX0 0000h	引导 PROM 地址掩码
0102h	0003h	寄存器 3－RxCFG
0104h	0005h	寄存器 5－RxCTL
0106h	0007h	寄存器 7－TxCFG
0108h	0009h	寄存器 9－TxCMD
010Ah	000Bh	寄存器 B－BufCFG
010Ch	Undefined	保留
010Eh	Undefined	保留
0110h	Undefined	保留
0112h	00013h	寄存器 13－LineCTL
0114h	0015h	寄存器 15－SelfCTL
0116h	0017h	寄存器 17－BusCTL
0118h	0019h	寄存器 19－TestCTL

④ PacketPage 结构.

CS8900A 的结构的核心是提供高效访问方法的内部寄存器和缓冲内存. PacketPage 是 CS8900A 中集成的 RAM. 它可以用作接收帧和待发送帧的缓冲区,除此之外还有一些其他的用途. PacketPage 为内存或 I/O 空间提供了一种统一的访问控制方法,减轻了 CPU 的负担,降低了软件开发的难度. 此外,它还提供一系列灵活的配置选项,允许开发者根据特定的系统需求设计自己的以太网模块. PacketPage 中可以供用户操作的部分可以划分为以下几个部分:

0000h～0045h　　总线接口寄存器
0100h～013Fh　　状态与控制寄存器
0140h～014Fh　　发送初始化寄存器
0150h～015Dh　　地址过滤寄存器
0400h　　接收帧地址
0A00h　　待发送帧地址

(具体地址及定义见实验参考程序 1)

(4) CS8900A 工作模式介绍.

CS8900A 有两种工作模式:一种是 I/O 访问方式,另一种是内存访问方式. 网卡芯片复位后默认工作方式为 I/O 连接,I/O 端口基址为 300H,下面对它的几个主要工作寄存器进行介绍(寄存器后括号内的数字为寄存器地址相对基址 300H 的偏移量).

LINECTL(0112H):LINECTL 决定 CS8900 的基本配置和物理接口.在本系统中,设置初始值为 00d3H,选择物理接口为 10BASE－T,并使能设备的发送和接收控制位.

RXCTL(0104H):RXCTL 控制 CS8900 接收特定数据报.设置 RXTCL 的初始值为 0d05H,接收网络上的广播或者目标地址同本地物理地址相同的正确数据报.

RXCFG(0102H):RXCFG 控制 CS8900 接收到特定数据报后会引发接收中断.RXCFG 可设置为 0103H,这样当收到一个正确数据报后,CS8900 会产生一个接收中断.

BUSCT(0116H):BUSCT 可控制芯片的 I/O 接口的一些操作.设置初始值为 8017H,打开 CS8900 的中断总控制位.

ISQ(0120H):ISQ 是网卡芯片的中断状态寄存器,内部映射接收中断状态寄存器和发送中断状态寄存器的内容.

PORT0(0000H):发送和接收数据时,CPU 通过 PORT0 传递数据.

TXCMD(0004H):发送控制寄存器,如果写入数据 00C0H,那么网卡芯片在全部数据写入后开始发送数据.

TXLENG(0006H):发送数据长度寄存器,发送数据时,首先写入发送数据长度,然后将数据通过 PORT0 写入芯片.

以上为几个最主要的工作寄存器(为 16 位),CS8900 支持 8 位模式,当读或写 16 位数据时,低位字节对应偶地址,高位字节对应奇地址.例如,向 TXCMD 中写入 00C0H,则可将 00h 写入 305H,将 C0H 写入 304H.

系统工作时,应首先对网卡芯片进行初始化,即写寄存器 LINECTL、RXCTL、RCCFG、BUSCT.发数据时,写控制寄存器 TXCMD,并将发送数据长度写入 TXLENG,然后将数据依次写入 PORT0 口,如将第一个字节写入 300H,第二个字节写入 301H,第三个字节写入 300H,依此类推.网卡芯片将数据组织为链路层类型并添加填充位和 CRC 校验送到网络同样,处理器查询 ISO 的数据,当有数据来到后,读取接收到的数据帧.

(5) CS8900A 驱动程序设计.

以太网驱动程序是针对实验板上的以太网络接口芯片 CS8900A 编程,正确初始化芯片,并提供数据输入输出和控制接口给高层网络协议使用.

源码中,cs8900a.c 文件是 CS8900A 的驱动程序,函数功能如下:

CS_Init()——CS8900A 初始化.初始化步骤为:①检测 CS8900A 芯片是否存在,然后软件复位 CS8900A;②如果使用 Memory Map 方式访问 CS8900A 芯片内部寄存,就设置 CS8900A 内部寄存基地址(默认为 IO 方式访问);③设置 CS8900A 的 MAC 地址;④关闭事件中断(本例子使用查询方式,如果使用中断方式,则添加中断服务程序再打开 CS8900A 中断允许位);⑤配置 CS8900A 10BT,然后允许 CS8900A 接收和发送,接收发送 64～1518 字节的网络帧及网络广播帧(见实验参考程序 2).

CS_Close()——关闭 CS8900A 芯片数据收发功能,以及关闭中断请求.

CS_Reset()——复位 CS8900A 芯片.

CS_Identification()——获得 CS8900A 芯片 ID 和修订版本号.

CS_TransmitPacket ()——数据包输出.将要发送的网络数据包从网口发送出去.发送数据包时,先把发送命令写到发送命令寄存器,把发送长度写到发送长度寄存器,然后等待 CS8900A 内部总线状态寄存器发送就绪位置位,便将数据包的数据顺序写到数据端口寄存器(16 位宽,一次两个字节).

CS_ReceivePacket ()——数据包接收.查询数据接收事件寄存器,若有数据帧接收就绪,读取接收状态寄存器(与接收事件寄存器内容一致,忽略之),及读取接收长度寄存器,得到数据帧的长度,然后从数据端口寄存器顺序读取数据(16 位宽,一次两个字节).

7.9.5 实验操作步骤

(1) 准备实验环境.

使用 ULINK USB－JTAG 仿真器连接到目标板上,使用 Embest EduKit－Ⅲ实验板附带的串口线,连接实验板上的 UART0 和 PC 的串口.

(2) 串口接收设置.

在 PC 上运行 Windows 自带的超级终端串口通信程序(波特率 115200、1 位停止位、无校验位、无硬件流控制),或者使用其他串口通信程序.

(3) 配置.

① 将 PC 机 IP 地址设置为 192.192.192.x(x 取值在 30～200 之间).

② 运行 PC 机 DOS 窗口或者"开始"系统按钮上的"运行"菜单,输入命令 command:

```
C:\DOCUME~1\SS>cd \
C:\>arp -s 192.192.192.200 00-06-98-01-7e-8f
C:\>arp -a
Interface: 192.192.192.36 —— 0x2
Internet Address      Physical Address      Type
192.192.192.200         00-06-98-01-7e-8f     static
```

为 PC 机添加一个到目标板的地址解析.

③ 在 PC 机上运行 windows 自带的超级终端串口通信程序(波特率 115200、1 位停止位、无校验位、无硬件流控制),或者使用其他串口通信程序.使用教学系统提供的交叉网线连接开发板网口(NET1)和 PC;也可以使用直通网线,连接到与 PC 同一局域网的 HUB 上.

(4) 打开实验例程.

① 拷贝实验平台附带光盘 CD1\CD1_Basic_070615\Software 文件夹到 RealView MDK 软件的安装目录的 Keil\ARM\Boards\Embest\目录下(如果已经拷贝,可跳过此步骤).

② 使用 ULINK USB－JTAG 仿真器连接到目标板上,打开实验例程目录 6.2_tftp_test 子目录下的 tftp_test.Uv2 例程,编译链接工程,直到链接工程成功.

③ 根据 ReadMe 目录下的 ReadMeCommon.txt 及 readme.txt 文件配置集成开发环境(工程默认已经配置正确),点击工具栏" ",在 Option for Target 对话框的 Linker 页中选择 RuninRAM.sct 分散加载文件,点击 MDK 的 Debug 菜单,选择 Start/Stop Debug Session 项或点击工具栏" ",下载工程生成的.axf 文件到目标板的 RAM 中调试运行.

④ 如果需要将程序烧写固化到 Flash 中,仅需要更改分散加载文件即可(须慎用,这一步的操作将会破坏 Flash 中原有固化程序,建议实验中不操作).在 Option for Target 对话框的 Linker 页中选择 RuninFlash.sct 分散加载文件,重新编译工程,点击 MDK 的 Flash 菜单,选择 Download 烧写调试代码到目标系统的 Nor Flash 中,重启实验板,实验板将会运行

烧写到 Nor Flash 中的代码.

⑤ 点击 Debug 菜单的 Run 或 F5 键全速运行程序.

⑥ 运行光盘中附带的 DHCP Server 软件(Tools\tftpd32\tftpd32. exe),以动态分配 IP 地址(也可用网络中的 DHCP 服务器),如图 7-39 所示,设置 DHCP Server.

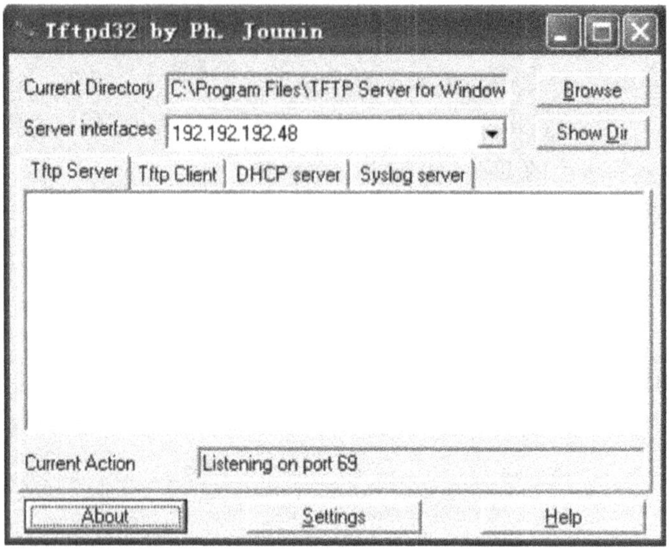

图 7-39 DHCP Server 设置图

在 PC 上观察超级终端程序主窗口,可以看到如下界面:

```
boot success...
Reset CS8900A successful,    Rev F.
S/s —— DHCP IP addr
D/d —— Default IP addr(192. 192. 192. 200)
Y/y —— Input New IP addr
```

选择 s,表示 DHCP 测试,选择 d,默认 IP,选择 y,输入新 IP,超级终端显示如下:

```
Press a key to continue ... s
Set local ip 192. 192. 192. 201
Press any key to exit ...
Press a key to continue ... d
Set local ip 192. 192. 192. 200
Press any key to exit ...
Press a key to continue ... y
Please input IP address(xxx. xxx. xxx. xxx)
then press ENTER:192. 192. 192. 218
Set local ip 192. 192. 192. 218
Press any key to exit ...
```

⑦ 在 PC 上运行 TFTPDown. exe 程序(在 CD1 根目录 Tools 下),目标板地址输入 192. 192. 192. 200,Flash Start Address 输入 0x33000000,然后选取想要下载的文件(BIN

文件、ELF 文件等各种文件均可)，点击 Download，程序开始通过 TFTP 协议下载文件到目标板 Flash 中，成功或者出错都有提示对话框.

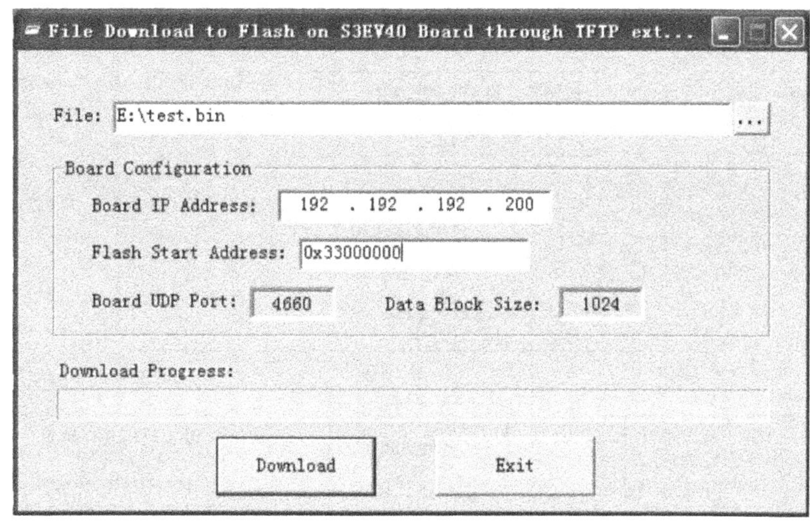

图 7-40　TFTP Download 运行后的配置界面

注：Flash Start Address 也可以是 SDRAM 地址：0x30000000～0x37fffc00

用户按照图 7-40 参数设置完毕后，点击 Download 按钮，TFTP 正确下载会出现图 7-41 所示的提示.

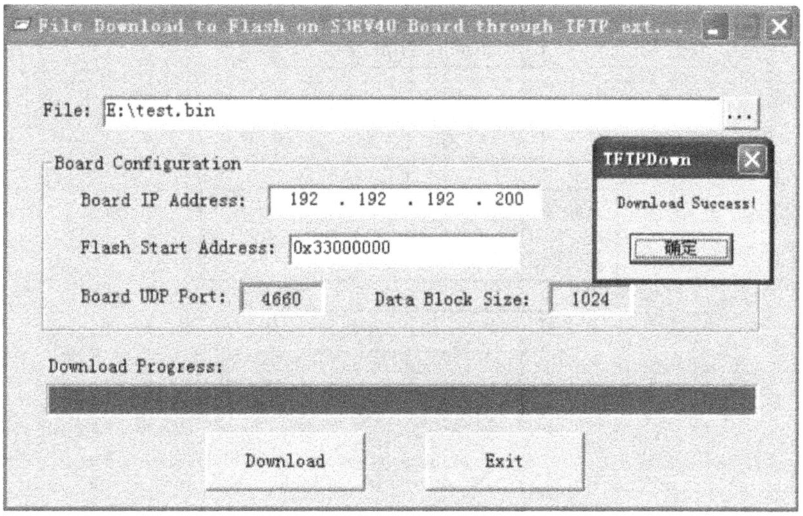

图 7-41　TFTP Download 测试成功图

当开发板所在的网络不能正常通信或开发板硬件不正常时，TFTP 文件下载会显示下载失败提示. 用户可以先检查网络通信是否正常再进行调试，直到通信成功.

(5) 观察实验结果.

使用 MDK 停止目标板运行，打开 Memory 窗口，输入 0x33000000，然后检查 Flash 中的数据是否和下载的文件数据一致.

7.9.6 实验参考程序及流程图

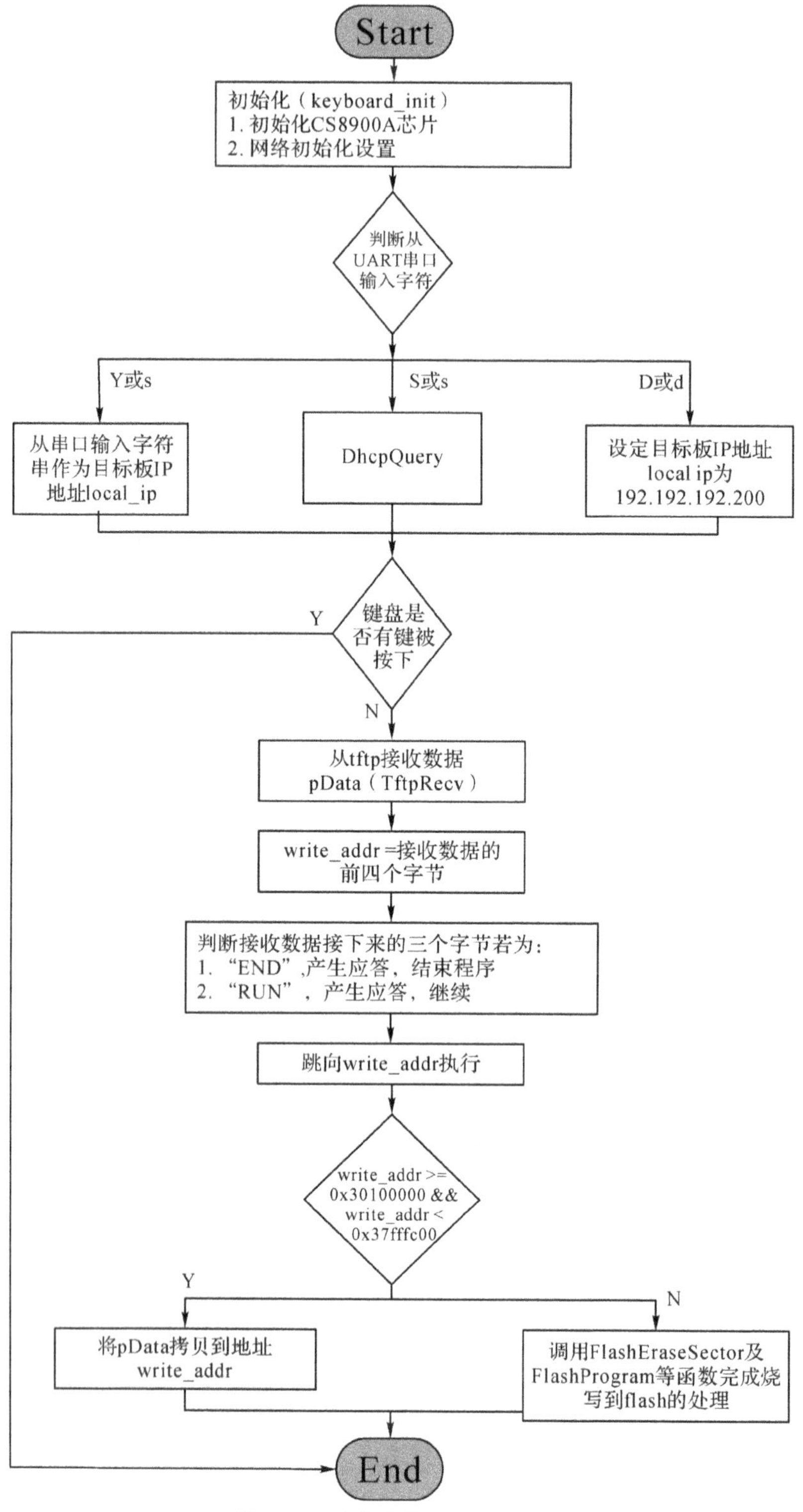

图 7-41 以太网通讯实验流程图

代码

(1) CS8900A 的寄存器定义.

```
/*                    CS8900A Register defines                    */
// Bus interface registers
#define REG_Identification            0x0000
#define REG_IOBaseAddress             0x0020
#define REG_InterruptNumber           0x0022
#define REG_DMAChannelNumber          0x0024
#define REG_DMAStartOfFrame           0x0026
#define REG_DMARrameCount             0x0028
#define REG_RxDMAByteCount            0x002A
#define REG_MemoryBaseAddress         0x002C
#define REG_BootBaseAddress           0x0030
#define REG_BootAddressMask           0x0034
#define REG_EEPROMCommand             0x0040
#define REG_EEPROMData                0x0042
#define REG_ReceivedByteCounter       0x0050

// Status and control registers
#define REG_RxCFG                     0x0102
#define REG_RxCTL                     0x0104
#define REG_TxCFG                     0x0106
#define REG_TxCMD                     0x0108
#define REG_BufCFG                    0x010A
#define REG_LineCTL                   0x0112
#define REG_SelfCTL                   0x0114
#define REG_BusCTL                    0x0116
#define REG_TestCTL                   0x0118

#define REG_ISQ                       0x0120
#define REG_RxEvent                   0x0124
#define REG_TxEvent                   0x0128
#define REG_BufEvent                  0x012C
#define REG_RxMISS                    0x0130
#define REG_TxCOL                     0x0132
#define REG_LineST                    0x0134
#define REG_SelfST                    0x0136
#define REG_BusST                     0x0138
#define REG_TDR                       0x013C

// Initiate transmit registers
#define REG_TxCommand                 0x0144
```

```
#define REG_TxLength                0x0146

// Address filter registers
#define REG_LAF                     0x0150
#define REG_IA                      0x0158

// Frame location register
#define REG_RxStatus                0x0400
#define REG_RxLength                0x0402
#define REG_RxFrame                 0x0404
#define REG_TxFrame                 0x0A00
```

(2) CS8900A 初始化程序.

```
/*****************************************
* name:       CS_Init
* func:       initialize CS8900A chip
* para:       none
* ret:        1: initialize success; 0: initialize fail
* modify:
* comment:
*****************************************/
int CS_Init(void)
{
     unsigned short id,rev;
     CS_Probe();                    // detailed function reference CS8900A.c
     if(! CS_Reset())
     {
         uart_printf(" Reset CS8900A failed.\n ");
         return 0;
     }
     uart_printf(" Reset CS8900A successful. ");
     #ifdef MEM_MODE
         CS_SetupMemoryBase(MEM_BASE);
     #endif
     id = CS_Identification(&rev);
     switch(rev)
     {
         case REV_B: uart_printf("  Rev B.\n "); break;
         case REV_C: uart_printf("  Rev C.\n "); break;
         case REV_D: uart_printf("  Rev D.\n "); break;
         case REV_F: uart_printf("  Rev F.\n "); break;
     }
     CS_SetupMacAddr(mac_addr);
```

```
        CS_EnableIrq(0);
        CS_Configuration();
        return 1;
    }
```

(3) 相关协议数据结构.

```
//UDP 协议头结构
struct UDPHDR
{
    USHORT uh_sport;                    /* Source port */
    USHORT uh_dport;                    /* Destination port */
    USHORT uh_ulen;                     /* UDP length */
    USHORT uh_sum;                      /* UDP checksum */
};

//TFTP 协议头结构
struct TFTPHDR
{
    short th_opcode;                    /* packet type */
    short tu_block;                     /* block */
};

//DHCP 协议头结构
struct DHCPHDR
{
    UCHAR   bp_op;                      /* Packet opcode type: 1=request,2=reply */
    UCHAR   bp_htype;                   /* Hardware address type: 1=Ethernet */
    UCHAR   bp_hlen;                    /* Hardware address length: 6 for Ethernet */
    UCHAR   bp_hops;                    /* Gateway hops */
    ULONG   bp_xid;                     /* Transaction ID */
    USHORT bp_secs;                     /* Seconds since boot began */
    USHORT bp_flags;                    /* RFC1532 broadcast,etc. */
    ULONG   bp_ciaddr;                  /* Client IP address */
    ULONG   bp_yiaddr;                  /* 'Your' IP address      */
    ULONG   bp_siaddr;                  /* Server IP address */
    ULONG   bp_giaddr;                  /* Gateway IP address */
    UCHAR   bp_chaddr[16];              /* Client hardware address */
    char    bp_sname[64];               /* Server host name */
    char    bp_file[128];               /* Boot file name */
    UCHAR   bp_options[312];            /* Vendor-specific area */
};
```

(4) tftp 下载测试程序.

```
void tftp_test()
{
  char * pData;
  unsigned long write_addr;
  char input_string[64];
  char tmp_ip[4] = {0,0,0,0};
  int  tmp,len,i,j,num=0;
  int  b10 =0; int b100 =0; int flag=0;
  extern void ( * run)(void);              // implement in 44blib.c

  NicInit();
  NetInit();

  uart_printf("\n S/s —— DHCP IP addr\n ");
  uart_printf(" D/d —— Default IP addr(192.192.192.200)\n ");
  uart_printf(" Y/y —— Input New IP addr\n ");
  uart_printf(" Press a key to continue ... %c \n ",i = uart_getch());
  switch(i)
  {
  case 'Y':
  case 'y':
      uart_printf(" \nPlease input IP address(xxx.xxx.xxx.xxx)then press ENTER:");
      uart_getstring(&input_string);

      for(i = 0;((i <16)&(input_string[i] != '\0')); i++)
         if(input_string[i] == '.')num +=1;

      if(num != 3)flag = 1;
      else
      {
         num = i-1; j =0;
         for(i = num; i >= 0; i--)
         {
               if(input_string[i] != '.')
               {
                     if((input_string[i] < '0' | input_string[i] > '9'))flag = 1;
                     else
                     {

                        tmp = (input_string[i]-0x30);
                        if (b100){ tmp *=100; b10 =0; }
                        if (b10)  { tmp *= 10; b100 =1;}
```

```
                    b10 = 1;
                        if(tmp < 256)tmp_ip[j] += tmp; else local_ip = 0x4dc0c0c0;
                      }

                }else { j++; b10 =0; b100 =0;}
            }
        }

        if(! flag)
            local_ip = ((tmp_ip[0]<<24))+((tmp_ip[1]<<16))+((tmp_ip[2]<<8))+
            tmp_ip[3];
        else
        {
            uart_printf("\nIP address error (xxx.xxx.xxx.xxx)! \n ");
            return;
        }

        break;

    case 'S':
    case 's':
        DhcpQuery();
        break;

    case 'D':
    case 'd':
    default:
        local_ip = 0xc8c0c0c0;              // config local ip 192.192.192.200
        break;
    }

    uart_printf("\n Set local ip %d.%d.%d.%d\n ",
                local_ip&0x000000FF,(local_ip&0x0000FF00)>>8,
                (local_ip&0x00FF0000)>>16,(local_ip&0xFF000000)>>24);
    uart_printf("\nPress any key to exit ...\n ");

    for(; ;)
    {
        if(uart_getkey())
            break;

        pData = (char *)TftpRecv(&len);
        if((pData == 0)|| (len <= 0))
```

```
        continue;

    write_addr = (pData[0])+(pData[1]<<8)+(pData[2]<<16)+(pData[3]<<24);
    pData = pData + sizeof(long);
    len -= 4;

    if(( * pData == 'E')&&( * (pData+1)== 'N')&&( * (pData+2)== 'D'))//run
    {
        MakeAnswer();
        return;
    }
    else if(( * pData == 'R')&&( * (pData+1)== 'U')&&( * (pData+2)== 'N'))//run
    {
        MakeAnswer();

        run =  (void * )write_addr;
        ( * run)();                        // jump the new address to run
    }
    if(write_addr >= 0x30100000 && write_addr < 0x37fffc00)
    {
        memcpy((void * )write_addr,pData,len);
    }
    else if(FlashID(write_addr))
    {
        int write_ptr,offset_ptr,write_len,sector_size;
        char * data_ptr;

        data_ptr = pData;
        write_ptr = write_addr;
        while(write_ptr < write_addr+len)
        {
            sector_size = FlashSectorBackup(write_ptr,sector_buf);
            offset_ptr = (write_ptr & ~(0-sector_size));
            write_len = sector_size-offset_ptr;
            if(write_len > len-(write_ptr-write_addr))
                write_len = len-(write_ptr-write_addr);
            memcpy(&sector_buf[offset_ptr],data_ptr,write_len);
            FlashEraseSector(write_ptr);
            FlashProgram(write_ptr & (0-sector_size),sector_buf,sector_size);
            data_ptr += write_len;
            write_ptr += write_len;
        }
    }
```

```
        else
        {
            continue;
        }

        if(memcmp((void *)write_addr,pData,len)== 0)
            MakeAnswer();
    }

    uart_printf(" end.\n ");

}
```

7.9.7 练习题

改写 TFTP_TEST 例程，改变实验板 IP 地址，下载的时候改变 Flash 起始地址，重新进行实验，检查是否正确下载.

第八章　高级应用实验

8.1 “跑马灯”实验

8.1.1 实验目的

(1) 通过实验掌握 LED 的显示控制方法.

(2) 通过实验加深对 IIC 总线工作原理的掌握.

(3) 通过实验掌握键盘控制与设计方法.

(4) 熟练编写 ARM 核处理器 S3C2410X 中断处理程序.

8.1.2 实验设备

(1) 硬件:Embest EduKit－Ⅲ实验平台,ULINK USB－JTAG 仿真器套件,PC.

(2) 软件:μVision IDE for ARM 集成开发环境,Windows 98/2000/NT/XP.

8.1.3 实验内容

(1) 编写程序使实验板上八段数码管循环显示字符.

(2) 使用实验板上 5×4 用户键盘,编写程序接收键盘中断.

(3) 通过 IIC 总线读入键值,并控制数码管变化.

(4) 通过键盘控制数码管逐个显示 0～7 的字符,并实现闪烁等功能.

(5) 可以通过键盘实现调频控制数码管显示的快慢.

8.1.4 实验原理

(1) 八段数码管.

嵌入式系统中,经常使用八段数码管来显示数字或符号,由于它具有显示清晰、亮度高、使用电压低、寿命长的特点,因此使用非常广泛.

① 结构.

八段数码管由八个发光二极管组成,其中七个长条形的发光管排列成“日”字形,右下角一个点形的发光管作为显示小数点用,八段数码管能显示所有数字及部分英文字母. 见图 8-1.

② 类型.

八段数码管有两种不同的形式:一种是八个发光二极管的阳极都连在一起的,称之为共阳极八段数码管;另一种是八个发光二极管的阴极都连在一起的,称之为共阴极八段数码管.

③ 工作原理.

以共阳极八段数码管为例,当控制某段发光二极管的信号为低电平时,对应的发光二极

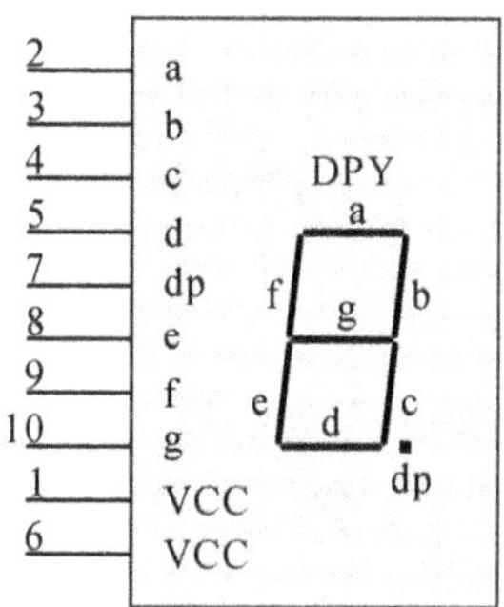

图 8-1 八段数码管的结构

管点亮，当需要显示某字符时，就将该字符对应的所有二极管点亮；共阴极二极管则相反，控制信号为高电平时点亮.

电平信号按照 dp,g,e,…,a 的顺序组合形成的数据字称为该字符对应的段码，常用字符的段码表如下：

表 8-1 常用字符的段码表

字符	dp	g	f	e	d	c	b	a	共阴极	共阳极
0	0	0	1	1	1	1	1	1	3FH	C0H
1	0	0	0	0	0	1	1	0	06H	F9H
2	0	1	0	1	1	0	1	1	5BH	A4H
3	0	1	0	0	1	1	1	1	4FH	B0H
4	0	1	1	0	0	1	1	0	66H	99H
5	0	1	1	0	1	1	0	1	6DH	92H
6	0	1	1	1	1	1	0	1	7DH	82H
7	0	0	0	0	0	1	1	1	07H	F8H
8	0	1	1	1	1	1	1	1	7FH	80H
9	0	1	1	0	1	1	1	1	6FH	90H
A	0	1	1	1	0	1	1	1	77H	88H
B	0	1	1	1	1	1	0	0	7CH	83H
C	0	0	1	1	1	0	0	1	39H	C6H
D	0	1	0	1	1	1	1	0	5EH	A1H
E	0	1	1	1	1	0	0	1	79H	86H
F	0	1	1	1	0	0	0	1	71H	8EH
—	0	1	0	0	0	0	0	0	40H	BFH
.	1	0	0	0	0	0	0	0	80H	7FH
熄灭	0	0	0	0	0	0	0	0	00H	FFH

④ 显示方式.

八段数码管的显示方式有两种,分别是静态显示和动态显示.

静态显示是指当八段数码管显示一个字符时,该字符对应段的发光二极管控制信号一直保持有效.

动态显示是指当八段数码管显示一个字符时,该字符对应段的发光二极管是轮流点亮的,即控制信号按一定周期有效,在轮流点亮的过程中,点亮时间是极为短暂的(约 1ms),由于人的视觉暂留现象及发光二极管的余辉效应,数码管的显示依然是非常稳定的.

(2) IIC 原理.

IIC 原理请参考 6.5.

(3) 电路原理.

① 数码管电路原理.

Embest EduKit－Ⅲ教学电路中使用的是共阴极八段数码管.数码管的显示由芯片 ZLG7290 进行控制,它的 DIG1～DIG8 引脚输出 LED 显示所需的位驱动信号,而 SEGA～SEGG 及 DP 引脚输出 LED 显示所需的段驱动信号.相关电路见图 8-2 和图 8-3.

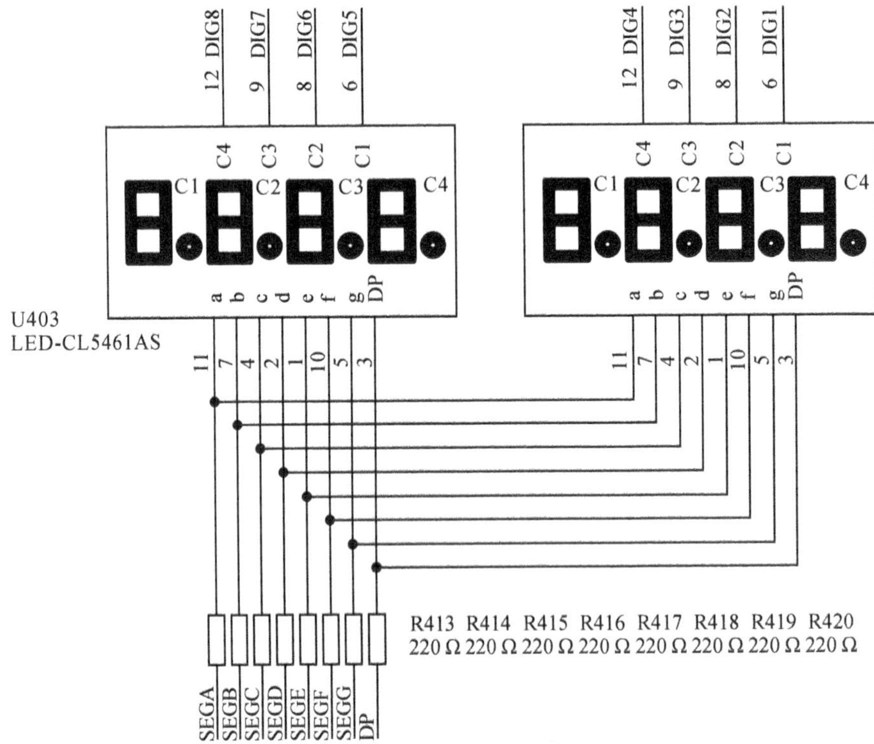

图 8-2 八段数码管连接电路

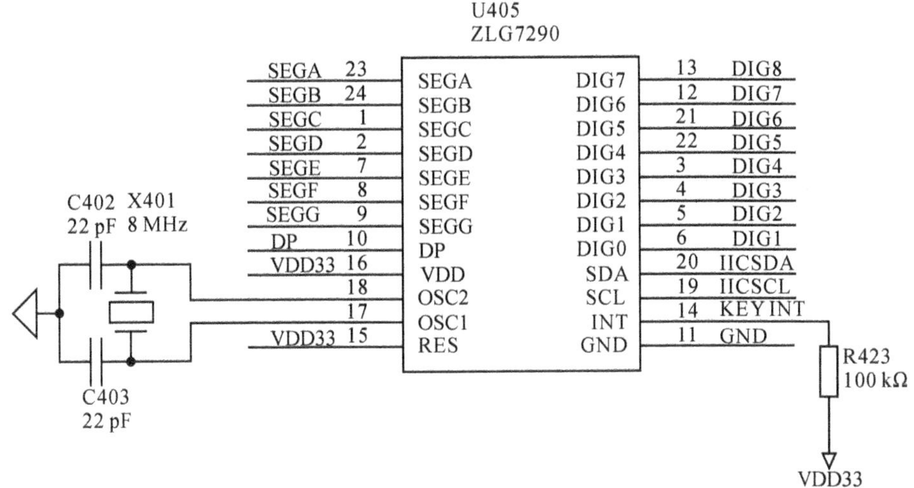

图 8-3 八段数码管控制电路

② 键盘连接电路.

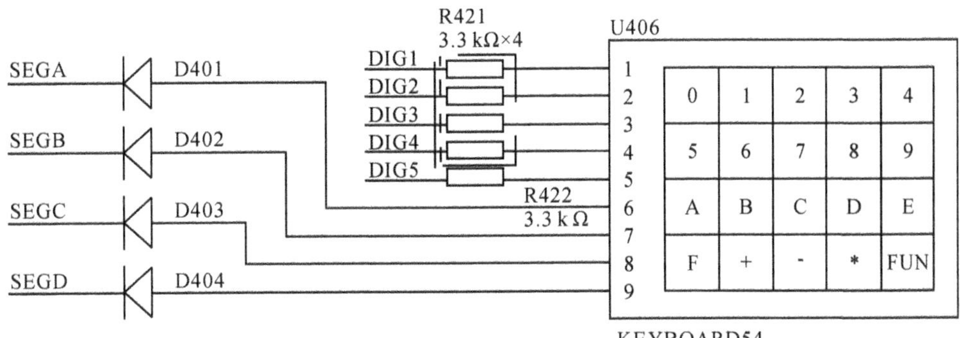

图 8-4 5×4 键盘连接电路

③ 键盘控制电路.

键盘控制电路使用芯片 ZLG7290 控制，如图 8-5. 对应下图中的 14 引脚 KEY_INT 捕捉由键盘按下产生的中断触发信号.

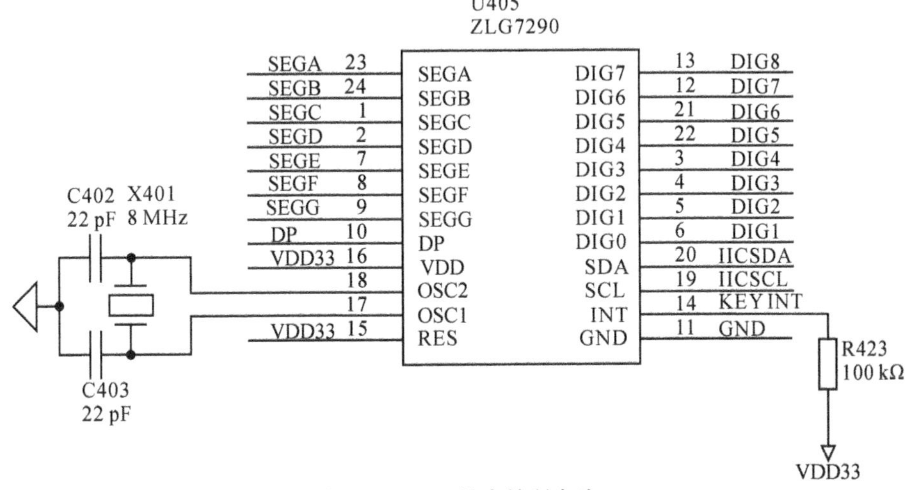

图 8-5 5×4 键盘控制电路

键盘动作由芯片 ZLG7290 检测，当键盘按下时，芯片检测到后在 INT 引脚产生中断触发电平通知处理器，处理器通过 IIC 总线读取芯片 ZLG7290 键值寄存器（01H）中保存的键值.

（4）软件程序设计.

八段数码管上显示的字符段码储存在数组 f_szDigital[]中，通过 IIC 总线依次将它们写入到 ZLG7290 芯片的显示缓存寄存器（DpRam0～DpRam7）中，即可完成字符在八段数码管上的显示.

① IIC 中断使能设置.

由于 LED 的段码是通过 IIC 总线传输的，需要采用中断方式来检测每个字节的传输，所以需要定义中断处理程序入口，使能中断. 具体的实现方法如下：

```
rINTMSK &= ～BIT_IIC；  //使能中断
pISR_IIC = (unsigned)iic_int_8led；  //将 IIC 中断处理程序指针指向 iic_int
```

② 初始化 IIC 接口.

初始化 IIC 接口就是对 IIC 的相关寄存器进行初始设置. 如下所示：

```
rIICADD = 0x10；      // S3C2410X 从设备地址
rIICCON = 0xef；      // 使能 ACK 和 IIC 总线中断，设置 IICCLK 为
                      // MCLK/512，清除 pending 位以便响应中断.
rIICSTAT= 0x10；      // 使能发送/接收中断
```

③ iic_write()函数介绍.

函数原型：void iic_write (UINT32T unSlaveAddr，UINT32T unAddr，UINT8T ucData)

参数说明：unSlaveAddr——输入，IIC 从设备地址（ZLG7290 地址为 0x70H）

unAddr——输入，数据地址（即 ZLG7290 显示缓冲区地 0x10H～0x17H）

ucData——输入，数据值

函数返回值：NULL

所以，通过函数 iic_write(0x70，0x10+i，f_szDigital[k])即可将数组 f_szDigital[]中的第 k+1 个元素为段码的字符显示在第 i 个 8 段数码管上.

④ 系统流程图.

系统流程图如图 8-6 所示.

8.1.5 实验方法与操作步骤

（1）准备实验环境.

使用 ULINK USB－JTAG 仿真器连接到目标板上. 使用 Embest EduKit－Ⅲ实验板附带的串口线，连接实验板上的 UART0 和 PC 机的串口.

（2）串口接收设置.

在 PC 上运行 Windows 自带的超级终端串口通信程序（波特率 115200、1 位停止位、无校验位、无硬件流控制），或者使用其他串口通信程序.

（3）打开实验例程.

① 拷贝实验平台附带光盘 CD1\CD1_Basic_070615\Software 文件夹到 RealView

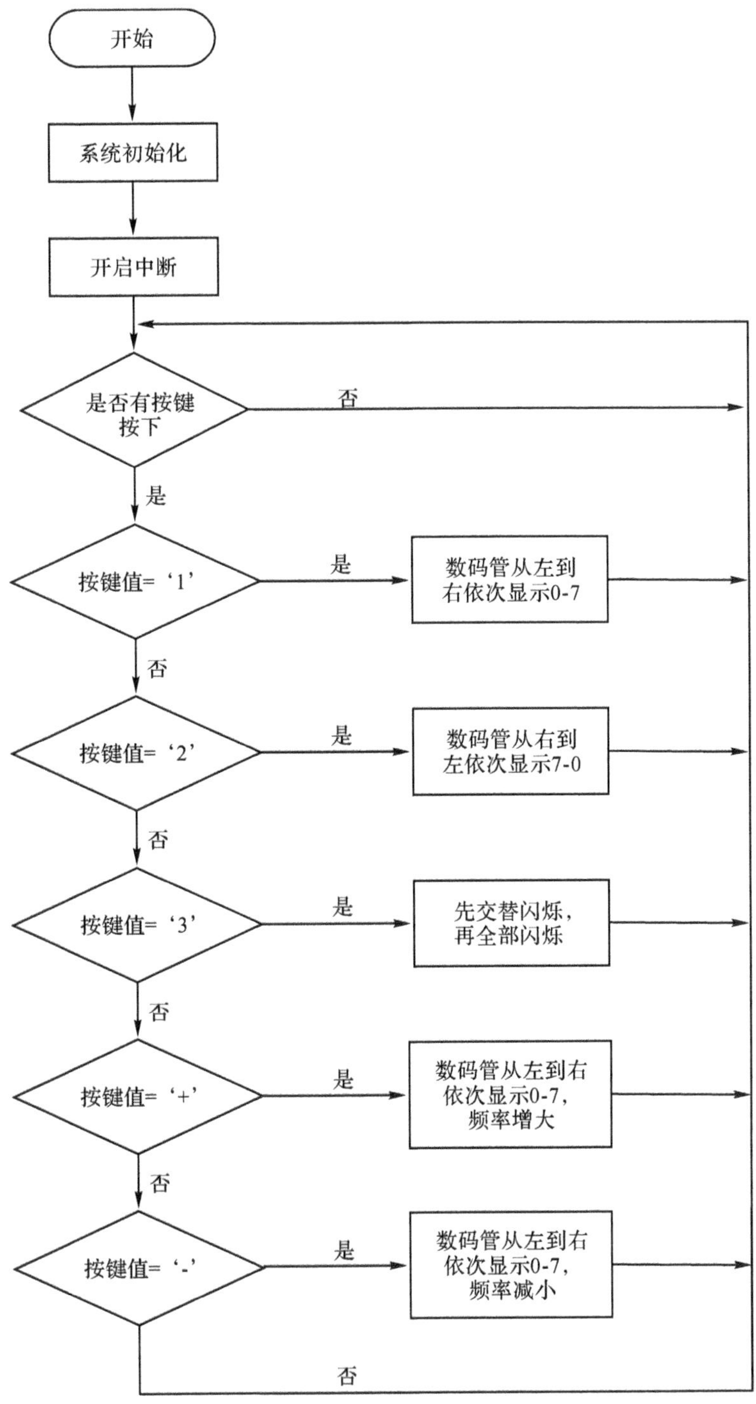

图 8-6 系统流程图

MDK 软件的安装目录的 Keil\ARM\Boards\Embest\目录下(如果已经拷贝，可跳过此步骤).

② 使用 μVision IDE for ARM 通过 ULINK USB－JTAG 仿真器连接实验板，打开实验例程目录 keyboard_led_test 子目录下的 keyboard_test. Uv2 例程，编译链接工程成功.

③ 根据 ReadMe 目录下的 ReadMeCommon. txt 及 readme. txt 文件配置集成开发环境(工程默认已经配置正确),点击工具栏"",在 Option for Target 对话框的 Linker 页中选择 RuninRAM. sct 分散加载文件,点击 MDK 的 Debug 菜单,选择 Start/Stop Debug Session 项或点击工具栏"",下载工程生成的. axf 文件到目标板的 RAM 中调试运行.

④ 如果需要将程序烧写固化到 Flash 中,仅需要更改分散加载文件即可(须慎用,这一步的操作将会破坏 Flash 中原有固化程序,建议实验中不操作). 在 Option for Target 对话框的 Linker 页中选择 RuninFlash. sct 分散加载文件,重新编译工程,点击 MDK 的 Flash 菜单,选择 Download 烧写调试代码到目标系统的 Nor Flash 中,重启实验板,实验板将会运行烧写到 Nor Flash 中的代码.

⑤ 点击 Debug 菜单的 Go 或 F5 键运行程序.

(4) 观察实验结果.

① 在 PC 机上观察超级终端程序主窗口,可以看到如下界面:

```
boot success...
```

② 实验系统中八段数码管分别显示 0 ~ 7 字符,并以跑马灯的形式轮流亮灭.

按键盘按键"1",八段数码管从右到左依次显示 0~7 字符.

按键盘按键"2",八段数码管从左到右依次显示 7~0 字符.

按键盘按键"3",八段数码管先交替闪烁,再全部闪烁.

按键盘按键"+",八段数码管从右到左依次显示 0~7 字符,并且频率增大.

按键盘按键"-",八段数码管从右到左依次显示 0~7 字符,并且频率减小.

8.1.6 实验参考程序

(1) 中断初始化.

LED 和键盘中断初始化

```
/****************************************************
* name:        iic_init_8led()
* func:        initialize iic
* para:        none
* ret:         none
* modify:
* comment:
****************************************************/
void iic_init_8led(void)
{
  f_nGetACK = 0;

  // Enable interrupt
  rINTMOD = 0x0;
  rSRCPND = rSRCPND;                 // clear all interrupt
  rINTPND = rINTPND;                 // clear all interrupt
```

```
  rINTMSK &= ~BIT_IIC;
  pISR_IIC= (unsigned)iic_int_8led;

  // Initialize iic
  rIICADD = 0x10;                    // S3C2410X slave address
  rIICCON = 0xef;                    // Enable ACK,interrupt,set IICCLK=MCLK/512
  rIICSTAT= 0x10;                    // Enable TX/RX
}
/****************************************
* name:         iic_init_keybd
* func:         initialize iic
* para:         none
* ret:          none
* modify:
* comment:
****************************************/
void iic_init_keybd(void)
{
    f_nGetACK = 0;

  // Enable interrupt
  rINTMOD = 0x0;
  rSRCPND = rSRCPND;                       // clear all interrupt
  rINTPND = rINTPND;                       // clear all interrupt
  rINTMSK &= ~(BIT_IIC|BIT_EINT1);
  pISR_IIC= (unsigned)iic_int_keybd;

  // Initialize iic
  rIICADD = 0x10;                          // S3C2410X slave address
  rIICCON = 0xaf;                    // Enable ACK,interrupt,set IICCLK=MCLK/16
  rIICSTAT= 0x10;                          // Enable TX/RX
  }
```

(2) 键盘控制 LED 变化.

```
/****************************************
* name:         keyboard_test
* func:         test keyboard
* para:         none
* ret:          none
* modify:
* comment:
****************************************/
void keyboard_test(void)
```

```
{
  UINT8T keyboard;
  int i,j;
  keyboard_init();
  while(1)
  {
      while(g_nKeyPress--)
      {
        g_nKeyPress = 0;
        while(g_nKeyPress == 0);
        iic_read_keybd(0x70,0x1,&keyboard);
        keyboard = key_set(keyboard);
        if(keyboard == 1)
      {
         do
           {
              for(j=5;j>0;j--)
              {
                    for(i=4;i<8;i++)
                    {
                      iic_write_8led(0x70,0x10+i,f_szDigital[i-3]);
                      delay(800);
                      iic_write_8led(0x70,0x10+i,0x00);
                    }
                   for(i=0;i<4;i++)
                    {
                      iic_write_8led(0x70,0x10+i,f_szDigital[i+5]);
                      delay(800);
                      iic_write_8led(0x70,0x10+i,0x00);
                    }
              }
              for(i=4;i<8;i++)
              {
                    iic_write_8led(0x70,0x10+i,f_szDigital[i-3]);
              }
              for(i=0;i<4;i++)
              {
                  iic_write_8led(0x70,0x10+i,f_szDigital[i+5]);
              }
           }while(j != 0);
      }

      if(keyboard == 2)
```

```
{
    do
    {
        for(i=4;i<8;i++)
        {
            iic_write_8led(0x70,0x10+i,f_szDigital[i-3]);
        }
       for(i=0;i<4;i++)
       {
           iic_write_8led(0x70,0x10+i,f_szDigital[i+5]);
       }
       for(j=5;j>0;j--)
       {
            for(i=3;i>=0;i--)
            {
                iic_write_8led(0x70,0x10+i,f_szDigital[i+5]);
                delay(800);
                iic_write_8led(0x70,0x10+i,0x00);
            }
              for(i=7;i>=4;i--)
              {
                iic_write_8led(0x70,0x10+i,f_szDigital[i-3]);
                delay(800);
                iic_write_8led(0x70,0x10+i,0x00);
              }
        }
    }while(j != 0);
}

if(keyboard == 3)
{
    for(j=0;j<3;j++)
    {
        for(i=1;i<4;i=i+2)
            iic_write_8led(0x70,0x10+i,f_szDigital[3-i]);
        for(i=5;i<8;i=i+2)
            iic_write_8led(0x70,0x10+i,f_szDigital[11-i]);
        delay(2000);
        for(i=0;i<8;i++)
            iic_write_8led(0x70,0x10+i,0x00);
        delay(2000);

          for(i=0;i<4;i=i+2)
```

```
                iic_write_8led(0x70,0x10+i,f_szDigital[3-i]);
            for(i=4;i<8;i=i+2)
                iic_write_8led(0x70,0x10+i,f_szDigital[11-i]);
            delay(2000);
            for(i=0;i<8;i++)
                iic_write_8led(0x70,0x10+i,0x00);
    }
    for(j=0;j<4;j++)
    {
        for(i=1;i<4;i=i+2)
            iic_write_8led(0x70,0x10+i,f_szDigital[3-i]);
        for(i=5;i<8;i=i+2)
            iic_write_8led(0x70,0x10+i,f_szDigital[11-i]);
        for(i=0;i<4;i=i+2)
            iic_write_8led(0x70,0x10+i,f_szDigital[3-i]);
        for(i=4;i<8;i=i+2)
            iic_write_8led(0x70,0x10+i,f_szDigital[11-i]);
        delay(2000);
        for(i=0;i<8;i++)
            iic_write_8led(0x70,0x10+i,0x00);
        delay(2000);
     }
}

if(keyboard == '+')
{
    flag0++;
  if(flag0 == 1)
      rMPLLCON = (0x52<<12)|(0x2<<4)|0x3;//Output Frequency = 33.75MHz;
    if(flag0 == 2)
      rMPLLCON = (0xa1<<12)|(0x3<<4)|0x3;//Output Frequency = 50.7MHz;
  if(flag0 == 3)
      rMPLLCON = (0x7f<<12)|(0x2<<4)|0x2;//Output Frequency = 101.25MHz;
  if(flag0 == 4)
      rMPLLCON = (0x44<<12)|(0x1<<4)|0x1;//Output Frequency = 152.0MHz;
  if(flag0 == 5)
  {
      rMPLLCON = (0xa1<<12)|(0x3<<4)|0x1;//Output Frequency = 202.8MHz;
      flag0 = 0;
  }
   do
   {
       for(j=3;j>0;j--)
```

```
        {
            for(i=4;i<8;i++)
            {
                iic_write_8led(0x70,0x10+i,f_szDigital[i-3]);
                delay(800);
                iic_write_8led(0x70,0x10+i,0x00);
            }
            for(i=0;i<4;i++)
            {
                iic_write_8led(0x70,0x10+i,f_szDigital[i+5]);
                delay(800);
                iic_write_8led(0x70,0x10+i,0x00);
            }
        }
    }while(j != 0);
}

if(keyboard == '-')
{
    flag1--;
    if(flag1 == 0)
    {
        rMPLLCON = (0x52<<12)| (0x2<<4)| 0x3;//Output Frequency = 33.75MHz;
        flag1 = 5;
    }
    if(flag1 == 1)
        rMPLLCON = (0xa1<<12)| (0x3<<4)| 0x3;//Output Frequency = 50.7MHz;
    if(flag1 == 2)
        rMPLLCON = (0x7f<<12)| (0x2<<4)| 0x2;//Output Frequency = 101.25MHz;
    if(flag1 == 3)
        rMPLLCON = (0x44<<12)| (0x1<<4)| 0x1;//Output Frequency = 152.0MHz;
    if(flag1 == 4)
        rMPLLCON = (0xa1<<12)| (0x3<<4)| 0x1;//Output Frequency = 202.8MHz;
    do
    {
        for(j=3;j>0;j--)
        {
            for(i=4;i<8;i++)
            {
                iic_write_8led(0x70,0x10+i,f_szDigital[i-3]);
                delay(800);
                iic_write_8led(0x70,0x10+i,0x00);
            }
```

```
                    for(i=0;i<4;i++)
                    {
                        iic_write_8led(0x70,0x10+i,f_szDigital[i+5]);
                        delay(800);
                        iic_write_8led(0x70,0x10+i,0x00);
                    }
                }
            }while(j != 0);
        }
      }
    }
}
```

8.2 NOR/NAND FLASH 读写实验

8.2.1 实验目的

(1) 通过实验了解 NOR FLASH 存储器结构特点和应用特点.

(2) 通过实验了解 NOR FLASH 读写原理和驱动程序开发方法.

(3) 通过实验了解 NAND FLASH 存储器结构特点和应用特点.

(4) 通过实验了解 NAND FLASH 读写原理和驱动程序开发方法.

8.2.2 实验设备

(1) 硬件:Embest EduKit－Ⅲ实验平台,ULINK USB－JTAG 仿真器套件,PC 机,以太网集线器(Hub,可选).

(2) 软件:μVision IDE for ARM 集成开发环境,Windows 98/2000/NT/XP.

8.2.3 实验内容

在内部以太局域网上基于 TFTP/IP 协议,下载文件到目标板上,并将文件内容写入到 NOR FLASH 或者 NAND FLASH.

8.2.4 实验原理

(1) NOR FLASH 和 NAND FLASH.

NOR 和 NAND 是现在市场上两种主要的非易失闪存技术. Intel 于 1988 年首先开发出 NOR FLASH 技术,彻底改变了原先由 EPROM 和 EEPROM 一统天下的局面. 紧接着,1989 年,东芝公司发表了 NAND FLASH 结构,强调降低每比特的成本,更高的性能,并且像磁盘一样可以通过接口轻松升级.

大多数情况下闪存只是用来存储少量的代码,这时 NOR 闪存更适合一些. 而 NAND 则是高数据存储密度的理想解决方案. NOR 的特点是芯片内执行(XIP,eXecute In Place),这样应用程序可以直接在 flash 闪存内运行,不必再把代码读到系统 RAM 中. NOR 的传输效率很高,在 1～4MB 的小容量时具有很高的成本效益,但是很低的写入和擦除速度大大影响了它的性能.

NAND 结构能提供极高的单元密度，可以达到高存储密度，并且写入和擦除的速度也很快. 应用 NAND 的困难在于 flash 的管理和需要特殊的系统接口.

① 性能比较.

flash 闪存是非易失存储器，可以对称为块的存储器单元块进行擦写和再编程. 任何 flash 器件的写入操作只能在空或已擦除的单元内进行，所以大多数情况下，在进行写入操作之前必须先执行擦除. NAND 器件执行擦除操作是十分简单的，而 NOR 则要求在进行擦除前先要将目标块内所有的位都写为 0.

由于擦除 NOR 器件时是以 64～128KB 的块进行的，执行一个写入/擦除操作的时间为 5 s，与此相反，擦除 NAND 器件是以 8～32KB 的块进行的，执行相同的操作最多只需要 4ms.

执行擦除时块尺寸的不同进一步拉大了 NOR 和 NAND 之间的性能差距，统计表明，对于给定的一套写入操作(尤其是更新小文件时更多的擦除操作必须在基于 NOR 的单元中进行. 这样，当选择存储解决方案时，设计师必须权衡以下的各项因素.

a. NOR 的读速度比 NAND 稍快一些；

b. NAND 的写入速度比 NOR 快很多；

c. NAND 的 4 ms 擦除速度远比 NOR 的 5 s 快；

d. 大多数写入操作需要先进行擦除操作；

e. NAND 的擦除单元更小，相应的擦除电路更少.

② 接口差别.

NOR FLASH 带有 SRAM 接口，有足够的地址引脚来寻址，可以很容易地存取其内部的每一个字节.

NAND 器件使用复杂的 I/O 口来串行地存取数据，各个产品或厂商的方法可能各不相同. 8 个引脚用来传送控制、地址和数据信息.

NAND 读和写操作采用 512 字节的块，这一点有点像硬盘管理此类操作，很自然地，基于 NAND 的存储器就可以取代硬盘或其他块设备.

③ 容量和成本.

NAND FLASH 的单元尺寸几乎是 NOR 器件的一半，由于生产过程更为简单，NAND 结构可以在给定的模具尺寸内提供更高的容量，也就相应地降低了价格.

NOR FLASH 占据了容量为 1～16MB 闪存市场的大部分，而 NAND FLASH 只是用在 8～128MB 的产品当中，这也说明 NOR 主要应用在代码存储介质中，NAND 适合于数据存储，NAND 在 CompactFlash、Secure Digital、PC Cards 和 MMC 存储卡市场上所占份额最大.

④ 可靠性和耐用性.

采用 flash 介质时一个需要重点考虑的问题是可靠性. 对于需要扩展 MTBF(平均无故障时间)的系统来说，Flash 是非常合适的存储方案. 可以从寿命(耐用性)、位交换和坏块处理三个方面来比较 NOR 和 NAND 的可靠性.

在 NAND 闪存中每个块的最大擦写次数是一百万次，而 NOR 的擦写次数是十万次. NAND 存储器除了具有 10 比 1 的块擦除周期优势，典型的 NAND 块尺寸要比 NOR 器件小 8 倍，每个 NAND 存储器块在给定的时间内的删除次数要少一些.

⑤ 位交换.

所有 flash 器件都受位交换现象的困扰. 在某些情况下(很少见，NAND 发生的次数要比 NOR 多)，一个比特位会发生反转或被报告反转.

一位的变化可能不很明显，但是如果发生在一个关键文件上，这个小小的故障可能导致系统停止运行. 如果只是报告有问题，多读几次就可能解决了.

当然，如果这个位真的改变了，就必须采用错误探测/错误更正(EDC/ECC)算法. 位反转的问题更多见于 NAND 闪存，NAND 的供应商建议使用 NAND 闪存的时候，同时使用 EDC/ECC 算法.

这个问题对于用 NAND 存储多媒体信息时倒不是致命的. 当然，如果用本地存储设备来存储操作系统、配置文件或其他敏感信息时，必须使用 EDC/ECC 系统以确保可靠性.

⑥ 坏块处理.

NAND 器件中的坏块是随机分布的. 以前也曾有过消除坏块的努力，但发现成品率太低，代价太高，根本不划算.

NAND 器件需要对介质进行初始化扫描以发现坏块，并将坏块标记为不可用. 在已制成的器件中，如果通过可靠的方法不能进行这项处理，将导致高故障率.

⑦ 易于使用.

可以非常直接地使用基于 NOR 的闪存，可以像其他存储器那样连接，并可以在上面直接运行代码.

由于需要 I/O 接口，NAND 要复杂得多. 各种 NAND 器件的存取方法因厂家而异.

在使用 NAND 器件时，必须先写入驱动程序，才能继续执行其他操作. 向 NAND 器件写入信息需要相当的技巧，因为设计师绝不能向坏块写入，这就意味着在 NAND 器件上自始至终都必须进行虚拟映射.

⑧ 软件支持.

当讨论软件支持的时候，应该区别基本的读/写/擦操作和高一级的用于磁盘仿真和闪存管理算法的软件，包括性能优化.

在 NOR 器件上运行代码不需要任何的软件支持，在 NAND 器件上进行同样操作时，通常需要驱动程序，也就是内存技术驱动程序(MTD)，NAND 和 NOR 器件在进行写入和擦除操作时都需要 MTD.

使用 NOR 器件时所需要的 MTD 要相对少一些，许多厂商都提供用于 NOR 器件的更高级软件，这其中包括 M－System 的 TrueFFS 驱动，该驱动被 Wind River System、Microsoft、QNX Software System、Symbian 和 Intel 等厂商所采用.

驱动还用于对 Disk On Chip 产品进行仿真和 NAND 闪存的管理，包括纠错、坏块处理和损耗平衡.

(2) Nor Flash 原理.

① Nor Flash 基本介绍.

Nor Flash 的读取和 RAM 很类似，但不可以直接进行写操作. 对 Nor Flash 的写操作需要遵循特定的命令序列，最终由芯片内部的控制单元完成写操作. 从支持的最小访问单元来看，Nor Flash 一般分为 8 位的和 16 位的(当然，也有很多 Nor Flash 芯片同时支持 8 位模式和 16 位模式，具体的工作模式通过特定的管脚进行选择).

对 8 位的 Nor Flash 芯片，或是工作在 8－Byte 模式的芯片来说，一个地址对应一个 Byte (8－BIT)的数据. 例如一块 8－BIT 的 Nor Flash，假设容量为 4 个 Byte. 那芯片应该有 8 个数据信号 D7～D0 和 2 个地址信号，A1～A0. 地址 0x0 对应第 0 个 Byte，地址 0x1 对应于第 1 个 BYTE，地址 0x2 对应于第 2 个 Byte，而地址 0x3 则对应于第 3 个 Byte.

对 16 位的 Nor Flash 芯片，或是工作在 16－Byte 模式的芯片来说，一个地址对应于一个 HALF－WORD(16－Byte)的数据. 例如，一块 16－Byte 的 Nor Flash，假设其容量为 4 个 BYTE. 那芯片应该有 16 个数据信号线 D15～D0 和 1 个地址信号 A0. 地址 0x0 对应于芯片内部的第 0 个 HALF－WORD，地址 0x1 对应于芯片内部的第 1 个 HALF－WORD. FLASH 一般都分为很多个 SECTOR，每个 SECTOR 包括一定数量的存储单元. 对有些大容量的 FLASH，还分为不同的 BANK，每个 BANK 包括一定数目的 SECTOR、FLASH 的擦除操作一般都是以 SECTOR，BANK 或是整片 FLASH 为单位的.

在对 FLASH 进行写操作的时候，每个 BIT 可以通过编程由 1 变为 0，但不可以有 0 修改为 1. 为了保证写操作的正确性，在执行写操作前，都要执行擦除操作. 擦除操作会把 FLASH 的一个 SECTOR，一个 BANK 或是整片 FLASH 的值全修改为 0xFF. 这样，写操作就可以正确完成了.

② Nor Flash 硬件电路图.

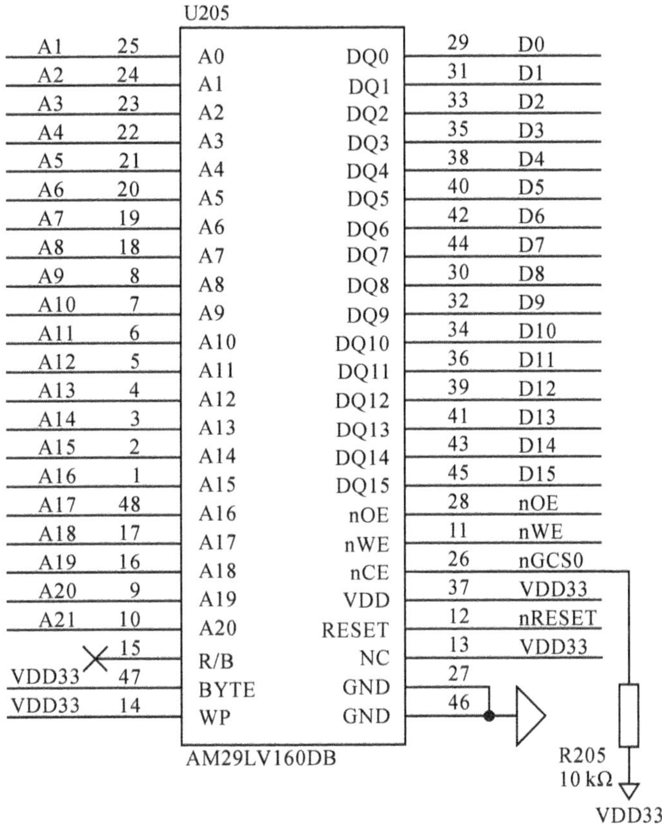

图 8-7　Nor Flash 电路原理图

③ Nor Flash 读/写操作.

由于试验箱核心板采用的 Nor Flash 芯片是 AM29LV160DB,此处就以该芯片为例说明对于 Nor Flash 的读写操作. 该芯片同时支持 8－Byte 和 16－Byte,这里介绍以 BYTE 为基本单位的擦除和编程操作. 该芯片的命令定义如下表 8-2 所示:

表 8-2 AM29LV160DB Command Definitions

Command Sequence (Note 1)		Cyckes	Bus Cycles(Netes 2-5)											
			First		Second		Third		Fourth		Fifth		Sixth	
			Addr	Data	Addr	Data	Addr	Data	Addr	Data	Addr	Data	Addr	Data
Read(Note 6)		1	RA	RD										
Reset(Note 7)		1	XXX	F0										
Autoselect(note 8) Manufacturer ID	Word	4	555	AA	2AA	55	555	90	X00	01				
	Byte		AAA		555		AAA							
Autoselect(note 8) Device ID, Top Boot Block	Word	4	555	AA	2AA	55	555	90	X01	22C4				
	Byte		AAA		555		AAA		X02	C4				
Autoselect(note 8) Device ID, Bottom Boot Block	Word	4	555	AA	2AA	55	555	90	X01	2249				
	Byte		AAA		555		AAA		X02	49				
Autoselect(note 8) Sector Protect Verify (Note 9)	Word	4	555	AA	2AA	55	555	90	SA X02	XX00				
										XX01				
	Byte		AAA		555		AAA		SA X04	00				
										01				
CFI Query (Note 10)	Word	1	55	98										
	Byte		AA											
Program	Word	4	555	AA	2AA	55	555	A0	PA	PD				
	Byte		AAA		555		AAA							
Unlock Bypass	Word	3	555	AA	2AA	55	555	20						
	Byte		AAA		555		AAA							
Unlock Bypass Program (Note 11)		2	XXX	A0	PA	PD								
Unlock Bypass Reset (Note 12)		2	XXX	90	XXX	00								
Chip Erase	Word	6	555	AA	2AA	55	555	80	555	AA	2AA	55	555	10
	Byte		AAA		555		AAA		AAA		555		AAA	
Sector Erase	Word	6	555	AA	2AA	55	555	80	555	AA	2AA	55	SA	30
	Byte		AAA		555		AAA		AAA		555			
Erase Suspend(Note 13)		1	XXX	B0										
Erase Resume(Note 14)		1	XXX	30										

首先有如下两个定义:

```
U32 sysbase;                    //该变量用来表示 FLASH 的起始地址
```

```
#define SysAddr8(sysbase,offset)    ((volatile U8 *)(sysbase)+(offset))    //用来方便对指定的 FALSH 地址进行操作
```

a. 整片擦除操作.

整片擦除操作共需要 6 个周期的总线写操作：

1-将 0xAA 写到 FLASH 地址 0xAAA

2-将 0x55 写到 FLASH 地址 0x555

3-将 0x80 写到 FLASH 地址 0xAAA

4-将 0xAA 写到 FLASH 地址 0xAAA

5-将 0x55 写到 FLASH 地址 0x555

6-将 0x10 写到 FLASH 地址 0xAAA

对应的代码：

```
*SysAddr8(sysbase,0xAAA)= 0xAA;  //将值 0xAA 写到 FLASH 地址 0xAAA
*SysAddr8(sysbase,0x555)= 0x55;  //将值 0x55 写到 FLASH 地址 0x555
*SysAddr8(sysbase,0xAAA)= 0x80;  //将值 0x80 写到 FLASH 地址 0xAAA
*SysAddr8(sysbase,0xAAA)= 0xAA;  //将值 0xAA 写到 FLASH 地址 0xAAA
*SysAddr8(sysbase,0x555)= 0x55;  //将值 0x55 写到 FLASH 地址 0x555
*SysAddr8(sysbase,0xAAA)= 0x10;  //将值 0x10 写到 FLASH 地址 0xAAA
```

b. SECTOR 擦除操作.

SECTOR 的擦除操作共需要 6 个周期的总线写操作：

1-将 0xAA 写到 FLASH 地址 0xAAA

2-将 0x55 写到 FLASH 地址 0x555

3-将 0x80 写到 FLASH 地址 0xAAA

4-将 0xAA 写到 FLASH 地址 0xAAA

5-将 0x55 写到 FLASH 地址 0x555

6-将 0x30 写到要擦除的 SECTOR 对应的地址

对应的代码：

```
*SysAddr8(sysbase,0xAAA)= 0xAA;  //将值 0xAA 写到 FLASH 地址 0xAAA
*SysAddr8(sysbase,0x555)= 0x55;  //将值 0x55 写到 FLASH 地址 0x555
*SysAddr8(sysbase,0xAAA)= 0x80;  //将值 0x80 写到 FLASH 地址 0xAAA
*SysAddr8(sysbase,0xAAA)= 0xAA;  //将值 0xAA 写到 FLASH 地址 0xAAA
*SysAddr8(sysbase,0x555)= 0x55;  //将值 0x55 写到 FLASH 地址 0x555
*SysAddr8(sysbase,addr)= 0x30;   //将值 0x30 写到要擦除的 SECTOR 对应的地址
```

c. BYTE 编程操作.

写一个 BYTE 的数据到 FLASH 中去，需要 4 个周期的总线写操作：

1-将 0xAA 写到 FLASH 地址 0xAAA

2-将 0x55 写到 FLASH 地址 0x555

3-将 0xA0 写到 FLASH 地址 0xAAA

4-将编程数据(BYTE)写到对应的编程地址上去

对应的代码：

```
* SysAddr8(sysbase,0xAAA)= 0xAA;      //将值 0xAA 写到 FLASH 地址 0xAAA
* SysAddr8(sysbase,0x555)= 0x55;      //将值 0x55 写到 FLASH 地址 0x555
* SysAddr8(sysbase,0xAAA)= 0xA0;      //将值 0xA0 写到 FLASH 地址 0xAAA
* SysAddr8(sysbase,addr)= data;       //将一个 BYTE 的数据写到期望的地址
```

④ Nor Flash 驱动程序设计.

Nor Flash 驱动程序是针对实验板上的 Nor Flash 芯片 AM29LV160DB 编程，提供对 Nor Flash 的读写操作，供上层应用程序调用.

源码中，nor_flash. c 文件是 AM29LV160DB 的 ID 的驱动程序，部分主要函数功能如下：

FlashID_AM29LV160DB()—— 获取芯片 AM29LV160DB 的 ID 号
FlashSectorSize_AM29LV160DB()—— 获取地址所在 sector 的大小
FlashEraseSector_AM29LV160DB()—— 擦除一个 sector
FlashProgram_AM29LV160DB()—— 将文件写入到指定的 sector 中
NorRdByte()—— 读取 1 字节内容
FlashSectorBackup()—— 读取一个 sector，并且将读取内容存入一个 buffer

(3) Nand Flash 原理.

① S3C2410 Nand Flash 特性.

S3C2410 内部集成了一个 Nand Flash 控制器. S3C2410 的 Nand Flash 控制器包含了如下的特性：

a. Nand Flash 模式：支持读/擦/编程 Nand Flash 存储器.

b. 自动导入模式：复位后，引导代码被送入 Steppingstone，传送后，引导码在 Steppingstone 中执行.

c. 具备硬件 ECC 产生模块(硬件产生，软件纠正).

d. 4—KB 内部 SRAM 缓冲器 Steppingstone，在 Nand Flash 引导后可以作为其他用途使用.

Nand Flash 控制器结构图如图 8-8 所示.

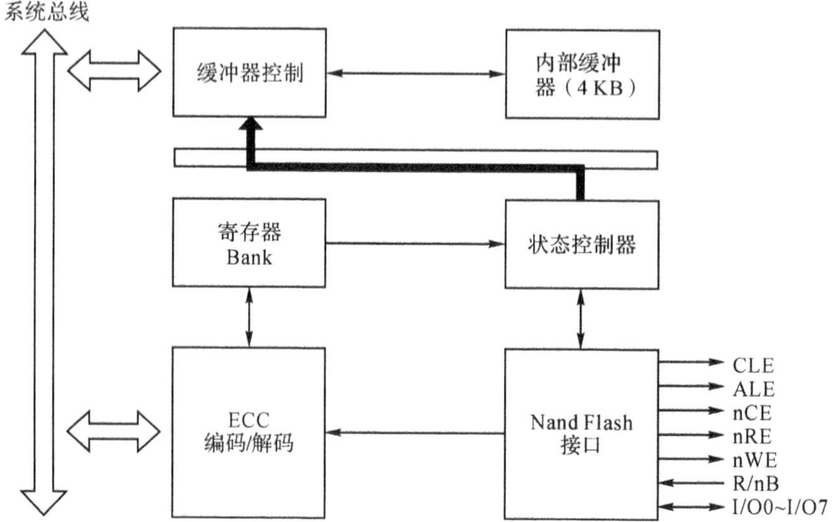

图 8-8　Nand Flash 控制器结构图

② Nand Flash 硬件电路图.

实验箱用到的 Nand Flash 芯片是 Samsung 公司的 K9F1208U0C,它是 8 位的 Nand Flash,硬件电路图如图 8-9 所示.

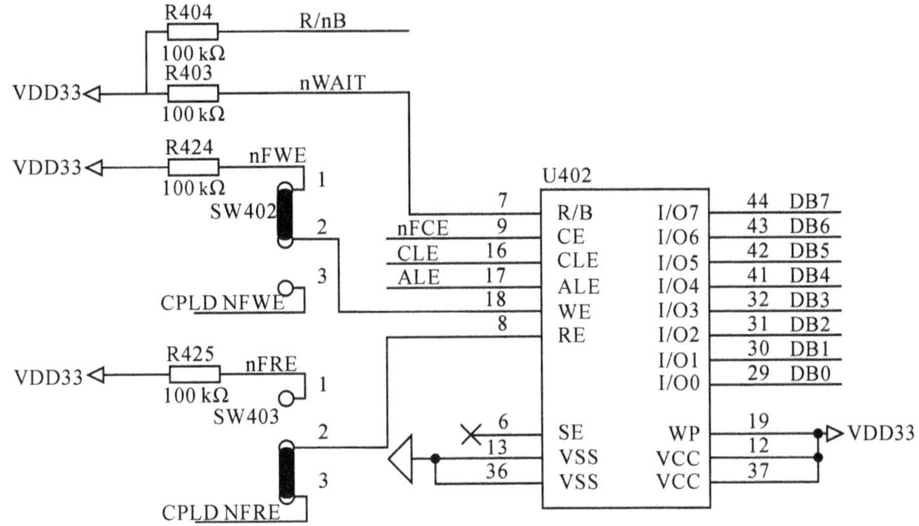

图 8-9　Nand Flash K9F1208U0C 电路图

③ Nand Flash 读写操作.

a. 存储空间分布.

Samsung K9F1208U0C 数据存储容量为 64MB,采用块页式存储管理. 8 个 I/O 引脚充当数据、地址、命令的复用端口.

存储布局:

一片 Nand Flash 为一个设备(device),其数据存储分层为:

1 (Device)= 4096 (Blocks)

1 (Block)= 32(Pages)

1 (Page)= 528 (Bytes)= 数据块大小(512Bytes)+ OOB 块大小(16Bytes)

在每一页中,最后 16 个字节(又称 OOB-C 区)用于 Nand Flash 命令执行完后设置状态用,剩余 512 个字节又分为前半部分(A 区)和后半部分(B 区). 可以通过 Nand Flash 命令 00h/01h/50h 分别对前半部、后半部、OOB 进行定位,通过 Nand Flash 内置的指针指向各自的首地址.

存储操作特点:

擦除操作的最小单位是块;

Nand Flash 芯片每一位(bit)只能从 1 变为 0,而不能从 0 变为 1,所以在对其进行写入操作之前要一定将相应块擦除(擦除即是将相应块得位全部变为 1);

OOB 部分的第六字节(即 517 字节)标志是否是坏块,如果不是坏块该值为 FF,否则为坏块;

除 OOB 第六字节外,通常至少把 OOB 的前 3 个字节存放 Nand Flash 硬件 ECC 码.

K9F1208U0C 的存储阵列如图 8-10 所示.

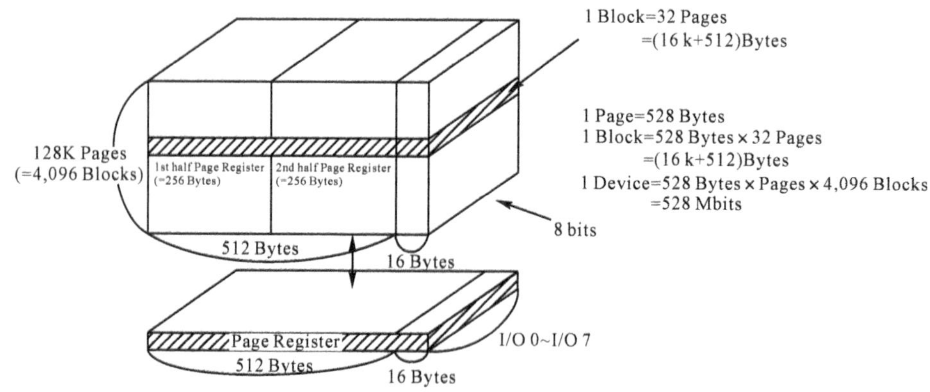

图 8-10　K9F1208U0C 的存储阵列

K9F1208U0C 的地址序列如表 8-3 所示.

表 8-3　K9F1208U0C 的地址序列

	I/O 0	I/O 1	I/O 2	I/O 3	I/O 4	I/O 5	I/O 6	I/O 7	
1st Cycle	A_0	A_1	A_2	A_3	A_4	A_5	A_6	A_7	Column Address
2nd Cycle	A_9	A_{10}	A_{11}	A_{12}	A_{13}	A_{14}	A_{15}	A_{16}	Row Address (Page Address)
3rd Cycle	A_{17}	A_{18}	A_{19}	A_{20}	A_{21}	A_{22}	A_{23}	A_{24}	
4th Cycle	A_{25}	*L	*L	*L	*L	*L	*L	*L	

K9F1208U0C 的命令集如表 8-4 所示.

表 8-4　K9F1208U0C 的地址序列

Function	1'st Cycle	2'nd Cycle	Acceptable Command during Busy
Read 1	00h/01h(01)	—	
Read 2	50h	—	
Read 1D	90h	—	
Reset	FFh	—	O
Page Program	80h	10h	
Block Erase	60h	D0h	
Block Protect 1	41h	—	
Block Protect 2	42h	—	
Block Protect 3	43h	—	
Read Status	70h	—	O
Read Protection Status	7Ah	—	

b. 专用寄存器介绍.

表 8-5　配置寄存器(NCONF)

NFCONF	Bit	描　述	初始状态
使能/禁能	[15]	Nand Flash 控制器使能/禁能 0=禁能 Nand Flash 控制器 1=使能 Nand Flash 控制器 自动引导之后，该位被自动清零. 若要访问 Nand Flash，该位必须设为 1.	0
保留	[14:13]	保留	—
初始化 ECC	[12]	初始化 ECC 解码器/编码器 0:不初始化 ECC 1:初始化 ECC (S3C2410A 只支持 512 字节的 ECC 核查，因此它要求每 512 字节就要设置 ECC 的初始化.)	0
Nand Flash 存储器片使能	[11]	Nand Flash 内存 nFCE 控制 0=Nand Flash nFCE=L(活跃的) 1=Nand Flash nFCE=H(不活跃的)(自动导后，nFCE 将是不活跃的.)	0
TACLS	[10:8]	CLE 和 ALE 持续时间设置值(0～7)，持续时间=HCLK * (TACLS+1)	0
保留	[7]	保留	—
TWRPH0	[6:4]	TWRPH0 持续时间设置值(0～7)，持续时间=HCLK * (TWRPH0+1)	0
保留	[3]	保留	—
TWRPH1	[2:0]	TWRPH1 持续时间设置值(0～7)，持续时间=HCLK * (TWRPH1+1)	0

④ Nand Flash 驱动程序设计.

Nand Flash 驱动程序是针对实验板上的 Nand Flash 芯片 K9F1208U0C 编程，正确初始化芯片，提供对 Nand Flash 的读写操作，供上层测试应用程序调用.

源码中，nand_flash.c 文件是 K9F1208U0C 的驱动程序，部分主要函数功能如下：

NF_Reset()—— K9F1208U0C 芯片复位

NF_Init()—— K9F1208U0C 芯片初始化，设置 NFCONF 控制寄存器，主要完成的工作有：使能 Nand Flash 控制器、初始化 ECC、取消片选、设置 TACLS、TWRPH0、TWRPH1、复位 K9F1208U0C.

NF_CheckId()—— 获得芯片 K9F1208U0C 的 ID 号

NF_MarkBadBlock()—— 标记坏块

NF_IsBadBlock()—— 判断指定的块是否为坏块

NF_WritePage()—— 向 Nand Flash 中写入一页数据

NF_ReadPage()—— 从 Nand Flash 中读出一页数据

NF_EraseBlock()—— 擦除块

K9F1208_Program()—— 将数据或文件写入到 Nand Flash 中

K9F1208_Block_Check()—— 芯片 K9F1208U0C 检测坏块程序

K9F1208_Erase()—— 芯片 K9F1208U0C 整片擦除程序

(4) 程序设计.

本实验主要完成的功能有两个,一个是 Nor Flash 读写,另一个是 Nand Flash 读写,整体软件结构图如下图 8-11 所示:

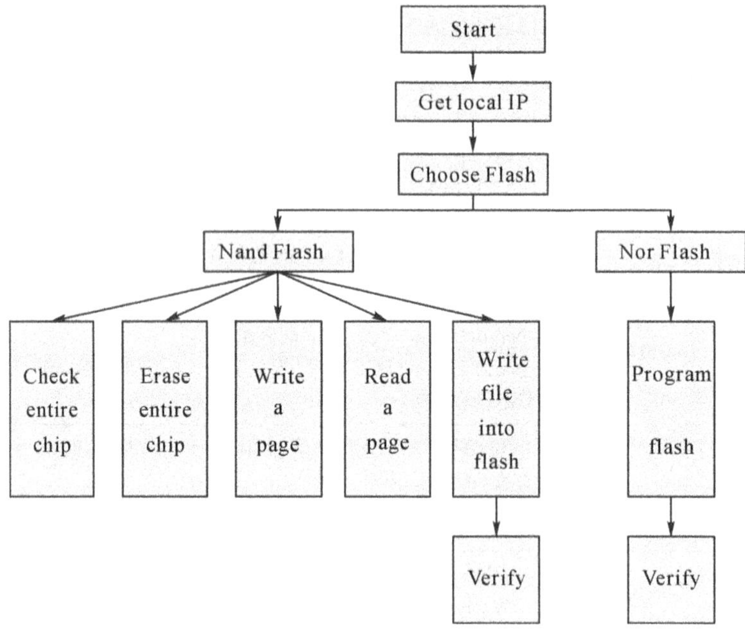

图 8-11 程序结构图

下面分别给出向 Nor Flash 和 Nand Flash 中烧写文件的程序流程图,对于 flash 的读写操作流程请参照具体芯片手册,其中都有详细流程图给出.

8.2.5 实验操作步骤

(1) 准备实验环境.

使用 ULINK USB－JTAG 仿真器连接到目标板上,使用 Embest EduKit－Ⅲ实验板附带的串口线,连接实验板上的 UART0 和 PC 的串口.

(2) 串口接收设置.

在 PC 上运行 Windows 自带的超级终端串口通信程序(波特率 115200、1 位停止位、无校验位、无硬件流控制),或者使用其他串口通信程序.

(3) 配置.

① 将 PC 的 IP 地址设置为 192.192.192.x(x 取值在 30～200 之间).

② 运行 PC 的 DOS 窗口或者“开始”系统按钮上的“运行”菜单,输入命令 command:

```
C:\DOCUME~1\SS>cd \
C:\>arp -s 192.192.192.200 00-06-98-01-7e-8f
C:\>arp -a
Interface: 192.192.192.36 --- 0x2
```

Internet Address   Physical Address   Type
192.192.192.200   00—06—98—01—7e—8f   static

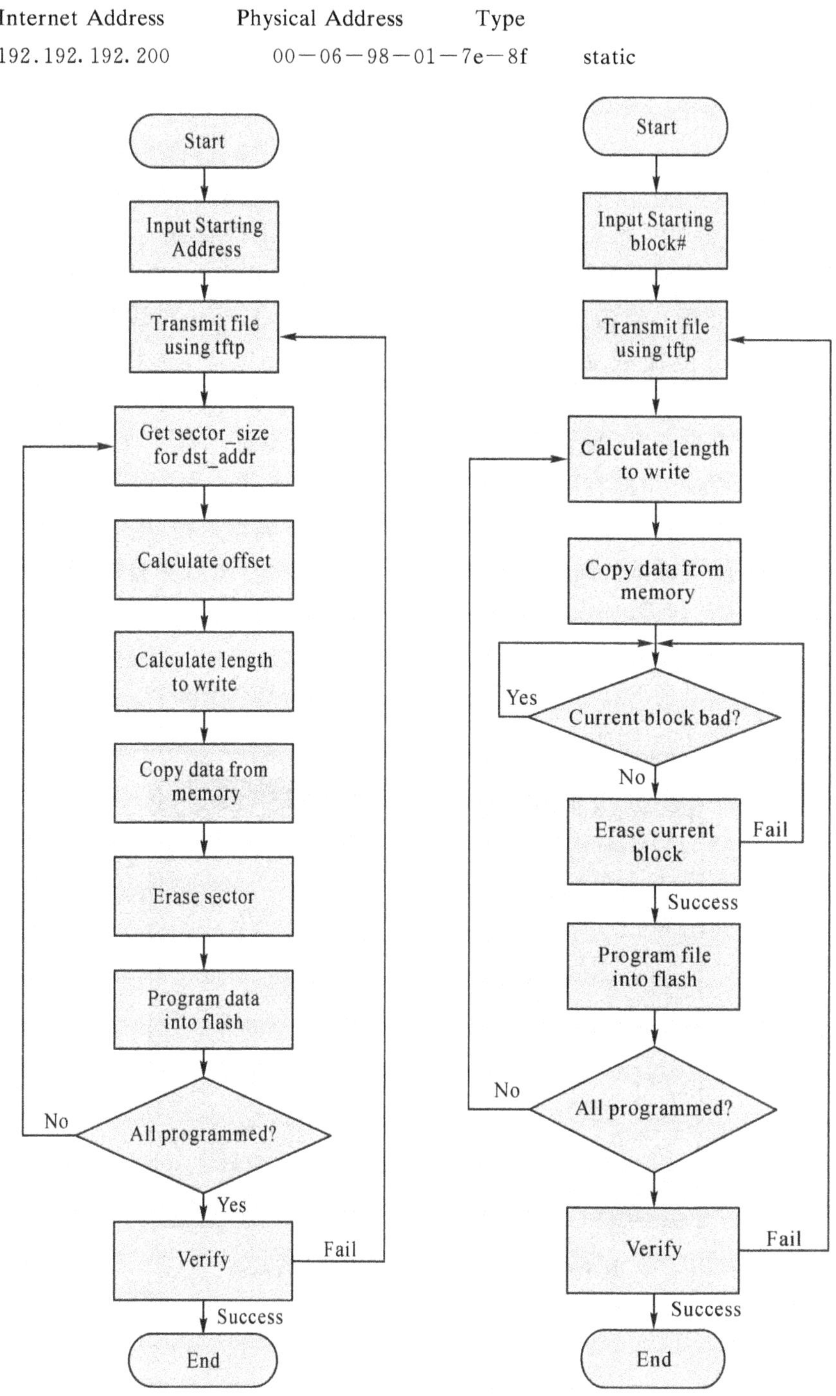

图 8-12　Nor Flash 烧写文件流程图　　**图8-13　Nand Flash 烧写文件流程图**

为 PC 添加一个到目标板的地址解析.

③ 在 PC 上运行 Windows 自带的超级终端串口通信程序(波特率 115200、1 位停止位、无校验位、无硬件流控制);或者使用其他串口通信程序.使用教学系统提供的交叉网线连接开发板网口(NET1)和 PC;也可以使用直通网线,连接到与 PC 同一局域网的 HUB 上.

(4) 打开实验例程.

① 拷贝实验平台附带光盘 CD1\CD1_Basic_070615\Software 文件夹到 RealView MDK 软件的安装目录的 Keil\ARM\Boards\Embest\目录下(如果已经拷贝,可跳过此步骤).

② 使用 ULINK USB-JTAG 仿真器连接到目标板上,打开实验例程目录 flash_test 子目录下的 flash_test. Uv2 例程,编译链接工程,直到链接工程成功.

③ 根据 ReadMe 目录下的 ReadMeCommon. txt 及 readme. txt 文件配置集成开发环境(工程默认已经配置正确),点击工具栏"",在 Option for Target 对话框的 Linker 页中选择 RuninRAM. sct 分散加载文件,点击 MDK 的 Debug 菜单,选择 Start/Stop Debug Session 项或点击工具栏"",下载工程生成的. axf 文件到目标板的 RAM 中调试运行.

④ 如果需要将程序烧写固化到 Flash 中,仅需要更改分散加载文件即可(须慎用,这一步的操作将会破坏 Flash 中原有固化程序,建议实验中不操作). 在 Option for Target 对话框的 Linker 页中选择 RuninFlash. sct 分散加载文件,重新编译工程,点击 MDK 的 Flash 菜单,选择 Download 烧写调试代码到目标系统的 Nor Flash 中,重启实验板,实验板将会运行烧写到 Nor Flash 中的代码.

⑤ 点击 Debug 菜单的 Run 或 F5 键全速运行程序.

⑥ 运行光盘中附带的 DHCP Server 软件(Tools\tftpd32\tftpd32. exe),以动态分配 IP 地址(也可用网络中的 DHCP 服务器).

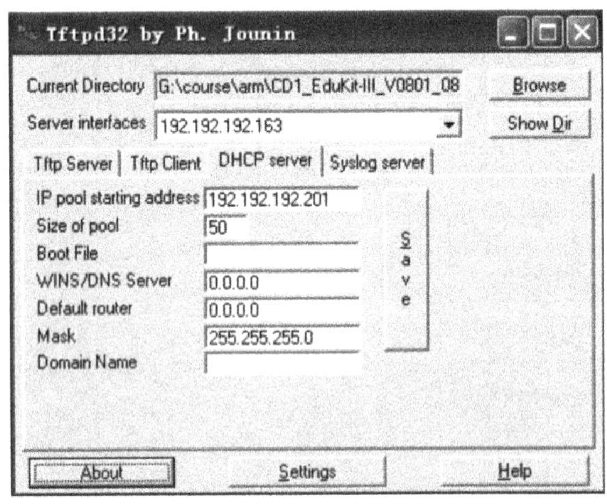

图 8-14 超级终端显示的程序运行状态

在 PC 上观察超级终端程序主窗口,可以看到如下界面:

```
boot success...
Reset CS8900A successful,   Rev F.
S/s —— DHCP IP addr
D/d —— Default IP addr(192.192.192.200)
Y/y —— Input New IP addr
```

选择 s,表示 DHCP 测试,选择 d,默认 IP,选择 y,输入新 IP,超级终端显示如下:

Please select an item：s

Set local ip 192.192.192.201

Please select an item：d

Set local ip 192.192.192.200

Please select an item：y

Please input IP address(xxx.xxx.xxx.xxx)

then press ENTER：192.192.192.218

Set local ip 192.192.192.218

⑦ 设定好本地 IP 地址之后，会出现选择 flash 的提示界面，按提示分别选择 Nor Flash 和 Nand Flash 时，终端显示如下：

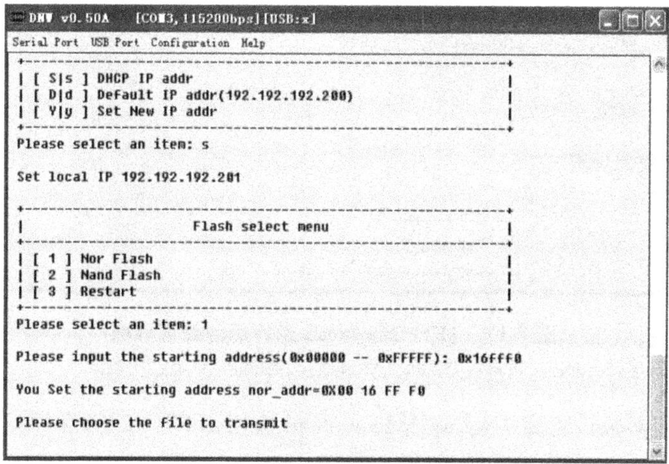

图 8-15　选择 Nor Flash 终端显示

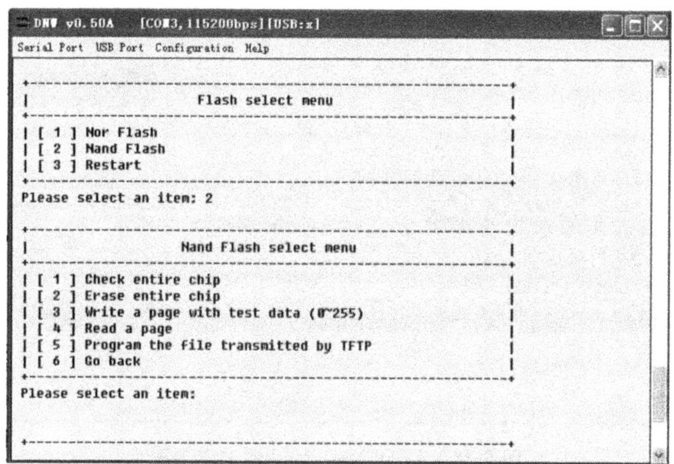

图 8-16　选择 Nand Flash 终端显示

说明：1. 选择 Nor Flash 时，会提示要求输入起始地址（即将文件烧写到 Nor Flash 时的起始地址），此处由于 Nor Flash 的大小为 2M，为防止覆盖掉原先 Nor Flash 中原有的程序，建议输入的地址大于 0X16FFFF，但也要注意不要过于接近 0X1FFFFF（Nor Flash 的结束地址），否则可能由于 Nor Flash 空间不够造成错误.

2. 选择 Nand Flash 时，会出现几个选项，选项 1-检查整块 flash 芯片中所有的坏块；选项 2-擦出整块 flash 芯片；选项 3-向 flash 中的某一页写入测试数据；选项 4-将 flash 中的某一页数据读出；选项 5-将通过 tftp 传送的文件写入到 flash 中.

⑧ 当看到终端提示"Please choose the file to transmit"时，在 PC 上运行 TFTPDown.exe 程序（在 CD1 根目录 Tools 下），目标板地址输入 192.192.192.200，Flash Start Address 输入 0x33000000，然后选取想要下载的文件（BIN 文件、ELF 文件等各种文件均可），点击 Download，程序开始通过 TFTP 协议下载文件到目标板 Flash 中，成功或者出错都有提示对话框.

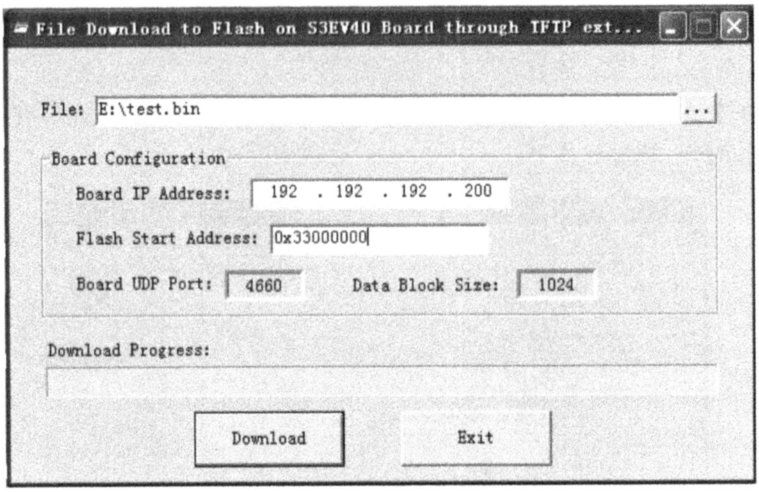

图 8-17　TFTP Download 运行后的配置界面

注：Flash Start Address 也可以是 SDRAM 地址：0x30000000～0x37fffc00

用户按照上图参数设置完毕后，点击 Download 按钮，TFTP 正确下载会出现以下提示：

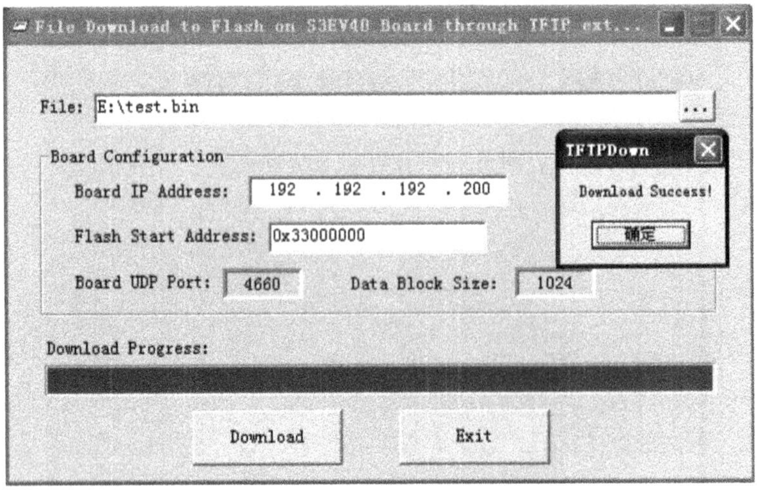

图 8-18　TFTP Download 测试成功图

当开发板所在的网络不能正常通信或开发板硬件不正常时，TFTP 文件下载会显示下载失败提示. 用户可以先检查网络通信是否正常再进行调试，直到通信成功.

(5) 观察实验结果.

使用 MDK 停止目标板运行，打开 Memory 窗口，输入 0x33000000，检查内存中的数据是否与文件数据一致，然后检查 Flash 中的数据是否和下载的文件数据一致.

8.2.6 实验参考程序

(1) AM29LV160DB 扇区擦除程序.

```
/*************************************************
* name:        FlashEraseSector_AM29LV160DB
* func:        erase flash sector
* para:        unsigned long base_addr  -- base_addr of flash AM29LV160DB
* ret:         none
* modify:
* comment:
*************************************************/
static void FlashEraseSector_AM29LV160DB(unsigned long base_addr)
{
    unsigned long i,sector_addr;

    sector_addr = (base_addr & AM29LV160DB_FLASH_MASK);
    sector_addr >>= 1;
    sector_addr <<= 1;
    base_addr &= ~AM29LV160DB_FLASH_MASK;

    // enter erase sector mode
    *(volatile unsigned short *)(base_addr + (0x555<<1))= 0xAA;
    *(volatile unsigned short *)(base_addr + (0x2AA<<1))= 0x55;
    *(volatile unsigned short *)(base_addr + (0x555<<1))= 0x80;
    *(volatile unsigned short *)(base_addr + (0x555<<1))= 0xAA;
    *(volatile unsigned short *)(base_addr + (0x2AA<<1))= 0x55;
    *(volatile unsigned short *)(base_addr + (sector_addr))= 0x30;

    // delay about 700 ms
    for(i=0; i<10000; i++)
    Flash_Delay();
}
```

(2) AM29LV160DB 文件编程函数.

```
/*************************************************
* name:        FlashProgram_AM29LV160DB
* func:        program flash
* para:        unsigned long base_addr    -- base_addr of flash AM29LV160DB
*              unsigned short *data_addr  -- address of data to be programmed
*              unsigned long bytes        -- bytes of data to be programmed
* ret:         none
* modify:
```

```
* comment:
*******************************************************/
static void FlashProgram_AM29LV160DB(unsigned long base_addr, unsigned short * data_addr, unsigned long bytes)
{
    unsigned long i, word_addr;
    unsigned short * buf;

    buf = data_addr;
    word_addr = (base_addr & AM29LV160DB_FLASH_MASK);
    base_addr &= ~AM29LV160DB_FLASH_MASK;

    if(bytes % 2)
      bytes += 1;
    bytes >>= 1;

    // enter programe mode
    for(i=0; i<bytes; i++)
    {
      *(volatile unsigned short *)(base_addr + (0x555<<1)) = 0xAA;
      *(volatile unsigned short *)(base_addr + (0x2AA<<1)) = 0x55;
      *(volatile unsigned short *)(base_addr + (0x555<<1)) = 0xA0;
      *(volatile unsigned short *)(base_addr + (word_addr)) = * buf;
      // delay 50 us
      Flash_Delay();
      word_addr += sizeof(unsigned short);
      buf ++;
      if(0 == (i % 1024))
          uart_printf(".",i);
    }
}
```

(3) AM29LV160DB 文件烧写验证程序.

```
/*******************************************************
* name:     NorProgramVerify
* func:     verify the file programmed to nor flash with what stored temporarily in memory
* para:     unsigned long nor_addr     --  starting address of nor flash stored the file
*           unsigned long mem_addr     --  starting address of memory stored the file
*           unsigned long filesize     --  size of transmitted file
* ret:      0 -- fail;   1 -- success
* modify:
* comment:
*******************************************************/
```

```
int NorProgramVerify(unsigned long nor_addr,unsigned long mem_addr,unsigned long filesize)
{
    unsigned int i;
    for(i=0; i<filesize; i++)
    {
        if( * (unsigned char * )(nor_addr & AM29LV160DB_FLASH_MASK)! = * (unsigned
        char * )(mem_addr))
            return 0;
        nor_addr++;
        mem_addr++;
    }
    return 1;
}
```

(4) K9F1208U0C 基本操作函数定义.

```
#define NF_CMD(cmd)        {rNFCMD=cmd;}                // send commamd
#define NF_ADDR(addr)      {rNFADDR=addr;}              // set address
#define NF_nFCE_L()        {rNFCONF&=~(1<<11);}         // nand flash chip select
#define NF_nFCE_H()        {rNFCONF|=(1<<11);}          // nand flash chip disable
#define NF_RSTECC()        {rNFCONF|=(1<<12);}          // initialize ECC
#define NF_RDDATA()        (rNFDATA)                    // read data
#define NF_WRDATA(data){rNFDATA=data;}                  // write data
#define NF_WAITRB()        {while(! (rNFSTAT&(1<<0)));} //wait until the flash
chip ready
```

(5) K9F1208U0C 页写入程序.

```
int NF_WritePage(unsigned int block,unsigned int page,unsigned char * buffer)
{
    int i;
    unsigned int blockPage = (block<<5)+ page;      // 1 block = 32 pages
    unsigned char * bufPt=buffer;

    NF_RSTECC();

    NF_nFCE_L();

    NF_CMD(0x0);    // start from 'area A' -- according to datasheet(can be omitted)
    NF_CMD(0x80);                       // Write 1st command
    NF_ADDR(0);                         // A0--A7(column address)Column 0
    NF_ADDR(blockPage&0xff);            // A9--A16
    NF_ADDR((blockPage>>8)&0xff);   // A17--A24  (page num)
    NF_ADDR((blockPage>>16)&0xff); // A25
```

```
    for(i=0;i<512;i++)
    {
        if(0 == i % 512)
            uart_printf(".");
        NF_WRDATA(*bufPt++);        // Write one page to NFM(nand flash memory) from buffer
    }
    /*
     * OOB(带外数据)totally has 16 Bytes,programmer can decide what to store in each of them,
     * generally,Byte0--Byte2 for ECC && Byte6 for bad block indication
     */
    seBuf[0] = rNFECC0;
    seBuf[1] = rNFECC1;
    seBuf[2] = rNFECC2;
    seBuf[5] = 0xff;                // Marking good block

    for(i=0;i<16;i++)
    {
        NF_WRDATA(seBuf[i]);        // Write spare array(ECC and Mark)
    }

    NF_CMD(0x10);                   // Write 2nd command
    for(i=0;i<10;i++);              //tWB = 100ns.
    NF_WAITRB();

    NF_CMD(0x70);                   // Read status command

    for(i=0;i<6;i++);               //twhr=60ns

    if (NF_RDDATA()&0x1)// Page write error -- (I/O 0 != 0)
    {
        NF_nFCE_H();
        uart_printf("\n PROGRAM_ERROR: block# = %d,page# = %d\n ",block,(block<<5)+ page);
        NF_MarkBadBlock(block);
        return 0;
    }
    else
    {
        NF_nFCE_H();

        //uart_printf("\n PROGRAM_OK: block# = %d,page# = %d\n ",block,(block<<5)+ page);
```

```
        return 1;
    }
}
```

(6)K9F1208U0C 页读出程序.

```
int NF_ReadPage(unsigned int block,unsigned int page,unsigned char * buffer)
{
    int i;
    unsigned int blockPage;
    unsigned char ecc0,ecc1,ecc2;
    unsigned char * bufPt = buffer;
    unsigned char se[16];

    page = page & 0x1f;
    blockPage = (block<<5)+ page;

    NF_RSTECC();

    NF_nFCE_L();

    NF_CMD(0x00);    // Read command
    NF_ADDR(0);
    NF_ADDR(blockPage&0xff);
    NF_ADDR((blockPage>>8)&0xff);
    NF_ADDR((blockPage>>16)&0xff);

    for(i=0;i<10;i++); //wait tWB(100ns)

    NF_WAITRB();

    for(i=0;i<512;i++)
    {
        * bufPt++ = NF_RDDATA();    // Read one page data
    }

    ecc0 = rNFECC0;
    ecc1 = rNFECC1;
    ecc2 = rNFECC2;
    for(i=0; i<16; i++)
    {
        se[i] = NF_RDDATA();   // Read spare array
    }
```

```
    NF_nFCE_H();

    if(ecc0 == se[0] && ecc1 == se[1] && ecc2 == se[2])// ECC check
    {
        //uart_printf("\n ECC OK:%x,%x,%x \n ",se[0],se[1],se[2]);
        return 1;
    }
    else
    {
        uart_printf("\n ECC ERROR(RD):read:%x,%x,%x,reg:%x,%x,%x,
        page_num:%d\n ", se[0],se[1],se[2],ecc0,ecc1,ecc2,blockPage);
        return 0;
    }
}
```

(7)K9F1208U0C 坏块标记程序.

```
/*************************************************************************
 * name:        NF_MarkBadBlock
 * func:        mark the bad block
 * para:        block: bad block number (0 —— 4095)
 * ret:         0 —— mark error;   1 —— mark success
 * modify:
 * comment:
 *************************************************************************/
static int NF_MarkBadBlock(unsigned int block)
{
    int i;
    unsigned int blockPage = block<<5;

    seBuf[0]=0xff;
    seBuf[1]=0xff;
    seBuf[2]=0xff;
    seBuf[5]=0x44;    // mark bad blcok

    NF_nFCE_L();

    NF_CMD(0x50);   // start from 'area C' —— according to datasheet(can be omitted)
    NF_CMD(0x80);   // Write 1st command

    NF_ADDR(0x0);
    NF_ADDR(blockPage&0xff);
    NF_ADDR((blockPage>>8)&0xff);
    NF_ADDR((blockPage>>16)&0xff);
```

```
    for(i=0;i<16;i++)
    {
        NF_WRDATA(seBuf[i]);       // Write spare array
    }

    NF_CMD(0x10);   // Write 2nd command
    for(i=0;i<10;i++);  //tWB = 100ns
    NF_WAITRB();
    NF_CMD(0x70);

    for(i=0;i<6;i++);  //twhr=60ns

    if (NF_RDDATA()&0x1)// Spare array write error
    {
        NF_nFCE_H();
        uart_printf("\n Mark bad block error,block# =%d\n ",block);
        return 0;
    }
    else
    {
        NF_nFCE_H();
        uart_printf("\n Block #%d is marked as a bad block\n ",block);
        return 1;
    }
}
```

(8)K9F1208U0C 坏块擦除程序.

```
/*****************************************************
* name:          NF_EraseBlock
* func:          erase a block
* para:          block: block number (0 —— 4095)
* ret:           0 —— erase error;   1 —— erase OK
* modify:
* comment:
*****************************************************/
int NF_EraseBlock(unsigned int block)
{
    unsigned int blockPage = (block<<5);
    int i;

    if(NF_IsBadBlock(block))
        return 0;
```

```
    NF_nFCE_L();

    NF_CMD(0x60);   // Erase block 1st command

    NF_ADDR(blockPage&0xff);          // only 3 cycles needed to erase a block
    NF_ADDR((blockPage>>8)&0xff);
    NF_ADDR((blockPage>>16)&0xff);

    NF_CMD(0xd0);   // Erase blcok 2nd command

    for(i=0;i<10;i++); //wait tWB(100ns)

    NF_WAITRB();
    NF_CMD(0x70);
    for(i=0;i<6;i++);  //twhr=60ns

    if (NF_RDDATA()&0x1)// Erase error
    {
        NF_nFCE_H();
        uart_printf("\n ERASE_ERROR: block# = %d\n ",block);
        NF_MarkBadBlock(block);
        return 0;
    }
    else
    {
        NF_nFCE_H();
        uart_printf(".");
        return 1;
    }
}
```

(9)K9F1208U0C 文件烧写程序.

```
/*****************************************
* name:         K9F1208_Program
* func:         program data into a specified block of NF
* para:         block: block number (0 —— 4095)
              srcAddress: start address of data in SDRAM
              fileSize: length of data
* ret:
* modify:
* comment:
*****************************************/
```

```
void K9F1208_Program(unsigned int block,unsigned int srcAddress,unsigned int fileSize)
{
   int  i;
   int  programError = 0;
   unsigned int blockIndex;
   unsigned char *srcPt, *saveSrcPt;

   NF_Init();

   srcPt = (unsigned char *)srcAddress;
   blockIndex = block;

   while(1)
   {
       saveSrcPt = srcPt;
       if(NF_IsBadBlock(blockIndex))          // if block is bad,skip to next block
       {
           blockIndex++;
           continue;
       }

       if(! NF_EraseBlock(blockIndex))     // erase block before program,if error,skip to
       next block
       {
           blockIndex++;
           continue;
       }

       for(i=0;i<32;i++)        // write a block(32 pages)
       {
           if(! NF_WritePage(blockIndex,i,srcPt))
           {
               programError = 1;
               break;
           }
           srcPt += 512;            // point to next page
           if((unsigned int)srcPt >= (srcAddress + fileSize))
               break;              // all data is already programmed
       }

       if(programError==1)     // an error occurs when writing a page,skip the block
       {
           blockIndex++;
```

```
            srcPt = saveSrcPt;      // save the orginal start address od data
            programError = 0;
            continue;
        }

        if((unsigned int)srcPt >= (srcAddress+fileSize))
            break;

        blockIndex++;
    }
}
```

8.3 猜数字游戏实验

8.3.1 实验目的

(1) 设计一个基于 S3C2410X 嵌入式猜数字游戏.

(2) 初步掌握串口通信、液晶屏、矩阵键盘的使用及其电路设计方法.

(3) 熟悉掌握编写 ARM 核处理器 S3C2410X 中断处理程序.

(4) 通过本实验,要求学生更加熟练掌握各种控制结构及函数的使用,并进一步培养良好程序设计编码风格,对实际问题的解决能力.

8.3.2 实验设备

(1) 硬件:Embest EduKit—Ⅲ实验平台,ULINK USB—JTAG 仿真器套件,PC.

(2) 软件:μVision IDE for ARM 集成开发环境,Windows 98/2000/NT/XP.

8.3.3 实验内容

(1) 编写一个基于 S3C2410X 处理器的简单的猜数字游戏的程序.

(2) 本实验通过终端输入一个 0~9 的数字,并通过串口显示在液晶屏上.

(3) 使用实验板上 5×4 键盘随意输入一个 0~9 的数字,并显示输出结果是否正确.

8.3.4 实验原理

(1) 串口通信.

① 串口通信硬件电路图.

本教学实验平台的电路中,UART0 串口电路如图 8-19 所示,UART0 只采用两根接线 RXD0 和 TXD0,因此只能进行简单的数据传输及接收功能. UART0 则采用 MAX3221E 作为电平转换器.

② UART 通信操作过程.

发送的数据帧是可编程的. 其包括一个开始位,5~8 个数据位,一个可选的奇偶校验位和 1~2 个停止位,其可由线性控制寄存器 ULCONn 来设置. 发送器也可以产生一个终止条件,其可以对一个帧发送时间强制串行输出为逻辑 0. 在当前发送字被完全传输完以后,

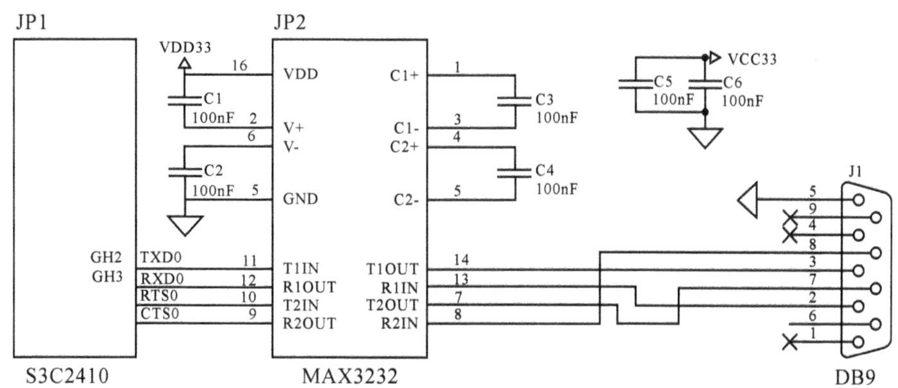

图 8-19　UART0 与 S3C2410 的连接图

该模块发送一个终止信号.在终止信号发送后,其串行发送数据到 TxFIFO.

与发送类似,接收帧也是可编程的.接收帧由一个起始位,5 到 8 个数据位,一个可选的奇偶校验和 1 到 2 位行控制寄存器 ULCONn 里的停止位组成.接收器还可以检测溢出错误、奇偶校验错误、帧错误和传输中断,每一个错误均可以设置一个错误标志.

溢出错误(Overrun error)是指已接收到的数据在读取之前被新接收的数据覆盖.

奇偶校验错误是指接收器检测到的校验和与设置的不符.

帧错误指没有接收到有效的停止位.

传输中断表示接收数据 RxDn 保持逻辑 0 超过一帧的传输时间.

在 FIFO 模式下,如果 RxFIFO 非空,而在 3 个字的传输时间内没有接收到数据,则产生超时.

(2) 液晶显示屏.

进行液晶屏控制电路设计时必须提供电源驱动、偏压驱动以及 LCD 显示控制器.由于 S3C2410X 处理器本身自带 LCD 控制器,而且可以驱动实验板所选用的液晶屏,所以控制电路的设计可以省去显示控制电路,只需进行电源驱动和偏压驱动的电路设计即可.

① 液晶电路结构框图.

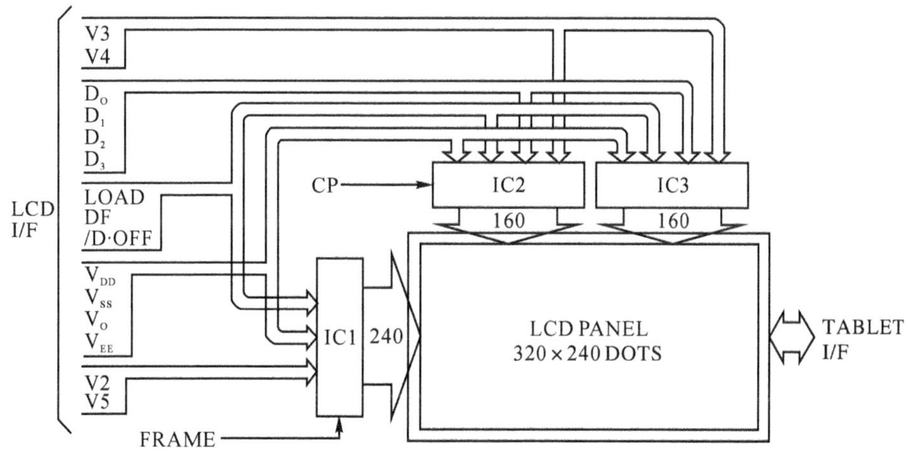

图 8-20　LCD 结构框

② 引脚说明.

表 8-6 液晶屏管脚

管脚	功能		管脚	功能		管脚	功能	
1	V5	偏压 5	6	V_O	电源地	11	CP	时钟宽度
2	V2	偏压 2	7	LOAD	逻辑控制(内部)	12	V4	偏压 4
3	V_{EE}	驱动电压	8	V_{SS}	信号地	13	V3	偏压 3
4	V_{DD}	逻辑电压	9	DF	驱动交流信号	14-17	D3-D0	数据
5	FRAME		10	/D-OFF	像素开关	18	NC	未定义

③ 控制电路设计.

实验板所选用的液晶屏的驱动电源是 21.5V,因此直接使用实验系统的 3V 或 5V 电源时需要电压升压控制,实验系统采用的是 MAX629 电源管理模块,以提供液晶屏的驱动电源.偏压电源可由系统升压后的电源分压得到.图 8-21 是 S3C2410 实验板的电源驱动和偏压驱动参考电路.

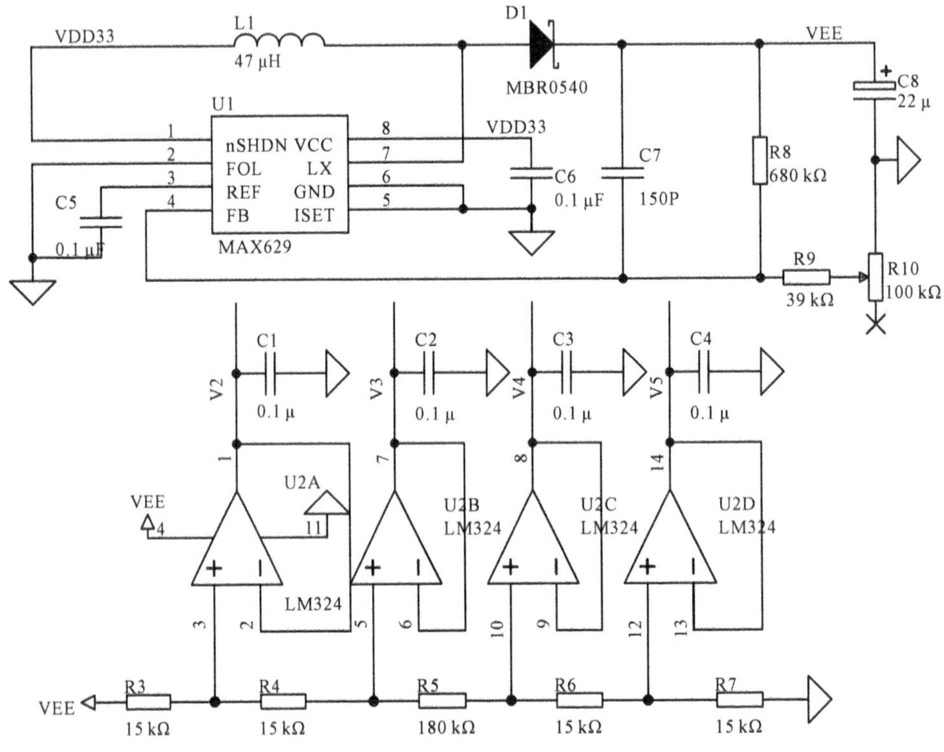

图 8-21 电源驱动与偏压驱动电路

④ 液晶屏软件程序设计.

由于实验要求在液晶显示屏上显示包括矩形、字符和位图文件,所以实验程序设计主要包括三大部分.

a. 设计思路.

使用液晶屏显示最基本的要求是掌握像素控制数据的使用，像素控制数据的存放与传送形式决定了显示的效果. 这也是所有显示控制的基本程序设计思想. 图形显示可以直接使用像素控制函数实现；把像素控制数据按一定形式存放即可实现字符显示，比如 ASCII 字符、语言文字字符等.

Embest EduKit－Ⅲ 实验平台的 LCD 显示部分像素控制函数按如下设计：

```
void ( * PutPixel)(UINT32T, UINT32T, UINT32T); //define pointer of function, display single pixel
void ( * BitmapView)(UINT8T * pBuffer); // define pointer of function,display bitmap
```

b. 矩形显示.

矩形显示可以通过两条水平线和两条垂直线组成，因此在液晶显示屏上显示矩形实际就是画线函数的实现. 画线函数则通过反复调用像素控制函数得到水平线或垂直线.

```
void Glib_Line(int x1,int y1,int x2,int y2,int color);            //draw line
void Glib_Rectangle(int x1,int y1,int x2,int y2,int color);       //draw rectangle
void Glib_FilledRectangle(int x1,int y1,int x2,int y2,int color); //filled rectangle
void Glib_ClearScr(U32 c,int type);                               //clear screen
```

c. 字符显示.

字符的显示包括 ASCII 字符和汉字的显示. 字符的显示可以采用多种形式字体，其中常用的字体大小有(W×H 或 H×W)：8×8、8×16、12×12、16×16、16×24、24×24 等，用户可以使用不同的字库以显示不同的字体. 如实验系统中使用 8×16 字体显示 ASCII 字符，使用 24×24 字体显示汉字.

不管显示 ASCII 字符还是点阵汉字，都是通过查找预先定义好的字符表来实现，这个存储字符的表我们叫做库，相应的有 ASCII 库和汉字库.

```
const INT8U g_Auc_Ascii8x16[]={ //ASCII 字符查找表 }
```

ASCII 字符的存储是把字符显示数据存放在以字符的 ASCII 值为下标的库文件(数组)中，显示时再按照字体的长与宽和库的关系取出作为像素控制数据显示. ASCII 库文件只存放 ANSI ASCII 的共 255 个字符. 请参考程序 ascii8x16. c.

```
const INT8U g_auc_HZK24[]={ //点阵汉字查找表 }
```

点阵汉字库是按照方阵形式进行数据存放，所以汉字库的字体只能是方形的. 汉字库的大小与汉字显示的个数及点阵数成正比. 请参考程序 hzk24. c.

d. 位图文件显示.

通过把位图文件转换成一定容量的显示数组，并按照一定的数据结构存放. 与字符的显示一样，传送的数据需要设计软件控制程序.

Embest EduKit－Ⅲ 实验平台位图显示的存放数据结构(请参考程序 bmp_data. c)及控制程序：

```
const INT8U g_ucBitmap [] = {// 位图文件数据};
```

位图显示由 void (* BitmapView)(UINT8T * pBuffer)完成,它实际上是指向下面函数的一个函数指针.

```
void BitmapViewCstn8Bit (UINT8T * pBuffer);
```

(3) 5×4 键盘.

① 键盘连接电路.

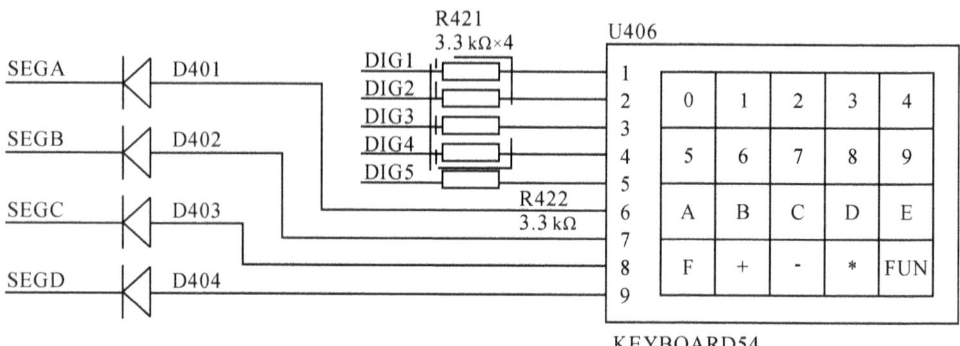

图 8-22　5×4 键盘连接电路

② 键盘控制电路.

键盘控制电路使用芯片 ZLG7290 控制,如图 8-23. 对应下图中的 14 引脚 KEY_INT 捕捉由键盘按下产生的中断触发信号.

③ 工作过程.

键盘动作由芯片 ZLG7290 检测,当键盘按下时,芯片检测到后在 INT 引脚产生中断触发电平通知处理器,处理器通过 IIC 总线读取芯片 ZLG7290 键值寄存器(01H)中保存的键值.

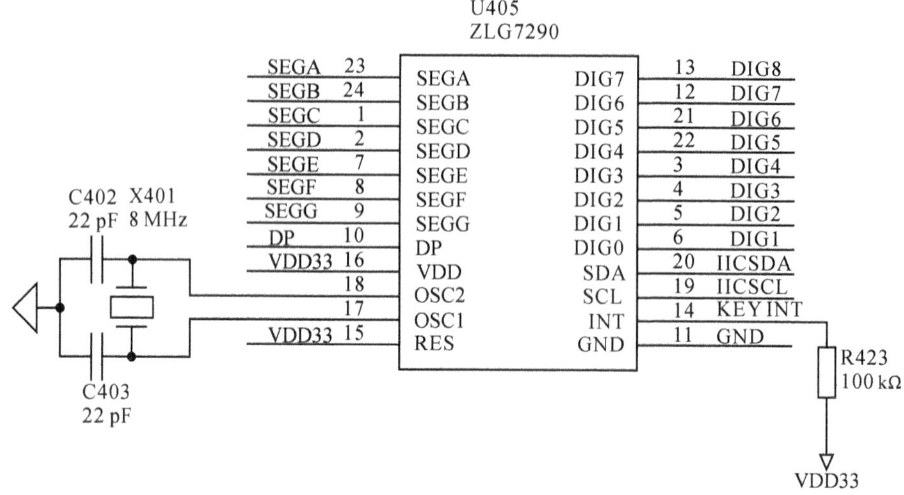

图 8-23　5×4 键盘控制电路

8.3.5　实验软件流程图

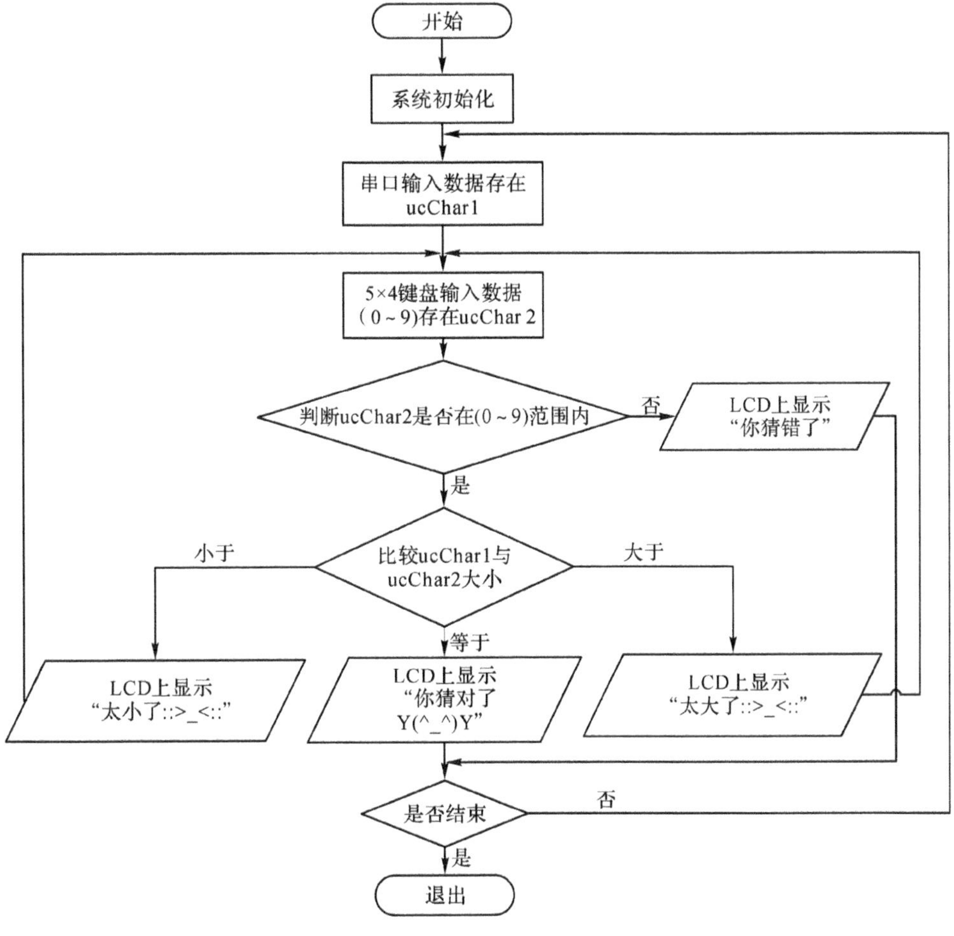

图 8-24　软件流程图

8.3.6　详细设计及代码说明

完整的程序代码见附件.

(1) 该方案中,串口通信部分用到的主要函数如下,包括 UART 初始化,字符的接收函数,以及将接收的字符回显到终端的函数. 这几个函数可以在例程目录下\common\include\2410lib. c 文件内找到.

```
void uart_init(int nMainClk,int nBaud,int nChannel)
{
    int i;
    if(nMainClk == 0)
    nMainClk     = PCLK;

    switch (nChannel)
```

```
    {
        case UART0:
            rUFCON0 = 0x0;   //UART channel 0 FIFO control register,FIFO disable
            rUMCON0 = 0x0;   //UART channel 0 MODEM control register,AFC disable
            rULCON0 = 0x3;   //Line control register : Normal,No parity,1 stop,8 bits
            rUCON0  = 0x245;                              // Control register
            rUBRDIV0=((int)(nMainClk/16.0/nBaud+0.5)-1);// Baud rate divisior register 0
            break;

        case UART1:
            rUFCON1 = 0x0;   //UART channel 1 FIFO control register,FIFO disable
            rUMCON1 = 0x0;   //UART channel 1 MODEM control register,AFC disable
            rULCON1 = 0x3;
            rUCON1  = 0x245;
            rUBRDIV1=((int)(nMainClk/16.0/nBaud)-1);
            break;

        case UART2:
            rULCON2 = 0x3;
            rUCON2  = 0x245;
            rUBRDIV2=((int)(nMainClk/16.0/nBaud)-1);
            rUFCON2 = 0x0;   //UART channel 2 FIFO control register,FIFO disable
            break;

        default:
            break;
    }

    for(i=0;i<100;i++);
    delay(0);
}
```

下面是接收字符的实现函数：

```
/*********************************************************************
* name:        uart_getch
* func:        Get a character from the uart
* para:        none
* ret:         get a char from uart channel
* modify:
* comment:
*********************************************************************/
char uart_getch(void)
{
```

```
    if(f_nWhichUart==0)
    {
        while(!(rUTRSTAT0 & 0x1)); //Receive data ready
        return RdURXH0();
    }
    else if(f_nWhichUart==1)
    {
        while(!(rUTRSTAT1 & 0x1)); //Receive data ready
        return RdURXH1();
    }
    else if(f_nWhichUart==2)
    {
        while(!(rUTRSTAT2 & 0x1)); //Receive data ready
        return RdURXH2();
    }
}
```

接着是如果有字符输入，会立即回显到超级终端的函数：

```
/*****************************************
* name:          uart0_test
* func:          uart test function
* para:          none
* ret:           none
* modify:
* comment:
*****************************************/
char uart0_test(void)
{
  char cInput;
  UINT8T ucInNo=0;
  UINT32T     g_nKeyPress;
  char c;
  uart_init(0,115200,0);

  uart_printf(" Please input number 0-9:\n ");
  uart_printf(" />");

  g_nKeyPress = 1;
  while(g_nKeyPress==1)                // only for board test to exit
  {
      c=uart_getch();
      //uart_sendbyte(c);
```

```
            uart_printf("%c ",c);
            if(c! ='\r ')
                cInput=c;
            else break;

        }
        delay(100);

        return(cInput);

    }
```

(2) 使用液晶屏显示最基本的要求是掌握像素控制数据的使用，像素控制数据的存放与传送形式决定了显示的效果.这也是所有显示控制的基本程序设计思想.图形显示可以直接使用像素控制函数实现；把像素控制数据按一定形式存放即可实现字符显示，比如 ASCII 字符、语言文字字符等.

① 液晶屏初始化.

```
/*****************************************
 * name:          Lcd_Init
 * func:          LCD initialization
 * para:          int type    ——    LCD display type
 * ret:           none
 * modify:
 * comment:
*****************************************/
void Lcd_Init(int type)
{
  switch(type)
  {
      case MODE_STN_1BIT:
          //setup address and sizeof display buffer
          frameBuffer1Bit=(UINT32T (*)[SCR_XSIZE_STN/32])LCDFRAMEBUFFER;
          //4 bit scan,1bpp STN display model,ENVID=off
          rLCDCON1=(CLKVAL_STN_MONO<<8)|(MVAL_USED<<7)|(1<<5)|(0<<1)|0;
          //vertical size LCD_YSIZE_STN(240)-1,other bits set 0 while STN LCD display
          rLCDCON2=(0<<24)|(LINEVAL_STN<<14)|(0<<6)|(0<<0);
          //horizontal size LCD_XSIZE_STN/4-1

          rLCDCON3=(WDLY_STN<<19)|(HOZVAL_STN<<8)|(LINEBLANK_
          MONO<<0);
          rLCDCON4=(MVAL<<8)|(WLH_STN<<0);
          rLCDCON5=0;
          //frame buffer beginning address
```

```
        rLCDSADDR1=(((UINT32T)frameBuffer1Bit>>22)<<21)
                        |M5D((UINT32T)frameBuffer1Bit>>1);
        rLCDSADDR2=M5D(((UINT32T)frameBuffer1Bit+
                        (SCR_XSIZE_STN * LCD_YSIZE_STN/8))>>1);
        rLCDSADDR3=(((SCR_XSIZE_STN-LCD_XSIZE_STN)/16)<<11)
                        |(LCD_XSIZE_STN/16);
        break;
    //...skip servral initial model
    case MODE_CSTN_8BIT:
        //setup address and size of diplay buffer
        frameBuffer8Bit=(UINT32T (*)[SCR_XSIZE_CSTN/4])LCDFRAMEBUFFER;
        //8 bit scan,8bpp 256 STN display model,ENVID=off
        rLCDCON1=(CLKVAL_CSTN<<8)|(MVAL_USED<<7)|(2<<5)|(3<<1)|0;
        //vertical size LCD_YSIZE_STN(240)-1,other set 0 while STN LCD display
        rLCDCON2=(0<<24)|(LINEVAL_CSTN<<14)|(0<<6)|(0<<0);
        rLCDCON3=(WDLY_CSTN<<19)|(HOZVAL_CSTN<<8)|(LINEBLANK_
        CSTN<<0);
        rLCDCON4=(MVAL<<8)|(WLH_CSTN<<0);
        rLCDCON5=0;
        //frame buffer beginning address
        rLCDSADDR1=(((UINT32T)frameBuffer8Bit>>22)<<21)
                        |M5D((UINT32T)frameBuffer8Bit>>1);
        rLCDSADDR2=M5D(((UINT32T)frameBuffer8Bit+
                        (SCR_XSIZE_CSTN * LCD_YSIZE_CSTN/1))>>1);
        rLCDSADDR3=(((SCR_XSIZE_CSTN-LCD_XSIZE_CSTN)/2)<<11)
                        |(LCD_XSIZE_CSTN/2);
        //color register
        rDITHMODE=0x0;
        rREDLUT   =0xfdb96420;
        rGREENLUT=0xfdb96420;
        rBLUELUT =0xfb40;
        break;
    //...skip several inialization models
    default:
        break;
  }
}
```

② 显示 ACSII 码和汉字.

```
/*************************************
* name:      Lcd_DspAscII8X16
* func:      Display 8x16 AscII
* para:      U16 x0          x coordinate of start point
```

```
*                 U16 y0              y coordinate of start point
*                 INT8U ForeColor     foreground color
*                 INT8U  * s          string to display
* ret:            none
* modify:
* comment:
* * * * * * * * * * * * * * * * * * * * * * * * * * * * * * * * * * * * * * * * * * * * */
void Lcd_DspAscII8X16(U16 x0,U16 y0,INT8U ForeColor,INT8U * s)
{
      INT16T i,j,k,x,y,xx;
      INT8U qm;
      S32 ulOffset;
      INT8T ywbuf[16],temp[2];

      for(i = 0; i < strlen((const char * )s); i++)
      {
          if((INT8U) * (s+i)>= 161)
          {
              temp[0] = * (s + i);
              temp[1] = '\0 ';
              return;
          }
          else
          {
              qm = * (s+i);
              ulOffset = (S32)(qm) * 16;
              for (j = 0; j < 16; j ++)
              {
                  ywbuf[j] = g_auc_Ascii8x16[ulOffset + j];
              }
              for(y = 0; y < 16; y++)
              {
                  for(x = 0; x < 8; x++)
                  {
                      k = x % 8;
                      if (ywbuf[y]  & (0x80 >> k))
                      {
                          xx = x0 + x + i * 8;
                          PutPixel(xx,y + y0,(INT8U)ForeColor);
                      }
                  }
              }
          }
```

```
        }
}

/*****************************************
* name:         Lcd_DspHz24
* func:         Display 24x24 Chinese
* para:         U16 x0              x coordinate of start point
*               U16 y0              y coordinate of start point
*               INT8U ForeColor     foreground color
*               INT8U *s            string to display
* ret:          none
* modify:
* comment:
*****************************************/
void Lcd_DspHz24(U16 x0,U16 y0,INT8U ForeColor,INT8U *s)
{
    INT16T i,j,k,x,y,xx;
    INT8U qm,wm;
    S32 ulOffset;
    INT8T hzbuf[72],temp[2];

    for(i = 0; i < strlen((const char *)s); i++)
    {
        if(((INT8U)(*(s+i)))< 161)
        {
            temp[0] = *(s+i);
            temp[1] = '\0 ';
            break;
        }
        else
        {
            qm = *(s+i)-176;
            wm = *(s+i + 1)-161;
            ulOffset = (S32)(qm * 94 + wm) * 72;
            for (j = 0; j < 72; j ++)
            {
                hzbuf[j] = g_auc_HZK24[ulOffset + j];
            }
            for(y = 0; y < 24; y++)
            {
                for(x = 0; x < 24; x++)
                {
                    k = x % 8;
```

```
                    if (hzbuf[y * 3 + x / 8] & (0x80 >> k))
                    {
                        xx = x0 + x + i * 12;
                        PutPixel(xx,y + y0,(INT8U)ForeColor);
                    }
                }
            }
            i++;
        }
    }
}
```

(3) 5×4 键盘控制部分.

① 键盘控制初始化.

```
/*****************************************
* name:        keyboard_test
* func:        test keyboard
* para:        none
* ret:         none
* modify:
* comment:
*****************************************/
void keyboard_test(void)
{
  UINT8T ucChar;
  UINT8T szBuf[40];
  uart_printf("\n Keyboard Test Example\n ");
  uart_printf(" Press any key to exit...\n ");
  keyboard_init();
  g_nKeyPress=0xFE;
  while(1)
  {
      f_nKeyPress = 0;
      while(f_nKeyPress==0)
      {
          if(uart_getkey())                    // Press any key from UART0 to exit
              return;
          else if(ucChar==7)                   // or press 5x4 Key-7 to exit
              return;
          else if(g_nKeyPress! =0xFE)          // or SB1202/SB1203 to exit
              return;
      }
      iic_read_keybd(0x70,0x1,&ucChar);        // get data from ZLG7290
```

```
        if(ucChar ! = 0)
        {
            ucChar = key_set(ucChar);           // key map for EduKitII
            if(ucChar<16)
                sprintf(&szBuf," press key %d ",ucChar);
            else if(ucChar<255)
                sprintf(&szBuf," press key %c ",ucChar);

            if(ucChar==0xFF)
                sprintf(&szBuf," press key FUN ");

            #ifdef BOARDTEST
            print_lcd(200,170,0x1c,&szBuf);
            #endif
            uart_printf(szBuf);
            uart_printf("\n ");
        }
    }
```

② 中断服务程序.

```
/*****************************************
* name:        keyboard_int
* func:        keyboard interrupt handler
* para:        none
* ret:         none
* modify:
* comment:
*****************************************/
void keyboard_init(void)
{
  int i;
  iic_init_8led();
  for(i=0; i<8; i++)
  {
      iic_write_8led(0x70,0x10+i,0xFF);       // write data to DpRam0~DpRam7
      (Register of ZLG7290)
     delay(5);
  }
  iic_init_keybd();                           // enable IIC and EINT1 int
pISR_EINT1 = (int)isrEINT1;//keyboard_int;
}
/*****************************************
* name:        iic_int_keybd
```

```
* func:        IIC interrupt handler
* para:        none
* ret:         none
* modify:
* comment:
*****************************************************/
void _irq iic_int_keybd(void){
  ClearPending(BIT_IIC);
  f_nGetACK = 1;
}
```

(4) 主程序部分,利用串口输入需要猜的数字(0～9),在终端上显示(LCD 上不显示);猜数字的人通过实验箱上的键盘输入数字,并且将该数字与需要猜的数字进行比较.如果猜对了,显示“你猜对了 Y(^o^)Y”;否则,“你猜的数太小了::>_<::”或“你猜的数太大了::>_<::”.

```
void color_lcd_test(void)
{
  .........
  lcd_init_app();//LCD 初始化

  while(flag)
  {
      Glib_ClearScr(WHITE,1);
      Lcd_DspHz24(20,50,BLACK,"猜数游戏开始");
      LCD_D_ON;
      ucChar1 = uart0_test()-'0';//利用串口输入需要猜的数字
      while(ucChar1 != ucChar2)//没有猜对数字时
      {

          Lcd_DspHz24(20,50+i*30,BLACK,"请输入十以内的数字");
          i++;
          ucChar2 = keyboard_test(); //读入从实验箱键盘输入的数字
          Lcd_DspHz24(20,50+i*30,BLACK,"你输入的数字是");

          .........
          if((ucChar2<0x00)||(ucChar2>0x09))//判断输入的数字是 0-9 的范围内
          {
              Lcd_DspHz24(20,50+i*30,BLACK,"输入错误");
              Lcd_DspAscII8X16(220,50+i*30,BLACK,">_<!! ");
              break;
          }
          if(ucChar2 == ucChar1)  //是否猜对了
          {
```

```
            Lcd_DspHz24(20,50+i*30,BLACK,"你猜对了");
            Lcd_DspAscII8X16(220,50+i*30,BLACK," Y(^o^)Y ");
            break;
        }
        else if(ucChar2 > ucChar1)      //输入的数字太大
        {
            Lcd_DspHz24(20,50+i*30,BLACK,"你猜的数太大了");
            Lcd_DspAscII8X16(220,50+i*30,BLACK,"::>_<::");
            Glib_ClearScr(WHITE,1);
            i=0;
        }
        else if(ucChar2 < ucChar1)//输入的数字太小
        {
            Lcd_DspHz24(20,50+i*30,BLACK,"你猜的数太小了");
            Lcd_DspAscII8X16(220,50+i*30,BLACK,"::>_<::");
            Glib_ClearScr(WHITE,1);
            i=0;
        }

    }

    ………
  }
}
```

8.3.7 实验结果及分析

在 PC 上运行超级终端串口通信程序，然后运行文件，超级终端上会显示

```
boot success...
Please input number 0-9:
/>
```

此时从 PC 机上的键盘输入一个预先定好的数字，

```
Please input number 0-9:
/>7
```

LCD 上会显示“猜数字游戏开始”，从 5×4 键盘任意输入一个数字(比如 7)后，显示“你输入的数字是:7”，“你猜对了 Y(^o^)Y”；如果输入的是错误的数字(比如 6)，则显示“你猜的数太小了::>_<::”；若输入的是 0－9 以外的数值，则显示“输入错误>_<!!”.

串口接受中断初始化

```
Uart_interrupt_init()
{
```

```
        //设置相关中断的 I/O 口寄存器
        rGPHCON = (rGPHCON & 0x3fff0f)|(1<<5)|(1<<7)|(1<<9)|(1<<11);
        //GPH2/3 = TXD0/RXD0,GPH4/5 = TXD1/RXD1,UART0,UART1 发送/接受缓存

        rSRCPND = BIT_UART0 | BIT_UART1 ; //to clear the previous pending states
        rINTPND = BIT_UART0 | BIT_UART1 ;
        rSUBSRCPND |= BIT_SUB_RXD0;
        rSUBSRCPND |= BIT_SUB_RXD1;

        //中断函数声明
        pISR_UART0 = (unsigned)Uart0Int;
        pISR_UART1 = (unsigned)Uart1Int;

        //开启 UART0,UART1 接收中断
        rINTMSK &= ~(BIT_UART0 | BIT_UART1);
        rINTSUBMSK &= ~(BIT_SUB_RXD0 | BIT_SUB_RXD1);
    }
```

串口 0 接受中断服务程序

```
    static void _irq Uart0Int(void)
    {
        char c;
        //char r0[100];                              //接收缓存
        uart_select(UART0);

        //接收中断服务
        if(rUTRSTAT0 & 0x01)//已接收的个数小于预定义的长度
        {
            c = rURXH0;
            uart_printf("%c ",c);                     //在串口 0 终端显示待发送数据
            if(c! = '\r')
            {
                r0[RLen0++]=c;
                if(RLen0 >= recvlength)
                {
                    uart_select(UART1);
                    if(flag0 > 0)
                    {
                        r0[RLen0]= '\0 ';
                        uart_printf("%s ",r0);
                    }
                    else
                    {
```

```
                r0[RLen0]= '\0 ';
                uart_printf("\nThe words that you input are: %s ",r0);
            }
            flag0 = 1;
            RLen0 = 0;
        }
    }
    else
    {
        r0[RLen0]= '\0 ';
        uart_printf("\nPlease input words,then press Enter:\n ");
        uart_printf(" />");
        uart_select(UART1);
        if(flag0 == 0)
            uart_printf("\nThe words that you input are: %s\n ",r0);
        else
            uart_printf("%s\n ",r0);          //在串口 1 终端显示接受到的数据
        uart_printf(" end.\n ");
        flag0 = 0;
        RLen0 = 0;
    }
}
rSRCPND |= BIT_UART0;                        //Clear pending bit
rINTPND |= BIT_UART0;
rINTPND;
rSUBSRCPND |= BIT_SUB_RXD0;
}
```